版权声明

© Mark J. Davison 2003

The Legal Protection of Databases

Originally published by Cambridge University Press
in 2003. This translation is published with the permission
of the Press of the Cambridge University.

数据库的法律保护

【澳】马克·戴维森（Mark J. Davison） 著
朱理 译

The Legal Protection of Databases

北京大学出版社
PEKING UNIVERSITY PRESS

北京市版权局登记号　图字:01-2005-1040
图书在版编目(CIP)数据

数据库的法律保护/(澳)戴维森著;朱理译. —北京:北京大学出版社,2007.1
ISBN 978-7-301-11538-1

Ⅰ.数… Ⅱ.①戴… ②朱… Ⅲ.数据库-知识产权-保护-研究 Ⅳ.D913.04

中国版本图书馆 CIP 数据核字(2007)第 004125 号

书　　　名：数据库的法律保护
著作责任者：〔澳〕马克·戴维森 著　朱 理 译
责 任 编 辑：王 宁　王 晶
标 准 书 号：ISBN 978-7-301-11538-1/D·1670
出 版 发 行：北京大学出版社
地　　　　址：北京市海淀区成府路 205 号　100871
网　　　　址：http://www.pup.cn
电　　　　话：邮购部 62752015　发行部 62750672　编辑部 62752027
　　　　　　　出版部 62754962
电 子 邮 箱：law@pup.pku.edu.cn
印 刷 者：北京汇林印务有限公司
经 销 者：新华书店
　　　　　　650mm×980mm　16 开本　25 印张　338 千字
　　　　　　2007 年 1 月第 1 版　2008 年 8 月第 2 次印刷
定　　　价：36.00 元

未经许可，不得以任何方式复制或抄袭本书之部分或全部内容。
版权所有，侵权必究
举报电话：010-62752024　电子邮箱：fd@pup.pku.edu.cn

序　言

　　马克·戴维森的这本关于数据库保护的书探讨了数字革命一个极为重要的方面。的确，这一问题急需在本丛书(剑桥大学出版社的知识产权法研究丛书)中得到体现。数据库位于信息本身和文学艺术思想的表达之间的结合点上。从第一种角度来看，信息似乎是社会存在的一种必需要素，因此可以认为它应该为所有人免费获取。从第二种角度来看，需要为组建大规模数据库这一成本昂贵的商业活动提供激励，这就要求给予其与授予创造者以及生产者以版权那样同等的对待。决定如何建构这个十字路口——把它标上"切入线"还是"停车标"——需要精致的法律设计。迄今为止，规范这一领域的措施依然在相当程度上依赖马车时代形成的对交通的看法。现在，承载着庞大信息负荷的机动交通工具征服了一切，并且必须被接受。被催逼的立法者和法院已经尽最大努力去处理他们所受的冲击，但是能否说在自由流动和控制获取之间已经达成了合理平衡还为时太早。

　　总之，我们是否正在为所需要的信息收集提供投资激励，而没有明显地超过这个限度？发现这一点尚需时日。马克·戴维森阐述了迄今为止美国、英联邦和欧盟的经验。他证明了压力集团对新兴的解决方案的影响，并用公正的客观现实论证了至今有多少可以作为实验性方案来对待的情况。对那些坚决反对这一领域内任何知识产权的人而言，他的作品是一剂使人头脑清醒的良药；对于那些在新兴的和日益增长的组织化数据市场中，把为扩张知识产权而斗争作为唯一事业的人而言也同样如此。本书值得赢得更广泛的读者。

丛书主编　威廉姆·R.柯尼什

致　　谢

在撰写本书的过程中，我从许多人和组织那里获得了帮助。我特别希望感谢克斯·阿克斯的慷慨协助，感谢澳大利亚研究理事会为我和萨姆·瑞克特森提供的研究基金。萨姆·瑞克特森阅读并评论了本书的许多章节并以多种方式提供了慷慨的支持。我也从托尼·杜甘、菲利普·威廉姆斯和卢塞尔·史密斯那里获得了评论。另外还有许多人慷慨地牺牲了他们的时间，为我提供资料和评论，包括：特里萨·阿尼森、克里斯蒂安·奥英戈尔、托比·巴英顿、斯图加特·布斯、克莱夫·布拉德利、安德鲁·克里斯蒂、查尔斯·克拉克、克里斯·克来斯维尔、彼得·德拉豪斯、塞尔·罗杰、艾里奥特、珍妮特·福特、延斯·伽斯特、特里萨·哈克特、贝丝·哈艾德、伯伊特·胡根霍尔茨、安妮·约瑟夫、史蒂芬森、马约尔、威尔玛·默森克、桑迪·诺曼、奥利弗、奥斯特班、丹尼斯·皮尔斯、杰罗姆·拉尔希曼、安德鲁·特里罗尔和约翰·兹尔曼。斯蒂芬·帕克阅读了多个章节，作为默纳什大学法学院的院长，他在很多方面都给我以支持。

比尔·柯尼什支持着本书的写作计划并在关键的时候提供给我珍贵的建议和帮助。剑桥大学出版社的芬诺拉·奥苏利文和珍妮·卢比欧都非常耐心、善解人意和乐于助人。莉萨·伽达洛在最后编辑手稿的过程中做了非常出色的工作。

目　录

案例表	1
制定法表	7
欧盟制定法表	18
条约、公约以及其他国际性和地区性法律文件表	22

第一章　导论 ... 1
　为什么数据库会成为一个重要问题？ ... 2
　本书的结构 ... 3
第二章　基本原则 ... 10
　与数据库有关的基本版权原则 ... 12
　不正当竞争原则 ... 38
　合同法与数据库 ... 42
　竞争法 ... 45
第三章　欧盟对数据库的保护 ... 52
　《指令》的历史演变 ... 53
　规避保护措施 ... 104
第四章　《指令》的转化 ... 107
　比利时 ... 113
　法国 ... 118

2　数据库的法律保护

    德国　 *123*
    爱尔兰　 *132*
    意大利　 *135*
    荷兰　 *139*
    西班牙　 *144*
    瑞典　 *147*
    英国　 *150*
    结论　 *165*

第五章　美国对数据库的保护　 *167*
    版权　 *169*
    美国盗用侵权的性质与历史　 *180*
    特别保护立法建议　 *201*
    美国的立场小结　 *224*

第六章　数据库保护的国际视角　 *227*
    关于数据库版权保护的国际条约　 *228*
    迈向世界知识产权组织数据库保护条约　 *236*
    欧盟与双边协定　 *245*
    结论　 *246*

第七章　数据库法律保护的适当模式　 *248*
    支持特别保护的论据　 *250*
    信息的非经济作用　 *278*
    数据库保护的几个建议　 *288*
    结论　 *299*
    补遗　 *302*

术语表　 *305*
参考文献　 *309*
索引　 *315*
译后记　 *363*

案 例 表

(所标页码为本书边码)

APRA v. Ceridale Pty Ltd (1991) ATPR 41-074　　　page 47
Addressograph-Multigraph Corp. v. American Expansion
　Bolt and Manufacturing Co., 7th Cir, 124 F 2d 706
　(1942)　　　179
Advanced Computer Servs v. MAI Sys. Corp., 845 F
　Supp. 356, 362 (ED Va, 1994)　　　30
Algemeen Dagblad and Others v. Eureka President, District
　Court of Rotterdam, 22 August 2000　　　156
American Geophysical Union v. Texaco Inc., 802 F Supp. 1, 17
　(SDNY, 1992)　　　169
Apple Computer Inc. v. Computer Edge Pty Ltd (1984)
　53 ALR 225　　　273
Armond Budish v. Harley Gordon, 784 F Supp. 1320
　(1992)　　　164
Associated Press v. United States, 326 US 1, 65 S. Ct 1416
　(1945)　　　176
BN Marconi SRL v. Marchi & Marchi SRL, Court of Genoa,
　19 June 1993, 1994 Foro It. Pt 1, 2559　　　132
Baumann v. Fussell [1978] RPC 485　　　27
Bellsouth Advertising & Publishing Corporation v. Donnelly
　Information Publishing Inc., 999 F 2d 1436 (1993)　　　162
Board of Trade v. Dow Jones and Co., 456 NE 2d 84
　(S. Ct Ill., 1983)　　　179
CD Law Inc. v. Lawworks Inc., 35 USPQ 2d (BNA) 1352
　(1994)　　　182
Campbell v. Acuff-Rose Music Inc., 114 S. Ct 1164, 1170
　(1994)　　　169
Capitol Records Inc. v. Spies, 130 Ill. App. 2d 429, 264 NE
　874 (1970)　　　179
Cheney Bros. v. Doris Silk Corp., 35 F 2d 279
　(2nd Cir. 1929)　　　160

Columbia Broadcasting System Inc. *v.* De Costa, 377 F 2d 315
(Ct App. 1st Cir. 1967)   178
Commercial Bank of Australia *v.* Amadio (1983) 151
CLR 447   42
Compco Corp. *v.* Day-Brite Lighting Inc., 376 US 234,
84 S. Ct 779 (1964)   181
Continental Casualty Co. *v.* Beardsley US Dist Ct SD NY
151 F Supp. 28 (1957)   179
Data Access Corporation *v.* Powerflex Services Pty Ltd [1999]
HCA 49   75
De Costa *v.* Viacom Int. Inc., 981 F 2d 602
(1st Cir. 1992)   178
Decoras SA and L'Esprit du Vin SARL *v.* Art Metal SARL and
Marioni Alfredi [1991] PIBD 510 III-655 (CA Paris)   116
Del Madera Properties *v.* Rhodes and Gardner Inc., 820 F 2d
973, 976 (9th Cir. 1987)   181
Denda International *v.* KPN., 5 August, 1997, [1997]
Informatierecht, AMI 218, Court of Appeal of
Amsterdam   45, 136
Diamond *v.* Am-Law Corp., 745 F 2d 142 (2nd Cir. 1984)   169
Electre *v.* TI Communication and Maxotex, Tribunal de
Commerce de Paris, 7 March 1999   117
Erie Railroad *v.* Tompkins, 304 US 64 (1938)   178
Feist Publications Inc. *v.* Rural Telephone Service Co.,
499 US 340 (1991)   14, 15, 28, 83, 95, 162,
169, 171, 175, 182, 196,
219, 244, 256, 274, 276
Financial Information Inc. *v.* Moody's Investors Service Inc.,
808 F 2d 204 (1986)   186
Fixtures Marketing Ltd *v.* AB Svenska, Spel, T 99-99, 11 April
2001   155
Football League Ltd *v.* Littlewoods Pools Ltd [1959] 1
Ch 637   144
France Telecom *v.* MA Editions, Tribunal de Commerce de
Paris, 18 June 1999   117
Fred Wehrenberge Circuit of Theatres Inc. *v.* Moviefone Inc., 73
F Supp. 2d 1044 (1999)   187
Gilmore *v.* Sammons, 269 SW 861 (1925)   186
Goldstein *v.* California, 412 US 546 (1973)   182
Groupe Moniteur and Others *v.* Observatoire des Marches,
Public Cour d'appel de Paris, 18 June 1999   114, 116,
117, 157

案例表 3

Harper & Row, Publishers, Inc. v. National Enterprises, 471 US 539 (1985)   168
Hawkes and Son (London) v. Paramount Film Service Ltd [1934] 1 Ch 593   26
Hodgkinson & Corby Ltd and Roho Inc. v. Wards Mobility Services Ltd [1995] FSR 169   38, 146
Illinois Bell Telephone Company v. Haines and Co. Inc., 932 F 2d 610 (7th Cir. 1991)   162
Infinity Broadcast Corp. v. Kirkwood, 150 F 3d 104, 109 (2nd Cir. 1998)   169
Information Handling Service Inc. v. LRP Publications Inc., 54 USPQ 2d (BNA) 1571 (2000)   182
International News Service v. Associated Press, 248 US 215 (1918)   39, 160, 161, 172–178, 180, 183, 184, 189, 198
Iowa State University Research Foundation Inc. v. American Broadcasting Co., 621 F 2d 57 (2nd Cir. 1980)   168
KPN v. Denda International and Others, District Court Almelo, 6 December 2000   45
KPN v. Denda International, Court of Appeal Arnhem, 15 April 1997   136
KPN v. XSO President, District Court of the Hague, 14 January 2000   136
KVOS v. Associated Press, 299 US 269 (1936); 80 F 2d 575 (1935); 9 F Supp. 279 (1934)   183
Kewanee Oil Co. v. Bicron Corp., 416 US 470 (1974)   182
Key Publications Inc. v. Chinatown Today Publishing Enterprises Inc., 945 F 2d 509 (2nd Cir. 1991)   164
Koninklijke Vermande BV v. Bojkovski, 98/147 Court Decision of 20 March 1998 (District Court of The Hague)   134
Kregos v. Associated Press, 3 F 3d 656 (2nd Cir. 1993)   12, 182
Ladbroke (Football) Ltd v. William Hill (Football) Ltd [1964] 1 All ER 465, [1964] 1 WLR 273   37
Lego v. Oku Hobby Speelgoed BV/Frits de Vrites Agenturen BV Lima Srl, President District Court of Utrecht, 10 September 1998   135
Loeb v. Turner et al., 257 SW 2d 800 (Ct Civ. App. Tex. 1953)   185
Lynch, Jones & Ryan Inc. v. Standard & Poor's, 47 USPQ 2d BNA 1759 (S. Ct NY, 1998)   187
MAI Sys. Corp. v. Peak Computer Inc., 991 F 2d 511 (9th Cir. 1993)   30

MacMillan & Co. *v.* Cooper (1924) 93 LJPC 113   14
Mars UK Ltd *v.* Teknowledge Ltd [2000] FSR 138, [1999] ALL
  ER 600 (QB)   71, 194
Matthew Bender & Co. *v.* West Publishing Co., 158 F 3d 674
  (2nd Cir. NY 1998)   163
Matthew Bender Co. Inc. *v.* West Publishing Co., 158 F 3d 693
  (1998)   163
Maxtone-Graham *v.* Burtchaell, 631 F Supp. 1432 (SDNY
  1986)   169
McCord Co. *v.* Plotnick, 108 Cal. App. 2d 392, 239 P 2d 32
  (1951)   184
Mercury Record Productions Inc. *v.* Economic Consultants Inc.,
  218 NW 2d 705 (Wis. 1974)   178
Metropolitan Opera Association *v.* Wagner-Nichols Recorder
  Corp., 199 Misc 786, 101 NYS 2d 483 (S. Ct, NY 1950) at
  492   179
Mirror Newspapers Ltd *v.* Queensland Newspapers Pty Ltd
  [1982] Qd R 305   20
Montgomery County Association of Realtors Inc. *v.* Realty Photo
  Master Corporation, 878 F Supp. 84 (1995)   164, 262
Moorgate Tobacco Co. Ltd *v.* Philip Morris Ltd (1984) 156
  CLR 414   38
NFL *v.* Governor of Delaware, 435 F Supp. 1372, (US Dist Ct,
  1977)   185
NV Holdingmaatschappij de Telegraf *v.* Nederlandes Omroep
  Stichting, Court of Appeal, The Hague 99/165, 30 January
  2001   154
NVM *v.* De Telegraaf, Court of Appeal, The Hague,
  21 December 2000   136, 137, 154
National Basketball Association *v.* Motorola Inc., 105 F
  3d 841 (2nd Cir. 1997).   39, 160, 162, 179, 180,
    182, 185–188, 198,
    200, 201, 206, 214
National Business Lists Inc. *v.* Dun & Bradstreet, 552 F Supp.
  89 (1982)   196
National Council on Compensation Insurance Inc. (NCCI) *v.*
  Insurance Data Resources Inc., 40 USPQ 2d (BNA) 1362
  (1996)   163
National Exhibition Co. *v.* Tele-Flash Inc., 24 F Supp. 810
  (Dist Ct, SD NY 1936)   183
Nationwide News Pty Ltd and Others *v.* Copyright Agency Ltd,
  No. NG94 of 1995, Federal Court of Australia   37

Neal v. Thomas Organ Co., 241 F Supp. 1020 (US Dist Ct, SD
  Cal. 1965) 178
Oasis Publishing Co. v. West Publishing Co., 924 F Supp. 918
  (Minn. 1996) 163
P.I.C. Design Corp. v. Sterling Precision Corp., 231 F Supp. 106
  (2nd Cir. US Dist Ct, SD NY, 1964) 178
Philips Electronics NV v. Ingman Ltd and the Video Duplicating
  Company Ltd [1995] FSR 530 46
Pittsburgh Athletic Co. v. KQV Broadcasting Co., 24 F Supp.
  490 (D Pa. 1934) 183
R R Donnelly & Sons Co. v. Haber, 43 F Supp. 456 (1942) 182
Radio Telefis Eireann (RTE) and Independent Television
  Publications Ltd (ITP) v. Commission of the European
  Communities (*Magill's* case) [1995] ECR I – 743 [1995] 4
  CMLR 718 45
Re.: CBS Records and Gross, No. G337 of 1989, Federal Court
  of Australia 69 38
SARL Parfum Ungaro v. SARL JJ Vivier Paris, 18 May 1989,
  D 1990 116
Salinger v. Random House Inc., 650 F Supp. 413 at 425
  (SD NY, 1986) 168
San Fernando Valley Board of Realtors Inc. v. Mayflower
  Transit Inc., No. CV 91–5872-WJR- (Kx) (CD Cal.
  1993) 260
Sears, Roebuck & Co. v. Stiffel Co., 376 US 225, 84 S. Ct 784
  (1964) 181
Skinder-Strauss Associates v. Massachusetts Continuing
  Legal Education Inc., 914 F Supp. 665 (D. Mass.
  1995) 28, 182, 260
Standard & Poor's Corporation Inc. v. Commodity Exchange
  Inc., 683 F 2d 704 (2nd Cir. 1982) 196
Stewarts v. Abend, 495 US 207 (1990) 168
Synercom Technology Inc. v. University Computing Company
  and Engineering Dynamics Inc., 474 F Supp. 37 (ND Tex.
  1979) 179
Tele-Direct (Publication) Inc. v. American Business Information
  Inc. (1996) 74 CPR (3d) 72 162, 236
Telstra v. Desktop Marketing Pty Ltd [2001] FCA 612 10
The British Horseracing Board Ltd v. William Hill Ltd,
  (HC 2000 1335), judgment 9 February 2001 137, 147–159
Tierce Ladbroke SA v. The Commission, case T-504/93 [1997]
  ECR II 923 46

Transwestern Publishing Company LP *v.* Multimedia Marketing Associates Inc., 133 F3d 773 162
Triangle Publications Inc. *v.* New England Newspaper, 46 F Supp. 198, (Dist Ct, 1942) 179
UNMS *v.* Belpharma Communication, Court of Brussels, 16 March 1999 112
University of London Press Ltd *v.* University Tutorial Press Ltd [1916] 2 Ch 601 37
US Ex Rel Berge v. Board of Trustees of University of Alabama, 104 F 3d 1453 (4th Cir. 1997) 182
Victor Lalli Enterprises Inc. *v.* Big Red Apple Inc., 936 F 2d 671 (2nd Cir. 1991) 163
Waterlow Publishers Ltd. *v.* Rose (1990) 17 IPR 493 28
West Publishing Co. *v.* Matthew Bender & Co., Cert. denied S. Ct, 522 US 3732 (1999) 163
West Publishing Co. *v.* Mead Data Central Inc., 616 F Supp. 1571 (D. Minn. 1985); 799 F 2d 1219 (8th Cir. 1986); 479 US 1070 (US S. Ct 1987) 163
West Publishing *v.* Hyperlaw Inc., Cert. denied S. Ct, 526 US 1154 (1999) 163

制定法表

(所标页码为本书边码)

Australia 澳大利亚

Copyright Act 1968《版权法(1968)》
  Part VB   页 34
  Part VI, Division 3   34
    s. 10   12
    14(1)   26, 34
    116A   220

Foreign Proceedings (Excess of Jurisdiction) Act 1984
《1984 涉外程序(超越管辖权)法》   48

Trade Practices Act 1974《1974 贸易习惯法》
  Part V, Division 2   43
    s. 46   46

Belgium 比利时

Civil Code《民法典》
  Arts. 1382—1384   111

Law on Copyright and Neighbouring Rights, 30 June 1994
《版权和邻接权法》1994 年 6 月 30 日(as amended)(已修正)
  Art. 1, s. 1   105, 109
    3(3)   109
    4(2)   109
    8   109
    20(2)   109
    20(4)   109
    20ter   105, 110
    22   106, 110
    22(1)   106, 110, 153
    22(2)   106, 110
    22(4)   106, 110

8 数据库的法律保护

22*bis*(1)	106, 110
22*bis*(4)	106, 110, 113
22*bis*(5)	106, 110
23	106, 110
23(3)	111
59	111
60	111
61*ter*	111

Legal Protection of Databases Act 1998《数据库法律保护法案(1998)》

Art. 2(1)	107
2(2)(3)	107, 108
2(4)	107, 112
2(5)	107, 111
3	107
6	108, 113
7(1)	107, 113
7(2)	107
7(3)	108, 113
8	112

Denmark 丹麦

Copyright Act 1995《版权法(1995)》

s. 5	12
71	59, 260

Finland 芬兰

Copyright Act 1961《版权法(1961)》

Art. 49	59, 260

France 法国

Copyright Act《版权法》

Art. L341-1	82, 107

Law No. 98-536 of 1 July 1998
1998 年 7 月 1 日第 98-536 号法令 82, 104, 225

Law No. 92-597 of 1 July 1992, Code of Intellectual Property
1992 年 7 月 1 日第 92-597 号法令,《知识产权法典》
(relative au code de la propriété intellectuelle (partie législative))

L111-1	21
L112-1	16, 114

L112-3	105, 107, 113, 114
L122-10	115
L122-5	80, 105, 106, 114, 115
L122-5(2)	33
L122-5(3)	33
L211-3	107
L341-1	82, 107
L342-1	107, 117
L342-3	107, 108, 117
L342-3(2)	117
L342-5	108

Germany 德国

Unfair Competition Act (Gesetz gegen den unlauteren Wettbewerb, 7 June 1909 (UWG))《不正当竞争法》(UWG)

s. 1	39, 123

Law on Copyright and Neighbouring Rights 1965 as amended (or Copyright Law of 9 September 1965, Urhebesrechtsgesetz-UrhG)
《版权和邻接权法(1965)》(已修正)

Art. 1	12
2(1)	119
2(2)	119
4	80, 118, 119
4(1)	118
45	120
53	106, 122
53(1)—(3)	80, 121
53(5)	122
54a	79, 121
55a	122
87a(1)	105, 122, 125
87a(2)	107, 120
87b	107
87b(1)	107, 125
87c(1)	104, 125
87c(1), para. 2	107, 126
87c(1), para. 3	107
87c(2)	107
87d	108, 126
87e	104, 108, 126
	104, 125

10　数据库的法律保护

Law on Copyright and Neighbouring Rights (1965 as amended by Law of 9 June 1993)《版权和邻接权法》(1965,根据 1993 年 6 月 9 日法令修订)	120
s. 2(1)	120
4(2)	105
29	119
46	106, 121
47(4)	122
49(1)	122
49(2)	122
51(2)	122
53	80, 106, 121
53(1)	106, 121
53(3)	122
53(5)	106, 121
69a	120, 121
69a(3)	120, 121
69b	118
87a(1)	108

Ireland 爱尔兰

Copyright Act 1963《版权法(1963)》	
Art. 2	126
Copyright and Related Rights Act 2000《版权和邻接权法(2000)》	
Art. 2	105, 107, 126, 128, 129
17(2)(d)	106, 126
50	127
51	106, 127
52	106
53(3)	127
53(4)	127
54	127
57	106, 127
59—70	127
71	106, 127
72—77	106
83	105, 107
173	127
320	107, 108, 128
321	107, 128
322	107, 128
324	107, 128

325	108, 128
327	107, 128
329	107, 128
330	107, 128
331—336	108, 128
370	129
374	129
375	129

Italy 意大利

Civil Code 1942《民法典(1942)》
  Art. 2598　　　　　　　　　　　　　　　　　　132

Law for the Protection of Copyright and Neighbouring Rights
(Law No. 633 of 22 April 1941)
《版权和邻接权保护法》(1941年4月22日第633号法令)

Art. 1	107, 130
2	107, 130
2(9)	105, 132
3	12, 13, 129
6	16, 108, 130
7	108, 130
12*ter*	130
38	130
42	130
64	108
64(a)	108
64(6)(b)	131
64(6)(2)	131
64(6)(3)	131
68	106, 131
69	106, 131
70	106, 131
101	106, 131, 153
101(a)	131
101(b)	131
102*bis*	132

Legislative Decree No. 169 of 6 May 1999
《1999年5月6日第169号法令》　　　　　　82, 104, 225

12   数据库的法律保护

Malaysia 马来西亚

Copyright Act 1987《版权法(1987)》
- s. 7(3) — 14
- 8(1)(b) — 14

Mexico 墨西哥

Copyright Law 1996《版权法(1996)》
- Art. 108 — 242

Netherlands 荷兰

Copyright Act 1912《版权法(1912)》
- Art. 10 — 105, 133, 134
- 10(1) — 133, 134
- 10(12), para. 2 — 133
- 11 — 133
- 15 — 106
- 15c — 106, 134
- 15c(2) — 134
- 15c(3) — 134
- 16 — 80, 106, 134
- 16a — 134
- 16b(1) — 106
- 16b(5) — 134
- 16b(6) — 134
- 17(1) — 134
- 24a — 105, 134

Database Law of 8 July 1998《1998年7月8日数据库法》
- Art. 1(a) — 135
- 1(b) — 107, 135
- 1(c) — 135
- 3(1) — 107, 136
- 5(a) — 107, 137
- 5(b) — 107, 137
- 5(c) — 108, 137
- 6 — 108, 137
- 8(1) — 137

Law of Obligations, Civil Code 1992《债法》,《民法典(1992)》
- Book 6, Art. 6:162(2) — 134

Spain 西班牙

Copyright Act 1987 (Law No. 22, 1987) as amended
《版权法(1987)》(1987 年第 22 号法令)已修订

Art. 6(2)(a)—(c)	138
10	105, 138
12	105, 138
13	106, 138
31(1)	138
34	139
34(1)	105, 138
34(2)(a)—(c)	106, 138
35	106, 139
35(1)	139
37	106, 139
37(1)	139
37(2)	139
133(1)	107
133(3)(a)	107
133(3)(b)	107
133(3)(c)	107, 108
134(1)	107
135(a)	107
135(b)	107
136	108

Unfair Competition Act 1991《不正当竞争法(1991)》

Art. 11	139
11(2)	139
11(3)	139

Sweden 瑞典

Act on Copyright in Literary and Artistic Works
(Law No. 729 of 1960 as amended)
《文学和艺术作品版权法》(1960 年第 729 号法令修正)

Art. 1	141
13	141
16	141
18	141
21	141
26	141
26a	141

26(b)	141
49	59,141,142,258
Market Practices Act 1996《市场行为法(1996)》	142

United Kingdom 英国

Copyright and Rights in Databases Regulations 1997 《1997版权和数据库权利条例》	104,144,225
Regulation 4	152
6	144
12	151
12(1)	148
13(1)	147
14	107,147
14(1)	147
14(2)—(4)	147
14(5)	147
15	107,152
16	148
16(2)	150
17	108
19	107,151
20	107,151
21	151,152
Schedule 1 附则1	108,151
Copyright, Designs and Patents Act 1988 《版权、设计和专利法(1988)》	24,143,145,147,152
s. 3	143
3A	105,143
3A(1)	107,145,147
3A(2)	145
9(3)	24
11	105,147
16(3)	105
29	146
29(1A)(5)	146
296B	105,145
30	146
ss. 32—36	146
ss. 37—44	106,146,152
s. 38	146

制定法表 **15**

44	152
ss. 45—50	106, 146
ss. 50D	105, 145
s. 50D(1)	145
121	152
163	147
165	147

USA 美国

Collections of Information Antipiracy Bill of 1997, (HR 2652)
《1997 年信息汇编反盗版法案》,
(众议院第 2652 号法案)　　　　　　　　193, 197, 199, 200, 206, 208

s. 1201 (5)	208
1202	194, 195, 198, 206
1203(b)	197, 198
1203(c)	198
1203(d)	205
1203(e)	206
1204(a)	198
1204(a)(2)	198, 207
1205	207
1205(b)	196
1206(e)	198
1208(c)	195, 210

Collections of Information Antipiracy Bill of 1999, (HR 354)
《1999 年信息汇编反盗版法案》(众议院第 354 号法案)

1401(a)	204
1401(3)	202
1401(1)	20
1401(4)	202
1401(6)	201, 210
1402	193, 202, 203, 205, 206, 209, 212
1403	207
1403(a)	205, 207
1403(a)(1)	205, 207
1403(a)(2)	205, 207
1403(b)	207
1403(c)	204, 207
1403(d)	207
1403(e)	206
1403(h)	207

16 数据库的法律保护

1403(i)	207
1404(a)	208, 209
1404(b)	208
1404(c)	208
1405(g)	207
1406	211
1406(e)	206
1407	211
1407(a)(2)	206
1408	210, 211
1408(b)	208, 209
1408(c)	208, 209, 212
1409	210

Constitution of the United States《美国宪法》
Art. I, cl. 8	171

Consumer and Investor Access to Information Bill of 1999
(HR 1858 of the 106th Congress)《1999年消费者与投资者信息获取法案》
(第106届国会众议院第1858号法案)
s. 102	213
103(d)	213
104	213

Copyright Act of 1976《版权法(1976)》
s. 102	182
103	183
106	182
107	168, 204
301	182
1201	197

Database Investment and Intellectual Property Antipiracy Bill of 1996
(HR 3531 of 1996)《1996年数据库投资与知识产权反盗版法案》
(众议院1996年第3531号法案)
s. 2	191
3(a)	191
3(d)	191
4(a)(1)	191
4(a)(2)	191
4(b)	191
6	192
6(a)	192
6(b)	192

9(c)	193
11	192

Digital Millennium Copyright Act of 1998
《数字千年版权法(1998)》(12 Stat. 2860 (1998))
generally 概述	165, 200
s. 1201	165
1201(a)(1)(A)	165
1201(a)(1)(B)	165
1201(a)(1)(C)	165
1201(d)	165
1201(d)(2)	165
1201(f)	165

Restatement of the Law, Third, Unfair Competition 1995,
《1995反不正当竞争法重述(第三次)》,
s. 38	161

Sherman Act, Statute 209 of 1890 as amended by 15 USCA 2 (1973),
s. 2《谢尔曼法》,1890 第 209 号法令,根据《美国法典评注》
第 15 章第 2 节(1973)修订,s. 2   45

欧盟制定法表

(右边数字为本书边码)

Common Position (EC) No. 48/2000 regarding the proposal for a
Council Directive on the legal protection of databases
《关于理事会数据库法律保护指令草案的共同立场》,
OJ 1995 No. C288,1995 年 10 月 30 日, Art. 6(2)   页 220

Copyright Directive《版权指令》
(2001//29/EC; OJ No. L 167, 2001 年 6 月 22 日)

Art. 6	91,101
6(1)	91,100
6(2)	100
6(3)	100
6(4)	101

Directive 96/9/EC of 11 March 1996 on the legal protection of Databases
《1996 年 3 月 11 日关于数据库法律保护的 96/9/EC 指令》,
(OJ No. L 77, 1996 年 3 月 27 日)

Recital 2 理由陈述第 2 条	69
3	69
4	69
6	69
7	69, 82, 89
8	68
10	69, 71, 82
11	69, 82
12	71, 82, 89
13	69, 82
16	76
17	72, 73, 85
18	55, 73
19	73, 82, 85
20	91
22	71

23	71
24	77
34	77
36	78
39	82, 89
40	69, 82, 83, 89
41	82
42	89
43	71
44	71
52	142
54	82
55	82, 93
Art. 1	54, 55, 105, 109, 130
1(2)	57, 66, 70, 107
1(3)	74
1.1	70
1.2	107
2(b)	77
3	105, 109
3(1)	75, 84, 136
3(2)	76
4	76, 105
5	31, 56, 76, 77, 105
5(a)	30, 56, 76, 137
6	77, 91, 101, 122, 130
6(1)	77, 78, 100, 105, 122
6(2)(a)	78, 79, 92, 106, 138
6(2)(b)	78, 79, 92, 106, 138
6(2)(c)	78, 79, 92, 106, 138
6(2)(d)	106, 139
6(3)	79, 100
7	87, 100, 124, 130
7(1)	6, 55, 81, 84, 89, 149, 155
7(2)(a)	87
7(2)(b)	87, 108
7(4)	81
7(5)	92
8	42, 91
8(1)	35, 107, 91
8(2)	91, 151

9	91, 92, 98, 151
9(a)	78, 98, 107, 126
9(b)	98, 107
9(c)	98, 108
10	92, 93, 108, 134, 138
10(1)	134
10(2)	92
10(3)	92, 93
11	5, 97, 98
11(2)	97
11(3)	97
13	98, 138
14	94, 242
14(1)	94
15	91
16	98
16(3)	97

Explanatory Memorandum to the Proposal for a Council Directive
on the legal protection of databases
《理事会关于数据库法律保护指令草案的解释备忘录》,
COM(92) 24 Final-SYN 393, 布鲁塞尔, 1992年5月13日   2, 53, 54, 55,
57, 58, 61

Green Paper on Copyright and the Challenges of Technology 1988
《欧共体版权和技术挑战绿皮书(1988)》,
Doc. Ref. Com(88) 172 final   52, 53, 54, 96

Opinion on the Proposal for a Council Directive on the legal protection
of databases of the Economic and Social Committee
《经济和社会委员会对理事会数据库
法律保护指令草案的意见》   16, 60, 61, 62, 63, 64, 65, 66, 67, 68,
70, 83, 94, 95, 97, 99, 100, 224, 241

Proposal for a Council Directive on the legal protection of databases
《理事会数据库法律保护指令草案》,
COM(92) 24 final-SYN 393 布鲁塞尔, 1992年5月13日

Art. 1(1)	54, 55
1(2)	57
2	58
2(3)	54
2(4)	54
5	56
6	56

6(1)	56, 78
6(2)	56, 78
7(1)	55
7(2)	55
8(1)	58
8(2)	58, 98
8(4)	98
8(5)	66, 67
9(3)	59, 242
9(4)	59
11	59
11(2)	59
11(3)	59
12	59, 96
12(2)	59

条约、公约以及其他国际性
和地区性法律文件表

Agreement on Trade Related Aspects of Intellectual Property (TRIPS)
《与贸易有关的知识产权协议》(TRIPS),(1995年1月1日生效),UNTS 31874
  Art. 1(1)   页 222
    1(2)   223
    1(3)   222
    1—7   223
    3   222
    3(1)   221
    4   222
    9   223
    11   29, 31, 89
    13   79, 224
  Part III   223, 281

Basic Proposal for the Substantive Provisions of the Treaty on Intellectual Property in respect of Databases Considered by the Diplomatic Conference on Copyright and Neighbouring Rights Questions
《有关版权和邻接权问题的外交会议审议的数据库知识产权条约实体条款基本草案》,日内瓦,1996年12月
  Art. 2   227
    3   227
    5   227
    6   227

Berne Convention for the Protection of Literary and Artistic Works
《保护文学和艺术作品的伯尔尼公约》
(根据1971年7月24日巴黎文本修订),8L8 UNTS 221
  Art. 1—21   30, 223
    2(5)   52, 54, 218
    7   225
    9   28, 29
    9(2)   36, 79, 224

10(2)	36, 55
11*bis*(2)	36
13(1)	36
18	95

Convention for the Protection of Producés of Phonograms 1971
《保护录音制品制作者防止未经许可复制其录音制品公约(1971)》
(UNTS 12430)   231

EEC Treaty of Rome《欧洲经济共同体罗马条约》
(1957年3月25日;1958年1月1日生效)[UNTS/ILM Ref]
   Art. 86   45

WIPO Copyright Treaty 1996《世界知识产权组织版权条约(1996)》,
36 ILM 65(1997)

Art. 1(4)	29, 30
4	219
6	29, 31, 88, 89
7	29, 31, 89
8	29, 31, 88, 89, 219, 220
11	29, 32, 220
12	220, 221
12(2)	221

第一章 导 论

我们生活在信息时代。信息就是金钱,时间亦然。第一世界的经济受到信息创造、管理和使用以及相应花费的时间的支配。这些经济不是受到信息缺乏的损害,而是被有关收集、组织、处理、维护和提供信息的困难所困扰。数据库就是为了帮助解决这一困难而设计的。数据库是以如下方式来编排的信息的集合,这些集合中的一条或多条信息可以被有权访问该信息集合的任何人检索。[1] 所以,数据库是个大生意,因为它们包含着重要和丰富的信息,并且节省了获取该信息所需要的时间。[2] 哪里有大生意,哪里就必定有法律和律师追随。

但是信息不仅仅是金钱,而数据库也远不止是大生意。信息和数据库对科学、法律制度本身、教育和由其促进的生活的所有方面都非常重要。因此,在规范访问和使用数据库时需要考虑社会和政治政策的许多重要问题。如上所述,哪里存在利益攸关的重要问题,法律就要在哪里起作用。

数据库的商业作用和社会政治作用之间存在不可避免的紧张,这导致在探索数据库法律保护的恰当模式时的复杂性。事实上,由于数据库应用领域的多样性,任何一种法律模式在某种给定

---

[1] 这是对数据库的一个非常粗糙的定义。数据库的定义所涉及的各种问题将在后面的章节中讨论,尤其是第三章和第四章。

[2] "1989 年,世界范围内在线数据库和实时信息服务的营业额总计大约 85 亿欧洲货币单位。"1996 年,欧洲市场上的电子信息供应市场的估计规模为 51.38 亿英镑。英联邦执行 1996 年 3 月 11 日欧共体 96/9/EC 号指令的征求意见稿,贸易工业部专利局数据库版权法律保护理事会,1997 年 8 月,第 2.1.5 节和附录 2。

2　数据库的法律保护

的背景下都可能是适当的。对信息重要性的一般论述的批评之一就是其没有对不同种类的信息进行区分。[3] 同样的批评也适用于用"以不变应万变"的方式来规范数据库的任何法律制度。这样,出现大量不同的法律模式来保护和访问数据以及数据库就不足为奇了。

为什么数据库会成为一个重要问题?

很多第一世界的经济从以工业为基础的经济向以信息为基础的经济转变是相对新近的现象。这是信息爆炸和影响深远的科技发展所造就的信息传播手段的结果。[4] 特别是信息技术的进步推动了数据库的诞生。大量的数据能够以数字格式创建,或者被转化成数字格式,扫描仪和其他设备使得数据的数字转化成为可能。或者是,数据能够以数字格式来最初生成或存储,并被人们以例如文本、图片、表格、扩展页或者其他易被识别的格式来感知。数据的数字化反过来减少了存储成本。例如,如果人类基因组的DNA结构被编辑在纸件上,它将高达200,000页。[5] 以数字格式对这些文件进行物理存储只需要几张光盘就可以实现。

数据存储容量的发展也伴随着获取和使用数据的能力的提高。它由能够快速而可靠地查找和检索数据的计算机程序所推动。计算机网络也实现了在线使用数据库,因此提高了访问的便利和市场能力。信息的存储和传播能力的提高反过来也促进了信息的生产。其原因就是信息生产和现有信息的可利用性之间的密切关系。现有信息以及获取这些信息对于创造新数据和信息至关

---

[3] 参见第六章对这一点的讨论。
[4] "据估计,现在每年新增的信息数量等于五十年前世界上传播的全部信息之和。"理事会关于数据库法律保护指令草案的解释备忘录,COM(92) 24 final-SYN 393,布鲁塞尔,1992年5月13日。
[5] 关于人类基因工程的信息可以访问下列网址:http://www.ornl.gov/hgmis/publicat/primer/fig14.html。

重要。[6] 这一创造过程是一个螺旋式的过程,在使用现有信息的过程中,使用者事实上增加了该信息的价值,进而产生新的数据和信息。

几乎在商业和科学的每一方面,能够获取的大量原始信息日益增加,能够创建容纳这些数据的数据库并且提供便利地访问方式的技术能力得到提高,这一切都产生了为数据库提供特别立法保护的压力。随着他人复制数据库的技术能力的日益提高,以及日渐感受到的现有法律制度(例如版权)保护的不足,使得这一压力倍增。技术扩大了数据库的影响和作用也使得复制数据库或者数据库内部包含的大部分数据变得迅速而便利。机器人和其他计算机技术能够被用来从数据库下载数据,无需费力或者人类的干预。这种复制能够在地球上的任何地方进行,只要打算复制的人已经进入了所需的计算机系统。因此,数据库所有者主张他们需要特别立法保护,以使他们在创建和商业开发数据库方面的投入免受搭便车者的侵害,因为搭便车者能够迅速而便利地复制他们所创建和维护的数据库。

<h2 style="text-align:center">本书的结构</h2>

本书考查了数据库法律保护的各种模式。第二章的开头对这些模式做了一个简要地解释,它涉及了几乎与所有法域都有关联的各种基本法律原则。第二章还特别介绍了版权、不公平竞争法、合同和竞争或反垄断法适用于数据库时的一些基本原则。这些原则贯穿本书。

第三章考查了《欧盟数据库法律保护指令(1996)》(简称《指令》)[7],包括指令提出的版权保护和特别权利(*sui generis*)保护。

---

[6] 此处的数据(data)和信息(information)可以互换使用。两者之间的区别以及这些区别的重要性在第六章中做了讨论。

[7] Directive 96/9/EC of 11 March 1996 on the Legal Production of Databases, OJ No. L77, 27 March 1996, pp.20—28.

4　数据库的法律保护

这一考查还包括该指令的历史、它的合理性根据和重要特征。另外,第三章也考查了《欧盟关于协调信息社会版权和相关权特定方面的指令(2001)》(简称《版权指令》)对数据库保护的影响。[8]《版权指令》中关于规避保护版权材料的有效技术措施的规定也适用于《指令》规定的特别权利保护。因此,这些规定是为数据库提供保护的重要方面。

第三章对指令的历史考查揭示:最初欧盟提议的特别权利保护提出了一种明显不同于数据库版权保护的非常有限的保护。不过,第三章也说明,《指令》的特别保护这一最终模式,事实上是先前英国版权法的宽泛保护范围与许多大陆国家版权法规定的限制性例外的混合。在一种授予任何版权保护都要求高度独创性的版权制度中,后者可能非常具有正当性。然而,它们在对非原创性数据库给予保护的立法制度方面显得不足。这一混合模式的效果就是给予超常规的特别保护。也有观点认为《指令》规定的特别权利保护与版权法不适当地、无法摆脱地纠缠在一起,而且在许多技术方面,《指令》的措辞所提供的保护甚至超出了它意图的范围。这一点的例证之一就是对数据库的宽泛定义。

第四章考查了《指令》在多个成员国的立法转化以及与该立法有关的一些正在形成的判例法。这一考查进一步说明《指令》在措辞上的模糊性,而且对它的立法转化已经采取了不同的方式。

第五章考查了美国版权法和盗用侵权(tort of misappropriation)所提供的保护。版权和盗用侵权支撑着在美国国内提出的特别保护的几个不同草案。但是盗用侵权本身就有着曲折的历史。相当地司法注意力被投入到盗用侵权的理论基础及其在运作过程中造成的作用范围的结果差异上。因此,以盗用为基础(或者声称以盗用为基础)的不同立法建议主张极其不同程度地保护就不足为奇了。这里需要吸取的教训是,如果盗用概念被吸纳到特别立法保护中,它需要被某种程度地精确限定。第五章也考查了不同的立法

---

[8] Directive 2001/29/EC, OJ No. L167, 22 June 2001, pp.10—19.

草案,并把它们与盗用侵权以及《指令》相比较。这一考查揭示出一种偏离《指令》所采取的进路而向着另外一种方向发展的进路——对信息的转化性使用或财富生产性使用设置更多保护例外和更少限制。还有一些规定被用来确保对政府生产或者使用政府基金生产的信息的公共获取。

第六章考查了在欧盟之外对数据库提供附加保护的发展状况。1996年,在世界知识产权组织(WIPO)主办的一次外交会议上,简要讨论了一个以《指令》和美国的立法建议[9]为基础制定的《条约草案》。该《条约草案》没有被通过,但是从那时起,世界知识产权组织就一直在听取建议。由于美国没有通过任何一项立法草案,这无疑妨碍了这个进程,但是一旦该立法被摆上议事议程,推动条约的动力就加强了。至今,欧盟把它的《指令》作为关于这一主题的条约模板,但是遭到发展中国家的强烈反对。一些国际科学组织也提出反对,他们担心任何特别立法都会对科技信息的交换造成影响。第七章讨论了他们对特别保护的相关观点。

为了应对在世界知识产权组织出现的这种阻力,欧盟已经把它的重点转移到与那些希望成为欧盟成员的国家签订的双边协定上。结果是,超过50个国家(包括15个成员国)要么已经制定了数据库的特别权利保护,要么将在未来的几年内采纳这种保护。

数据库保护的其他重要国际特征也与这种发展状况有关。例如《指令》规定,只有符合如下条件才对海外数据库提供特别权利保护——这些数据库的来源国对欧盟的数据库提供了实质上相同的保护。[10] 在知识产权制度中采用互惠规定比较罕见,偏离了对外国国民适用国民待遇的一般国际惯例。这种进路的原因之一是对其他国家,例如美国施加压力,使其提供互惠保护并且造成一种事实上的国际保护模式。本书讨论了这一做法的影响。特别是,第六章指出,根据国际协定,欧盟要承担对海外数据库提供国民待

---

[9] 《1996数据库投资和知识产权反盗版法案》,众议院1996年第3531号。
[10] 《指令》第11条。

6　数据库的法律保护

遇的义务,因此,提供互惠保护的压力不像看起来那样大。这一观点的部分依据是第三章已经谈到的一个论点:特别权利保护与版权不可避免地纠缠在一起。尽管《指令》把这种保护描述为与版权不同,对保护的客体、所授予的权利及其例外进行仔细考查就可以发现,特别权利保护事实上是版权的一种形式。

第七章从理论的角度分析了支持和反对特别权利保护的不同模式的主张。与任何一种知识产权制度一样,保护数据库的法律也需要在使用者的权利与生产者或知识产权所有者的权利之间达成适当的利益平衡。这种衡平法令的最终目标是达到数据库所包含或者可能包含的内容的最佳生产和传播。因此数据库所有者主张,为了保护他们的生产投入,数据库需要得到更大地保护。强调保护数据库制作者的投入无疑对《指令》提供了支持,因为进行实质性投入是决定《指令》的特别权利保护能否适用到特定数据库的检验标准。[11] 然而,这种强调代表着认定和保护知识产权的一般方法的重大转变。至少在普通法国家,其他知识产权制度所强调的是建立和维持创造者和使用者之间的社会契约。尽管激励投入也是这种社会契约的重要目标之一,真正的问题却在于相关投入对于公共目标而言是不是最佳的投入。这本身就是一个矛盾的问题,因为什么构成"最佳的"投入是可以争辩的。

在数据库的背景下,生产者和使用者之间的关系由于以下事实变得复杂化了:在很多情况下,使用者本人对数据库所包含的信息的生产也作出了重要贡献;而且这些信息的生产经常受到公共资金的资助。数据库保护与这种保护对研究和教育的影响之间的关系也受到特别关注,研究和教育是对许多数据库的特定信息的持续生产至关重要的活动。因此,本书考查了特别保护模式对研究和教育造成的影响。

由于证明数据库特别权利保护的正当性根据主要是经济性的,分析那些根据就不可避免地需要对保护的经济论据进行某种

---

[11]《指令》第7条(1)。

考查。因此第七章的某些部分就致力于这个任务。不过，这些理论的正当性最终要取决于经验证据。[12] 目前，没有明确的经验证据证明强力形式的特别权利保护是合理的。[13] 因此，尽管这些理论是重要的，它们还是应该被慎重对待，特别是当它们主张建立强知识产权的时候，这种制度一旦建立就不可能被有效废除。此外，第七章还对有关保护和访问数据库之争论的重要的非经济方面给予了关注。有关新闻报道和政治辩论的信息的可获得性就是一个例子。

本书以任何数据库特别保护都需要考虑和体现的一系列基本原则作为结束。根据先前第七章对支持和反对不同形式的特别保护主张的分析，对这些原则做了说明，并把它们与第三章、第四章和第五章中考查的《指令》的某些方面以及美国就这一主题的不同法案进行了比较。

需要说明本书没有涉及到的几个问题。尤其是，本书丝毫没有涉及保密信息或商业秘密法对数据库的适用。这是因为本书的重点在于那些公众可以获取的数据库，或者至少是公众中的成员有足够资源和兴趣去获取的那些数据库。因此，法律分析的重点是针对数据库的特别保护建议，而不是依赖有关保密信息的法律保护数据库。本书也没有考虑围绕隐私和数据库的法律问题，尽管很明显在数据库背景下隐私本身就是一个重要问题。无论如何，本书的重心在于数据库所有者、权利以及权利的适当特性和范围，而不是其个人信息可能被纳入到数据库中的那些人的隐私权。

尽管此处重复第七章的具体细节显得多余，有关本书结论的几个一般性评论还是值得提及，以帮助读者阅读下面的章节。本书的最终结论是：对制作和展现数据库方面的投入给予某种程度的特别保护是正当的。这一观点已经被不同的独立性组织所采

---

[12] P. Drahos, *A Philosophy of Intellectual Property* (Dartmouth, Aldershot, 1996), p. 7.

[13] 美国版权局数据库法律保护报告，1997年8月，第76—77页。

纳,甚至是那些曾经对任何特别保护可能的过度性表示过担心的组织。[14] 在许多法域内,版权所提供的保护是不够的。但是,这种正当性只能延伸到在当前版权、合同以及其他方式所能提供的保护之上和之外进行非常有限地保护。有关这一主题的任何国际协议或立法都需要承认数据库内部信息的多种类性及其潜在用途的多样性,并对之作出反应。对所有数据库授予强大的专有财产权,并将之适用于数据库的所有使用方式,这种过分简单化的方法无法满足需要。这一做法要冒在所有用途上把所有信息都作为商品的风险。

特别是,有必要确保对利用政府基金或资助而生产的信息的公众获取不会彻底丧失。这是一个重要问题。例如,在投入到研究和开发的资金中,政府、大学和其他非营利性组织的投入超过了三分之一[15],政府过程也产生了在商业意义上和对于民主进程都有价值的大量信息。

最近美国以盗用原则为基础的特别保护建议已经阐述了一些困难,并且对有关这一扩散领域立法的复杂性给予了正确评价。因此,在这个最新立法建议中规定了许多例外,它的保护以盗用原则为基础。但是,不能过分简单化地接受任何特别保护都应该以盗用原则为基础这一观点。正如第六章所论证地那样,盗用是一个含糊不清的概念,它必须在相关的适用领域被赋予具体化的形式。即使表面上以盗用原则为基础,美国的最新立法建议仍然提供了接近于专有财产权的一般保护。此外,禁止盗用、版权和合同

---

[14] 同上注,第78页。1999年3月18日,安德鲁·皮卡斯(美国商务部总法律顾问)、约瑟华·李德博格(代表国家科学院及其组织)、查尔斯·菲利普斯(代表美国大学联合会及其组织)等向法院和知识产权司法委员会分会就《1999年法案》(《1999信息汇编反盗版法案》)所作的陈述,第62—506页(皮卡斯,第51—100页;李德博格,第189—205页;菲利普斯,第223—253页)。

[15] 例如,在美国,从1992年到1997年,超过33%的研究和开发是由政府、大学或其他非营利性组织资助的。《美国统计摘要》(统计署,华盛顿特区,1998)。1992年到1996年的英国也是如此,《年度统计摘要》,1999年第135号,表19.1(国家统计办公室,伦敦,1999)。

法之间的关系需要得到详细说明。尽管那些建议已经考虑了这些问题,其中仍然存在有待改进的空间。

与美国对特别保护问题做出比较复杂的反应相比,《指令》采取了一种授予宽泛的专有财产权结合少量有意义的例外的方式。因此,《指令》在很多方面大大超出了必要的和适当的程度。这包括它定义数据库的方式、它所规定的特别保护的范围、数据库特别保护例外规定的不足和数据库内容保护的过长期限等。此外,如果这种分立保护制度得以建立,关键的问题就在于维持版权和特别权利之间的区别。《指令》同样没能做出这种区分,由此造成许多困难。由于这样或那样的原因,《指令》不应该成为数据库国际保护的模板。

第二章 基本原则

数据库法律保护可以简单地识别为三种基本模式。

1. 对低水平的独创性提供版权保护。这种模式是根据在汇编过程中进行的实质性投入对编辑物提供版权保护。该模式目前在许多普通法国家例如澳大利亚得到适用。[1] 它的效果是数据库用户不能采用数据库中所包含的实质性数量的信息。

2. 如果在数据库材料的选择和编排方面具有某种程度的创造性,则对其提供版权保护,并附加特别权利保护。版权阻止他人采用该选择或编排。特别权利保护则对获取(obtaining)、校验(verifying)和展现(presenting)数据库信息的投入给予保护。该模式通过禁止未经许可摘录或再利用数据的实质性部分,同时授予数据库所有者对数据库内现存数据的专有财产权,来达到上述效果。《指令》采取了这一模式。

3. 对数据库材料在选择和编排方面的创造性提供版权保护。对数据库内包含的数据不提供保护。在写作本书的时候,这种模式正在美国运作。各种提供附加保护的法案被提交给国会,但是到现在为止一个也没有通过。最近的法案已经建议,如果数据库所有者能够证明,被告的行为对数据库的主要或相关市场造成了实质性损害,则对数据库的内容提供保护。*

---

[1] *Telstra v. Desktop Marketing Pty Ltd* [2001] FCA 612.

* 此处是指《1999年信息汇编反盗版法案》。与此同时,还有另一个与之对立的法案——《1999年消费者与投资者信息获取法案》——也被提交到美国第106届国会。这两个对立法案使立法陷入僵局,两个法案都未能通过。对美国数据库立法感兴趣的读者,可以参考 Jonathan Band, "The Database Debate in the 108th US Congress: The Saga Continus", [2005] E. I. P. R. 205. 该文描绘了美国数据库立法的最新进展,到目前为止仍是僵局。——译者注对各种模式的上述描绘显然过于简单化。一个关键的问题是数据库所有者权利的例外的特点。这些例外即使在欧盟内部也有着重大差异,尽管《指令》的目的就是协调有关这一主题的法律。此外,其他形式的法律保护可以补充这些保护模式。例如,各种形式的不正当竞争法可以防止以与数据库所有者竞争为目的而寄生性地复制数据库。

作为支撑不同保护模式的一些基本法律原则,对它们进行正确评价至关重要。这些原则将在下文予以讨论,并将在本书的各个地方进行援引。例如,如果不了解版权,就不能充分地理解《指令》规定的特别保护,因为它利用了许多版权原则。实际上,第三章、第四章和第六章中所论证的是,《指令》规定的特别保护是版权保护的一种形式,并且欧盟也没能充分区分版权保护和特别保护。

盗用侵权是美国不正当竞争法的组成部分,它构成了提交给美国国会的各种法案的基础。许多欧洲国家也可以根据不正当竞争法对数据库提供某种保护。因此,尽管盗用一词本身包含了太多不同种类的行为,以至于对任何不正当竞争法的具体形式都需要给予特别注意,本章还是讨论了这一问题的几个方面。在考查欧洲和美国具体法域的反不正当竞争法时,第四章和第五章对此做了更为详细地讨论。

更为关键的问题是保护数据库的法律和一般合同法之间的关系。越来越多的情况是,规定访问数据库的合同而不是与数据库有关的法律,支配着所有者和使用者之间的关系。这种状况在数字环境下更是如此,因为在那里能够使用技术措施阻止尚未与所有者达成合同关系的任何人访问。因此,在保护有关访问数据库的合同的效力上,禁止规避技术保护措施的法律是一个关键因素,需要对这些法律进行研究。最后,由于竞争法被用作改善因授予特别保护而导致的重大困难的工具,所以在该种背景下对竞争法的几个方面进行了考查。

与数据库有关的基本版权原则

编辑和汇编

在欧盟成员执行《指令》之前,很少有专门保护数据库的版权立法。版权对数据库的保护曾经是、在许多法域内依然是下列事实的结果——数据库被看作属于更具一般性的版权作品种类。特别是,数据库属于编辑物(compilation)、汇编物(collection)、集合作品(collective works)或者合成(composite)作品的一种形式。[2] 而且,一个特定的数据库可以被当作一种文学作品,因为它是一种列表,列表在许多法域内被看作是文学作品的一种形式。[3] 为了当前目的,编辑物(compilation)一词将被用来指称所有这些不同的术语。

编辑物的版权性质来源于收集和表现已有作品或数据的过程。编辑物内所包含的已有作品可能同样存在版权。例如,版权可能存在于对所选诗歌的编辑物上,也存在于每首诗歌本身。每首诗歌的版权都是不同的,并且独立于编辑物本身的版权。

另一种情况是,编辑物中的材料本身不存在版权。例如,包含棒球运动员表现情况的数据统计表可能是文学作品,但是表内的单个数据本身却不可能属于文学作品。[4]

---

[2] 各个法域使用的术语各不相同,但这是一些最通用的术语。例如,意大利《版权和邻接权保护法》1941年4月22日第633号法令(修正)第3条使用了"集合作品(collective work)"一词。德国1965年9月9日《联邦版权法》使用了"编辑物(compilation)"一词。法国《知识产权法典》,1992年7月1日第92-597号法令使用了"汇编物(collections)"一词。丹麦《版权法案》No. 395 of 1995, s. 5 提到了"合成作品(composite works)"一词。"集合作品(collective work)"在一些法域内也被用作其他含义,用来指称由多个作者完成的一部作品,每一作者的个人贡献无法与其他各个作者的贡献区别开来。见 Sam Ricketson, *The Berne Convention for the Protection of Literary and Artistic Works: 1886—1986*(伦敦大学玛丽女王学院商法研究中心,伦敦,1987),第6.71节。

[3] 澳大利亚1968年《版权法》第10章把文学作品定义为包含"用文字、图形或符号表达的列表或者编辑物(无论是否以可视的形式)"。

[4] *Kregos v. Associated Press*, 3 F 3d 656 (US App. 1993).

然而,不是每一种编辑物都受到版权保护。不同国家各自的法律都规定了编辑物获得版权保护必须满足的一系列其他标准。例如,一些法域把编辑物的保护限于那些构成文学作品的编辑物。英国和澳大利亚的版权立法就是这种方式的例证。[5] 它们把编辑物包含在其对文学作品的开放性定义中,确保数据库必须构成文学作品才能获得版权保护。反过来,这意味着编辑物必须要么是对已有文学作品或文学作品片断的编辑,要么是对本身不构成文学作品但是以文字或文本形式存在,对它们的编辑构成文学作品的材料片断的编辑。[6] 这就排除了例如对录音、电影和其他非文字性材料的编辑。由于数字技术的进步,现在这类材料能够以数字形式存储并被纳入到数字编辑物中。

在执行《指令》和《与贸易有关的知识产权协议》(TRIPS)[7]之前,编辑物版权保护的另一个限制是,许多法域把保护限制在作品或者作品片断的编辑物上。[8] 这似乎排除了不属于作品片断却被专门收集到一起以便形成相关编辑物的数据编辑物。例如,统计表可能不构成编辑物,因为任何单独的数据都不是作品或作品的片断。编辑物版权保护的第三个限制是要求编辑物具有独创性。下面就要讨论这个既难以满足又非常重要的条件。

---

[5] 澳大利亚1968年《版权法》第10章把文学作品定义为包含"用文字、图形或符号表达的列表或者编辑物(无论是否可以视的形式)"。英国1988年《版权、设计和专利法》第3章把文学作品定义为"书面、口头或者吟唱的任何作品(戏剧和音乐作品除外),并且相应地包含表格和编辑物(数据库除外)……数据库后来被包含在文学作品的定义中,造成的难题是数据库要获得版权保护就必须构成文学作品"。

[6] 见 A. Monotti, "The Extent of Copyright Protection of Compilations of Artistic Works"(1993) 15 *European Intellectual Property Review* 156 对这一问题的讨论。

[7] TRIPS协议是《建立世界贸易组织协定》的附件1C部分。TRIPS协议的内容可以在世界贸易组织的下列网页上获取 http://www.wto.org/english/docs_e/legal_e/final_e.htm。

[8] 例如,意大利《版权和邻接权保护法》1941年4月22日第633号法令(修正)第3条涉及到"编排作品或者作品片断而形成的"集合作品。

14　数据库的法律保护

独创性

作品的独创性或称智力创造性是每一种版权制度都强制要求的条件。困难在于，独创性或者智力创造性的涵义随着特定法域的相关法律标准以及特定标准在个案中的适用方式而不同。

对于独创性这一主题已经有很多作品进行了论述，此处讨论的目的不是重复所有已经讨论过的内容。[9] 不过，在充分阐述独创性对数据库版权的适用之前，有必要理解获得独创性的各种途径。

"额头汗水"(sweat of the brow)方法　或许理解独创性最简单的方式就是"额头汗水"的方法：版权作品的作者只需要证明他/她在创作作品的过程中已经付出了有意义的努力。在这个意义上，独创性的涵义是：被讨论的版权作品来自该作者、承载着重要数量的工作并且不是他人的作品。英国的版权制度被普遍地认为是采用"额头汗水"方法实施版权保护。[10] 这种观点可能是靠不住的，因为没有明确的英国权威判例用详细的语言来支持这一论断。相反，人们倾向于使用如下公式化表达：作者必须证明有足够的劳动、技巧和判断被投入到作品的创作中。[11] 劳动的作用并没有与其他检验标准即技巧和判断分离开来。对案例的考查显示，额头汗水的方法可能是对许多判决的唯一解释，但至少可以肯定的是，英国有着相对较低的独创性标准。[12]

针对这个问题澳大利亚的一个判决明确判定，"额头汗水"即

---

[9] D. Dreier and G. Karnall, "Originality of the Copyright Work: A European Perspective"(1992) 39 *Journal of the Copyright Society USA*, 289; G. Dworkin, "Originality in the Law of the Copyright"(1962) 11 *ASCAP Copyright Law Symposium* 60; J. Ginsberg, "No 'Sweat': Copyright and Other Protection of Works of Information after *Feist v. Rural Telephone*", [1992] *Columbia Law Review* 338.

[10] 数据库的独创性标准被提高了，但是其他版权作品的标准仍然一如既往。见《英国版权、设计和专利法(1998)》(已做修正)第3A(2)节。

[11] 例如，见 *MacMillan & Co. v. Cooper* (1924) 93 LJPC 113, *Ladbroke (Football) Ltd. v. William Hill (Football) Ltd.* [1964] 1 All ER 465。

[12] 见 S. Ricketson 对这一问题的讨论，*The Law of Intellectual Property: Copyright, Designs and Confidential Information*(悉尼，1999)，第 7.140—7.170 节。

足以对编辑物授予版权保护。[13] 这一判决所依据的观点是：在执行《指令》之前，在英国只要符合额头汗水就足以对数据库给予保护，而且澳大利亚已经采纳了与英国相同的标准。另一个可能采用额头汗水的独创性标准的国家是马来西亚，该国在其1987年《版权法》第7(3)节中明确规定，"只有满足下列条件，文学、音乐或艺术作品才能符合版权条件——(a)已经付出足够努力使得该作品具备相称的独创性"。[14] 与澳大利亚的情况一样，马来西亚版权法受到英国版权判例法和原则的重大影响，说明额头汗水在马来西亚可能是一个重要标准。

　　一种智力创造　一种更高水平的独创性是要求版权作品应该展现出适量的创造性，因而能够被看作是一种智力创造。这是美国最高法院在 Feist Publications Inc. v. Rural Telephone Service Co. 案中表达的观点[15]，当时最高法院在考虑电话号码本白页是否存在版权。

　　在 Feist 案中，最高法院针对美国版权法上的独创性作出了一系列重要评论。它判定，如果编辑物能够获得版权保护，它必须在如下意义上是独创的：它由作者独立创作产生，并且表现出适量的创造性。[16] 正是后面的创造性要求把纯粹的额头汗水或辛勤收集驱除出版权保护范围。不过，最高法院也指出创造性的标准可以轻易地得到满足：

> 当然，创造性所要求的水平是非常低的：甚至微小的数量就足够了。绝大多数作品能够轻松地满足这个标准，因为它们拥有一些创造性的火花，"无论这个火花可能是多么拙劣、

---

[13] *Telstra v. Desktop Marketing Pty Ltd* [2001] FCA 612.

[14] 这一立场被第8(1)(b)节复杂化了，该节规定，只要汇编物由于其内容的选择和编排构成智力创造，该汇编物就作为独创性作品受到保护。这就产生了需要何种类型的努力以及这种努力是否足够的问题。

[15] 499 US 340 (1991). 该判决所采用的独创性进路被澳大利亚在 *Telstra v. Desktop Marketing Pty Ltd* [2001] FCA 612 案中的判决所明确否定。

[16] 499 US 340 (1991) at 346.

卑微或显而易见"。[17]

显然,单个的电话簿条目是不存在任何版权的,因为它们只不过是事实,缺乏任何独创性的书面表达,因此问题在于原告是否"以独创性的方式选择、整理或编排了这些不受版权保护的事实"。[18] 最高法院注意到独创性标准是比较低的,并且不需要以创新性或令人惊讶的方式去表现这些事实,但是"同样肯定的是,无论如何,对事实的选择和编排不能是如此机械或常规以至于不需要任何创造性"。[19] 法院进而判定 Feist 公司制作的实际出版物是"一种普通的白页电话簿,缺少哪怕是最低数量的创造性"。[20] 这是因为对电话用户按照字母顺利排列是一种陈腐的做法,而且由于所有用户都被包含在电话号码簿中,在条目的选择方面就没有创造性。

正是这一独创性标准被数据库版权保护《指令》所采纳。它也是最近的国际版权协议所表述的编辑物的独创性标准。[21]

这一独创性要求的理由是基于最高法院对版权保护目标的见解:

> 版权保护的目标不是对作者的劳动给予回报,而是"促进科学和实用技艺的进步"……为了这个目的,版权确保作者对其独创性的表达享有权利,但是也鼓励他人自由利用作品所传递的思想和信息……正如对事实编辑物的适用一样……只有编辑者的选择和编排才能得到保护;原始的事实可以被任意复制。这一结果既非不公平也非不幸。版权正是通过这种手段促进了科学和艺术的进步。[22]

---

[17] 同上揭,第 345 页。
[18] 同上揭,第 362 页。
[19] 同上揭。
[20] 同上揭。
[21] 参见第六章。
[22] 499 US 340 (1991) at 349—350。

欧洲的独创性标准 很多欧洲国家的独创性标准也要求智力创造因素。这一条件的措辞在各国各不相同,所要求的创造性程度和各种标准得以适用的方式也各不相同。[23] 在许多国家,智力创造性被描述为作者的个性在作品上留下的印记,反过来就意味着作者在创作作品的过程中实施的创造性选择。[24] 这些欧洲国家高标准的独创性是其不同版权观念的反映,在它们那里版权被看作是作者个性的延伸,版权的重心是保护。相反,普通法国家更强调版权为创作作品提供经济激励的作用。[25] 后一种进路正在开始主导着欧盟版权建议,并且显然是数据库特别保护的根据。[26]

独创性的幅度 实际上,对独创性条件使用不同的表达公式会导致某些不一致的结果,无论是在不同的法域之间还是在各个法域内部。独创性要求能够横跨很大的幅度,从最低端的额头出汗到最高端的作者个性在作品上留下的智力创造和印记。尽管一些作品显然符合独创性标准而另一些作品显然是有问题的,要精确说明满足任何特定法域的相关标准需要什么和不需要什么,这即便可能也是非常困难的。我们能够做的是识别特定法域内的一

---

[23] 德国 1965 年 9 月 9 日《联邦版权法》第 2(2)条把作品定义为个人的智力创造,意大利《版权和邻接权保护法》(1941 年 4 月 22 日第 633 号法令)第 6 条规定:"构成智力成果的独特表达的作品创作应该获得版权保护。"法国《知识产权法典》(1992 年 7 月 1 日第 92-597 号法令)在 L112-1 条中规定保护所有智力作品的作者的权利。比利时最高法院判定,创造性必须是"个人所实现的智力成果的表达,是赋予作品以个人特征所不可缺少的条件,没有它就没有创造性"。Cass. 27 April 1989, Pas, 1989, I, 908。

[24] A. Lucas and A. Plaisant, "France" in M. B. Nimmer and P. E. Geller, *International Copyright Law and Practice* (Matthew Bender, 纽约, 1999), p. 4. A. Strowel, "Belgium" in M. B. Nimmer and P. E. Geller, *International Copyright Law and Practice* (1999), p. 2.

[25] 在欧盟,随着欧盟法对版权和其他知识产权制度的协调,版权保护的这些不同进路逐渐不再重要。更多的注意力被放在版权的经济作用上。见,例如,《经济和社会委员会对理事会数据库法律保护指令草案的意见》,OJ No. C 19,1993 年 1 月 25 日 at p. 3, para. 2.6.3。

[26] 同上揭。法国政府对《指令》的最初担心之一就是特别保护可能侵蚀版权的特性和作者的地位。

般标准,并且确定该标准在幅度上的位置;这将为相关问题提供某种一般性指导。毕竟,只有通过考查一些案例以及一般标准在特定种类作品上的应用才能得出这些指导。在这里,我们关注的显然是有关数据库和编辑物的问题。

适用于编辑物和数据库的独创性 对独创性的上述讨论表明存在两个关键因素。一是,正被考虑的作品在如下意义上必须是作者创作的:作品出自该作者并且不是简单地复制于其他资料。它在这个意义上是独创的——该作者而不是其他任何人创作了该作品。数据库的作者问题将在下文讨论。

二是,独创性并不要求作品所包含的思想或信息是新的、创造性的或者原创性的。对于数据库通常是如此,因为它们的内容是早已存在的。版权的目标不是保护思想或信息本身,而只保护思想或信息的表达。因此,由于只有思想或者信息的表达才受保护,所以只有表达才需要具有独创性。在这一点上可能会遇到困难——虽然被讨论的数据库所编辑的内容来源于该作者,而不是从其他人那里复制而来,但是可以辩驳说它们不过是相对原始形式的信息或数据。

如果我们回到第一个条件——作品出自作者,在数据库版权保护的背景下可能存在某些潜在难题。如果不考虑已有作品或数据的版权,那么出自数据库作者的只能是该作者获取、校验、选择和编排这些已有作品或数据之产物。不过,难题在于这些行为所含努力和技巧的性质和程度与独创性的要求之间的相关性。有一个例子可以说明不同法域在独创性问题的进路上存在差异。在独创性幅度的低端或者额头出汗,成绩被归功于作者在创作数据库时付出的努力,而不考虑如下事实——这些努力可能没有涉及到运用任何重要的智力技能。努力的程度可以非常容易地进行测度,而且在很多情况下,创建数据库所投入的时间和金钱的数量是不证自明的。即使不属于这种情况,也可以不费力地提供实际的投资证据。在这种进路下,将以创建数据库所投入努力的数量为根据授予数据库以版权保护。智力努力这种属性与是否授予数据库以版权保护这一问题无关。

因此,只要最终结果出自该作者,即使对作品或数据的选择或编排没有涉及任何创造性的火花,对获取信息进行的投入也足以满足独创性的要求。这种方法有一些优点,特别是它使得判断数据库是否有权获得版权保护变得相对容易。然而,即使在独创性幅度的最低端上,有时也难以判断在获取信息过程中的哪一点上,该努力变得与获得版权保护有关。让我们以电话号码簿为例,向个人提供电话预订的工作与号码簿的版权有关吗?例如,当潜在用户申请电话服务时,他们的情况,例如姓名和地址就会被采集,并且他们的电话号码也会被记录下来。这些细节随后就会被加入号码簿。可是,上述工作不是专门为了号码簿,而是作为提供电话服务这一过程的组成部分。随着澳大利亚和英格兰的法院趋向于支持版权存在于最终编辑物上这种观点,在很多场合下已经产生了类似区分采集信息的预备工作与随后显示信息的工作的难题[27]。最终,对独创性采纳额头汗水方法或与之相近的标准的法域确实因为版权人在创建数据库上的投入而给予他们极大重视,毫不在意该投入的智力属性。正如下文关于侵权部分所解释地那样,这就衍生出什么构成侵犯编辑物或数据库权利的问题。

不采用额头汗水方法来判断独创性就需要分析制作数据库的努力的性质。根据这种方法,对已有作品或数据的选择和编排必须具有某种智力创造性。对给定场合适用这一方法需要考虑两个关键问题。第一个问题是,是否有足够的智力创造性以满足独创性的必需水平。对一些特定事实场合使用这个不精确的概念在灰色地带会造成一些困难,此时是否满足相关标准并非马上就可以确定。对数据库而言,现实的材料选择通常并不涉及重大的智力投入,或者实际上不涉及任何重大的努力。这是因为数据库一般

---

[27] 见 Ricketson, *Law of Intellectual Property*, at p.7.170。

被设计成提供和容纳特定领域的所有信息。创建一个包含美国最高法院所有判决的数据库很少涉及或者不涉及选择材料的技巧。该数据库包含或排除哪些法院判决,其标准是清晰而显然的。事实上,该数据库的目的正是制作一个包含最高法院每一个判决的汇编物。因此,这种创建数据库的目的通常造成的情况是,数据库作者不能依靠其内容的选择作为主张具备独创性的根据。这就只剩下编排的方式作为主张版权的可能根据。

  第二个问题是创造性或智力创造的类型是否与编辑物或数据库的独创性有关。这个问题对于在准备和生产数据库所含材料的过程中的智力创造尤为重要。生产被讨论的这些信息可能需要相当大量的智力活动,但是它可能不是与版权保护有关的那种智力活动。有关确定人类基因生化结构的科学工作可能是一个例子。毫无疑问,确定以前未被识别的基因不但需要花费大量的劳动,而且需要设计和进行必要试验的大量智力技巧。不过这种努力并不是版权性质的,因为它与发现某种自然现象有关,而不是表达该现象。因此,这种劳动与独创性问题无关。但是其他种类的智力努力无法轻易地与书面的最终结果分离开来;许多事例表明,这种智力技巧不能或者不应该同与该种努力的最终文字结果相关的创造性分离开来。

  例如,有一些涉及制作体育比赛赛程表的案例。[28] 安排体育比赛赛程使其符合竞赛要求,需要花费大量的智力投入。赛程安排必须确保每一支队伍以正确的次数相互比赛;他们在特定的场地上(其他参赛队伍有时也要使用)进行比赛;该比赛不会与其他相关比赛事项冲突,例如淘汰赛或者代表赛等。所有这些困难都增加了在安排赛程表时对智力技巧的需要。[29] 同样的问题也发生

---

[28] *Football League Ltd v. Littlewoods Pools Ltd* [1959] 1 Ch 637 at 651—652.

[29] 相反,比利时的有些判决否定了足球比赛日程的版权保护,布鲁塞尔,26 June 1954, Ing. Cons, 1954, 121; Trib. Antwerp 27 June 1951, Ing-Cons, 1951, 244。

在日报主办的有关宾果游戏*的创建中,宾果卡片随该日报发放。每日的宾果数字列表被认为是文学作品,理由是设计一个游戏使其能够延续一段稳定的时间需要数学技巧,它给予该数字列表足够的独创性以构成文学作品。[30] 在该案中,与其他种类的智力技巧相比,进行必要数学计算的智力技巧与表达出来的最终文字结果之间的联系并不是直接或显然的,因此该判决的正确性可以被质疑。不过,它说明了这一领域中的可能难题。

最终,真正的困难来自于:任何特定的独创性标准被适用于特定情况时的潜在不确定性。独创性的概念几乎在本质上就具有某种程度的模糊性。我们至多能够对某一法域内某个特定时点上的特定独创性标准作出一些一般性的评论。在独创性幅度的低端——额头汗水,制作相关编辑物或数据库的努力投入在判断作品是否具备独创性时将被计算在内。这些努力可能足以赋予在生产过程中缺乏任何智力创造性的作品以独创性的品质。从这个尺度的低端向前发展,我们到达了这样一个标准:当数据库显示出结合了努力以及对某种智力技巧的运用的时候,它就被赋予了独创性。这种智力技巧不是从额头汗水的努力进行分析,也不是与之脱离,以至于把焦点完全放在直接与最终产品的制作和表达有关的智力技巧上。在独创性尺度的高端,则完全不重视制作数据库过程中额头汗水的努力,以及/或者与数据库的最终表达无直接关系的智力技巧的运用。额头汗水的方法的一个优点是它确实为版权法提供了合理程度的确定性,但是确定性本身并不必然是一个可欲的目标,特别是当所达到的确定结果与版权法的目标相冲突的时候。

---

* 宾果(bingo)游戏:一种博彩游戏,游戏规则和付奖方式各地不同。游戏使用的卡片常见的是 5×5,即 5 行 5 列,分别对应 5 个字母 B-I-N-G-O。游戏者根据叫号,迅速找到在卡上的这些数字,并做出标记,只要有一个游戏者根据叫号,描出了 BINGO 图案,他就取得胜利,这一轮的游戏就算结束,随后开始下一轮的游戏。因此,宾果(BINGO)的英文引申含义是"猜中了"。——译者注

[30] *Mirror Newspaper Ltd. v. Queensland Newspaper Pty Ltd* [1982] Qd R 305.

作者身份(authorship)

在上述有关独创性的部分中,我们注意到独创性要求一部作品出自某个作者。作者身份与独创性是密切结合的,并且被认为相互关联,一方隐含着另一方。[31] 或许说明这一点的更好方式是:除非一部作品有作者,即该作品来自于一个人或一个群体,否则该作品就无法具有独创性。有观点认为有些数据库没有版权意义上的作者。该观点所依据的理由是:电子数据库是由数据库内负责组织数据的计算机程序自动编排的。[32] 该计算机软件形成了物理数据库本身与其作者之间的一层或数层软件,作者利用该软件去添加、更新或移除数据。[33] 作为文学作品的计算机程序是有版权的,这种版权与数据库的任何版权都是完全分离的。操作者仅仅是不加区别地键入数据或者插入已经数字化的数据,而该数据可以由计算机程序编排。[34] 选择数据库内包含的数据可能不具有独创性,特别是当这种选择包含了与特定主题有关的所有可获得的信息的时候。可以进一步认为,因为编排已经作为操纵数据的计算机软件运行的结果而自动发生,所谓的数据库的作者事实上并没有创作它。在某些法域,这个观点得到了关于作者的定义的支持,它们规定作者是创作出具有个人特征的作品的自然人,或者作品必须是其作者精神的产物。[35]

数据库制作的几个技术方面 对作者身份问题有如下几个可能的回应,它们都要求对电子数据库的制作和更新过程有一定了解。第一,数据库的真实创建和更新绝非同不加区别地把新数据

---

[31] 见 Ricketson, *Law of Intellectual Property*, at p.7.45。
[32] 同上揭,at p.7.175 and p.14.35。
[33] C. Date, *An Introduction to Database Systems* (6th edn, Addison-Wesley, Reading, 1994), p.7.
[34] 见 Ricketson, *Law of Intellectual Property*, at p.7.175。
[35] 例如,《法国知识产权法典》(1992)(修正)第 L111-1 条对"智力作品的作者"授予权利。《意大利版权法》(1941)(修正)保护"具有创造性特点的智力作品"。

输入某种形式的数字存储器——例如计算机硬盘——那样简单。必须决定如何定义数据库将要包含的记录(records)和字段(fields)(或者行和列)。[36] 例如,以电话簿白页数据库为例,必须决定电话簿的每一个条目都应按特定的顺序存储。在本例中,它可以是姓,后面跟着名或首字母名、住址和电话号码。最终的号码本将由包含个人的姓、名或首字母名、地址和电话号码的行或记录,同时还有包含姓、名或首字母名、地址和电话号码的列所组成。[37] 即使最终结果是由以这种方式编排材料的计算机的"工作"所产生,人类的思想也进入到该数据库的设计,以及外部用户如何看待这些材料的观念中。[38] 而且,绝大多数数据库包含为帮助检索而准备的索引。索引在这个用途上非常重要。例如,尽管电话用户详细信息的单个记录在数据库存储系统中可能没有以有意义的顺序排列,索引则会包含以人为定义的顺序排列的每一个库内记录的特定字段,以及从同一个记录的一个字段到另一个字段的链接。例如,一个索引可以以字母顺序来排列姓。对同一记录的其他预选字段例如电话号码或地址,可以建立链接或提示。当数据库用户正在检索譬如"Andersen"一词的时候,搜索数据库的计算机软件就能够停在"姓"索引中"Andersen"这个词上。接下来就会被指引到电话簿中所有姓"Andersen"的人的号码上。[39] 以"姓"为内容的文件是电话号码文件的几个可行的索引之一。

就索引而言,数据库制作者必须做出决定,可能需要什么信息以及编制支持快速检索的索引的投入能否得到保证。[40] 这是因为,数据库内记录每一次更新,索引也必须予以更新。例如,电话

---

[36] 记录是例如与电话用户有关的全部信息条目,而字段则是该信息的特定部分,例如电话号码。因此一个记录包含着数个不同的字段。如果数据库被想象为一个表格,那么数据库中的记录就是这个表格中的行,而字段就是列。见 Date, *An Introduction To Database Systems*, p.3。
[37] 这一编排是否具有足够的创造性以构成独创性则是另外一个问题。
[38] Date, *Introduction To Database Systems*, pp.36—37.
[39] 同上揭, p.724。
[40] 同上揭, at pp.725—726。

簿使用者通过键入电话号码的方式来搜索电话用户姓名的次数非常少,这不能证明应该编制以降数顺序排列的电话号码索引,向用户指示使用该号码的个人的信息。

编制索引的过程甚至还要复杂得多(最简单的数据库除外)。这是因为使用者希望通过一次参考多个标准来检索数据库,换句话说,就是希望参考多个字段的组合。例如,让我们假设有个电话号码簿使用者希望搜索一个名叫"Andersen"并且住在切尔西的人。仅仅搜索"Andersen"可能会得到一个含有"Andersen"的很长的名单,其中很少或者没有人住在切尔西。如果该电话号码文件的索引同时包含着姓名和城区,这将会极大地提高搜索切尔西的"Andersen"的速度,同时把其他"Andersen"从搜索中排除。这等同于布尔逻辑中的"与"(and)搜索。其他形式的索引也能够获得同样结果或者能够有助于其他搜索任务。除了索引之外,数据库可能含有电子分类词典。因此,搜索"Andersen"一词可能会提供名叫"Andersen"或"Anderssen"的人的详细情况。

所以对于绝大多数商业数据库而言,数据库的制作者已经对数据库的设计倾注了某种思想,不论该设计被计算机自动执行的程度如何。例如,一台计算机可能被指令去识别记录中的各个字段,把每一条记录分类到相关的字段中,但是字段和记录的设计仍然由数据库制作者执行,正如对索引系统的设计一样。

第二个回应与第一个回应有关。它所依据的观点是,由于制作者已经考虑到了其对数据库的投入所产生的可能结果,所以数据库制作者可以主张作者身份。他们选择了数据库使用的软件,因此也就选择了能够在库内信息上执行的操作方式。能够极快地完成一种或者多种操作这一事实不具有相关性,尤其是在采用额头汗水不是独创性的关键成分这一观点的时候。没有理由要求取得作者身份需要花费特别的一段时间。只要制作者已经构想了数据库输出数据的最终编排形式,或者更准确地说,能够实现的数据输出的各种编排,即使软件的使用消除了编排过程中花费大量时间这一负担,这一事实不应成为主张作者身份的障碍。[41] 这也是赞成抛弃额头汗水作为版权保护的基础这一观点的逻辑结果。如果仅仅有额头汗水并不能赋予版权保护,那么只要在创作中投入了适当的智力努力,不应该因为缺少额头汗水而剥夺一部作品的版权保护。

最后一个回应是关于计算机生成作品(computer-generated works)的问题,它们的作者身份已经在多个法域被考虑过。[42] 例如英国版权法已经规定计算机生成作品的作者是对作品创作做出了必要安排的人。[43] 可能在不久的将来其他法域也会采用类似的办法。最终的结果是,要求作者身份将不可能是数据库版权保护的重大障碍。基于必需,具有任何商业价值的绝大多数数据库将不仅仅是由计算机所汇编的大量数据。为了以任何有意义的方式得到使用,需要一人或者多人对材料的编排进行设计。这可能将足以满足一些法域中对人类作者(the human author)身份的要求,即要求版权作品必须是人类作者的作品。这种编排是否符合特定法域的独创性要求则是另一个问题。

因此,意图获取商业价值的绝大多数数据库都将符合作者身份的要求。可能存在争议的是这样产生的一些编辑物,其内容在被简单地组合而不是编辑之时,不具有任何从其使用中获得商业价值的真实意图。通过运用计算机程序能够检索各个条目的能力并不足以赋予作者身份,但是这种情况在任何具有商业意义的背景下将是罕见的。

侵权

即使一个数据库被认定为是一个独创性的作品,有能够识别

---

[41] 见 *University of London Press Ltd v. University Tutorial Press Ltd* [1916] 2 Ch 601 at 609。彼得森(Peterson)法官宣称创作文学作品所花费的时间并不是一个与此相关的标准。

[42] Ricketson, *Law of Intellectual Property*, at p. 14. 30。

[43] 《英国版权、设计和专利法》(1988)第9(3)条。

的人类作者并且享有版权,它的版权保护依然会有一些重要的版权问题。必须考虑授予该数据库版权所有人的权利,以及可能构成侵犯这些权利的行为。这两者之间关系紧密。这些权利和侵权行为与版权客体之间同样有着密切的关系。因此,我们在考虑版权所有人的权利以及对这些权利的侵犯时不能把对独创性的讨论排除在外。

作品的实质部分:品质的而非定量的标准 显然,如果被控侵权人以与作者的表达完全相同的形式使用了全部作品,唯一的问题就是这种使用是否属于版权所有人专有权的范围。如果是,那就构成侵权。在这点上稍微复杂的是确定构成作品的界限可能有困难。对于电子数据库尤为如此。可以说一个数据库包含无数的子数据库,如果存在版权,其中的每一个数据库都构成版权作品。我们以 Lexis 数据库网络中的一个数据库为例。[44] 已经结合在一起的美国联邦和州普通法数据库可能被分为许多其他的数据库,例如"两年内的联邦判例"、"1944 年以后的联邦和州的判例"、"全部法院——以巡回区为标准"、"全部法院——以州为标准"。甚至在这些数据库中,还可以进一步细分。"全部法院——以州为标准",这一数据库可以被看作含有与每一个州相对应的 50 个独立的数据库。为了判断侵权的目的,所考虑的数据库越小,证明侵权就越容易。举例来说,如果侵权人从 Lexis 复制了爱达华州的所有判例,假如爱达华州的判例汇编本身构成一种版权作品,那么侵权人的行为将构成侵权,因为该作品整体都被复制了。这里不存在是否复制了实质部分的问题,因为该数据库的全部都被复制了。此外,有一种观点认为,大数据库中所包含的子数据库越小,子数据库具有版权这一论证的说服力就越强。这是因为,该数据库中的子数据库是通过选择越来越多的标准以排除大数据库的其他部分而"产生"的。数据库用户使用这些选择标准的能力是数据库作

---

[44] 为了举例的目的,我们不考虑该数据库是否具有符合版权保护条件的必要选择和编排。

者编辑索引的结果,该索引预设了此类搜索的可能性。包含的选择标准越多,能够主张这种选择具备为获得版权保护所必需的创造性的可能性就越大。因此,确定数据库对于侵权问题具有决定作用,而且数据库所有人将很自然地认为他们对数据库拥有很多子数据库。就作者所知,这个问题尚未在数据库的背景下进行过诉讼,但是它似乎很可能在未来登台亮相。[45]

但是一旦相关数据库是什么这一问题得到圆满解决,权利和侵权与独创性之间的关系就变得特别重要。个别法域的版权立法和理论认为,针对版权作品实质部分的行为与针对整个作品的行为构成同一行为。[46] 因此,定义实质部分经常是决定是否发生了版权侵权的关键。在前述的例子中,如果争议的版权作品被认为是所有来自美国联邦和州的判例法的数据库,一个基本问题就是来自爱达华州的判例是否构成该数据库的实质部分。确定作品的实质部分要求衡量和考虑该部分的数量(quantity)和品质(quality)。衡量所使用的数量是一个相对简单的经验性工作,但是在确定所使用的部分是否具有实质性的过程中,重点更在于品质而不是数量。[47] 衡量品质是一个更为困难的工作,并且与独创性概念紧密相关。

"品质"有两种含义:作品的优秀性的标准和程度,以及该作品的属性或特征。任何特定作品都可能被认为是一部优秀的或高品质的作品,并被看作具有特定的品质。第一种定义是日常语言中最通用的,但这种定义与衡量版权作品的实质部分无关。这是因

---

[45] 见 B. Sherman,"Digitial Property and the Digitial Commoms", in C. Heath and A. K. Sanders (eds.), *Intellectual Property in the Digitial Age: Challenges for Asia* (Kluwer, London, 2001), pp.95—109。该文就这个问题联系版权作品进行了一般性讨论。

[46] 例如英国版权、设计和专利法(1988)第16(3)条和澳大利亚版权法(1968)第14(1)条的规定。另见 J. Sterling *World Copyright Law* (London, 1998) at p.13.06。

[47] *Hawkes and Son (London) v. Paramount Film Service Ltd* [1934] 1 Ch 593, *Ladbroke (football) Ltd. v. William Hill (Football) Ltd* [1964] 1 All ER 465.

为,在判断作品是否具有独创性并有权获得版权保护的时候,法院拒绝评论或判断作品的优秀程度。这一点的必然结果就是:在确定是否使用了作品品质的实质性部分时,考虑被利用部分的优秀程度是没有意义的。亦即,利用作品的"精华之处"这一行为本身并不构成利用实质性部分,利用使得作品具有独创性的属性或特征才是关键的考量因素[48],无论这些特征是否构成作品的精华。申言之:在阐述侵权问题的时候,需要考虑什么是作品的独创性特征。

接下来就要考虑什么使得作品具有独创性,这一点根据各个法域的独创性进路而有所不同。在独创性幅度的低端,我们已经看到额头汗水可以赋予作品以独创性。因此,利用耗费很大努力才创作而成的作品部分构成利用作品的实质性部分。相反,如果独创性只与创作作品的智力创造有关,所利用的部分必须包含该种智力创造的结果。

在数据库的背景下,这意味着:如果独创性的标准比较低,数据在数量上的重要性将构成作品的实质部分。这是因为,为获得这些材料,校验它的准确性并将其排列在数据库中需要耗费大量的额头汗水。[49] 正是这种努力而不是它的智力特征赋予了数据库以独创性。[50] "额头汗水"进路的结果是,实质性标准的数量和品质方面合并在一起了。如果对独创性适用不同的进路,什么构成实质性部分这一问题就会出现迥然不同的观点。如果独创性只与数据库内容的选择和/或编排所付出的智力创造性有关,只有利用了数据库这方面的实质部分时,才会发生侵权。所以,即使数据库享有版权,只要没有采用该内容的选择和编排方式,利用数据库的大量内容而不构成侵犯数据库的版权也是可能的。

---

[48] *Baumann v. Fussell* [1978] RPC 485 at 487.
[49] 在下文中我们将会看到,《指令》规定了与获取、校验和表达信息方面的实质性投入有关的特别权利。
[50] 同一数据库也可以通过其选择和编排的方式来展现创造性,此时该数据库同样能够在既保护努力也保护创造性的"额头汗水"版权制度下获得保护。

尽管上述讨论涉及到独创性的额头汗水进路和以创造性为基础的进路,我们需要牢记的是,独创性的这些标准其实是独创性幅度的两个极端。向低端发展,独创性是微小程度的创造性和额头汗水相结合的产物。这一方法的结果是,尽管仅有额头汗水本身并不足以获得版权保护,一旦证明存在些微程度的创造性,就能对额头汗水和创造性一并授予版权保护。利用他人的"额头汗水"或者创造都可能导致侵权,因此通过后门(the back door)容许了对额头汗水的保护。更严格地坚持区分"额头汗水"和创造性并向独创性幅度的高端发展,就会消除这种可能性。前种情形的实例之一是英国上诉法院对 *Waterlow Publishers Ltd v. Rose*[51] 案的判决,在该案中被告涉嫌侵犯律师电话号码簿的版权。被告用于竞争的电话号码本的编排与原告的编排非常不同[52],但是根据采自原告电话号码簿的信息数量,被告仍然被认定为侵权。相反,Feist案的判决适用了更高的独创性标准,明确地判定信息和事实可以自由利用,只要没有利用它们的选择和编排即可。

被侵犯的权利

版权授予版权所有人对其作品享有多种专有权。在上述涉及"实质性部分"的章节中,通用词汇例如"采用(taking)"或"使用(using)"被用来指称侵权行为,但是对于侵权的任何考量,都必然需要确定被侵犯的版权人的确切权利。这些权利的具体特征随着法域的不同而不同,正如独创性问题在不同法域受到不同对待一样。尽管有这些差异,不同法域授予版权人的权利的一般特征却非常类似。这主要是国际版权条约详细规定了必须授予版权人的权利的结果。

---

[51] (1990) 17 IPR 493. 该判决与美国在 *Skinder-Stauss Associates v. Massachusetts Continuing Legal Education*, 914 F Supp. 665(D. Mass. 1995)案的判决形成对照,在后案中,判定马萨诸塞州律师电话号码本不享有版权。

[52] "没有侵犯 Waterlow 公司的作品设计或者信息的编排和布置,这一事实并不意味着没有侵犯编辑物"(1990)17 IPR 493 at 507。

有几种权利与数据库高度相关。它们是:复制权[53]、向公众传播权,包括向公众提供[54]、发行[55]和出租[56]。另外,版权人可以禁止他人规避版权人为控制获取其版权材料而使用的技术保护措施。[57]

复制权(Right of reproduction)

复制权是版权人的一项久已存在的权利,但是把它适用到数据库上则有一些困难。困难之一在于判断是否复制了作品的实质性部分。这个问题在上文已经进行了讨论。已经出现的另一个与之相关的问题是:在计算机屏幕上浏览和阅读数据库内容的过程中,如何决定在哪一个时间点上发生了复制。这是因为浏览和阅读屏幕内容的过程涉及到计算机对内容的临时性复制。如果在计算机屏幕上的显示没有获得版权人的许可,这类复制是否足够固定(fixed)以构成复制,并进而构成侵权性复制,对此存在观点分歧。如果它们构成复制,那么复制就发生在数据库用户的计算机内,并且有理由认为用户应该为任何侵权性复制承担责任;然而,有关这一问题的国际义务并不清晰。1996年12月,在日内瓦召开的有关版权和邻接权特定问题的外交会议试图解决这一问题,并表决通过了《世界知识产权组织版权条约(1996)》(《版权条约》)。《版权条约》的议定声明对《保护文学艺术作品的伯尔尼公约(1971)》(《伯尔尼公约》)规定的复制权做出如下声明:

---

[53] 《保护文学和艺术作品的伯尔尼公约》(1971)第9条(the Berne Convention, 828 UNTS 221)。

[54] 1996年12月20日,关于版权和相关权特定问题的外交会议通过了《世界知识产权组织版权条约》(1996)第8条,36 ILM 65 (1997),《版权条约》课加了规定向公众传播权的义务。

[55] 《版权条约》第11条。

[56] 《与贸易有关的知识产权协议》第11条要求对计算机程序和电影作品授予此种权利。《版权条约》第7条也要求对录音制品以及计算机程序和电影作品授予该权利。

[57] 《版权条约》第11条。

《伯尔尼公约》第9条所规定的复制权及其允许的例外，完全适用于数字环境，尤其是以数字形式使用作品的情况。众所周知，在电子媒质中以数字形式存储受保护的作品，构成《伯尔尼公约》第9条意义下的复制。[58]*

《版权条约》的缔约方被要求对文学和艺术作品的版权人授予复制权[59]，该议定声明试图澄清复制权在上述环境中的适用，但是没有取得成功。这是因为没有定义什么构成存储(storage)，而且，为了在计算机屏幕上浏览数据库而制作的临时复制件可能不被认为构成存储。可能发生这一问题的另一种情形是，数据库用户希望利用数据库中的全部或者绝大部分数据，并以自己的方式对其进行编排。他们并不希望采用数据库作者的编排。如果数据在额头汗水的版权制度下不受保护，倘若数据的选择没有独创性，用户就有权复制这些数据。[60] 不过，如果复制权包括对编排的临时性复制，用户的实际复制过程必然涉及对编排的复制。手工复制数据是可能的，但是成本昂贵。[61] 最有效和合理的复制手段将是数字式的。为了能够数字式复制数据，在拆解原编排方式之前，将不得不对以原编排方式存在的数据进行临时复制。

把复制权适用到作品(例如数据库)的临时性数字复制件上，对此尚不存在统一的版权实践。然而，美国法律和欧盟所采取的

---

[58] 《版权条约》第1(4)条的议定声明，CRNR/DC/96。
 * 该译文参照了《版权条约》的中文正式文本。——译者注
[59] 《版权条约》第1(4)条要求缔约方遵守《伯尔尼公约》第1到21条的规定。
[60] 此处不考虑合同限制或者适用保密信息的可能性。
[61] 见 A. Raubenheimer,"Germany: Recent Decisions on Databases Protection under Copyright Law and Unfair Competition Rules"(1996) 1 *Communications Law* 123 在该文中他描述了两个案例. 1994 CR 473：1994 NJW-CoR 169 1995 CR 85；1994 WRP 834：1994 NJW-CoR 303. 在后一案例中，在中国采用手工复制电话号码簿。

32 数据库的法律保护

方法似乎赞成这种观点——此类临时性复制构成版权意义下的复制。[62] 对于那些未经数据库所有人许可,希望简单地浏览数据库或者复制库内数据的人而言,这一做法具有重要意义。

出租权(Right of rental)

《与贸易有关的知识产权协议》(TRIPS)引入了出租权。发达国家在 1996 年就在国内法中实施该权利;发展中国家则必须在 2000 年之前实施该权利。它与计算机程序和电影作品的被固定的复制件有关,能够作为有形的对象例如 CD 或 DVD 而被投入发行。[63] 《版权条约》也要求把该权利适用到以录音制品形式体现的作品。[64] 《指令》更进一步授予数据库版权人以宽泛的发行权(right of distribution),该权利被定义为包含出租权。[65]

发行权(right of distribution)

发行权被写入了《版权条约》[66],它同样适用于被固定的作品复制件。[67] 它规定"文学和艺术作品的作者应享有授权通过销售或其他所有权转让方式向公众提供其作品原件或复制件的专有权"。[68] 该权利可能要受制于穷竭原则,在绝大多数法域中,一旦

---

[62] MAI Sys. Corp. v. Peak Computer Inc., 991 F 2d 511, 517 (9th Cir. 1993); Advanced Computer Servs. v. MAI Sys. Corp., 845 F Supp. 356, 362 (ED Va. 1994). 参见 J. Ginsburg, "Copyright Without Borders? Choice of Forum and Choice of Law for Copyright Infringement in Cyberspace" (1997) 15 Cardozo Arts and Entertainment Law Journal 153 at fn 28。《指令》第 5 条(a)规定了数据库作者应该拥有实施或者授权临时复制的专有权。2000 年 9 月 28 日,欧盟理事会通过了关于版权指令草案的《共同立场》。OJ 2000 No. C344, 2000 年 12 月 1 日,第 1—22 页。《共同立场》第 2 条把复制定义为包含临时性复制。

[63] 《与贸易有关的知识产权协议》第 11 条。

[64] 《版权条约》第 7 条。

[65] 《指令》第 5 条授予版权人实施"以任何形式向公众发行数据库或数据库的复制件"的专有权。

[66] 《版权条约》第 6 条。

[67] 《版权条约》第 6 条和第 7 条的议定声明,CRNR/DC/96。

[68] 《版权条约》第 6 条。

作品的合法复制件被首次售出后,版权人就不能阻止这些合法复制件的后续销售。不过,它将包含发行数据库的侵权复制件的权利。《版权条约》规定的发行权比《指令》第 5 条的规定要狭窄得多,后者还包含了出租权。

向公众传播权(Right of communication to the public)

向公众传播权也被写入了《版权条约》。[69] 该权利被设计来解决以无线或者有线方式进行的版权作品的电子发行,包括将作品向公众提供,使公众中的成员在其个人选定的地点和时间可以获得这些作品。因此它涵盖了在线提供数据库的行为。迄今为止,不是所有的《版权条约》签约方都在其国内立法中纳入了这一要求。但是在不太远的将来,传播权将以这种或者那种形式成为这些国家版权法的组成部分。

数据库版权人的这些权利也会有助于对数据库特别权利的理解。在第三章里,我们将会看到,《指令》赋予的特别权利,与上文描绘的版权人的专有权相比,即使不是相同,也是非常类似的。

禁止规避技术保护措施

版权人同样有权禁止用来规避技术保护措施的装置。《版权条约》规定了提供该种保护的义务。[70] 通过禁止规避版权人为防止未经许可获取其版权作品而采用的自助措施,这种保护补充了传播权。它对于数据库特别重要,因为它能阻止以并不侵犯版权的方式处置作品的人获取版权作品。例如,合法获取数据库的个人能够利用数据库的一些内容甚至全部内容,却不构成利用数据库的选择和编排的实质性部分。这样做不侵犯版权,但是,由于禁止规避技术保护措施,为以合法方式处置数据库而对之进行访问也变为不可能了。而且,它具有防止获取不享有版权的数据库的

---

[69] 《版权条约》第 8 条。
[70] 《版权条约》第 11 条。

效果。禁止生产和销售规避装置限制了个人获取被技术措施所保护的材料的能力,不论这些材料是否存在版权。

版权的例外

多数法域对版权规定了一些例外,但是这些例外的性质和范围差异极大。这些差异可以被部分解释为由于版权保护理由的观念分歧所造成。这对保护什么和不保护什么有重要影响。大陆国家适用较高的独创性标准,造成享有版权的作品更少,但是与适用更低独创性标准的国家相比,这些作品自身的版权例外却受到更多限制。在一些国家,如英国,享有版权的作品更多,例外也就更广泛。举例而言,英国有"公平利用"(fair dealing)的规定,允许为了私人研究、批评、评论或报道时事新闻的目的而公平利用作品的实质性部分。[71] 相反,法国法只允许复制者为了私人使用的目的进行复制。[72] 这就排除了为商业研究的复制,但是就作品权利的性质而言,不包括保护作品所内含的信息,因此缓解了这种有限例外的影响。其他欧洲国家也采取了与法国类似的进路。[73]

美国的版权立法的规定则差异更大,它不寻求限定确切的条件,以便确定哪些本来应该构成侵权的行为可以被容许。相反,它通过合理使用的法定抗辩采取了一种灵活的进路,为法院衡量被

---

[71] 《英国版权、设计和专利法(1988)》第29和30条的规定。第三章讨论了由于《指令》的影响,英国法上为研究目的而公平利用数据库的抗辩是怎样被限缩的,以便排除为商业目的的研究。

[72] 法国《知识产权法典》L122-5(2)条,Law No. 92-597 of 1 July 1992. L122-5(3)条还允许为了批评、教育和其他目的以及新闻评论和新闻报道的目的而分析和简短引用。

[73] 例如,《意大利版权法(1941)》(已修正)第68条规定,"为了读者个人使用的目的,应该允许以手工或者不适于向公众销售或发行的方式复制单篇作品。"该法第7条还允许为了批评或评论或者为了说明的目的而引用或者复制作品的片断。修正后的《德国版权法(1965)》允许"为了私人使用目的对作品复制一份复制件",以及"为了个人科学研究对作品复制一份复制件,只要这种复制是为了该目的所必需并且限于该目的范围内。"

告使用版权材料的行为是否合理确定出一些相关因素。[74]

在试图协调独创性标准和版权例外的时候,这些例外的差异成为一个难题。当试图把这些例外推演到特别权利的时候,它们也同样是一个难题。一旦保护的对象变化了,不论这种变化是通过改变独创性标准,还是通过创造出适用于不同客体的新的特别权利而实现的,都需要重新考虑例外的性质和范围。正如第三章所言,《指令》试图协调数据库版权保护的独创性标准以及版权的例外,并创造出一种新的特别权利。需要考虑的重要问题是特别权利的这些例外就该权利的性质而言是否适当。

强制许可(Compulsory Licensing)

除版权保护的例外以外,还存在这样一些情形,要求版权人允许对其作品进行复制以换取公平补偿。这就是强制许可。与版权的例外一样,强制许可的规定通常与保证获取和使用版权材料的公共利益有关;有时之所以需要强制许可的规定则是因为,各方当事人达成许可协议的交易成本可能会极度高昂。获取和使用的公共利益包括为了教育目的、新闻报道、时事新闻、政府信息或与政府功能有关的信息而获取版权材料。强制许可也可适用于下列情况:只需使用版权材料相对很少但却是其实质性的部分、或者一个使用者将使用许多不同的版权作品,例如一个广播电台将广播多种录音制品。

在某些情况下,对于特定的版权例外或强制许可而言,保证获取和减少交易成本这两种正当性理由都存在。例如,澳大利亚对教育机构为教育目的而复制版权材料规定了强制许可制度。[75] 它允许为了教育目的复制文学和艺术作品、电影以及广播节目的实质性部分,无需获得版权人的同意。这种复制需要支付的许可费通过集体管理组织和版权人之间的协议确定,集体管理组织负责

---

[74] 《美国版权法(1976)》第 107 条。第四章对这一抗辩进行了详细讨论。
[75] 《澳大利亚版权法(1968)》,第 VB 部分。

收取费用并把其分发给版权人;在没有协议的情况下,则由具有明确的立法授权去处理该问题的澳大利亚版权裁判庭(Australian Copyright Tribunal)决定。[76] 这种安排的正当性根据不仅在于为了教育而获得版权材料这种公共利益,还在于要求大量使用者与大量版权人之间进行个别许可会导致较高交易成本。

在数字环境下,后一种正当性根据在一定程度上消失了。通过少量人为干预或监视,能够自动地以电子方式监控并记录对电子形式版权材料的使用,尤其是在线的电子版权材料。如果对使用收取标准使用费(standard fees),那么就可以快速和便利地计算这些费用并记录被使用的作品。而且,通过代理大量的版权人并代表他们集体缔约,集体管理组织在减少交易费用方面发挥了作用。[77] 因此一些版权人要求废除对版权材料的例外和强制许可。[78]

这就只剩下了一个正当性根据:保证获取相关版权材料的公共利益。"获取"(access)在这一语境下有两个含义:一是预期使用者(an intending user)是否拥有获得使用版权材料的财政手段;二是预期使用者是否实际获取了这些材料。类似公平利用或合理使用这样的抗辩在当前提供了一种财政手段,通过它们可以使用版权作品或者作品的实质性部分而无需向版权人付费。不过,它们不提供任何实际获取的保证。公平利用或合理使用的抗辩使得某些本来构成版权侵权的行为正当化了。它们不是为实现那些行为而实际或真实地获取版权材料的权利。除非使用者能够实现获取,否则就无法利用公平利用或合理使用抗辩。事实上,作为授权

---

[76] 《澳大利亚版权法(1968)》,第 VI 部分,第 3 分部。
[77] 对这一问题的讨论,见 R. Merges,"Of Property Rules, Coase, and Intellectual Property" (1994) 94 *Columbia Law Review* 2655。
[78] 例如,1997 年 10 月,数据库制作商成立的跨行业工作小组向英国政府提交的建议——《政府执行欧盟议会和理事会数据库法律保护指令的意见:磋商结果》第 3 页提到了这个建议。该文件被提交给英国版权董事会,本书作者从该处获得了此文件。

实际获取的合同条款可以完全排除利用这些抗辩可能性。[79] 因此,实际获取的花费就涉及到前述对材料的财政获取。在数字环境下这一问题特别重要,因为在那里技术措施能够被用来阻止访问数据库,并且版权法也可以被用作禁止规避这些技术保护措施的根据。对此的应对措施之一是否定试图排除例外的合同条款的效力,《指令》在某种程度上已经采用了这一方法。[80]

强制许可对版权材料的获取有着不同的影响。它对获取的两个方面都有影响。它对财政获取有影响,表现在独立机构如法庭或法院判定的许可费可能会少于当事人协商达成的许可费。简言之,获取材料可能更便宜。同样重要的是,强制许可授予了实际获取材料的有效权利。强制许可强加了一个重要的合同条款,在此基础上版权人可以缔结合同以获取相关材料。如果版权人确实希望达成提供材料的合同,那就需要接受这种条款,或者他进行合同协商时需要知道这种条款能够被强加到合同之上。

除了与强制许可相关的这些理论考虑因素之外,《伯尔尼公约》对版权材料的强制许可规定了重要限制。《伯尔尼公约》的架构是:它授予作者以专有权,而强制许可则被认为与这些权利适相反对。[81] 《伯尔尼公约》明文规定了对音乐录制品和为广播目的的强制许可[82],并且从第 9 条(2)以及第 10 条(2)中也能推断出授权施加强制许可,但是强制许可的范围受到极大限制。

这对数据库有特别的意义。数据库中包含的信息可能具有特别的公共利益用途。对该数据库的财政获取和实际获取同样可以有助于公共利益用途。因此,对数据库法律保护的讨论需要考虑获取问题以及保证获取的条件(如果有的话)。如果对数据库所包

---

[79] J. Reichman and J. Franklin, "Privately Legislated Intellectual Property Rights: Reconciling Freedom of Contract with Public Good Uses of Information" (1999) 147 *University of Pennsylvania Law Review* 875.

[80] 《指令》第 8 条(1)。

[81] Ricketson, *The Berne Convention* 1886—1986 at pp. 16.27—16.28。

[82] 《伯尔尼公约》第 11 条之二(2)和第 13 条(1)。

含的信息给予版权保护或者等同于版权的保护,施加强制许可就因为《伯尔尼公约》而变得困难了。不过,如果这些信息本身不受版权保护,而且对收集信息过程中所付出的额头汗水投入给予特别权利保护,该特别权利就要服从强制许可的规定。这是因为它是一种新权利,能够被设计成其创制者认为合适的方式。

版权小结

通过上述对版权原则的讨论我们可以得出一些结论。第一,绝大多数数据库都是版权意义上的作品,因为它们包含选择或编排上的充分独创性,足以符合保护条件。当衡量侵权的时候,独创性问题最可能开始发挥作用,因为独创性将限定能够使用什么和不能使用什么。第二,数据库是否能够享有版权,通常取决于该数据库是否具有独创性并具备人类作者。第一个问题的答案在不同法域有所不同,取决于该法域所要求的独创性标准的差异,但是在很多情况下,作者身份问题将不会是数据库获得版权保护的主要障碍。第三,尽管独创性问题与侵权问题密切相关,侵权的其他方面也需要加以考虑,包括确定特定的数据库、确定一个数据库的实质性部分以及被侵犯的具体权利。第四,侵权问题还带来了如下疑问:在何种程度上,哪些本来构成侵权的行为应该基于公共利益目的而被允许?是否以及在什么条件下应该强迫版权人提供对其版权材料的访问方法?

不正当竞争原则(Principles of unfair competition)

不正当竞争的原则和法律对数据库保护模式也产生了影响。可以利用有关不正当竞争的一般法律去保护数据库,或者具体修改或改变这些法律以适用于数据库,因此特别权利保护能够以不正当竞争原则为基础建立。美国的特别权利保护立法草案就是以这些原则为基础的,《指令》的最初版本也采用了这一模式。[83] 而且,一些评论者指出,在有些国家,不正当竞争原则与版权侵权进路有着重要关联。例如,瑞克特森(Ricketson)指出,尽管英格兰和澳大利亚都没有禁止不正当竞争的一般立法或普通法,或许正是因此之故,它们的独创性和侵权进路受到了不正当竞争原则的影响。[84] 因此,大法官皮特森先生(Mr. Peterson Justice)在 *University of London Press Ltd v. University Tutorial Press Ltd*[85] 案的判决中的下述评论经常被英国或澳大利亚版权判例所引用——"一个粗糙的标准是……值得实施复制就是值得给予保护的初步证据。"[86]

不过,版权和不正当竞争这两种法律制度有着重大差别。版权授予版权人实施与版权材料有关的各种行为的专有权,例如复制或者向公众传播。任何人未经版权人许可实施这些行为都侵犯了版权,除非他们能够以某种抗辩为根据,例如公平利用(fair dealing)。他们行为的后果,或者对版权人造成不利影响,或者对侵权人产生有利影响,这些都与侵权行为是否应该承担责任无关。当然这些后果可能与应该给予版权人的救济有关,但这是另外一个问题。

"不正当竞争"一词至少与版权中所使用的"智力创造物"和"独创性"等词语一样含义模糊。不正当竞争法与此有关的一个重要特征就是是否要求具备虚假陈述或混淆这一必要条件。许多法域如英国把不正当竞争的概念限于存在欺诈或混

---

[83] 参见第三章和第四章。
[84] Ricketson, *The Berne Convention* 1886—1986 at pp. 9.34, 9.35 and 9.450.
[85] [1916] 2 Ch 601.
[86] 例如 *Ladbroke (Football) Ltd. v. William Hill (Football) Ltd* [1964] 1 All ER 465 at 471, 481. *Nationwide News Pty Ltd and Others v. Copyright Agency Ltd*, No. NG94 of 1995, Federal Court of Austria at para. 77; *Re: CBS Records and Gross*, No. G337 of 1989, Federal Court of Austria at para. 25.

淆的情形。[87] 如果这一要求构成不正当竞争法的组成部分,这些法域的不正当竞争法在保护数据库时就不会发挥什么作用。一些法域坚持要求欺诈或混淆这一必要条件比较容易理解,对此有充分的理论依据,特别是具有经济依据——那些从事欺诈或混淆的人搭便车(free ride)利用了原始信息提供者的投入。消费者以为这些信息是从某个特定来源提供给他们的,事实上根本不是出自该来源。在这些情况下,实际提供者搭便车利用了信息提供者的声誉。这种行为所产生的影响是,原始信息提供者会减少对信息收集的投入,并且会对信息提供活动形成普遍抑制。

如果不要求欺诈或混淆这个必要条件,给予救济的根据就不是非常清晰了。早期的美国判例对此的主张是,给予救济是以自然权利理论为基础的,不应该允许人们在其没有播种的地方去收获,因为允许盗用信息(misappropriation of information)显然是不公正的。[88] 部分由于这个原因,多年来法院没有支持盗用侵权[89],因为他们担心认定不公正(unfairness)具有极大的主观性。

在其他法域,重心不在于欺诈或混淆,而在于在被认为不公正的情况下盗用他人的努力。例证之一就是现在已经广为接受的盗用侵权(tort of misappropriation),它是美国大多数州法律的组成部

---

[87] 见,例如,*Hodgkinson & Corby Ltd and Roho Inc. v. Wards Mobility Services Ltd* [1995] FSR 169 per Jacob J:"我转而思考法律并开始辨别什么不是法律。这里不存在复制侵权。这里没有夺去他人市场或顾客的侵权……这里没有类似利用他人良好声誉的侵权。这里不存在竞争侵权。"在 *Moorgate Tobacco Co. Ltd. v. Philip Morris Ltd* (1984) 156 CLR 414 案中,澳大利亚高等法院对不正当竞争侵权行为采取了与之类似的观点。参见 A. Kamperman Sanders, *Unfair Competition Law: The Protection of Intellectual and Industrial Creativity* (Clarendon Press, Oxford, 1997)。

[88] 参见第四章对盗用侵权的讨论。

[89] 参见第四章对盗用侵权历史的讨论。另请参见 D. Baird, "Common Law Intellectual Property and the Legacy of *International News Service v. Associated Press*" (1983) 50 *University of Chicago Law Review* 411。

分。[90] 极而言之，不正当竞争法可以被描绘为，禁止他人未经许可或未对其使用行为支付报酬而盗用信息、创意或声誉。不过，没有任何法域毫无限制地适用这个宽泛的原则。这样做将会窒息几乎所有的创造，因为"新"知识要依赖旧知识。当欺诈或混淆不是必要条件时，对该原则所施加的限制随着法域不同而不同，但一个普遍的规则是，不正当竞争法的重心不仅在于被告的行为，还在于这些行为对原告的影响。有时重心也可能指向对那些可能打算采取与原告相同行为的人的影响。[91] 例如，近来美国越来越多的判决书乐于认定侵权，但是却运用了经济分析进路，即运用了旨在确定被告的行为是否可能极大地减弱或消除首先提供信息的动力这一标准。[92] 因此，在确定责任之前，需要分析原告和被告之间的关系以及对这一关系的影响。

许多欧洲国家的不正当竞争法的做法也是把重心集中到当事方的关系上。[93] 例如，在德国，只有原告和被告存在竞争关系时，才能适用《反不正当竞争法》第一部分。[94] 因此，获得访问数据库并为个人目的使用数据库将不构成不正当竞争。构成不正当竞争需要有与原告直接竞争的商业性使用数据库的行为。

能够施加的其他限制将会在本书的后面进行讨论，特别是第四章关于美国不正当竞争法进路的讨论。不过，最终的结论是：不正当竞争法的范围几乎总是窄于任何一种已经生效的专有财产权制度，不论原告和被告之间的关系如何。

---

[90] 盗用侵权是普通法的组成部分，因此各州由于情况不同，有的接受，有的拒绝。（见第四章）

[91] *National Basketball Association v. Motorola Inc.*, 105 F 3d (2nd Cir. 1997).

[92] 同上揭。

[93] 《德国反不正当竞争法（1909）》第一部分（Gesetz gegen der unlauterrn Wettbewerb, 7 june 1909—(UWG)(Gemany)）规定："在以竞争为目的的商业活动中，禁止任何人实施有悖于诚实惯例的行为，实施该种行为的人应该承担赔偿责任。"参见，Kamperman Sanders, *Unfair Competition Law*, 该书讨论了欧洲的不正当竞争法。

[94] J. Mehring, "Wettbewerbsrechtlicher Schutz von Online-Datenbanken" [1990] Computer und Recht 305 at 308.

合同法与数据库

合同法是另一种能够用来规范访问和使用数据库的制度。以这个目的使用合同有许多优势。一个特别的经济优势是它允许差别定价(differential pricing)。根据不同团体的支付能力、对产品的渴求以及它们将对所供信息进行的使用,可以授权不同团体访问库内信息。[95] 例如,可以对商业用户征收不同于教育用户的费率。而且,对于那些使用库内信息生产自己的信息产品——例如新的、更大、更好或不同的数据库——的用户,可以收取与非竞争性使用不同的费率。合同能够量身定制,确保数据库所有人对其投入获得适当的投资回报,因为每个合同的条款都是对相关信息的市场供给和需求的反映。

尽管合同法作为一种保护模式有着重大优势,从数据库所有人和用户的角度来看,它也存在重大不利。第一,数据库所有人的主要困难是,源于合同的保护只能适用于自身与缔约方(the contracting party)之间的合同关系上。如果缔约方把信息泄漏给第三方,针对第三方强制执行合同权利即使并非不可能,也是困难的。以未经合同许可而使用库内信息为由起诉缔约方是可能的,但是这种诉由不能用于反对第三方。

第二,数据库所有人需要某种形式的保护,以防止不享有访问数据库的合同权利的任何人访问数据库。如果任何人不需要合同权利就可以实现访问,他们就没有或很少有动力去达成合同以获得该项权利。在这种情况下可以采用两种类型的保护。一是采用防止访问数据库的实际措施。对于硬拷贝(hardcopy),这可能涉及到把数据库和没有与数据库所有人达成合同安排的人实施物理隔离。对于电子数据库,则意味着利用技术措施,例如通行密码、加密或其他手段,把数据库与他人实现虚拟隔离。如果规避该保护

---

[95] 参见第七章对差别定价(price discrimination)的讨论。

措施的成本低于利用合同实现访问的成本,即使这种保护形式也将无效。对于某些人,特别是那些具备技术能力的人而言,规避技术保护措施要比支付合同规定的访问价格便利得多。第二种保护类型是法律方式,规定未经数据库所有人允许而实现访问的行为非法。对于硬拷贝数据库,可以通过侵扰法(laws of trespass)来完成;对于电子数据库,可以通过立法禁止规避技术保护措施来实现。因此,为了能够有效地利用合同,数据库所有人必须同时依靠这两种形式的保护。

使用合同法作为保护模式还有一些不利之处。其中之一是,数据库访问合同可能在事实上不具备上文提到的量身定制的特点和相关的优势。当合同属于"点击达成"(click-on)的类型时尤为如此(此时提供给用户的是数据库所有人的标准条款,用户要么接受,要么拒绝这些条款)。用户通过点击其计算机屏幕上的相关图标或指示装置表示接受。在这种环境下,不存在对条款进行协商。在学术著作中,这种情形被描述为合同可能成立但是事实上没有达成一致,因为各方当事人未形成合意,而且对条款也完全无法进行协商。由于自动运行合同过程的可能性,该种情形非常可能发生在电子数据库上。[96]

与此相关的其他问题则涉及到合同法内容在这一领域中的适用。特别是,如果合同条款对特定的一方当事人例如数据库所有人极为有利,就会产生在何种程度下应该对合同进行详细审查的问题。合同利益的这种不平衡本身是相关当事人不同缔约能力的反映。如果合同的成立过程受到了某种方式的玷污,在一些情况下法院将会审查合同或者其所含条款的有效性。不过,通常的原则是,只有在法院确信一方当事人由于某种能力缺失(disablity)而受到损害,另一方当事人明知对方该种能力缺失并且利用了这种

---

[96] J. Reichman and J. Franklin, "Privately Legislated Intellectual Property Rights: Reconciling Freedom of Contract with Public Good Uses of Information" (1999) 147 *University of Pennsylvania Law Review* 875.

能力缺失时,这种情况才会发生。[97] 谈判能力的不平衡本身并不能导致合同无效。这可能导致通过合同对数据库赋予超常的高保护水平。例如,合同可能对利用从数据库中摘录的信息施加极度严格的限制条件。

这些限制甚至可能排除有关保护或访问数据库的其他法律制度的适用。例如,适用于数据库的版权保护包含着各种例外,如合理使用或公平利用。合同可能会排斥这些例外的适用。当达到这样一种程度,合同可能破坏政治过程历经多年而精心设计的知识产权权利人和使用人之间的法律平衡时,它已经激起人们号召对此进行限制。另一种选择是,应该对被认定为违反公共利益的合同条款进行全面限制。[98]

正如上文所强调的那样,只有当存在某种形式的物理的或虚拟的保护以及其他形式的法律保护,防止未经许可访问数据库时,合同法作为一种保护模式才能发挥效力。因此,在确定合同法和为合同法提供必要支持的基础法律制度之间的关系时,需要考虑一些至关重要的问题。例如,《指令》在某些情势下允许立法规定排除合同效力,而美国的特别保护立法草案则明确规定合同效力不受特别权利立法的影响。[99] 知识产权制度中还有其他一些例子,在某些情势下,法定权利优先于私人的合同安排。[100] 否定合同的效力也常见于其他法律领域,尤其是消费者保护领域,因为合同当事人之间存在可以察觉到的谈判能力的不平等。[101] 为了确定关

---

[97] 同上揭,第 927 页。另请参见澳大利亚高等法院的判决,*Commercial Bank of Austria v. Amadio* (1983) 151 CLR 447。

[98] J. Reichman and J. Franklin,同上揭,第 929 页。

[99] 《指令》第 8 条。

[100] 这类条款包括:关于备份计算机程序复制件的规定,关于为实现兼容性而复制计算机程序的规定等。见,例如《关于计算机程序法律保护的理事会指令》(91/250/EEC of 14 May 1991) 第 6 条,以及《澳大利亚版权法(1968)》第 4A 部分的规定。上述行为不构成侵犯计算机程序的版权。

[101] 见,例如,《澳大利亚贸易习惯法(1974)》第 V 部分,第 2 节,强制规定了一些针对向消费者销售产品或提供服务的条款。

于数据库的合同是否应该被否定效力,需要考虑否定合同效力的基础依据在相关情况下是否能够适用。

否定合同条款效力的法律依据也可能来自竞争法。如果已经证明违反了竞争法,一种可能的救济方式就是强行授予强制许可,即要求知识产权所有人向特定的使用者许可该项知识产权。因为竞争法可以适用于任何特别权利,所以下文单独讨论竞争法及其对数据库所有人的适用问题。

竞 争 法

各种特别保护模式的支持者们宣称,与这些保护模式有关的许多难点能够通过适用竞争法或反托拉斯法得以克服(本书将使用"竞争法"这个术语,除非特别指明是美国的反托拉斯法)。这些法律的目的是防止滥用市场支配力或者通过例如竞争者之间价格固定等方式非法获取这种支配力。

竞争法的理论基础是:竞争法将确保市场健康运行,防止市场扭曲。尽管竞争法确实能够发挥某种作用,特别是在规范知识产权方面,但是由于多种原因,这种作用受到严重限制。

不合适的范式

有一种真诚的观点认为,许多数据库产业或依赖数据库的产业,完全不适合纳入到主导竞争法的完全市场模式中。尽管经济学家采用动态而不是静态的观念看待竞争过程,然而竞争法建立在新古典经济学假定的基础上——理想的市场状态是一种完全竞争。[102] 这就意味着,尽管在任何一个特定时间点上,完全的市场竞争可能并不存在,但是如果该市场状态存在使市场参与者尽可能

---

[102] "在完全竞争市场上,单个卖方无法控制其销售的产品的价格,价格由整个市场的供给和需求状况来决定。"C. Pass and B. Lowes, *Collins Dictionary of Economics* (2nd edn, Harpercollins, Glasgow, 1988), p.399.

有效率地提供服务的持续市场压力,经济学家仍将会对此感到满意。因此,情况可能是,在任何一个特定时间点上,一个特定的公司或一小簇公司可以支配一个特定市场。但只要它们的支配是作为其竞争优势的结果而得以实现和维持,这就不会成为担心的理由。也就是说,它们之所以获得其地位,是因为它们比它们的竞争对手更优秀。只要市场条件为其他人提供了在该市场中进行竞争的机会,从管理的角度来看就没有问题。竞争法的作用仅仅是,确保那些暂时支配市场的人,不能以本身损害竞争过程的非法手段妨碍或阻止他人进行竞争,从而维持其支配地位。

这一分析的最终结论是,不会仅仅因为一个公司在特定市场上占据支配地位,就依据竞争法对其采取法律措施予以禁止。在采取法律措施之前,它必须已经实施了某种能够被确认的反竞争行为。反过来,这就要求推定,市场的性质是自身能够自然地导向完全竞争。

对于许多数据库市场而言,情况完全不是这样。它们的特征恰恰是将自身导向自然垄断[103]或者寡头垄断,而不是完全竞争。这种市场结构能够存在,原因在于这些数据库供应给非常离散的、小型的市场,或者该市场需要的是大型数据库,必须包含与相关调查领域有关的几乎每一条信息。因此,在这种市场里只有容纳一两家供应商的空间。

创建这样一种数据库的成本是进入该市场空间的可怕障碍,因为它是一种巨大的沉没成本(sunk cost)。沉没成本是指,一旦承受该成本的行为人选择或者被迫离开其已经进行投入的市场,就无法获得补偿的成本。与其他成本相比,沉没成本的意义在于,投入沉没成本的任何人都冒着无法获得或者获得很少投入回报的风

---

[103] "自然垄断是这样一种情形:经济规模是如此重要,以至于只有当一个产业的全部产出都由唯一的生产者供给时,成本才能最小化,因此在垄断情况下的供给成本要低于完全竞争条件下的供给成本。"同上揭。另请参见 the US Copyright Office Report on Legal Protection for Databases, August 1997 at 106—112。

险,而如果该成本不是沉没成本,这些投入就能够转化到另一种商业行为中使用。

一旦一两个投资者已经做了很大的商业投入,这对其他正在进行类似投入的公司而言就是一个现实障碍。获取、维持、展现和传递信息都是非常昂贵的运营行为。因此,许多数据库产业的自然情况是,业内只存在最少的竞争,而且市场被一两个主要的参与者所支配。由于这种支配并不是产生于任何需要禁止的反竞争行为,竞争法在规范该产业的过程中只有很小的作用(如果有的话)。

竞争法可能发挥作用的唯一情况是,存在一些滥用支配地位[104]的行为或为了非法目的使用实质性市场支配力,譬如防止他人与其进行竞争。[105] 在某些情况下,没有向竞争者或某些为了在另一个市场进行经营而要求获得信息的人授权使用该信息,可能会违反竞争法。例证之一就是欧洲法院对麦吉尔案(*Radio Telefis Eireann (RTE) and Independent Television Publications Ltd (ITP) v. Commission of the European Communications (Magill's case)*)的判决。[106] RTE 和 ITP 是爱尔兰的电视公司。每一个公司都有自己单独的电视节目表,并且宣称对这些列表享有版权。每一个公司都拒绝许可第三方——麦吉尔电视指南公司——使用节目表以创建一个综合性每周电视指南。

法院认定两个电视台在电视周刊市场上占有支配地位,因为它

---

[104] 《欧洲经济共同体罗马条约(1957)》第 86 条,该规定适用于欧盟所有成员国。

[105] 《澳大利亚贸易习惯法(1974)》第 46 节。美国法的相关规定是《谢尔曼法》(Sherman Act)第 2 节。1890 第 209 号法令,根据《美国法典评注》第 15 章第 2 节(1973)修订。该法强制规定了一个一般性要求,任何人不得垄断或者企图垄断各州之间或与外国之间的贸易或商业的任何部分。这种一般性要求后来被美国法院进行了解释和适用。

[106] [1995] ECR I-743,[1995] 4 CMCR 718, judgment of 6 April 1995. 另请参见 *Denda International v. KPN*, 5 August 1997,[1997] *Information recent*/AMI 218, Court of Appeal of Amsterdam. 阿姆斯特丹上诉法院在该案中判定,拒绝许可他人在光盘只读存储器(CD-ROM)上复制白页电话号码表构成滥用支配性市场地位。

48 数据库的法律保护

46 们是所必需的节目信息的唯一来源。法院进而认定,该支配地位被滥用于阻止麦吉尔公司在每周电视指南市场上与两个电视台进行竞争。尤其是,两申诉人正在阻止一种新产品——含有两申诉人的节目表的综合性每周指南——的出现。[107] 因此,法院指示 RTE 和 ITP 应该许可麦吉尔以及其他第三方复制和出版电视节目表,其回报是获得合理的许可费用。

该判决本身以及后来的判决都确认,仅仅拥有知识产权本身并不构成市场中的支配地位。[108] 拒绝授予许可,"即使它是拥有支配地位的企业的行为",该行为自身也并不构成滥用支配地位。[109] 结论似乎是,为了证明滥用,知识产权权利人必须正在做超出简单行使知识产权的行为。必须存在超常的情况,例如阻止消费者所需要的一种新产品的出现[110],或者必须有证据证明,拒绝授予许可会导致完全排除市场竞争。[111]

法律保护模式可能引发造就合法市场支配力的可能性

尽管竞争法能够在某些场合提供一种救济,麦吉尔案以及后来的案件判决都证明了竞争法的一些局限性。第一,知识产权所

---

[107] 同上揭,at para. 53。

[108] [1995] ECR I, 743, judgment of 6 April 1995 at para. 46. *Philips Electronics NV v. Ingman Ltd and the Video Duplicating Company Ltd* [1995] FSR 530; Case T-504/93 *Tierce Ladbroke SA v. The Commission Case*, [1997] ECR II 923.

[109] [1995] ECR I, 743, judgment of 6 April 1995 at para. 49. 另请参见 D. Fitzegerald,"Magill Revisited" [1998] 20 *European Intellectual Property Review* 154。

[110] 参见 D. Fitzegerald 对这一问题的分析,"Magill Revisited", at 160—161. 另请参见 N. Jones, "Euro-Defences: Magill Distinguished" (1998) [1998] 20 *European Intellectual Property Review* 352。

[111] 见 Case COMP 03/38.0 44-NDC Health/IMS Health Interim Measures, IP/01/941 3 July 2001, 欧洲委员会指示 IMS Health 应该向希望进入药品销售数据市场的竞争者许可药品销售数据。

有人必须在相关市场中具有支配地位。[112] 这通常是极其难以证实的。[113] 此外,第三方之所以希望访问数据库是因为它含有与特定产业相关的信息。然而,如果该数据库是一个更大的市场的组成部分,并且包含其他信息,它的所有人在他们自己的市场中就可能不具有实质性的市场支配力。[114]

即使相关的市场支配力标准能够得以证实,有关知识产权所有人总是可以争辩说他们没有滥用其市场地位,而只是行使立法授予他们的知识产权。证明数据库所有人拒绝许可知识产权具有非法目的的证明责任总是由相对方来承担。[115] 因此,知识产权的存在使得竞争法的适用复杂化了。

政府管理行为

利用竞争法防止数据库知识产权滥用的另一个问题是,政府只有有限的可用手段去监控和起诉这些滥用行为。尽管政府机构已经起诉了一些涉及知识产权和竞争法关系的很大很重要的案件,并获得了胜利,但是由于它们涉及合理规则的分析,这些诉讼的成本通常是巨大的。[116] 在这些诉讼中,被告通常可以使用比相关政府部门更多的法律手段。[117] 这一事实造成两个后果。第一,

---

[112] 在澳大利亚,这个标准则是该公司是否在一个市场中具有实质性的支配力。见《澳大利亚贸易习惯法(1974)》第46节。

[113] 澳大利亚竞争和消费者委员会向司法部长的工作部门提交的涉及数据库法律保护文件,没有标注日期。本书作者保存有该文件的复制件。

[114] 同上揭。

[115] APRA v. Ceridale Pty Ltd (1991) ATPR 41-074. 在该案中,APRA拒绝许可公共表演权,因为Ceridale夜总会过去没能支付许可费。根据澳大利亚的立法规定,这个拒绝许可的理由被认为是合法的,并且未被法律禁止。

[116] 合理规则分析是指,只有在一种行为对竞争过程产生特别影响时,才能证明违反了竞争法。因此,管理机关必须证明被告具备了实质性的市场支配力,同时还必须证明相关的被诉行为、行为背后的目的以及行为的反竞争后果。

[117] 自从1989年末以来,美国司法部已经在与微软的诉讼中花费了12,600,000美元。路透社,1999年10月7日。尽管这是美国司法部财政预算的一小部分,但是其他国家的政府可能不会拥有同样的财力。而且,个人诉讼当事人也不可能拥有进行这种成本高昂的反托拉斯性质诉讼的手段。

如果诉讼已经发起,由于被告能够利用极多的法律手段,他就有合适的机会避免不利的后果。第二,除非政府机关确信其握有一个非常有利的案件——包括在经济理论和侵权行为的实际证据两个方面,否则他们不愿意去启动程序。因此,即使在可以适用竞争法的情况下,竞争法事实上的适用频率也受到实际的限制。

政府针对竞争法的策略

竞争法的适用还受到其他一些限制。政府机关执行竞争法的有限手段意味着,策略的开展与将采取哪些行动和不采取哪些行动有关。这些策略本身会根据相关政府执行机构的预算以及现任政府的政策而改变。譬如,在美国,在里根政府时期,很少强调反托拉斯法的执行[118],乔治·W·布什总统则表现出对诸如信息产业等以新技术为基础的产业适用反托拉斯法缺乏热心。[119]

对于数据库案件,数据库问题的国际因素也使得局势复杂化了。数据库所有人可能在国际市场上具有市场支配力。执行竞争法就需要对竞争法持有不同态度的多个政府之间的相互合作。[120]尽管国内竞争法主管机构之间的合作正在增加,国际合作的政治和实际问题限制了它的有效性。

分配正义的视角

竞争法的另一个局限性在于它缺少对财富分配的重视,在这里,财富可以与信息等同。上文已经表明,特定数据库市场结构的

---

[118] 见 W. Shughart, II, "The Fleeting Reagan Antitrust Revolution" (2000) 45 *The Antitrust Bulletin* 271, G. Bittlingmayer, "The Antitrust Vision Thing: How Did Bush Measure Up?" (2000) 45 *The Antitrust Bulletin* 291。这两篇文章还认为,美国的各个反托拉斯立法都是主流政治观点的产物,而不是清晰和逻辑一致的经济考量的结果。

[119] *The Australian Financial Review*, 5 April 2000, p.13.当时的总统候选人明确表示,他的政府将恢复里根政府对横向限制如价格固定等的重视。

[120] 例如,1984 年澳大利亚通过了禁止在澳大利亚执行美国的反托拉斯判决的立法。《1984 涉外程序(超越管辖权)法》。

最终结果并不是竞争法主要关心的地方。它更加注重达到或者维持这种市场结构的手段。因此,竞争法很少(如果有的话)论及经济权力的分配。它确实没有谈到非经济目标。例如,如果为了实现有关研究和教育的目标,数据库的强制许可将是可行的,但是竞争法对于实现这些目标不会起到丝毫作用。

牢记这些一般原则,我们就能够转而去审查《指令》的具体规定、成员国对这些规定的执行以及美国的情况。这些工作在第三章、第四章和第五章中完成。

第三章 欧盟对数据库的保护

本章考查了《指令》的历史及其最终文本。它提供了《指令》从正式启动直到通过的一个概况,强调了《指令》从建议数据库单独保护的最初欧盟文件到最终版本的方向转变。这个过程说明了可能的特别保护模式的多样性。最初草案坚定地以不正当竞争原则为基础,而《指令》的最终文本却极大地利用了版权原则。本章还对《指令》的个别条款做了分析,考查了与它们的解释有关的一些难题。在此特别强调了数据库结构及其单个内容的版权与《指令》所规定的特别权利之间的关系。这个分析过程还涉及到欧盟不同机构为《指令》处理特定问题的方法和执行这些方法的各种规定所提供的理由。最后,本章的最后一节讨论了近来通过的《欧盟关于协调信息社会版权和相关权特定方面的指令(2001/29/EC of 22 May 2001)》(简称《版权指令》)的规定。《版权指令》包含有关禁止规避用来保护版权材料的技术保护措施的规定。这些规定对于规避用来保护享有特别权利的材料的技术保护措施也同样适用。因此,对此予以考虑对于充分理解《指令》所创设的特别权利非常重要。

本章指出了有关数据库的一些概念上的难题。第一个难题是,《指令》造成了这样一种局势——对一个数据库有三类不同的权利可以适用。第一类权利是可以存在于数据库的结构以及该数据库的选择和编排之上的版权。另一类权利则是可能存在于构成数据库内容的单个条目上的版权。在这些权利中间则是对数据库内容的特别权利。《指令》定义的数据库特别权利的概念上的难题在于区分特别权利和其他两类权利。尽管特别权利保护标准所采用的术语不同于其他那些权利,该标准的适用却涉及并隐含着同样的标准,这些标准能够适用于确定数据库的结构是否存在版权或单个内容是否存在版权。

有关《指令》的另一个主要难题可能源于指令的制定过程。在最初草案中,《指令》试图以欧洲许多国家的不正当竞争原则为基础提供有限保护。[1] 该草案结合了丰富的例外和强制许可规定。由于以英国的额头汗水版权原则为基础,导致上文所谈到的一些难题,草案被放弃了。而且,例外规定也被逐步削减,因此它们基本上反映了大陆国家的版权例外。最终结果是:特别权利成为低独创性标准的英国版权法与为高独创性标准的版权制度而设计的大陆法系版权例外的混血儿。

与这些概念上的难题相伴的是许多解释问题,它们在成员国执行《指令》的立法和适用这些立法的判例中才会最终显现出来。下文的讨论谈到了这些问题,并在第四章对其做了更详细的讨论。

《指令》的历史演变

《指令》的发展和最后形成经历了一个长期和缓慢的过程。在这个过程中,提供给数据库的保护范围和性质发生了方向上的重大变化。最终授予数据库所有人的特别权利要比最初设想的权利远为广泛和强大。最初的数据库特别权利的对象打算限于电子数据库。如果数据库的内容受到版权保护,则不打算适用该权利。此外,该权利建立在不正当竞争原则的基础上。它本来只针对商业目的的复制行为,并且要受制于对包含特定种类数据的数据库明文规定的强制许可。最初建议的权利有效期是十年。

最终的结果却是与最初建议的权利没有任何相似之处的特别权利。它是一种内容广泛的专有财产权,与不正当竞争原则无关,也与被告的行为对数据库所有人的影响无关。该权利适用于任何格式的数据库,不论是电子的还是非电子的,也不论该数据库的内

---

[1] 最初德国反对《指令》的根据是,德国的不正当竞争法足以应付所述问题。

容是否存在版权。特别权利的保护期是十五年,但是通过相对轻松的努力,这个期限就能重新开始,从而有效地授予了永久保护。该权利被描述成类似于出版者的权利,它的引入也得到了大出版公司的热情支持。[2]

绿皮书

在欧盟,第一个明确提出保护数据库的官方建议来自《欧共体版权和技术挑战绿皮书(1988)》(简称《绿皮书》)的第六章。[3] 该章建议协调数据库法律保护措施。《绿皮书》注意到了欧盟各个成员依据版权法对数据库提供的不同保护水平[4],声明欧共体委员会正在考虑"是否建议引入法律措施,把数据库本身作为编辑物给予某种有限保护"。[5] 显然,在欧盟内部缺少统一的法律保护,以及它对成员之间信息流动的影响成为主要问题[6],实现保护方式的统一也是难题之一。

《绿皮书》没有提供为实现统一和理想的保护水平所设想的保护类型的细节,但是它对这个难题作出了许多评论意见。它相当明确地指出,"必须慎重考虑保护的范围和受限制的行为,以免对访问计算机处理的数据造成不合理的限制"。[7] 结合上下文,这里所表达的担心之一就是《伯尔尼公约》第2条(5)所要求的有限保护,该条只要求对本身受版权保护的材料的编辑物给予版权保护。[8]《绿皮书》建议对数据库的编辑模式给予保护,不管数据库

---

[2] 见 C. Clark,"Net Law: A Cyberspace Agenda for Publishers",该文是为英国出版者协会和欧盟出版者联盟而作,第20页,可以在下列网址访问该文 http://www.alpsp.org/netlaw.pdf, 11 October 1999。

[3] Chapter of the EC Green Paper on Copyright and the Challenge of Technology 1988, COM (88) 172 Final.

[4] 同上揭,at 212—213。

[5] 同上揭,at 213。

[6] 同上揭,at 207。

[7] 同上揭,at 213。

[8] 同上揭,at 214。参见第六章对利用版权保护编辑物的国际义务的讨论。在绿皮书通过之时,《与贸易有关的知识产权协议》和《版权条约》都尚未制定。

内的材料是否享有版权。[9] 这是在版权保护的背景下进行的讨论,提到保护编辑模式更增强了《绿皮书》的这个特征。尽管谈到了特别保护,但也主要是在对数据库的编辑模式提供保护的背景下进行的。不过,也有些建议指出,某些数据库更重要的方面不是它们的编辑模式,而是数据库内包含的原始数据。[10] 而且,更有建议指出(也许是第一次),给予保护的根本依据应该是,数据的编辑代表着应受保护的投入。[11]

看来,《绿皮书》设想的是对现有版权的些微重构,或者可能是引入特别权利来保护数据库的编辑模式。[12] 无论如何,新措施将只提供有限的保护[13],并且新措施也将被慎重考虑,以避免对访问计算机处理的数据造成不合理的限制。[14]《绿皮书》也设想所讨论的这些措施将被限于计算机处理的数据库。

《最初草案》

根据《绿皮书》并且采用公众的提议,欧共体委员会起草了一份包含上文所述各点的草案。欧共体委员会的草案(即《最初草案》"the First Draft")与后来的草案一样,都含有许多理由陈述(recitals),用于说明指令的意图和所要实现的目标。下文在分析指令最终文本的过程中,比较了不同草案的理由陈述和最终理由陈述,并考查了它们之间的关联性。然而,由于指令的最初草案与最终文本之间的对比表明,实现指令的政策目标的途径发生了相当大的转变,所以本节应该对《最初草案》的实质条款进行适度地详细审查。《最初草案》还伴有一份《解释备忘录》(the Explanatory

---

[9] 同上揭。
[10] 同上揭,at 207。
[11] 同上揭。
[12] 同上揭,at 216。
[13] 同上注,at 213。
[14] 同上揭。

Memorandum)[15]，它解释了新指令草案的理由依据。

指令的正当性根据　《解释备忘录》明确地以保护欧盟数据库产业的经济必要性作为《指令》的根据。这个新产业被认为对共同体的经济发展相当重要，因为信息越来越被当作可交换的商品对待。[16] 1990年，"世界上大约四分之一能够访问的在线数据库来自欧洲，相比之下，美国的世界市场份额则是56%"。[17] 尽管美国和欧洲市场之间的差距正在缩小[18]，还是需要一个指令提供"一种统一和稳定的法律制度以保护共同体内创建的数据库"。[19]

数据库的定义　为《最初草案》的目的，数据库的定义限于电子数据库，因为《指令》最初打算处理与电子数据库的使用有关的具体问题。[20] 因此，数据库被定义为：

> 以电子方式编排、存储和访问的作品或材料，以及数据库的运作所必需的电子材料例如获取或表达数据的分类词汇汇编、索引或系统等的集合。[21]

数据库的版权　正如《绿皮书》所预期的那样，数据库的版权保护超出了《伯尔尼公约》第2条(5)的最低要求，扩展到包括对"作品汇编或材料汇编的版权保护，因为它们的选择或编排构成制作者自己的智力创造。"[22]《伯尔尼公约》规定的保护只适用于作品编辑物，因此也适用于其内容享有版权的数据库。因而，只要数据库内容的选择或编排方式构成制作者自己的创作，《最初草案》的版权保护就包含其内容不享有版权的数据库。换句话说，如果

---

[15] 《理事会关于数据库法律保护指令草案的解释备忘录》，COM (92) 24 final-SYN 393 Brussels, 1992年5月13日。
[16] 《解释备忘录》(总则)，Paragraphs 1.2 and 2.1.1。
[17] Paragraph 1.1.
[18] 同上揭。
[19] Paragraphs 1.1, 1.4, 2.2.11.
[20] Paragraph 3.1.1.
[21] Article 1(1) of the First Draft.
[22] Article 2(3) of the First Draft.

在数据库的设计过程中涉及某种智力创造,就可以给予版权保护。基于数据库内容的选择和编排的创造性而享有的数据库版权与数据库内容可能享有的版权是相互独立的。[23] 不过,《最初草案》中的某些措辞表现出对数据库内包含的独立作品或材料与所谓"数据库的内容"之间的混淆。[24] 正如后文在对《指令》所创设的特别权利的有关章节中所讨论的那样,数据库中单个条目所享有的版权与数据库的内容所享有的特别权利的区分依然是个问题。

数据库的版权所采用的独创性标准将与《计算机程序法律保护指令(91/250/EEC of 14 May 1991)》对计算机程序所采用的标准相同[25],尽管数据库的独创性与它的选择和编排有关而与作为整体的作品无关。[26] 这只是数据库保护与计算机程序保护之间的关系的一个方面而已,它将继续成为解释和适用《指令》的一个难点。

与计算机程序版权之间的关系 《最初草案》没有打算适用于在数据库的构建和运行过程中使用的任何计算机程序[27],这些计算机程序被明确地从数据库的定义中排除了。[28] 尽管《指令》对此问题的意图一直是明确的,执行《指令》的立法却使得计算机程序的保护复杂化了。[29] 在许多法域中,区分对计算机程序所操控的数据的保护和对计算机程序自身的保护尚有许多问题。[30]《指令》对解决这些问题没有任何帮助。

版权的例外 《最初草案》中有许多规定涉及数据库版权的例

---

[23] Article 2(4) of the First Draft.
[24] 见《最初草案》第 7 条(1)和(2)。草案对有关数据库的版权、数据库内容的版权和数据库所含作品或材料的版权似乎采用了不同的措辞。
[25] OJ No. L122, 17 May 1991, pp.42—46.
[26] 《解释备忘录》(特别规定),Paragraph 2.3.
[27] Recital 18 of the First Draft.
[28] Article 1(1) of the First Draft.
[29] Mars v. Teknowledge [2000] FSR 138, [1999] ALL ER 600 (QB).
[30] 例如,同上揭,以及 Data Access Corporation v. Powerflex Services Pty Ltd [1999] HCA 49。

外以及它们与数据库内容可能享有的版权例外之间的关系。第7条(1)要求成员国对数据库的内容做出与其对作品或材料本身的规定相同的例外。这一例外涉及"简短引用和为教学目的的示例,只要这种使用符合公平惯例"。[31] 这一规定的效果是允许为了上述目的公平利用数据库内包含的材料,无论这种公平利用针对的是孤立的材料还是作为数据库组成部分的材料。

数据库内容所享有的版权被赋予一种高于数据库本身的版权的优先效力。因此,第7条(2)规定,如果成员国已经允许某些行为减损数据库内容所享有的版权,这些行为的实施不会侵犯数据库自身的版权。同理,它允许公平利用数据库的任何内容,而版权人则丧失了主张侵犯版权的可能性。

版权与合同法之间的关系　第7条(2)还规定,如果合同安排允许数据库用户实施减损数据库内容的任何版权专有权的行为,这些行为的实施将不会侵犯数据库的版权。这再次说明数据库内容版权的优先性和数据库本身的版权对数据库内容版权的从属性。在这种情况下,通过使数据库本身的版权服从于针对数据库内容版权的已有合同安排,增强了数据库内容版权的优先性。

《最初草案》第6条是《指令》最终版本中那条令人困惑的规定的前身,该条涉及数据库合法用户的权利。第6条(1)规定,"数据库的合法用户可以实施第5条[版权的专有权利]中列举的各项行为,这些行为对于以权利人的合同安排确定的方式使用数据库是必需的。"第6条(2)则对此做了补充规定:

> 在权利人与数据库用户之间对数据库的使用缺乏合同安排的情况下,数据库的合法获得者实施第5条所列举的为访问和使用数据库内容所必需的任何行为,不需要获得权利人的同意。

这些规定的效果将在下文讨论《指令》的最终文本时予以说明。不

---

[31] 此条规定以《伯尔尼公约》第10条(2)的类似规定为基础。

过,似乎第6条旨在唯一适用于与数据库所有人达成合同安排的数据库用户,或者那些从上述用户获得数据库的人。后一种情况只适用于硬拷贝的数据库,或者以光盘或其他类似的电子格式存储的数据库。

特别权利 第2条(5)提出了特别权利,该条要求成员国"赋于数据库的制作者一种权利,以阻止为商业目的未经许可摘录或再利用该数据库内容的全部或实质性部分"。这种权利的适用与该数据库根据第2条(3)是否享有版权保护无关。不过,这种权利也有许多限制和例外。主要的限制是该权利本身限于"不正当摘录"(unfair extraction),从相反的角度可以被解释为商业目的摘录和再利用之意。[32] 这对将要授予的特别权利而言是一个非常重要的限制。它显然是以不正当竞争原则为基础而设计并提供有限保护。[33]

> 这种保护禁止竞争对手的寄生行为,虽然在某些成员国根据不正当竞争法已经能够获得该保护,但是在其他国家还不能。保护的目的在于创建一种能够激励对数据处理的投入并保护其不被盗用的氛围。这种保护不会妨碍信息的流动,当然它也没有对信息本身创建任何权利。[34]

譬如,根据这种保护的意图,用户为了自己的私人目的可以继续使用数据库。[35]

除了由于该权利的性质所固有的限制之外,还有一些限制也被写入了《最初草案》。例如,数据库的定义只包含电子数据库,把非电子数据库排除在这种新权利之外。另一个非常重要的限制是,如果数据库的内容是已经受到版权或邻接权保护的作品,该权

---

[32] Article 1(2) of the First Draft.
[33] 《解释备忘录》(总则),Paragraphs 3.2.7.
[34] Paragraphs 3.2.8. 另见 Paragraphs 3.2.7。
[35] Paragraphs 3.2.8.

利就不适用于这些数据库。[36] 在这种情况下,数据库制作者就不得不要么依赖数据库在选择和编排方面的版权,要么依赖对数据库内容版权的行使。对不正当摘录的特别权利所施加的这种限制,是数据库内容版权的效力优先于数据库自身的任何权利的又一例证。

强制许可 草案还规定了在公平和非歧视的条件下对数据库内容的强制许可,条件是"向公众提供的数据库中所包含的作品或材料无法独立创建、搜集或从其他来源获得"。[37] 对于公共机构向公众提供的数据库也规定了类似的强制许可义务,条件是该公共机构"根据立法组建以便搜集或披露信息,或者根据一般性义务而实施上述行为"。[38] 由于特别权利不适用于其内容符合版权保护条件的数据库,因此这种使用数据的强制许可与对版权材料的强制许可之间不存在冲突。[39]

特别权利的例外 这种针对不正当摘录的权利有两个例外。这两个例外授予数据库用户以实体性权利,而不仅仅是给予他们一种抗辩。根据第8条(4),只要表明来源,数据库的合法用户就可以为商业目的摘录和再利用数据库中的作品或材料的非实质性部分。《最初草案》所规定的最初权利只适用于在任何情况下摘录或再利用数据库的全部或实质性部分。[40] 因此,严格来讲,允许针对非实质性部分的行为这种例外没有必要。与此类似,第8条(5)规定,数据库的合法用户仅能为个人目的摘录和再利用数据库中的作品或材料的非实质性部分,而且无需表明材料的来源。同样,由于再利用和摘录的权利只适用于针对数据库实质性部分的行为,而且只能针对为商业目的的行为,因此这个规定可能是多余的。

---

[36] Article 2(5) of the First Draft.
[37] Article 8(1) of the First Draft.
[38] Article 8(2) of the First Draft.
[39] 《解释备忘录》(特别规定), Paragraphs 3.2.7.
[40] Article 2(5) of the First Draft.

不过,这些规定的好处是,它们要求成员国的国内立法必须执行那些例外。如果没有这些规定,成员国就可以自由规定比第 2 条所指的摘录权和再利用权更宽泛、更强大的特别权利。如果不是第 8 条(4)和(5)的存在,这种更宽泛、更强大的权利就可能阻止为私人目的使用,甚至阻止使用数据库的非实质性部分。或者,数据库所有人可能会利用合同规定来阻止摘录或再利用非实质性部分,或者阻止构成这类摘录或再利用的特定行为。这些例外将使得合同规定在某种程度上失去效力,因为有关数据库使用的合同无法阻止用户摘录和再利用非实质性部分。无论是根据合同还是其他,一旦对数据库的使用是合法的,用户就有权使用非实质性部分。

保护期限 数据库版权保护的期限与其他文学作品相同。根据第 9 条(3),禁止不正当摘录和再利用的权利保护期限是十年。这与执行《指令》之前瑞典、丹麦和芬兰的目录法规定的期限相同。[41]

如果对数据库做了重要改变,其保护期限能否重新开始,《最初草案》没有澄清这个问题。但《最初草案》似乎打算这样做,因为第 9 条(4)规定,"数据库内容的非实质性改变并不能扩展该数据库的禁止不正当摘录权的初始保护期限",所以这暗示,实质性的改变将可能导致保护期限的扩展。

对欧盟范围外的数据库的保护 《最初草案》的第 11 条涉及被提议的新的特别权利规定的保护管辖范围。它把保护限于成员国的国民(nationals)或居民(residents)制作的数据库,以及与欧盟有某种关系的公司或企业制作的数据库。[42] 在后一种情况下,该公司或企业必须依据成员国的法律成立,并且其注册地、主要办事

---

[41] 例如,《瑞典版权法(1960)》第 49 段保护含有大量信息条目的目录、列表或其他类似产品,保护期是十年。另外可以参见《丹麦版权法(1995)》第 71 段和《芬兰版权法(1961)》第 49 条。

[42] Article 11 of the First Draft.

机构所在地或者主要营业地在欧盟范围内。[43] 只有根据理事会签订的协议,才能对来自第三国的其他数据库给予保护。[44]

溯及力　根据《指令》的规定,《指令》公布之日以前创建的数据库也可以获得保护。[45] 换言之,指令有溯及力。

其他法律规定的保留　第12条规定《指令》不损及数据库内容的版权或其他权利以及其他法律的规定,例如不正当竞争、商业秘密和合同法。在这种背景下,不正当竞争法有两个重要而又独立的部分可能会对数据库的保护产生影响。第一个部分是规范垄断以及其他反竞争行为的竞争法。该法在欧盟范围内已经得到了协调。并且,正如在讨论《指令》的最终版本时将看到的那样,该法被作为放弃草案建议的强制许可安排的主要原因。第二个部分是各成员国禁止盗用相对方的劳动和努力的各种反不正当竞争法。这种形式的不正当竞争不要求具备任何证明欺诈消费者或使消费者混淆的证据。在有些成员国,不正当竞争根本不被认为是一种诉讼形式,尽管这些国家所采取的相当不同的各种方法确实把它看作一种诉因。[46] 这种缺乏统一性被《指令》的理由陈述引证为需要《指令》的理由。《最初草案》以及它规定的针对不正当摘录的特别权利,可以被看作是对有关数据库的不正当竞争提供统一行动的一种努力。

《最初草案》小结　因此,《最初草案》是针对数据库保护缺乏统一性而提供最低限度解决方案的一次努力。它对数据库有一个限制性定义,不包括非电子数据库。它给予数据库的特别权利是一种有限的权利,只对为商业目的摘录或再利用行为发生影响。如果数据库的内容享有版权,这种权利就不能适用。同时,这种权利要受许多例外的制约,这些例外不但被容许,而且对成员国而言

---

[43]　Article 11(2) of the First Draft.
[44]　Article 11(3) of the First Draft.
[45]　Article 12(2) of the First Draft.
[46]　A. Kamperman Sanders, *Unfair Competition Law* (Clarendon Press, Oxford, 1997).

是强制性的,在特定情况下,这种权利还要服从强制许可的要求。总之,在数据库的内容不受版权保护时,它被设计来弥补在保护数据库免受商业复制侵害的过程中产生的缺口。正如下文所见,这种最低限度的保护被扩张了,创造出一种比《指令》通过之前更高强度的保护水平。

《理事会的经济和社会委员会的意见》

提交给理事会的《最初草案》被理事会转交给经济和社会委员会(the Economic and Social Committee)(简称"经社委员会")。在1992年11月24日的会议上,经社委员会通过了《经济和社会委员会的意见》(简称《经社委员会的意见》)。[47] 经社委员会持这样的观点:理事会应该抱持建立强大的数据库产业这一最高目标[48],并且应该确保所设计的法律保护能够实现这个目标。[49] 它明确建议理事会避开作为《指令》基础的法哲学争论,特别是关于独创性的主题[50],并且质疑区分作为智力创造结果的数据库与作为付出额头汗水产生的数据库是否有意义。[51]

经社委员会随之主张,英国数据库产业的成功与该国通过版权所提供的高水平知识产权保护之间存在一种关联关系。[52] 它宣称英国占有共同体市场份额的60%。[53]《经社委员会的意见》确实注意到西班牙同样有保护数据库的法律,却没有就这些法律对其数据库产业的影响做任何评论。[54] 这有些奇怪,因为《解释备

---

[47] 《经济和社会委员会对理事会数据库法律保护指令草案的意见》(Opinion on the Proposal for a Council Directive on the Legal Protection of Databases of the Economic and Social Committee), OJ No. C19.
[48] 《经社委员会的意见》,Paragraph 2.1.
[49] 同上揭。
[50] 同上揭。
[51] Paragraph 2.3(b).
[52] Paragraph 2.2.
[53] Paragraph 1.2.
[54] 同上揭。"在西班牙,对数据库也是按照这种方式给予保护的,并且对构成数据库的条件也做了详细规定。"

64 数据库的法律保护

忘录》已经确认西班牙只有很小规模的数据库产业。[55] 也就是说,英国和西班牙都对数据库提供了强有力的版权保护,但是它们却分别处于数据库产业的对立两端。

尽管如此,《经社委员会的意见》总结说,一个强大的共同体数据库产业需要强有力的知识产权保护,禁止不公平摘录的权利不能满足这一需求。尤其是该权利的保护期限太短[56],但是它没有对这种说法给出理由。而且,《最初草案》的强制许可规定也受到了批评,因为这些规定不正当地减损了规定的保护范围,而且对如何实施强制许可制度缺乏详细规定。[57] 另外,它认为,"保障公平竞争的共同体法律的精细性"能够确保这些法律可以对付新独占权利的所有人的滥用。[58] 它建议,任何新权利都应该成为数据库版权所包含的排他权利之一,因为欧共体委员会先前在其他场合,特别是涉及计算机程序保护的时候,曾经否决过新的特别权利的观念。[59] 既然任何新权利都应该纳入到既有版权制度之中,与之相伴的建议必然是——应该以额头汗水原则为根据提供版权保护。[60] 这种进路的部分根据是,任何知识产权保护都应该是高水准的:

> 某种客体是否应该被保护?通过规定短期限的知识产权保护并附加强制许可来对这个问题进行妥协是错误的。更可取的办法是,判断它是否符合保护条件,如果符合,就赋予其高水准的知识产权保护。[61]

---

[55] 《解释备忘录》(总则),Paragraphs 2.2.2 and 2.2.3. 当时预计的英国 1992 年在线服务的营业额为 1,770,000,000 欧洲货币单位,而西班牙的预计营业额则是 26,000,000 欧洲货币单位。
[56] 《经社委员会的意见》,Paragraph 2.3.b.
[57] Paragraphs 1.6, 2.7 and 3.12.
[58] Paragraph 2.7.
[59] Paragraph 2.6.
[60] Paragraph 2.3(b).
[61] Paragraph 2.6.2.

第二种也是次优的选择是创建一种特别权利。不过,经社委员会认为特别权利应该与"数据库版权所限制的行为具有同等效力"。[62]

因此,经社委员会把数据库的新权利看作是比欧共体委员会最初设想的新权利远为重要和强大的权利。事实上,经社委员会试图把额头汗水原则纳入到欧盟的版权或邻接权法中。相反,欧共体委员会最初草案却打算规定一种非常弱的权利,目标是矫正与商业性复制数据库内容有关的市场失灵,即复制者搭便车利用数据库制作者的劳动。《经社委员会的意见》还对《指令》的《最初草案》中的问题作出了其他一些具体评论,这些评论也值得一提。

数据库的定义 经社委员会建议《指令》不应该把《指令》的适用限于电子数据库,因为如果一个数据库同时以电子或者其他格式存储,就会产生同一个数据库适用不同法律制度的法律难题。[63]它以白页电话号码簿为例,指出如果没有版权或特别保护,白页电话号码簿的业主就会消失。这里有必要复述一下对这个例子的分析,因为它本来可能导致《指令》范围的重大改变。这个分析也是不正确的。

> 例如,在一些成员国,白页电话号码簿受到版权法的保护。经常发生的是,这些白页电话号码簿是以光盘的形式作为数据库向公众提供的,这些数据库本身不会作为"独创性"数据库而受到保护(因为把数据库从纸质媒体转换成电子媒体不发生智力创作),而且也不会成为禁止不正当摘录权的客体,因为至少在某些成员国,数据库的基础材料是享有版权的。[64]

这个分析的错误在于,如果硬拷贝的白页电话号码簿享有版权,它的光盘格式同样应该享有版权。即使版权人在不同的媒质上复制

---

[62] Paragraph 2.7.
[63] Paragraph 3.2.
[64] Paragraph 1.5.

其号码簿,也不会丧失必要的独创性。来源于选择或编排的创造性或者额头汗水的独创性,仍然会在所有版本中显示出来。所有版本都享有版权。如果《经社委员会的意见》的推理是正确的,它同样要适用于该号码簿的第二次或后续的硬拷贝。其结果就是,第一个硬拷贝或许具有独创性,但是后续拷贝都不会具有独创性,因为在制作后续拷贝时不需要智力创造。我们只能希望这种分析结果不要发生。

对欧盟范围外数据库的保护 经社委员会还对新权利的国际影响做了评论。它注意到,如果禁止不正当摘录的权利被纳入到数据库版权当中,基于国际版权义务,欧盟成员国就有义务保护来自其他国家的数据库,特别是美国的数据库。[65] 经社委员会的观点认为,这并不是一个严重的障碍,因为美国授予的权利与一些成员国授予的权利之间的区分已经存在,而且这不会对相关成员国的数据库产业带来严重损害。[66] 尽管有这样的结论——对数据库法律保护给予国民待遇不会产生严重损害,当其他国家没有提供互惠保护时,《指令》的最终版本并未对来自这些国家的数据库给予保护。这个问题在第五章中进行了更详细的讨论,有理由认为欧盟成员对外国的数据库不提供国民待遇可能会违反成员国的国际条约义务。

保护期限 《经社委员会的意见》表达了这样的观点——十年的保护期限太短。[67] 它没有就这一观点给出理由,只是宣称,"某些成员国把与禁止不公平摘录权相当的法律保护作为版权的组成部分",这一事实似乎并没有妨碍数据库产业的发展。[68] 可以推知,这是指英国版权立法中规定的额头汗水版权保护,其隐含的意思是,赋予类似版权的保护期限将是恰当的。[69]

---

[65] Paragraph 3.4.
[66] 同上揭。
[67] Paragraph 2.3(b).
[68] Paragraph 3.13.
[69] 数据库所有者最初寻求获得与英国版权保护类似的版权保护。

《经社委员会的意见》也讨论了保护期限何时起算的问题。或许更重要的是,它讨论了在改变数据库之后,新的保护期限何时起算的问题。[70] 它建议,"最可行的方式是,根据数据库的每一数据条目被纳入数据库时以电子或其他方式'标注的日期'",决定新保护期限的起算。每条信息都将从它的日期标记显示的日期开始获得恰当期限的保护。[71] 这个建议会产生两个难题。第一,它造成了这种可能:一个数据库其中一部分的保护期已经届满,而被更新部分的保护期限却重新开始。这样的建议后来在美国被提出。在对数据库进行实质性更新的场合,更可取的方法是重新计算整个数据库的保护期限。这个建议所产生的另一个问题是,它似乎暗示,单条数据在特定的期限内受到保护。《最初草案》明确说明,只有在不正当摘录数据库的全部或实质性部分时[72],才会发生侵犯禁止不正当摘录权;但是如果将对某条数据给予保护,那就表明该条数据构成数据库的实质性部分。

数据库的作者身份以及规避数据库的技术保护 经社委员会还表示,在某些时候,必须考虑计算机生成数据库的作者身份问题[73],同样也应该考虑,需要保护数据库不受为规避技术保护而设计的装置的侵害。[74] 不过,它没有对计算机生成的数据库的作者身份问题提出解决方案。[75]

《经社委员会的意见》小结 《指令》的《最初草案》和《经社委员会的意见》结合起来,显示出对如何实现一个强大数据库产业这个目标存在困惑。欧共体委员会最初采纳了一种最低限度保护的进路——在数据库的内容享有版权的基础上,对于不能通过版权直接获得保护的电子数据库,给予其有限的保护,禁止为

---

[70]《经社委员会的意见》,Paragraph 3.14.
[71] Paragraph 3.14.
[72] Paragraph 2(5) of the First Draft.
[73]《经社委员会的意见》,Paragraph 3.6.
[74] Paragraph 3.15.
[75] 参见第二章对这个问题的一般性讨论。另参见本章结尾处对规避技术保护措施的讨论。

商业目的不正当摘录。这种最低限度的权利在特定情况下还要受制于强制许可,以及对数据库非实质性部分的保证摘录权(a guaranteed right to extract),不论是为商业目的还是私人目的。

经社委员会则采取了一种完全不同的、保护主义的观点。它的优先选择是,以额头汗水的进路为基础,通过引进统一的独创性标准,协调有关数据库版权保护的法律。因而版权人在既有权利的基础上将增添一项新权利。作为替代选择的是,创造一种新的特别权利以达到相同的结果。经社委员会的优先选择是在现有版权制度中创设一种新的专有权。而且,它反对任何强制许可规定的存在,并希望规定比欧共体委员会原先建议的保护期更长的保护期限。

从一种更广阔的视角来看,《经社委员会的意见》清晰地表示出,《指令》的基础和正当性根据是并且也只能是经济的。[76] 它强烈要求理事会"抵制把目标转移到对《指令》的法哲学根据的争论上……",因为最重要的目标是培育强大的数据库产业。[77] 似乎百年来有关版权的法律理论是对实现这个目标的不必要的偏离,应该被漠然视之。然而,它却同时采纳了一种特别的哲学立场——一旦决定要保护某种客体,就应该授予其高水准的知识产权保护。[78] 它不是根据实现必需结果的需要调整所需要的保护,以便达到数据保护和数据可获得性的恰当结合,而是采取了一种顽固的立场——应该给予高水平的保护。

欧洲议会对《指令》的修改

1993年6月23日,欧洲议会发布了对欧共体委员会文本的修改建议(《1993修正案》,"the 1993 Amendments")。[79] 许多修改仅

---

[76] 《经社委员会的意见》,Paragraph 2.6.3.
[77] Paragraph 2.1.
[78] Paragraph 2.6.2.
[79] A3-0183/93,OJ 1993 No. C194, 23 June 1993, p.144.

仅是用来澄清《最初草案》,而且由于《指令》的最终文本与《最初草案》也有重大不同,因此在这里讨论这些修改建议将会徒劳无获。不过,有些比较重要的修改意见还是值得考虑,因为它们是指令最终文本中那些重大变动的前身,而且它们也显示出对版权或特别权利保护进路的转变。

数据库的定义 数据库的定义被修改为,"数据库是以电子手段编排、存储和访问的大量数据、作品或其他材料的集合"。添加"大量"(a large number of)一词的目的是,确保新权利不会适用于每个可访问数据的集合,这种表达也是《指令》中出现的获取、校验和展现数据库的实质性投入标准的前身。[80] 修改建议还引进了版权意义下对数据库作者以及数据库所有人的定义[81],尽管最终数据库所有人的定义没有被《指令》采纳。

特别权利 特别权利变成一种禁止未经许可摘录而不是禁止不正当摘录的权利。[82] 这是数据库所有人特别权利保护在性质上的重大转变的开始。未经许可摘录依旧被定义成为商业用途摘录或再利用,但是新增的第1条(2)对"商业用途"做了定义。它被定义为"以经济活动或有偿交易为目的的任何使用——不论是家庭的还是集体的"。尽管这些措辞的真实含义可能永远不为人知,但是它们似乎包含了涉逃避支付使用费的任何私人使用数据库的行为。[83]

强制许可 尽管《经社委员会的意见》建议应该彻底摒弃强制许可的规定,这些规定还是以轻微改动的方式在《1993修正案》中保留下来。特别是,原来强制许可规定只涉及公共机构提供的信息,现在被扩展到在某些情况下涵盖私人企业或团体。[84] 因此,强

---

[80] Amendment No. 3 of the 1993 Amendments.
[81] Amendment Nos. 4 and 5 of the 1993 Amendments.
[82] Amendment No. 6 of the 1993 Amendments.
[83] 奇怪的是,《最初草案》第8条(5)对非商业用途有一个定义,将其定义为"家庭的和非集体性的"使用。
[84] Amendment 33 of the 1993 Amendments.

制许可的规定就扩展到根据法律建立或者授权去收集或披露信息的机构，或者负有从事上述行为的一般性义务的机构，无论其是否属于公共机构。而且，"由于公共机构的排他性特许而享有垄断地位的企业或团体"也成为强制许可规定的对象。[85]

换言之，基于数据库所有人是数据库内容的唯一来源这个理由来获得强制许可变得更为困难了。对于那些不能从任何其他来源独立产生、收集或获得的作品或其他材料，只有在寻求强制许可不单单是出于时间、精力或财政投入等经济原因的条件下，才允许对它们的强制许可。[86]

特别权利的例外　《最初草案》第 8 条(5)中规定的例外被修改为要求表明用于个人非商业使用的非实质性部分的来源。[87] 更重要的是，"非实质性部分"的定义被首次纳入到修改建议中，这个定义提到了数据库非实质性部分的数量与品质两方面的度量标准。[88] 下文对《指令》需要说明的一点是，引入品质评估标准必然会把版权原则带入特别权利之中。这种做法影响深远。

保护期限　《经社委员会的意见》中唯一被《1993 修正案》所采纳的重要方面是，把保护期限扩展到十五年，而且如果对数据库的内容进行了实质性的改变，保护期限就重新起算。[89]

《1993 修正案》小结　《1993 修正案》对《指令》的最终文本而言并不特别重要，《经社委员会的意见》表达的许多重要建议都没有被采纳。尤其是，特别权利并没有被纳入到版权当中，在上文所述方面仍然是一种非常有限的权利。亦即，它只适用于电子数据库，而且只有在数据库的内容本身不受版权保护的条件下才适用。另外，强制许可规定不仅得到了保留，而且扩展适用到执行传统公共职能的私人机构。《经社委员会的意见》中唯一被采纳的重要建

---

[85]　Clause 3 of the 1993 Amendments.
[86]　Amendment 18 of the 1993 Amendments.
[87]　Amendment 19 of the 1993 Amendments.
[88]　Amendment 20 of the 1993 Amendments.
[89]　Amendment 24 of the 1993 Amendments.

议是把保护期限延长到十五年。《1993 修正案》的最重要意义在于,它显示出按照《最初草案》所描绘的方式继续推进的意图。然而,当与《最初草案》以及《1993 修正案》相比较时,《指令》的下一个实体草案几乎面目全非,无法辨认。

1995 年 7 月 10 日的共同立场

1995 年 7 月 10 日[90],欧盟理事会通过了一个共同立场[91](下称《共同立场》"Common Position")。[92] 这个文件是《指令》最终文本的主要基础。在 1996 年 3 月《指令》被通过之前,这个文件做了许多修改,但是本质上的修改相当小。由于《共同立场》与《指令》的差异很小,此处对前者就不再做分析,以下章节只分析《指令》。不过,理事会曾经发表过一个名为《理事会的理由》的声明(下称《理事会的理由》"Council's Reasons"),对《指令》的各个理由陈述以及条款等进行了评论,下文对《指令》最终文本的讨论将参考这些理由。

《指令》的最终文本

1996 年 3 月 11 日,欧盟通过了《指令》的最终文本。《指令》有四个关键要素。第一,理由陈述表达了《指令》的理由根据,并为《指令》的解释提供了一些指引。第二,第一章涉及《指令》的范围,特别是对数据库的定义。第三,第二章涉及数据库版权保护,尤其是在欧盟范围内协调版权保护。第四,第三章和第四章创建了特别权利以及这些权利的例外,还涉及有关执行问题的许多共同规定,例如过渡问题、救济以及向欧共体委员会报告指令

---

[90] [1995] EU Bull 7/8 para. 1.3.25, OJ No. C288.
[91] 共同立场是欧盟理事会的立场,欧盟理事会通常被称为部长理事会。每个成员国都在理事会有代表,并且至少要有 62 票支持"共同立场"。见"欧洲联盟制度",at http://europa.eu.int/inst.en.htm。
[92] 《关于理事会数据库法律保护指令草案的共同立场》,OJ 1995 No. C288,1995 年 10 月 30 日,第 14 页。

的效果等。

69   **理由陈述**　《指令》共有 60 条理由陈述。它们的长度超过了《指令》的实体条款。这些理由陈述可以分为多个不同的种类。第一类表达了附加保护的需要及其理由。第 1 条理由陈述指出，"目前，数据库在所有成员国的法律中都没有得到充分保护；（而且）即使存在保护，这些保护也具有不同的属性。"第 7 条理由陈述则指出，"制作数据库需要相当的人力、技术和财政资源的投入，而只花费独立制作数据库所需成本的一小部分就可以复制或获取这些数据库。"未经许可摘录和/或再利用数据库内容的行为会带来严重的经济和技术后果。[93]

理由陈述还宣称，商业和产业各领域产生和处理的信息数量呈指数增长，要求对先进的信息处理系统进行投入。[94] 它进而认为，在各个成员国之间，以及在欧盟和世界上最大的数据库生产国之间，对数据库部门的投入存在极大的不平衡。[95] 而且，除非引进一种保护数据库制作者权利的稳定而统一的法律保护制度，矫正这种不平衡所必需的投入就不会发生。[96]

这些理由陈述清楚地表明，《指令》的正当性依据在于维持和提高欧盟内部数据库投入水平的需要。《指令》希望通过创建一种特别权利，"确保对获取、校验或表达数据库内容的投入进行保护"，从而完成这个任务。[97]

统一法律的需要　第二类理由陈述涉及欧盟内部统一保护的需要。这是对 1957 年建立欧洲共同体条约的反映，条约的目的是在欧共体内部建立一个单一的商品和服务共同市场。国内法的不一致性阻碍了这个基本目标的实现。[98] 理由陈述注意到，在欧盟

---

[93]　Recital 8 of the Directive.
[94]　Recital 10.
[95]　Recital 11.
[96]　Recital 13.
[97]　Recital 40.
[98]　Recitals 2 and 3.

内部,现有的保护水平并没有标准化或协调化。特别是,在数据库的版权保护[99]与不正当竞争法或判例法提供的保护之间还存在性质上的差异。[100]

对《指令》实体条款的解释　第三类理由陈述与所要授予的特别保护的细节以及版权保护的特征有关。这些细节反映在《指令》的实体条款当中,下文涉及这些实体条款的部分将讨论这些细节。为当前之目的,只要注意到下面这一点就足够了:似乎理由陈述证明创建特别权利的正当性根据是,对数据库的投入必须得到保护,而且欧盟内部的现有保护(无论是通过版权还是不正当竞争提供的保护)都是不适当的,主要是因为成员国的这些法律领域之间缺乏一致性。

《指令》的范围和数据库的定义　《指令》的第一章对数据库做了定义。在《指令》中,"数据库"意味着"独立的作品、数据或其他材料的集合,这些材料以系统的或有条理的方式编排,并能够通过电子或其他方式被单独访问"。[101] 另外,第1条(1)规定,这种保护延伸到任何格式的数据库。数据库的这个定义范围极其宽泛。正如上文所述,最初的《指令》草案把数据库的定义限制在电子数据库,但是这个方法被摒弃,而采用了《经社委员会的意见》所采取的方法。数据库中的单个作品、数据或其他材料应该能够被单独访问,这一必要条件表明,数据库必须以某种物质形式固定,因而可以对它的单个部分进行检索。譬如,一个包含多条信息的演说因此就不能构成数据库,除非它以某种形式被固定下来。[102]

除了数据库应该以某种形式固定下来这一隐含条件之外,对哪种信息集合可以构成数据库几乎没有其他限制条件。特别是,不要求该数据库必须专门或主要为检索和使用单条数据或信息而

---

[99]　Recital 4.
[100]　Recital 6.
[101]　Article 1(2) of the Directive.
[102]　该演说是否就构成数据库还取决于这个数据库定义的其他因素。

创建。除了访问单条信息的目的之外,也可以为多种不同的目的而组配信息。例如,由于不把重心放到收集和组织何种信息这一目的上,这个定义可以包含为传递信息、讲述故事或实现结果而汇编起来的材料。[103] 这方面的例子是英国火星公司诉技术知识公司(Mars UK Ltd v. Teknowledge Ltd)一案。[104] 英国火星公司设计并制造出安装有固定鉴别器的自动售货机,能够鉴别不同硬币的币值以及硬币的真伪。鉴别器被安置在电子可擦可编程只读存储器中(EEPROMs)。这些电子可擦可编程只读存储器中包含的数据能够与被塞进机器的硬币的信息进行比较。技术知识公司重新编辑并更新了电子可擦可编程只读存储器,使其包含有关新硬币的信息。在这个过程中,他们复制了电子可擦可编程只读存储器中的信息。这个行为被判定为侵犯了火星公司的数据库权利,技术知识公司未予争辩就承认了这一点。可以推断,火星公司收集和编排数据的最初目的是要达到自动售货机正常运作这一期望效果。这里不存在使单条信息能够被为某种外在目的有兴趣使用信息的人所访问的意图。这一判决对于计算机程序有着很大的适用可能,因为计算机程序通常包含大量的数据或信息,其主要目的是保证程序的正确运行。[105] 这里的数据并不服务于任何外在目的,即不是为了告知那些访问这些信息的人。在涉及计算机程序的下一节中,这一点将被重新提起。

数据库的这个宽泛定义似乎与《指令》在理由陈述中所拥护的目的不相协调。理由陈述指出,指令的目的是促进对信息的生产和加工[106]以及现代信息存储和处理系统的投入。[107] 这些数据库

---

[103] 见版权局局长 Marybeth Peters 提交给众议院法院和知识产权分委员会的陈述,众议院第 354 号,第 106 届国会,第 1 次会议,1997 年 3 月 18 日,可访问如下网址 http://www.loc.gov/copyright/reports。
[104] [2000] FSR 138,[1999] ALL ER 600 (QB)。
[105] 例如,Data Access Corporation v. Powerflex Services Pty Ltd [1999] HCA 49。
[106] Recital 10 of the Directive.
[107] Recital 12.

被期望成为发展欧盟内部信息市场的重要工具。《指令》的另一个明确意图则是为信息的在线传输或者经由物理媒质（例如光盘）的传输提供保护。[108] 与之对照的是，理由陈述表明，此处没有任何意图去增加或改变版权对计算机程序或其组成部分所提供的现有保护。[109]

对其他种类的"数据库"，例如作品选集或汇编，特别是硬拷贝形式的数据库，还存在其他一些难题。譬如，法律案例资料书（legal casebooks）可能构成数据库，因为它们内部的材料通常是以系统化的方式编排的，即通过章、分章以及章内标题来处理被讨论法律领域的特定方面。期刊和杂志也可以被认为是数据库，因为它们是独立作品的集合，通过卷号、期号以及类别，例如参考文章、书信、按语和评论，并附加内容索引或目录等，这些作品被以系统化方式进行了编排。而且，在《指令》所作定义的意义上，有理由认为写实作品（例如传记）也构成数据库。

"数据库"这个术语的定义中有一个词可以对该定义的宽泛解释提供某些限制，这个词就是"独立的"（independent），当然要取决于在《指令》的上下文中怎样解释这个词。让我们以电影为例。有理由认为一部电影构成一个数据库，尽管这个结论与直觉相反。[110] 这个论点成立的根据是，电影由单帧画面的集合构成，集合在一起构成了电影。通过单帧慢速动态重放进行演示时，每一帧画面都可以被单独访问。每一帧画面都是一幅作品或其他材料，它们被以系统化或条理化的方式编排，亦即讲述影片中所描述的那个故事。对于认定电影构成数据库而言，唯一可能的障碍就是"独立的"一词。如果"独立"要求电影的每一帧画面在告知或娱乐观众方面都能发挥独立的功能，那么电影可能就不能构

---

[108] Recitals 22, 43 and 44.
[109] Recital 23.
[110] S. Chalton, 'The Copyright and Rights in Databases Regulations 1997: Some Outstanding Issues on Implementation of the Database Directive' (1998) 20 *European Intellectual Property Review* 178.

成数据库。这是因为这些画面是电影不可分割的组成部分,它们相互依赖而不是各自分立。针对电影以及其他材料如音乐作品和视听作品等的这个结论为《指令》理由陈述第 17 条所支持。不过,查尔顿(Chalton)已经指出,在其他一些情况下,例如相关证券交易所交易信息的汇编,独立性和依赖性这个问题更容易引起争论。[111] 他认为,"独立性……应该从单条信息在集合中的相互依赖性这个立场出发,根据对集合所含信息的考量来判断,而不是毫不顾及集合整体去考查每一条信息"。[112] 如果采取相反的做法,可能就会在判断什么构成数据库的问题上得出一些奇怪的结论。

数据库定义的宽泛范围由于理由陈述第 19 条而得到加强,尽管在表面上,该陈述似乎是去限制这个定义。该陈述写到:

> 通常,光盘上所载的由数个音乐表演录制件组成的编辑物不属于《指令》的范围。这不仅是因为,作为一种编辑物,它不符合版权保护的条件;而且也是因为,它没有表现出符合特别权利保护条件的实质性的足够的投入。

理由陈述第 19 条认为,音乐录制品编辑物不可能获得版权保护,也不能获得特别权利保护。不过它承认,一张载有音乐录制件的普通光盘构成一个数据库。本章的后半部分讨论了数据库的实质性投入这个条件,如果符合这个条件,这张光盘就将受到《指令》所规定的特别权利的保护。因此,数据库的定义太宽泛了,以至于人们有理由提出疑问——在《指令》的意义上,什么不是数据库?譬如,艺术画廊和图书馆是数据库吗?它们都是独立作品的集合,这些独立作品被以系统化的方式编排,而且能够以电子或其他手段被单独访问。

《指令》没有对"作品"(works)和"数据"(data)给出定义。考

---

[111] 同上揭。
[112] 同上揭,第 179 页。

虑到《指令》对版权对象的顾虑,"作品"大概是指单独的版权作品,例如被收编在数据库中的文学和艺术作品。"数据"则是指"事实,特别是以数字表示的事实,它们为参考或信息的目的而被收集起来"。[113] 有理由认为,这两个词都与信息或传递信息的材料的概念有关,因此"其他材料"一般是指信息。理由陈述第17条指出,"'数据库'一词应该被理解为包括文学、艺术、音乐或其他作品的集合,或者其他材料例如文本、声音、形象、数字、事实和数据等的集合。"不过,即使对数据库定义加上这个限制,艺术画廊和图书馆仍将构成数据库。[114]

把《指令》对数据库的定义与美国立法建议中的定义相比较(第五章讨论了这个问题),美国立法建议对信息汇编做了一个目的性限定。它还包含了对"信息"的定义,以便减少上文所述的那种关于法律调整对象的难题。

计算机程序 《指令》的所有草案都规定,给予数据库的法律保护,无论是通过版权还是特别权利授予,都不适用于以电子手段可以访问的数据库制作或运行中使用的计算机程序。[115] 尽管这样做的意图是,把对数据库的选择和编排以及数据库内容的保护与对辅助数据库制作和运行的计算机程序的保护加以区分,当把《指令》的保护适用到计算机程序时,依然会产生一些难题。在探讨火星公司诉技术知识公司(*Mars v. Teknowledge*)一案的判决时,曾经涉及到数据库的定义,那时就已经提出了这个问题。主要难题之一是,《指令》对数据库非常宽泛的定义会导致这样一种局面——大多数计算机程序本身就构成数据库或者含有数据库。这是因为,许多计算机程序的特性就是它们能容纳大量数据。为了计算机程序的运行,程序中的数据必须以系统化或条理化的方式编排。反过来,这些数据就能够以电子手段被单独访问,尽管它们

---

[113] *The New Shorter Oxford Dictionary* (4th edn, Clarendon Press, Oxford, 1993).
[114] 在考查什么构成侵权的时候,这会随之产生一些有趣的结果。
[115] 例如,Article 1(3) of the Directive。

通常是被该计算机程序的其他部分所访问,而不是被人访问。一般说来,收集、校验和展现数据的过程都将耗费一定品质或数量的投入。因此,容纳了大量数据的计算机程序自身就是一个数据库。即使那里的数据是为了便利计算机程序的运行,结论也是一样。相反,在其他多数数据库中,数据库的功能是向用户提供信息。

火星公司诉技术知识公司（Mars v. Teknowledge）一案的判决事实说明了这一点。自动售货机所使用的关于法定金属货币的尺寸以及其他特性的数据,是操控自动售货机的计算机程序的关键组成要素。要是没有这些数据,计算机程序就无法判断实际使用的硬币是否是法定货币。但是这些数据的主要目的是使计算机程序能够执行它的功能,而不是告知那些可能为了与自动售货机的运行无关的某些外在目的而使用这些信息的人。这些数据也不是以用户界面友好（user-friendly）的方式来编排,以至于人们能够轻松地访问它们。如前所述,火星案判决的另一个难题就是,被告承认它已经侵犯了原告的数据库权利,转而根据所谓的普通法抗辩来证明其行为的合法性。法院拒绝承认该抗辩的存在,并因此判决原告胜诉。

不同法域有关计算机程序或其所含数据的版权保护的其他案件,也补充说明了这一点。在 Data Access Corporation v. Powerflex Services Pty Ltd 案中[116],澳大利亚高等法院判决胡夫曼（Huffman）压缩表构成文学作品。胡夫曼压缩表因该表的初始设计者的名字而得名。通过"以位串形式存储数据文件中的字符,而位串的长度则取决于字符在数据文件中出现的频率"[117],胡夫曼压缩表能够使得计算机内存的使用最小化。一个字符出现的频率越高,该字符的位串就越短,反之亦然。因此,创作胡夫曼表需要该表的作者去识别出现频率最高以及频率最低的字符,并分别为它们设计或

---

[116] [1999] HCA 49.
[117] 同上揭,第 113 页。

短或长的位串。高等法院认定,压缩表的制作需要使用丰富的技巧和判断以及繁多的艰苦工作。有理由认为,它也能够构成计算机程序中的数据库,正如查询数值表和用户界面的层级命令菜单能够构成数据库一样。[118] 反对这个主张的可能理由之一是,上述情况下的实质性投入并没有投向数据的获取、校验和展现,而是投向了数据的制作。胡夫曼压缩表和查询数值表无疑属于这种情况。在这个方面,这一论点与上文关于《指令》中"获取"(obtain)的含义的分析相同。

最终结果是,《指令》实际上没有实现它的目标,没有使计算机程序的保护与数据库的选择和编排及其内容的保护相分离。

数据库的版权 《指令》的第二章涉及数据库的版权保护。《指令》对这个问题采取的方法与此前的草案相同。第3条(1)规定,"如果由于数据库内容的选择和编排构成作者自己的智力创造,该数据库本身就应该受到版权保护。除此之外没有其他标准能够被用来确定它们是否符合版权保护条件。"

第3条(2)进而规定:"本《指令》对数据库授予的版权保护不得扩展到数据库的内容,也不应该有损于这些内容本身所存在的任何权利。"该条意图协调整个欧盟内部数据库版权保护的标准。《指令》通过之前存在的不同标准是不同独创性标准的产物(第二章对此做了讨论)。

这种版权进路有点令人奇怪的方面是理由陈述第16条对此所作的评论,该陈述宣称:

> 除作者智力创造意义上的独创性之外,没有其他标准能够被用来判断该数据库是否符合版权保护的条件,特别是不得适用美学或品质的标准。【原文加了着重号】

---

[118] 对这个问题的更深入讨论,参见 S. Lai, 'Database Protection in the United Kingdom: The New Deal and its Effects on Software Protection' (1998) 20 *European Intellectual Property Review* 32。

在这段话中,"品质的"(qualitative)一词是在数据库优秀与否的标准这一意义上使用的。如前文所述,版权意义上的"品质"(quality)一词所指的是作品的独创性特征,而不是它的优秀性标准。因此,在这条理由陈述中看到该词被用于指称优秀性标准有些令人惊讶。这样使用"品质的"(qualitative)一词的难题在于,它在涉及特别权利保护的条款中再次出现,却没有任何定义。这会引发这样的推断——该词是在与理由陈述第16条相同的含义上被使用的。下文讨论特别权利时,我们将看到,这种用法所造成的问题远远超过了使用该词不可避免会产生的问题。

数据库的作者身份 《指令》第4条规定:

数据库的作者应该是创建数据库的自然人或自然人群体,在成员国立法允许的情况下,也可以是法律规定作为权利人的法人。

因此,各个成员国关于作者身份的立法原则决定着符合版权保护标准的数据库的作者身份和所有人身份。

限制的行为(restricted acts)* 《指令》第5条规定了一些专有权利,它们必须授予符合第4条规定的独创性标准的数据库作者。这些权利实际上是《伯尔尼公约》和《版权条约》中规定的权利。[119]尽管《版权条约》规定的向公众传播权直到《指令》通过之后才实际产生。因此,数据库版权所有人享有复制、翻译、修改或编排数据库,或者向公众发行、传播、展示或演示数据库的专有权利。在数据库的翻译版、修改版或编排版方面,所有人也享有相同的权利。这些权利的有效期是已经由《1993年10月29日欧洲经济共同体理事会协调版权及特定相关权保护期的指令》所调整的版权保护期。[120]

---

* 限制的行为是从使用者的角度而言的,是指受权利所限制的行为,实际上就是权利的内容。——译者注
[119] 这里没有规定禁止规避技术保护措施和保护权利管理信息的具体义务。
[120] OJ No. L290, 24 November 1993, pp. 9—13.

第 5 条没有明确授予《与贸易有关的知识产权协议》所规定的出租权，但是第 2 条（b）规定，《指令》的适用不得有损于有关出租权的欧盟法律规定。而且，理由陈述第 24 条强调，"数据库的出租和出借由《1992 年 11 月 19 日欧洲经济共同体理事会出租权和出借权指令》专门调整。"因此，出租权是通过《指令》之外的其他方式被授予的。

下文在涉及特别权利的各个标题下，对上述这些权利与特别权利的关系进行了讨论。

数据库版权的例外 第 6 条规定了数据库版权的许多例外。其中第 6 条（1）最难解释，而且含义模糊。它规定：

> 数据库或数据库复制件的合法用户，为访问和正常使用数据库内容所必需，由该合法用户实施第 5 条[版权权利]所列举的行为，无需获得数据库作者的允许。在该合法用户仅被授权使用数据库的某个部分时，本规定只适用于该部分。

《指令》对合法用户并没有进行定义。不过理由陈述第 34 条中有这样的规定，"一旦权利人已经选择了向用户提供该数据库的复制件，不论是通过在线服务还是通过其他发行手段，该合法用户就一定能够为此目的以权利人协议规定的方式访问和使用该数据库。"这表明合法用户是通过与版权人达成协议以某种方式使用数据库的人。如果这个定义只限于这种情况，那么第 6 条就是同义反复，因为它只是规定被许可人有权以许可协议允许的方式使用数据库。它仅仅是确认，譬如，如果浏览者拥有浏览该数据库某个部分的许可协议，尽管从计算机屏幕浏览数据库在技术上构成复制，该行为不构成版权侵权。[121]

---

[121] 这个解释也与《最初草案》第 6 条（1）相一致，该条规定："为了以权利人的合同安排所确定的方式使用数据库所必需，该数据库的合法用户可以实施第 5 条中所列举的任何行为。"

82 数据库的法律保护

78 　　第6条(1)可能也适用于通过转售获得数据库复制件的第三方,他们与数据库版权所有人之间没有直接的合同关系。例如,以光盘只读存储器格式销售的数据库能够被转售,获得它的第三方属于合法用户,他在计算机屏幕上浏览该光盘不侵犯版权。[122]

　　第6条(1)最宽泛的可能解释是,合法用户可以是虽然没有从权利人处获得许可,或者没有通过转售获得数据库,但是以公平利用目的而使用数据库的人。只要这种使用符合被允许行为的限制条件,他们的使用就是合法的。有理由认为,为了选择和处理数据库相关部分的目的,他们被允许浏览该数据库并因此而复制它。这可能会排除任何与此相反的合同约定的效力。不过,这样宽泛的例外似乎不可能是《指令》的意图,而且第6条(1)规定该条只适用于合法用户有权使用的数据库部分,这个限制反对这种宽泛解释。[123]

　　谢天谢地,第6条(2)中的其他例外就清楚多了,尽管即使在此处也有不少麻烦。虽然《指令》对非电子数据库也提供保护,《指令》却允许其成员在某种程度上对电子数据库和非电子数据库区别对待。所以,第6条(2)(a)允许为私人目的复制非电子数据库。[124]

79 　　第6条(2)(b)和(c)允许为教学或科学研究示例[125]、以及公共安全或行政和司法程序的目的而使用数据库。为教学和研究示例的例外只在被所欲实现的非商业目的所证明的正当性范围内适

---

[122] 这也与《最初草案》第6条(2)相一致,该条规定:"在数据库权利人与数据库用户之间就数据库的使用缺乏合同安排的情况下,数据库的合法获得者实施第5条所列举的任何行为,如果该行为为访问和使用数据库的内容所必需,就无需获得权利人的许可。"

[123] 有些实施立法明确把第6条(1)的适用限于被许可人或所有人及他们的继承人,但是英国法对此问题没有明确规定。见《法国知识产权法典》L122-5条,涉及到为合同规定的使用限制。《英国版权、设计和专利法(1988)》50D(1)部分提到"不论是根据合同去做数据库版权所限制的任何行为还是相反"。

[124] 这是对第9条(a)规定的特别权利的反映。

[125] 理由陈述第36条主张科学研究包括自然科学和人文科学。

用。国内法所允许的其他版权例外也可以适用到数据库版权上。所有这些例外都必须遵守第 6 条(3)明文规定的限制。该条重申了《伯尔尼公约》第 9 条(2)和《与贸易有关的知识产权协议》第 13 条的规定——不允许版权例外不合理地损害权利人的正当利益,也不得与数据库的正常利用相冲突。

由于第 6 条(2)(b)项和(c)项的例外被反映到第 9 条关于特别权利的规定中,因此这里有理由对它们做进一步的考量。此外,科学团体和图书馆是特别权利立法的最强烈的反对者之一,这表明在研究、教育和学习方面的例外是特别保护争论中的关键问题。这些条款存在许多问题。第一个问题是如何理解"为教学或科学研究示例(illustration)的唯一目的"这句话的含义。特别是,在定义为教学或科学研究而"示例"时,我们无法获得任何帮助;对于为什么教学和研究这个特别方面被挑选出来给予特别重视,我们也无法获得任何指示。或许在教学的背景下,"示例"把对数据库的使用限制在提供教学内容的范例方面。同样地,有理由认为,所有教学活动都可以被设计成广义上的示例,但可以确定的是,本来提到教学目的就足够了,除非其意图在于对教学过程中使用数据库给予重大限制。[126] 这里也没有明显的理由把重心放在教学(teaching)而不是教学的目标,即学会(learning)上。这里不存在为学习(study)目的的例外,说明只有教师才能使用数据库,学生则不能。如果对研究(research)的含义采用广义的观点,即与"教学和研究"相对,利用为科学研究(sciencific research)的例外,后一个问题本来可能得到克服。然而,由于为研究目的的使用同样被明确限于

---

[126] 在《指令》实施之前,比利时版权法规定了为"教学目的"(didactic purpose)的例外,但是没有提到"示例"。该国的实施法修改了第 22(1)部分第 4 段,删除了这个提法并新加上"为教学示例"(illustration for teaching)。见 Legal Protection of Database Act 1998(Belgium)。

示例,这种可能性就被该规定的措辞给排除了。[127]

为教学或研究而使用数据库的例外,都只能在实现非商业目的的正当性范围内才能适用。这也造成了一些难题。许多教学和研究机构在它们的运作中都有商业性的一面,这一定程度上是对公共基金的投入减少的反应。[128] 结果是,混杂商业目的和非商业目的而从事教学或研究工作的可能性极大地提高了。排除为商业研究而使用也是对英国现存权利的重大减损。英国的公平利用规定仅仅提到"研究"(research),而且这些规定仍然适用于除数据库之外的版权作品。[129] 在英国,数据库公平利用的规定目前限制在非商业研究上。[130] 由于《指令》的结果,其他欧洲国家也已经减少了针对数据库版权的例外。[131]

《指令》的新规定更多地与其他欧洲大陆国家如法国[132]和德国[133]的版权例外相一致,这些国家的版权保护适用相对较高的独

---

[127] 把使用限制在示例目的上,这个要求本来打算对教学和研究都适用。然而,这个规定并没有以这种方式被执行。见,例如,《德国版权法(1965)》第53条(5),它适用于为非商业目的的任何科学使用。

[128] 例如,澳大利亚公立大学平均收到来自政府资源的收入只占它们总收入的65%,本地和海外的学生交纳的费用占了剩余部分的很大比例。"Unis Rely Ever More on Fees", The Age, 22 December 2000, p.8.

[129] 《版权、设计和专利法(1988)》第29节对基本上相同的信息同时适用版权和数据库权利对英国图书馆已经造成了相当的困难。见"Interpretation of Terms in the Database Regulation: Supplement to a Position Paper Submitted to the Database Market Strategy Group in 1999", Library Association Copyright Alliance, October 2000(作者保存有该文件的复制件)。

[130] 《版权、设计和专利法(1988)》第29节。

[131] 例如,比利时的法律先前曾经规定教学目的的例外。《荷兰版权法(1912)》第16条规定过明确为教育或其他科学目的的使用作品的例外。这个例外似乎在实施法中得以保留,不过对特别权利的例外似乎要狭窄得多。见《1998年7月8日法令》(《数据库法》)第5条(b),根据有关1996年3月11日欧共体数据库保护指令的荷兰立法修订。

[132] 见《知识产权法典》L122-5条,该条规定了严格地为私人目的而保存复制件,并且不得用于集体使用目的。

[133] 见《德国版权和邻接权法(1965年9月)》(1998年修订)第53条,其中提到"为个人科学使用制作一份复制件"以及"在非商业性教育机构中用于教学"。

创性标准。[134] 由于这些国家的版权保护范围受到较高独创性要求
的限制，所以相应地缓解了对宽泛例外的需要。在讨论《指令》创
建的特别权利时我们将发现，这些为采用高标准独创性的版权制
度而设计的例外，已经被转换成特别权利制度，这种制度在某种程
度上是一种额头汗水性质的版权制度。

特别权利 第7条(1)规定成员国有义务：

> 向能够证明在获取、校验或展现数据库内容的过程中实
> 施了品质和/或数量上的实质性投入的数据库制作者提供一
> 种权利，以禁止摘录和/或再利用数据库内容的全部或者用品
> 质和/或定量评估的实质性部分。

这个义务的存在与数据库或者数据库的内容可能享有或不享有任
何版权无关。[135] 在这个方面它与《最初草案》有着重大区别，后者
规定，如果数据库的内容享有版权，那么特别权利就不适用于数据
库。[136]《理事会的理由》表达了这样的观点，如果一个数据库由版
权作品和不属于版权或其他权利范围的材料构成，上述限制将造
成很多难题。[137]

有些学术著作的作者把《指令》规定的版权保护描述为对数据

---

[134] C. Hertz-Eichenrode, "Germany" in D. Campbell (ed.), *World Intellectual Property Rights and Remedies* (Oceana Publications, New York, 1999), at Ger-8: "版权法第2条(2)规定了版权保护的基本前提条件，要求作品必须是个人的智力创造……该作品必须表现出特定创作水平的个性，该创作水平应该远远超出该领域中技能熟练和受过训练的人的平均水平"，引自 Supreme Court, GRUR 1982 at 305, Buromobelprogramm and GRUR 1983 at 377, Brombeermuster. A. Lucas and A. Plaisant, "France" in M. B. Nimmer and P. E. Geller (eds.), *International Copyright Law and Practice* (Matthew Bender, New York, 1999), p. 4.

[135] Article 7 (4) of the Directive.

[136] Article 2 (5) of the First Draft.

[137] Paragraph 14 of the Council's Reasons.

库结构的保护,而把特别权利描述成对数据库内容的保护。[138] 这个分析表面上看是正确的,但是同时也引人误解地过分简单化。在构成数据库的单个条目的版权、数据库结构的版权和禁止摘录或再利用数据库内容的实质性部分的特别权利之间,目前存在假想的区别。实际上,版权所有人和特别权利所有人的判断标准、确定特别权利客体的标准、权利自身的性质及其例外,都是以这样的方式来规定的,以至于在数据库结构版权与特别权利之间必然存在相当大的重叠。特别权利和数据库单个条目的版权之间所存在的重叠范围,取决于对《指令》的实际解释。

正如《指令》指出,在评估特别权利的适当性时,数据库可能享有的版权与数据库内容的特别权利之间的重叠是一个关键问题。下文对《指令》规定的特别权利的各个不同方面都做了讨论,特别谈到了它们与版权的关系。在此过程中还特别参考了关于版权法原则的第二章所讨论的许多观点。

数据库制作者 《指令》采用了"制作者"(maker)一词,以便把最先获得特别权利的人与最先对数据库获得版权的人区别开来。与对待作者的态度不同,《指令》在正文中没有对"制作者"进行定义。从理由陈述第41条我们可以获得一些帮助,它规定"数据库制作者是最先进行投入并承担投入风险的人;但是这里特别把分包者排除在制作者的定义之外"。该理由陈述把重心放在保护数据库制作过程中的投入,其他理由陈述以及特别权利自身的性质同样揭示出这个重心。[139] 理由陈述连同各种其他规定一起,说明特别权利被设计来保护数据库制作过程中的投入。

理由陈述还揭示出,《指令》鉴别并试图保护不同类型的投入。

---

[138] 例如,J. Sterling, *World Copyright Law* (Sweet & Maxwell, London, 1998) at 26E.06; P. Raue and V. Bensinger, "Implementation of the Sui Generis Right in Databases Pursuant to Section 87 et seq. of the German Copyright Act" (1998) 3 *Communications Law* 220。

[139] 理由陈述到处充斥着有关数据库制作者的投入以及保护这种投入的必要性等内容。见理由陈述7、10、11、12、19、39、40、54和55。

例如,理由陈述第 7 条提到了人力、技术和财力资源的投入,而理由陈述第 12 条则涉及对现代信息存储和处理系统的投入。理由陈述第 39 条提到在获取和搜集数据库内容过程中的财力和专业投入,理由陈述第 40 条中则宣称:"投入可以包含财力资源的使用和/或时间、努力和精力的花费。"很显然,所有这些投入都是指针对获取、校验或展现数据库内容的投入。同样明显的是,可以预期投入包含财力投资,不过它也似乎超出了财力投资的范围,把制作数据库的技巧和努力包含在内。[140]

会有这样一种情况,制作数据库但没有形成数据库的作者身份。例如,当制作过程仅仅涉及额头汗水时,这里会有制作者,却没有作者。"制作"(making)这一概念应该能够解决计算机生成的数据库所留下的难题,因为"制作"的重点在于谁进行了投入,而不是数据库实际创建过程中个人作用的展现。

然而,对比"制作"数据库的检验标准和版权意义上数据库作者的定义,揭示出这样一种现实可能性,同一行为能够造成对同一个人同时授予版权和特别权利。这是因为数据库的选择和编排可能正是对获取、校验和展现数据库内容的投入,尤其是当这种投入包含着数据库创造性选择和编排中的人类智力资源投入的时候。

获取、校验或展现过程中品质或数量上的实质性投入　正如不是每一个数据库都有权根据《指令》获得版权保护一样,也不是每一个数据库都符合特别权利保护的条件。数据库所有人必须证明在获取、校验或展现数据库内容的过程中进行了实质性投入。数据库制作过程中的实质性投入,这个先决条件取代了此前数据库应该是大量数据、作品或其他材料的集合这一要求。[141] 投入的

---

[140] 这一点被各种实施法的规定所证实。例如,第 98-536 号法案第 L341-1 条把数据库制作者定义为,在编制、校验和表达数据库内容过程中最先进行投入并承担财力和人力投资风险的人。意大利 1999 年 5 月 6 日第 169 号法令第 102 条(2)(a)把数据库制作者定义为:"为数据库的制作进行了实质性投入的人,或者在校验或表达数据库的过程中,为了实现校验和表达的目的,使用了财力资源和/或花费了时间和努力的人。"

[141] Amendment 3 of the 1993 Amendments.

实质性可以是数量上的也可以是品质上的。尽管实质性投入必须针对获取、校验或展现数据库内容,除此之外对于什么构成实质性投入再没有其他提示了。

获取、校验或展现数据库内容的行为包括与制作数据库过程中耗费的额头汗水有关的所有行为。例如,Feist 案中的大部分投入都与相对平庸的和劳动密集型的工作有关——获取原告的每个电话服务用户的详细信息,校验这些信息以及以字母顺序展现这些信息。显然这些额头汗水的行为能够构成必需的实质性投入,因为它们构成制作数据库过程中数量上的实质性投入。实际上,这显然是《指令》的目标之一。[142]

尽管意图把重心放在通过特别权利来保护额头汗水的努力,保护的判断标准还是涵盖了与数据库结构的版权保护本质上相同的判断标准。这是由于第 7 条(1)引入数量上和品质上的投入而新增的难题。获得特别权利保护需要在获取、校验和展现内容过程中进行必要的品质上的投入,获得数据库版权保护则需要具备"构成作者自己的智力创作的选择和编排"[143],前者的范围可能会包含后者。展现显然包括数据库的编排,而含有智力创作的编排将构成在展现方面品质上的投入,因而满足了特别权利保护的先决条件。获取内容同样将涉及选择内容,同理,如果这个选择过程含有相当的智力创造,它就会构成获取数据库内容过程中必要的品质上的投入。由此产生的综合效果就是:符合版权保护条件的数据库几乎必然会符合特别权利保护条件,版权意义上的数据库作者也就是特别权利意义上的数据库制作者。即使大部分投入本来是在选择或创建内容方面的智力投入,而不是制作数据库的劳动密集型投入,结论也是一样。

如果数据库能够在独创性幅度范围(参见第二章)中的任何一点上找到它的位置,数据库就符合特别权利的条件,因为第 7 条

---

[142] Recital 40 of the Directive,以及 the Committee's Opinion, para. 2.3。
[143] Article 3(1) of the Directive.

(1)指的是品质上和/或数量上的投入。因此,额头上的汗水赋予特别权利保护,而智力上的创造赋予的则是额头汗水和智力创造两者合并提供的保护。简言之,这个保护标准与《指令》产生之前英国的版权立场相同。[144] 因此,在数据库结构的版权和数据库内容的特别权利之间,会有一个无法避免的重叠区域。后文讨论权利的性质以及例外时还会再次提到这一点。

把品质概念引入到投入的性质中,也意味着在数据库内容的单个条目的版权与特别权利之间引入了重叠的可能性。理由陈述第 17 条中前所未有的"品质"标准使这个问题愈发复杂,此前讨论《指令》的数据库版权保护时已经提到了这一点。在该理由陈述中,"品质的"(qualitative)一词是与"美学的"(aesthetic)一词结合使用的,说明该词强调作品的水准而不是它的创造性特征。如果在特别权利的语境中对"品质的"一词也采用类似的解释,那就要求在获取、展现或校验数据库的过程中有"好"或高水准的投入。不过,考虑到适用这个解释的困难,以及涉及版权问题的理由陈述第 17 条与特别权利之间缺乏有说服力的联系,这个解释未必会适用或能够适用。如果采纳这个解释,就会涵盖如下情形,譬如对获取重要的或有价值的作品、数据或其他材料进行投入,即使投入的努力很少也不会有影响。举例来说,为一个艺术画廊购买一幅著名的受到高度敬重的绘画,对由于获得了这样一幅画而成立的数据库而言,可能会构成品质上的实质性投资。这就会牵涉到什么构成数据库侵权,下文将对此进行分析。眼下,注意到这一点就足够了——特别权利有理由适用于摘录或再利用数据库内的单个条目,这就导致该条目享有的特别权利和它可能享有的任何版权之间存在重叠。[145]

即使"品质"和"数量"的问题得到了解决,仍然需要证明投入

---

[144] 这事实上是英国数据库产业界就《指令》提交意见时的意图所在。
[145] 在英国和美国,数据库所有人已经提出这样的主张——使用一个条目可以构成侵权。见 1999 年 12 月笔者与 Jerome Reichman 教授之间的讨论笔记,涉及到美国数据库所有人和用户之间的协商,作者存档备查。

是实质性的。理由陈述第19条对什么构成实质性投入提供了一些指引。该陈述认为"光盘上所载的由数个音乐表演录制件组成的编辑物通常不属于《指令》的范围,因为它没有表现出足够的实质性投入"。尽管它对什么不构成足够的实质性投入提供了一些指引,它造成的问题远远超出了它所解决的问题。前文的分析已经指出,该理由陈述更加证实而不是否定了光盘构成数据库的可能性。理由陈述第19条还特别提到了对数个音乐表演录制件的编辑行为。但是它没有说明对单个录制件或单个音乐表演的投入是否可以构成必要的投入。很明显,制作这些录音或者被录制的表演要花费相当大的投入,这些投入要么由出资制作的人完成,要么由实际录制的艺术家完成。有理由认为,在获取数据库内容过程中的投入属于实质性投入。因此,这里有一个问题,"获取"数据库的内容这个概念是否包含内容的实际创建,或者它是否只限于收集或集合已有作品、数据或其他材料?"获取"的字面含义表明,这两种含义皆可采纳。[146] 对那些寻求对数据库建立特别权利保护的数据库制作者来说,更具限制性的观点会造成相当大的难题。他们将不得不区分他们对创建数据库内容的投入以及对获取或收集这些内容的投入。这将对那些作为数据库内容唯一来源的数据库制作者产生特别的影响。例如,电话公司不能把创建原始电话定购信息或用户情况原始记录过程中发生的投入计算在内。

更大的困难将发生在拥有相对较少信息的数据库上,例如体育比赛时间表。在创建比赛时间表方面花费的智力努力不属于相关的投入,而校验和展现比赛时间表又不会消耗任何重大的投入。对电视节目时间表、列车时刻表以及类似的文件都可以进行同样地分析,对它们的大部分投入,不论是金钱的还是智力的,数量上的还是品质上的,都与创建组成数据库的信息有关,而不是与获取、校验或展现有关。这里的困难与第二章讨论的困难是一致的,

---

[146] "获取:开始占有或拥有,作为要求或努力的结果而获得或增加",*The New Shorter Oxford Dictionary*。

第二章所涉及的难题是,鉴别在哪一点上,导致最终产生作品的智力活动开始变得与授予版权保护具有相关性。

"校验"(verifying)和"展现"(presenting)这两个词语也会带来一些难题。在初始创建数据库时,校验就可以完成。但是对于在线数据库而言,校验信息的持续精确性是必不可少的。或许不需要去改变信息,但是在查明信息的真实性时,可能必须付出实质性的投入。有理由认为,创建初始数据库之后的校验可以满足保护标准。

同样的主张也可以适用于在线数据库的展现。与数据库的硬拷贝不同,以在线格式连续展现数据库需要在数据库的维护方面进行相当大的持续投入。这就有一个问题,在展现数据库方面的相关投入是否限于初始展现数据库时的投入,或者它是否包括显示或维护数据库的持续成本?简言之,这里的问题是数据库的展现是否包括对该数据库的维护。接下来就会牵扯到保护期的计算,因为保护期要从做出实质性投入时起算。如果制作者能够主张,在数据库的持续性展现过程中实施了实质性的投入,保护期就会反复地重新起算。

禁止摘录和/或再利用的权利　第7条规定了禁止摘录(extraction)和再利用(re-utilisation)的权利。这些都是版权立法中不常用的词语,它们给人的表象是《指令》创造了一种新类型的权利。这种表象容易引人误解。对摘录和再利用的定义考查揭示出,这个新术语所指的是版权法上早已存在并广为人知的权利。

第7条(2)(a)把摘录定义为"用任何手段以任何形式,永久或临时地把数据库内容的全部或实质性部分转换到其他介质中"。换句话说,它就是版权中广为人知的复制权。可以推知,这个语境中的"转换"(transfer)一词不是指把数据库的内容从一种介质中移除,然后把它存到另一种介质中,而是指复制到另一种介质中,同时原始内容仍保留在原处。定义提到"临时"(temporary)转换,这就明确说明临时数字复制也构成摘录或复制数据库的内容。因此,在计算机上读取数据库的实质性部分将构成摘录。[147] 如果以这种方式来解释,这种权利实质上就成为一种访问电子数据库的权利,因为未经制作者同意单纯访问数据库的行为将会涉及到侵犯摘录权。

第 7 条(2)(b)把再利用权定义为:

> 通过发行复制件、出租、在线传输或其他方式传输,以任何形式向公众提供数据库内容的全部或实质性部分。在共同体范围内,由权利人或经其同意首次销售数据库复制件,应该因此穷竭在共同体范围内控制再销售该复制件的权利。公共借阅不属于摘录或再利用行为。

88 这个术语表达了多种不同的权利。在版权背景下,"向公众提供"的权利适用于,用电子形式以用户能够在自己选择的时间和地点获取材料的方法来提供材料。[148] 版权中"向公众提供"的专有权是《版权条约》的创造物,也是向公众传播权这种新权利的组成部分。这种新权利是对传播技术聚合的反应,这种聚合使得此前对无线方式和有线方式传播版权材料的区分已经过时。它意图涵盖版权材料的这两种传播方式,藉此,版权材料能够在传播者选定的时间向用户传播,也能够使版权材料向公众提供。在后一种情况下,材料简单地被以电子方式向公众提供,因此用户能够在自己选定的时间获取材料。它涵盖了通过网络向公众提供的情况。

必须牢记,《指令》是在 1996 年 12 月的《版权条约》产生之前被通过的。尽管条约的草案无疑影响了《指令》的措辞,我们还是需要谨慎,不要想当然地认为《版权条约》使用的同一术语与《指令》具有相同的含义。在《指令》通过之时,对于正确地表述一种新的权利以应对技术的聚合和网络的出现尚存在相当大的国际争议。

在《指令》的语境中,再利用权中向公众提供的概念远比《版权

---

[147] 反复地和系统地读取数据库内容的非实质性部分同样将会如此。
[148] Article 8 of the Copyright Treaty.

条约》设想的概念要宽泛。在《指令》中,它包括发行复制件、出租、在线或以其他方式传输。《版权条约》中发行复制件是指以硬拷贝或独立产品(fixed goods)例如光盘的形式发行数据库。[149] 与此类似,《与贸易有关的知识产权协议》提到的出租权与独立产品(例如光盘)的出租有关。《指令》中提到的通过在线或其他传输方式向公众提供是指以电子方式提供对数据库的访问。《指令》把"在线提供"描述为一种传输也是对下列事实的反应:在《指令》表决通过的时候,在用户选定的时间向终端用户提供版权材料这一行为与传输行为之间的差异尚未被接受为向公众传播权的独特特征。

因此,再利用权就成为《版权条约》中的发行权和向公众传播权[150]以及《与贸易有关的知识产权协议》中的出租权[151]的结合体。在一个术语中囊括了多种版权专有权利。其综合效果就是,特别权利事实上成为关于数据库的版权专有权。

侵犯摘录权和再利用权　第二章讨论了版权客体和侵权之间的关系,并认为前者决定着后者。确定了什么使得作品具有独创性,也就同时确定了哪些客体不能够以版权人专有权利的方式被复制和处理。从特别权利客体的措辞和什么构成侵犯特别权利来看,这种相同的同步性在表面上并没有出现。特别权利的客体是在获取、校验或展现数据库内容方面的投入,不论是品质上还是数量上的。[152] 侵权行为被表述为摘录或再利用数据库内容的全部或

---

[149] Article 6 of the Copyright Treaty.
[150] 见《版权条约》第6和8条。应该注意的是,《版权条约》中的向公众提供权,与《指令》对"再利用"的定义中提到的"向公众提供"相比,受到更多限制。前者只限于在用户选定的时间,以电子方式向公众提供材料。见《版权条约》第8条。
[151] 《与贸易有关的知识产权协议》第11条。《版权条约》第7条也规定了出租权。《与贸易有关的知识产权协议》的出租权限于计算机程序和电影作品,《版权条约》增加了录音制品中作品的出租权。《指令》则进一步规定了关于数据库的出租权。
[152] Article 7(1) of the Directive. 另见 Recitals 7, 12, 39, 40 和42。

实质性部分,不论从品质上评估还是从数量上评估。[153]

这里的假定是摘录或再利用数据库内容的实质性部分将损害在获取、校验或展现数据库内容方面的投入。这在一定程度上取决于如何定义内容的实质性部分。保护数据库内容在数量上的实质性部分就对额头汗水提供了保护。利用数据库数量上的实质性部分可能会损害对数据库的额头汗水投入。

但是"品质的"一词造成了许多难题。什么是内容的品质上的实质性部分?判断这个问题的任何可能手段,都会带来数据库结构的版权与数据库单个条目的版权之间重叠的可能。例如,"品质的"可能意味着被认为非常有用或有价值的作品、数据或其他材料。它的重要性可能来自它的时间敏感性(time-sensitivity),在有限的一段时间内具有独特的价值。譬如,它可以是最近五分钟内特定股票价格的波动,或者公司董事刚刚发布的可能会影响公司股票价格的报告。股票价格和报告所透露的信息对股票交易者而言具有极高的价值。有理由认为,在品质上它是数据库的实质性部分,至少在一个短时期内是这样。[154] 此时,在数据库所含单个条目的版权与数据库内容的特别权利之间就可能存在重叠。譬如,上述报告可能享有版权,造成该报告的特别权利和版权的重叠。另一种可能是,股票价格虽然不可能享有版权,但享有特别权利的保护,即使版权法认为它所透露的信息应该是自由的。

与此有关的另一个难题是,至少从数量的视角来看,对获取、校验和展现单条信息的投入不可能有重大意义。[155] 但是它仍然会受到保护。换言之,通过进行相当少的投入就可以获得保护,这种保护的价值会极大地超过获取信息的成本。在投入的成本和对投入结果所授权利的价值之间存在差异,这个差异是《指令》的难题

---

[153] Article 7(1) of the Directive.
[154] 一旦不再是"最新消息"(hot news),该信息是否就不再是数据库品质上的实质性部分?这本身也是一个问题。
[155] 此处的投入是指把该信息实际纳入数据库中的人力成本,与开始访问信息时要交纳的价格相对。

之一,第六章对这个问题进行了讨论。[156]

当然,法院可能会否决单条信息构成数据库的品质上的实质性部分这个主张。如果是这样,那么实质性部分的品质方面的特征就可能来自被摘录或再利用的各个部分的集合。在这一点上,也存在与数据库结构的版权发生重叠的可能性。被使用部分品质上的实质性将来自于它作为条目集合的重要性。在这一点上,数据库品质上实质性部分的检验标准就涉及到对内容的选择的考量。因此,数据库结构版权与特别保护就发生融合,并且基于恰好相同的原因而覆盖了完全相同的客体。这一事实与上述有关作者身份、数据库制作、特别权利与版权专有权利的等同等问题相结合得出了一个结论。在某些情况下,同一个人创建同一个数据库的行为将同时产生两种相互独立而又一致的权利系统。其中一套权利被称为版权,而另一套权利则被描述为特别权利。

在数据库的编排方面也可以得出类似的观点。如第二章所述,数据库的索引对于它的运行和效率非常重要。它们是内容的品质上的实质性部分,也是编排的实质性部分。由于索引同时涉及数据库编排中的智力创造和数据库展现方面品质上的实质性投入,一个索引可以同时赋予数据库以版权和特别权利保护。因此同一个行为,例如复制索引,可能同时构成侵犯版权和特别权利。[157]

特别权利的例外 第8条和第9条规定了特别权利的例外,尽管第8条被称为合法用户的权利和义务。第8条(1)规定了合法用户摘录或再利用数据库非实质性部分的积极权利,其条件是数据库的制作者已经把数据库向公众提供。该权利只对合法用户被

---

[156] 另一个难题是为什么现有的法律权利不应该充分决定对争议对象的保护。例如,版权应该决定绘画保护的性质和范围,而商业秘密或合同应该充分决定对股票价格的保护,不需要再加上特别的数据库权利。

[157] 《最初草案》对数据库的定义包括了用于获取和表达信息的索引、分类词汇汇编和其他制度。《指令》的定义没有谈到这一点,但是理由陈述第20条规定:"同时本指令规定的保护也可以适用于运行和查询特定数据库所必需的材料,例如分类词汇汇编和索引系统。"

许可摘录和/或再利用的数据库部分适用。确定该条意义上的合法用户会遇到与第6条同样的困难。

可以明确的是,《指令》否决了数据库许可协议中试图禁止以特定方式使用数据库非实质性部分的合同条款的效力。[158] 这是否给予广大公众——与被许可人或那些购买了数据库复制件的人相对——一种权利,答案取决于合法用户的定义,上文在涉及版权例外的章节中已经做过讨论。

尽管第8条(1)规定了使用数据库非实质性部分的积极权利,第8条(2)明文规定了一种具有最高效力的义务,即禁止合法用户实施"与数据库的正常使用相冲突,或不合理地损害数据库制作者正当利益的行为"。第7条(5)也强加了类似的义务,该条规定:"反复和系统性地摘录和/或再利用数据库内容的非实质性部分,必然包含与数据库的正常使用相冲突,或不合理地损害数据库制作者正当利益的行为,不应该被允许。"

上述两个规定都采用了《伯尔尼公约》有关版权例外的措辞。沿着前文对数据库版权和特别权利之间的关系的讨论,这里再次强调数据库的版权和数据库的特别权利之间存在重叠。

第9条规定的特别权利例外是对第6条(2)(a)、(b)和(c)中列出的版权例外的反应。如前面的讨论所见,特别权利明确包含对额头汗水的保护,尽管它超出了该范围并包含了智力创造。特别权利方面的真正困难是,为相对高独创性标准的版权所设计的版权例外,已经被纳入到被称为特别权利的额头汗水版权制度中。至少,英国在《指令》之前的例外本来应该适用于特别权利。

特别权利的保护期限　与《1993修正案》相一致,特别权利的保护期是15年。[159] 只要向公众提供数据库发生在该数据库完成之日后下一年的1月1日算起15年之内,保护期就从首次向公众

---

[158] 《指令》第15条规定:"与第6条(1)和第8条相反的任何合同规定都应无效。"

[159] Article 10 of the Directive.

提供之日后下一年的1月1日起算。[160] 如果在这段时间内,数据库没有被向公众做首次提供,保护期仅仅是从数据库制作完成后的1月1日起算15年。[161]

如果对数据库的内容做了实质性的改变[162],导致该数据库被认为是实质性的新投入,保护期能够重新起算。为了符合重新计算保护期的资格而对数据库所作改变的必要条件对于《指令》的解释或许具有某些一般性的暗示。例如它可能表明,维护数据库所花费的投入同重新计算保护期和初始获得特别权利之间都没有关系。因此,维护数据库并不符合展现数据库的条件,而展现数据库是赖以获得特别权利的根据之一。不过,尽管第10条(3)的措辞指的是对数据库内容的改变,后续的校验——核实数据库信息的持续精确性——还是可以构成对该数据库的实质性投入。[163] 理由陈述第55条特别提到,"引发新保护期的新增实质性投入包括对数据库内容的实质性校验"。关于什么是数据库内容的校验和展现,上文已经对此进行了讨论。

在新的保护期重新开始之前,要求对数据库的内容进行实质性的改变,另外一个难题就与这个要求有关。这个难题来自于这样一种可能性——实质性改变可以从数量上或者从品质上进行评估。数量上的改变比较容易理解,而且第10条(3)部分地将其解释为"由于持续不断的增添、删减或变动的累积而造成的改变"。那么什么是数据库内容品质上的改变?它可以是数据库内容的选择和编排方面的改变。所必需的变化是"对"数据库内容的改变,它似乎包括对同一内容的重新编排。因此,这再次说明,《指令》所规定的赋予数据库版权保护的行为,不仅更新了版权保护,也使得

---

[160] Article 10 (2).
[161] Article 10 (3). 对于数据库的首次制作,变化可以从品质或定量的方面进行评估。
[162] 同上。
[163] W. Cornish,"1996 European Community Directive on Database" (1996) 21 *Columbia-VLA Journal of Law and the Arts* 1.

数据库的特别保护重新起算。

无论如何,第 10 条的效果是,即使该数据库的版权在其作者死后 70 年终止,也能保证一个持续更新(或者平均每 15 年更新一次)的数据库将根据特别权利受到永久保护。即使原始数据库中的作品、数据库或其他材料已经被利用了远远超过 15 年,该数据库的任何内容都不会进入公有领域。

溯及力　与保护期有关的一个问题是对《指令》表决通过之前制作的数据库的溯及保护。如同保护的开始问题一样,需要同时考虑版权保护和特别保护。《指令》表决通过之前已有的数据库版权保护在不同国家存在差异。独创性水平的统一化可能意味着,在适用低独创性标准的成员国,一些数据库将会失去版权保护;同时在那些适用高独创性标准的成员国,一些数据库现在会获得它们先前无法获得的版权保护。对这个问题以及新增特别权利的溯及效力问题都必须加以说明。

第 14 条规定了在两个领域内的最长保护。现有的版权保护得以保留,没有被新的统一的独创性标准所剥夺。在《指令》通过之前不受版权保护的数据库,如果符合《指令》要求的独创性,即使是在 1998 年 1 月 1 日前制作完成的,也可以得到保护。[164] 任何符合必需的投入标准的数据库,只要在 1998 年 1 月 1 日之前 15 年内完成,都可以被授予特别权利。所提供的这种保护从 1998 年 1 月 1 日算起整整持续 15 年。例如,一个在 1983 年初完成的数据库,如果在获取、展现或校验其内容的过程中进行了实质性投入,那么它将被保护至 2013 年 1 月 1 日。

对最长溯及保护的这个分析,特别是根据通过保证为数据库提供足够的保护和为新参与者提供进入市场的机会,来发展强大的数据库产业这一最高目标,会产生一个明显的疑问——为什么要给予如此高强度的保护?[165] 对已经制作完成的数据库提供保护

---

[164] Article 14 (1) of the Directive.
[165]《经社委员会的意见》,at para. 2.1.

在这个背景下似乎显得有些不协调。对那些在《指令》通过之前就已经完成的数据库而言,很难认为——如果不是不可能的话——《指令》提供的保护起到了激励创建这些数据库的作用。对1998年1月1日之前15年内制作的数据库,对其提供从该日起15年的保护,这个决定加剧了这种激励缺乏。特别是,这种做法对更新数据库并因此获得新保护期的利益造成了事实上的抑制。在造就强大数据库产业方面,它起到了相反的作用。

另外,对此前不受保护的对象提供保护将会对潜在的新市场参与者造成不利影响。如果没有《指令》的溯及效力,他们本来可以制作自己的数据库而使用现有的数据库。对此通常的反对意见是,这种做法会构成搭便车利用数据库制作者的努力,在发展强大的数据库产业这一最高目标的背景下,这一反对意见并不恰当。或许恰当的理由是,数据库用户可能会以某些在道德上应受谴责的方式来行动,反对数据库制作者的权利,但是这种分析在《指令》起草之初就被否定了。[166] 这些数据库的制作者知道,他们在制作数据库的时候并未享有特别权利保护。由于版权状况至少在独创性问题上已经得到了合理地解决,他们也完全清楚各个成员国提供给数据库的版权保护的性质和范围。这与美国的情况恰好相反。有些作者认为,在美国,Feist案的判决否定了以额头汗水为基础的版权,这使得数据库所有者感到惊讶。[167] 因此,至少在发展强大的数据库产业这一最高目标之下,为《指令》规定的溯及保护找到正当性根据是非常困难的。

《理事会的理由》所提供的实际正当性根据是避免不确定性。[168] 需要确定性是很明显的,不那么明显的是如何满足对确定

---

[166] 《经社委员会的意见》,at para. 2.6.3.

[167] 见,例如,美国知识产权法协会执行主任 Michael Kirk 向知识产权和法院司法委员会分委员会提交的陈述,1999年3月18日。在该陈述中,他宣称 Feist 案的判决颠覆了近两百年的法学理论。可以访问下述网址 http://www.house.gov/judiciary/106-kirk.htm。

[168] Paragraph 22 of the Council's Reasons.

性的需要。关于保护的出发点有多种选择。《指令》本来可以只对1998年1月1日之后完成或首次向公众提供的数据库授予特别保护。另一种选择是,对于《指令》转化之前制作的数据库,保护期在制作完成之日或首次向公众提供之日起15年内届满。[169] 上述任何一种方法或者不提供溯及保护,或者只提供比实际授予的保护更少溯及力的保护,同时也满足了对确定性的需要。为提供确定性而最终采用特殊手段的明确理由是,"特别权利是一种新权利,因此在《指令》得以转化适用之前,任何数据库都将不能从类似的权利中获益"。[170] 这种解释与公开表示的保障强大数据库产业这一目标几乎没有任何关系。相反,它显示出对制作者权利的关心和为了自身利益而给予保护的愿望。由于某些原因,那些从来都没有享有权利的数据库现在可以从中受益,即使溯及保护对决定制作这些数据库没有任何影响。这似乎难以避免得出如下结论——有关溯及力的最终规定反映出与经济考量无关的政策立场。

希望为强大的数据库产业提供激励证明了《指令》规定溯及效力的正当性,这一观点有两个可能的论据。论据之一是,溯及保护的承诺可以激励公司在直至指令表决通过的漫长期间内持续制作数据库。没有溯及保护的保证,将会对数据库的进一步发展造成妨碍,直至保护就绪为止。在过程开始之初就承诺溯及保护[171],保证了数据库产业在20世纪90年代这个关键期间的持续发展。在这个时期,因特网的商业潜力开始得以实现。这个观点的问题在于,它没有证明回溯保护至1983年的正当性。它至多证明从首次认真和正式地提出授予溯及保护之日起提供溯及保护的正当性。这个时间点最早是1988年6月《版权和技术挑战绿皮书》发布之时,但更现实的时间点是1992年《最初草案》发布之日。

---

[169] 后一种可能性与《伯尔尼公约》第18条规定的溯及力方式相一致。
[170] Paragraph 22 of the Council's Reasons.
[171] Article 12 of the First Draft.

与之相关但稍有不同的另一个论据是,溯及保护为数据库产业以至整个知识产权产业提供了一种特定类型的确定性。提供溯及保护可以释放出一种不仅有关溯及力,而且有关整体保护进路的综合信息。部分综合信息可能是,欧盟在新兴技术领域采取保护主义的立场,那些正在进入该领域的人可以继续这样做,他们相信很快就会给予他们法律保护。不可避免地是,法律革新的政治计划的进展速度要比新兴技术慢得多,但是一种总体政治立场——保护正沿着恰当的道路走来——可以激励那些涉足这些产业的人在欧盟而不是其他地方进行投资。这反过来表明,在某些方面,指令的独特规定的影响力只不过是产生了一种保护主义的文化,并对那些在这个产业进行实质性投入的人提供帮助。不过,尽管有这些论据,仍给人留下这样一种印象——指令的决定受到实证经济因素之外其他因素的驱动。

保护的地域条件 《指令》最有争议的方面之一就是第11条对可以获得数据库特别权利的人规定了地域限制。特别权利基本上只适用于属于成员国国民或居民的制作者或权利人。第11条(2)把它稍微扩展到包括主要办事机构或主要营业地位于欧盟的公司和企业。另外,在欧盟有注册机构并与某个成员国的经济有真实持续联系的公司或企业也符合该权利的条件。

第11条(3)考虑到了理事会达成协议提供特别权利给其他数据库的可能性。但是这种可能性至今尚未发生。第11条的目的显然在于诱导其他国家给予互惠保护,当美国企图采纳特别权利保护时,获得互惠保护的压力成为论据之一。由于欧盟没有提供国民待遇可能违反成员国的国际版权和邻接权义务,当然这要取决于如何对特别权利进行归类,因此第五章对这个问题做了更详细地分析。[172]

强制许可和竞争法 《最初草案》和《1993修正案》中的强制

---

[172] 数据库所有者对这个问题产生了分歧。有些人希望提供国民待遇以避免用户偏好选择国外的数据库。

许可规定被取消了。指令采纳了《委员会的意见》,即应该依靠欧盟的竞争法和原则而不是强制许可制度。所以,强制许可的规定被委员会对特别权利的规定是否造成了"滥用支配地位或对自由竞争的其他妨碍"的报告机制所取代。[173] 报告应该考虑是否需要引进诸如强制许可制度等措施。

《理事会的理由》为取消强制许可规定提供了另外一些根据。[174] 没有一个根据经得住哪怕是粗略地审查。他们认为,由于特别权利最初适用于数据库的非实质性部分和实质性部分,也由于第 9 条规定了特别权利的例外,强制许可已经变得没有必要了。《最初草案》只适用于数据库的全部或实质性部分,它从来就没有规定特别权利覆盖数据库的非实质性部分。[175] 与《最初草案》相比,《指令》第 9 条规定的例外只是稍微提高了用户的地位。第 9 条(a)对非电子数据库设立了例外。而在《最初草案》中,非电子数据库根本不能获得任何保护。第 9 条(b)规定了为非商业目的的教学或科学研究示例的例外。《最初草案》的最初权利只适用于为商业目的而摘录和再利用,因此无论如何也没有涵盖上述使用方式。唯一有根据证明的用户地位改进是第 9 条(c)关于为公共安全、行政或司法程序目的摘录和再利用的规定。甚至这种改进也是非常有限的,因为《最初草案》只适用于为商业目的摘录和再利用,而且还有对类似材料的强制许可规定。[176]

现有法律制度的保留 《指令》第 13 条规定,尽管有这种新权利,与数据库有关的其他法律制度继续有效,特别是"被纳入到数据库当中的数据、作品或其他材料的版权、与版权有关的权利……有关限制行为和不公平竞争、商业秘密、安全性、保密关系、数据保护和隐私、访问公共文件的法律,以及合同法"。这个规定可能是重要的,因为成员国不同的不公平竞争法同样能够实现禁止搭便

---

[173] Article 16(3) of the Directive.
[174] Paragraph 16 of the Council's Reasons.
[175] Article (5) of the First Draft, Article 8(4) and (5) of the First Draft.
[176] Article 8(2) of the First Draft.

车利用对数据库的投入这一期望目标。

  最后条款 第 16 条要求成员国在 1998 年 1 月 1 日之前执行《指令》。不是所有的成员国都遵守了这个最终期限，特别是爱尔兰和卢森堡，它们直到 2001 年才执行《指令》。

  成员国还被要求在 2000 年底向委员会提供信息，以便委员会能够就《指令》的运作，特别是特别权利是否造成滥用支配地位或对自由竞争的其他妨碍等问题准备一份报告。由于一些成员国拖延执行《指令》以及与其他指令有关的一些工作，该报告的提交期限被推后了。

《指令》小结

  对《指令》的历史考查揭示出关于《指令》的许多重要问题。其中之一是在整个过程中对《指令》的目标达成了明确的合意。这个既定的和最高的目标是为数据库提供法律保护，以便激励欧盟范围内强大数据库产业的发展，使其不至于不正当地阻碍新参与者进入这个产业。为了与欧盟的宗旨相一致，这个目标要通过协调数据库保护和利用特别权利规定提高保护这两个方面来实现。《指令》的初期文本希望通过最低限度保护的进路来实现目标，以便禁止为商业目的未经许可使用数据库内容的全部或实质性部分。确保新参与者不受不正当地妨碍，这一需求则通过新特别权利的有限性和强制许可的可用性获得保证。

  最终出现在《指令》中的却是一种非常不同的特别权利。它可以被归类为一种适用于数据库的新形式的版权，既涵盖了制作数据库的额头汗水，又涵盖了制作数据库的创造性方面。这种归类的根据在于获得特别权利的相关标准、该权利的性质、该权利的侵权行为的性质以及该权利的例外。保护客体中非常重要的一部分是通过参考数据库制作者的行为来确定的，这些行为与作者获得版权保护所需要的行为相同。所授予的权利被称作一个权利（one right），而深入考查则发现这个权利包含并且等同于版权人享有的全部专有权（rights）。作为一种事实上的版权，它成为《委员会的意见》中所介绍的那种强大的专有财产权，并且是一种不受任何强制许可制度约束的权利。它与高强度的溯及保护相结合，再加上特别权利自身的特点，表达出这样一种政策决定——高水平的保护是实现期望目标的最适当方法。特别权利的例外非常有限，更适合于采用相对高标准独创性的版权制度，而且它似乎就是从那里借鉴而来。特别是，为教育和研究目的例外受到极端限制，其限制程度超过了先前英国对额头汗水版权的规定。

还有一些个别难题与《指令》在许多方面的实际措辞有关。尤其是数据库的定义甚至对于实现既定目标而言也过分（并且可能是不必要地）宽泛了。这对于计算机程序有着特别的意义，这个问题大概严重脱离了《指令》的范围。此外，尽管有意图把数据库选择和编排的版权保护问题与数据库内容的特别权利保护彻底分离，但这个目标并没有实现。在一定程度上，这是由于规定特别权利的方式所造成。尤其是引入"品质的"方面去确定实质性投入和数据库内容的实质性部分，这已经严重模糊了特别权利和版权之间的区别。

还有一些难题与《指令》的解释有关，例如规定了取得特别权利的必要条件的第 7 条。譬如，"获取、校验和展现"这些词的含义都不是完全清楚。与此类似，合同法与数据库版权以及特别权利保护之间的关系也有些模糊。尽管有明显意图去限制合同可以减损的数据库用户权利的范围，规定禁止合同减损的措辞却有些含混。随着 2001 年《版权指令》引入有关规避技术保护措施的规定，更是加剧了这种模糊性。下文对这些规定做了分析。

规避保护措施

《委员会的意见》提出了禁止规避技术保护措施的问题，但是《指令》本身并没有规定这个问题。相反，这个问题被直接规定在 2001 年 5 月生效的《版权指令》中。《版权指令》第 6 条 (1) 要求成员国提供适当的法律保护以防止规避任何有效的技术保护措施。

第6条(2)还要求成员国提供"适当的保护制止制造、进口、发行、销售、出租、为销售或出租发布广告,或为商业目的持有设备、产品或部件",或为了规避的目的而提供服务。第6条(3)特别规定,这种保护将提供给版权所有人和《指令》规定的特别权利所有人。

这些规定与《版权条约》中关于禁止规避技术保护措施(第二章对此做了分析)的要求相一致。然而,它们在很多方面超出了《版权条约》的要求。第一,《版权条约》没有特别要求禁止制造规避装置或其他与规避装置有关的商业行为,例如进口、许诺销售(offering for sale)或出租等。

其次,或许更为重要的是,《版权指令》涉及到规避技术保护措施与版权所有人以及特别权利所有人的权利例外之间的关系。第6条(4)中规定:

> 在权利人没有采取自愿措施,包括权利人和其他相关各方之间的协议的情况下,成员国应采取适当的措施,保证权利人使受益方从国内法规定的例外或限制中获益……这些例外或限制的方式,以从该例外或限制中获益的必要程度为限,并且受益方对相关的受保护作品或其他相关客体有合法的访问权。
>
> 第一段和第二段的规定不应适用于那些按照约定的合同条款、以公众中的成员可以在其个人选择的地点和时间进行访问的方式向公众提供的作品或其他客体。

第6条第1段似乎要求成员国有效地否定那些排除用户的法定例外权利的合同条款的效力,除非出版商能够证明他们已经采取了自愿措施以维护法定例外。然而,这一表象具有欺骗性,而且上文引述的最后一段正好使得上述要求变得毫无用处。这一段是在磋商过程的后期根据芬兰的建议增添到《版权指令》中的。它成为备受争议的对象,而且图书馆团体希望加入"协商"(negotiated)一词而不是"约定"(agreed),结果没有成功。图书馆团体担心数据库所有人强加附合合同(aontracts of adhesion),而用户只能选择同意或者拒绝,但是他们将无法对可能的条款进行协商。如果被讨论的数据库是在线数据库,附合合同就不需要对法定例外或限制做出任何让步。

在特别权利的背景下,确定《版权指令》意义上的相关"例外和限制"也会遇到困难。例如,《指令》把合法用户摘录数据库的非实质性部分的权利置于"合法用户的权利和义务"这个标题下。这似乎暗示,第6条(4)与《指令》规定的摘录数据库的非实质性部分的权利没有任何关系。因此,《指令》关于数据库合法用户应该被允许摘录数据库的非实质性部分的要求仍然有效。

另一方面,有关为教学或研究而摘录的规定被称作"例外"。上文引述的最后一段肯定要适用于这些例外。因此,对于那些用户可以在自己选择的时间和地点访问的电子数据库而言,其所有人可以利用合同排除任何为教学或研究目的的摘录,即使该行为本来属于《指令》规定的例外范围。

第四章 《指令》的转化

本章考查了《指令》在欧盟成员国国内法中的转化。这个考查集中在九个成员国的数据库保护上：比利时、法国、德国、爱尔兰、意大利、荷兰、西班牙、瑞典和英国。下面的章节描述了这些成员国中与版权和不正当竞争有关的制定法和判例法，因为它们与数据库和特别权利有关。为了避免重复，我们所讨论的只是那些值得注意的转化立法的独特特征。

选择这九个成员国有多种原因。首先，它们代表了《指令》之前和之后数据库保护进路的广阔范围。例如，在转化《指令》之前，爱尔兰和英国对数据库提供额头汗水的版权保护。其他多数国家没有这种版权法，但是有其他现存制度，至少授予数据库的非独创特征以某种保护。譬如，瑞典拥有影响了《指令》的目录法（catalogue laws）。德国和其他国家有而且现在仍然有禁止竞争者进行寄生性复制的不正当竞争法。其次，这九个国家代表着欧盟的绝大多数人口。最后，欧盟对数据库和出版业的绝大多数投入发生在这些国家。

考查了这九个个别国家之后，本章总结了由于转化立法和相关判例法所造成的主要问题。本章以三个表格开始。第一个表格列出了欧盟所有十五个成员国的转化立法。第二个和第三个表格则分别比较了《指令》关于版权和特别权利保护的规定与下文将要讨论的九个成员国的八个立法规定。

表 4.1 欧盟成员国对 96/9/EC 指令的转化

成员国	起始日期	执行立法的标题
奥地利	1998 年 1 月 1 日	Law transposition Directive 96/9/EC and amending the Intellectual Property Code, Law No. 25 of 1998
比利时	1998 年 11 月 14 日	Legal Protection of Databases Act 1998, s. 35 Moniteur Belge du 14 novembre 98, pp. 36913—14
丹麦	1998 年 7 月 1 日	Act No. 407 of 1998
芬兰	1998 年 4 月 15 日	Law of 3 April 1998 (FFS 1998, p. 963)
法国	1998 年 7 月 1 日	Law No. 98-536 transposing Directive 96/9/EC and amending the Intellectual Property Code
德国	1998 年 1 月 1 日	German Information and Communication Services Act 1997 which amended Article 4, 55, 87(a)—(e), 127a, 137g in the Law on Copyright and Neighbouring Rights Acts 1965, as amended (Urheberrechtsgesetz, UrhG)
希腊	2000 年 3 月 15 日	Law No. 2819/2000, *Official Journal* 8/A 15 March 2000
爱尔兰	2001 年 1 月 1 日	Copyright and Related Rights Acts 2000
意大利	1999 年 6 月 15 日	Implementation of Directive 96/EC/ on the Legal Protection of Databases, Article 8 Legislative Decree No. 169 of 6 May 1999 (which amended the Copyright Law of 1941)
卢森堡		Law No. 4431 adopted by the Chamber of Deputies, 15 February 2001
荷兰	1999 年 7 月 21 日	Databases Law of 8 July 1998 amending the Copyright Act of 1912: Article IV
葡萄牙	2000 年 7 月 4 日	Decree No. 122/2000 of 4 July 2000
西班牙	1998 年 4 月 1 日	Law No. 5 of 1998 transposing Directive 96/9/EC and amending Spanish Copyright Act 1987
瑞典	1998 年 1 月 1 日	Law No. 790 of 1997 amending Law No. 729 of 1960 (Law on Copyright)
英国	1998 年 1 月 1 日	Copyright and Rights in Databases Regulations 1997 (SI 1997 No. 3032)

表 4.2 《指令》、转化立法和数据库版权

版权方面	《欧盟指令》	比利时	法国	德国	爱尔兰	意大利	荷兰	西班牙	英国
数据库的定义	Arts. 1,2	Art. 20*bis*, Part 4*bis*, Chapter 1	L112-3	s. 4(2)	Art. 2(1)	Art. 2(9)	Art. 10 of 1912 CL Art. 1.1(a)(of Law 8 July 1999)	Art. 12(2)	s. 3A
版权保护的标准	Art. 3	Art. 20*bis*, Part 4*bis*, Chapter 1	L112-3	ss. 1,2	Arts. 2, 18	Arts. 12(2), 171(2)	没有明确规定	Art. 10, Art. 12	ss. 3(1)(d)
作者身份和权利人身份的规定	Art. 4	Art. 1, Section 1, Chapter 1 and Art. 20*ter*, Part 4*bis*, Chapter 1	L113-1—L113-9	ss. 7—10	Arts. 21—23	Art. 12(2)(of Law of 8 July 1999)	Art. 7	Art. 5	ss. 9—11
受限制的行为	Art. 5	Art. 1, Section 1, Chapter 1	L122-1—L122-12	ss. 15—24	Arts. 37—48	Arts. 12(2), Art. 19, Art. 64(5)	Art. I. Art. 4, Art. 3(2)(Law of 8 July 1999)	Arts. 17—23	ss. 2,16—27
合法用户为访问数据库内容的目的而实施的行为	Art. 6(1)	Art. 20 *quater*(1994)	L122-5	s. 55a	Art. 83	Art. 64(b)	Art. 24a	Art. 34(1)	s. 50D, s. 296B

（续表）

版权方面	《欧盟指令》	比利时	法国	德国	爱尔兰	意大利	荷兰	西班牙	英国
为私人目的非电子复制数据库的例外	Art.6(2)(a)	Art.22bis(1), Part 4bis, Chapter 1 (1994)	L122-5	s.53(1)(5)	不能利用这种例外，但可参照 Art.50（公平利用）	Art.68	Art.16b	Art.34(2)(a)	不能利用这种例外
为教学或科学研究目的的唯一目的而使用	Art.6(2)(b)	Art.22bis(2)(3)(4), Part 4bis, Chapter 1	L122-5（但更多受到限制）私人、家庭使用	s.46, s.53(2)(1)(3)(1), s.63	Arts.50 研究, 53 公共学机构考试, 54 教育, 57 教育	Art.64(b)(1)(a)	Arts.16, 16b	Art.34(2)(b)	s.29(1A), ss.33, 60
为公共安全目的、为行政或司法程序目的而使用	Art.6(2)(c)	Art.22bis(5), Part 4bis, Chapter 1	不能利用这种例外	s.45	Arts.71—77	Art.64(6)(1)(b)	Art.16b	Art.34(2)(c)	ss.45—50
国内法传统上认可的版权例外	Art.6(2)(d)	Arts.21,22 and 23, Part 5, Chapter 1	L122-5	ss.45—53	Arts.51—公平利用, 52—批评, 91—科学或技术论文	Arts.68, 70,101	Arts.15, 15a—b, 16,16a—b, 17,17a—c	Art.13, Art.35	ss.33—44
公共借阅	Art.6(2)(d)	Art.23		s.27	Arts.58 和 40(1)(g)	Art.69	Art.15c	Art.37	s.40A(2)

表 4.3 《指令》转化立法和特别权利

特别权利	《指令》	比利时	法国	德国	爱尔兰	意大利	荷兰	西班牙	英国
数据库制作者或作者创作者（荷兰）的定义	Art. 1.2	Art. 2(5) of the Legal Protection of Databases Act.1998	Art. L341-1 和手续	s.87a(2)	Arts.322,323	Art. 102(2)1(a)	Art. I(1)(b)，(Law of 8 July 1999)	Art. 133(3)(a)	Reg. 14
数据库的定义	Art. 7.1	Art. 2(1)	Arts L112-3 和 L341-1	s.87a(1)	Arts. 2,321	Art. 2	Art. I(1)(a)(Law of 8 July 1999)	Art. 12(2)	s. 3A(1)
数据库制作者或制造商（西班牙）的权利	Art. 7.1	Art. 4, Art. 2(2)(3)	Art. 342—1	s. 87b	Arts.320,324	Art. 102(2)(3)	Art. I, Art. 2 (Law of 8 July 1999)	Art. 133(1)(2)(3)(b),(c)	Reg. 15
合法用户对非实质性部分的使用	Art. 8(1)	Art. 2(4)，Art. 8	L342-3	s. 87e	Art. 327	Art. I, Art. 3. 1 (Law of 8 July 1999)	Art. I, Art. 3.1 (Law of 8 July 1999)	Art. 134(1)	Reg. 19
为私人目的摘录非电子数据库	Art. 9(a)	Art. 7(1)	L342-3	s.87c(1)(para 1)	不能利用这种例外，但可参照 Art. 329	Art. 68?	Art. I, Art. 5(a)(Law of 8 July 1999)，Art. I	Art. 135(1)(a)，34(2)(a)	不能利用这种例外
为教育或科学研究而示例	Art. 9(b)	Art. 7(2)	Art. L211-3 中的其他例外	s.87c(1)(paras.2,3)	Art. 330 为教育目的，但没有研究目的	64(b)(1)(a)	Art. I, Art.5(b)，64(b)(1)(a)(Law of 8 July 99)，Art. I	Art. 135(1)(b)	Reg. 20

(续表)

特别权利	《指令》	比利时	法国	德国	爱尔兰	意大利	荷兰	西班牙	英国
为公共安全目的, 或为行政或司法程序的目的而使用	Art. 9(c)	Art. 7(3)	不能利用这种例外	s. 87c(2)	Arts. 331—336	没有规定, 但可能适用 Art. 64 sexiens, 64 (b)(1)(a)	Art. 5(c)	Art.(1)135(c)	Reg. 20(2), Sch. 1
保护期限（包括更新）	Art. 10	Art. 6	Art. L342-5	s. 87d	Art. 325	Art. 102(2), 6,7	Art. I, Art. 6	Art. 136	Reg. 17
保护的受益人	Art. 11	Art. 12	L341-2	s. 127a	Art. 326	Art. 102(2) 4,5	Art. I, Art. 7	Art. 164	Reg. 18
公共借阅权	Art. 7(2)	Art. 2(2),(3)	Art. L342-3	s. 27, s. 87b(2)	Art. 320	Art. 102, 69(1)(b)	Art. I(2), Art. I		Reg. 12(2)
合法复制件的发行	Art. 7(2)(b)	Art. 4	Art. L342-4	s. 17, 87b(2)	Art. 320(5)	Art. 102(2)(2)	Art. 2(3)	Art. 133(3)(c)	Reg. 12(5)
溯及保护	Art. 14(3)	Art. 6	Art. L342-5	s. 137g(2)	Sch. 1, Part VI, para. 46	Art. 7 of the Implementation of Directive 96/9/EC on the legal protection of databases	Art. I(Law No. 169 of 1999), Art. III	Para. 16 of the Transitional Provisions	Reg. 30

注: 瑞典的立法没有出现在上述两个表格中, 因为它的保守主义进路使得无法轻易地识别出反映了《指令》特定方面的相关规定。参见本节下文对瑞典立法的描述。

比 利 时

《指令》转化之前和之后的版权

与其他国家的立法一样,在执行《指令》之前,比利时对数据库没有具体规定。对编辑物和数据库的保护是从文学或艺术作品的一般保护中产生的。[1] 文学作品被定义为"任何种类的文字"[2],但是比利时法院已经强加了独创性的要求。[3] 比利时最高法院明确表达了这一必要条件,要求作品必须是"实现智力成果的个人对智力成果的表达,是赋予作品以个性特征所必不可少的条件,没有它就没有创造"。[4]

《数据库法律保护法案(1998)》第三章对现有的《版权和邻接权法(1994)》进行了修改,目的是执行《指令》中与版权有关的要求。因此,此处有关版权变化的讨论涉及到已经修改的《版权和邻接权法(1994)》。

为了执行《指令》,《版权和邻接权法(1994)》第一章中新加入了第4(2)节。第20条(2)反映出《指令》第3条的要求,对由于对象的选择和编排而构成作者自己的智力创造的数据库,给予版权保护。该条还直接援用了《指令》第1条对数据库的定义。

雇主被认为是在"非文化产业"中制作的数据库的经济权利的受让人。[5] 这与版权归属关系的一般立场相反,一般立场是要求

---

[1] Article 1, Section 1, Chapter 1 of the Law on Copyright and Neighbouring Rights 1994 (Belgium).

[2] Article 8, Section 2, Chapter 1 of the Law on Copyright and Neighbouring Rights 1994 (Belgium).

[3] A. Strowel, N. Dutilh and J. Corbet, "Belgium" in D. Nimmer and P. E. Getter (eds.), *Geller on International Copyright Law and Practice* (1998-9 edn) (Matthew Bender,纽约,1999) at p.2.

[4] Cass 27 April 1989, Pas 1989 I 908 Cass 25 October 1989 Pas I 238.

[5] Chapter 1 Article 20*ter*, section 4*bis*, of the Law on Copyright and Neighbouring Rights 1994 (Belgium).

在雇佣合同中有把版权转让给雇主的明确规定。[6]

《版权和邻接权法(1994)》第五部分第一章第20条(4)执行《指令》要求的具体例外,它允许合法用户实施为访问数据库的内容和正常使用这些内容所必需的行为。有趣的是,该条把"合法用户"定义为"实施作者同意或者法律允许的行为的人"。这个定义似乎包含那些并不必然与数据库所有者有合同关系的人,以及那些访问数据库以便实施某种被允许的例外的人,例如为科学目的复制。

《版权和邻接权法(1994)》第五部分第一章第21条、第22条和第23条规定了版权的一般例外。第22条(2)和第23条(2)已经对第22条和第23条的某些方面做了修改。特别是,根据《指令》第6条(2)(a)的允许,立法对电子数据库和非电子数据库做了区分。[7] 因此,纯粹为个人目的复制非电子数据库是允许的,只要不损害作品的正常利用即可。[8] 在实现非商业目的所证明的正当范围内,只要不损害作品的正常利用,允许为教学和科学研究示例的目的复制任何数据库。[9] 为相同的目的传播数据库也是允许的,条件是该行为"由有权机关为该目的正式承认或组建的机构来完成"。[10] 为实施与公共安全或者行政或司法程序有关的行为而

---

[6] Article 3(3), Section 1, Chapter 1 of the Law on Copyright and Neighbouring Rights 1994 (Belgium).

[7] 依据"被置入到书写或模拟介质中的数据库"和"被置入到书写或模拟介质之外的其他介质中的数据库",这个区分得以完成。

[8] Article 22bis(1), Section 4bis, Chapter 1of the Law on Copyright and Neighbouring Rights 1994 (Belgium). 这些新规定的一个结果是,先前为教学目的复制的例外现在已经被全部取消了,取而代之的是与版权材料有关的一般规定,即在非商业目的所证明的正当范围内,允许为教学和研究示例的目的进行复制。见新条款第22条(4),(4bis)和(4ter)。

[9] Article 22bis(2)(3), Section 4bis, Chapter 1of the Law on Copyright and Neighbouring Rights 1994 (Belgium). 这两款区分了电子数据库和非电子数据库,部分目的是为下文讨论公平补偿的条款提供便利。

[10] Article 22bis(4), Section 4bis, Chapter 1of the Law on Copyright and Neighbouring Rights 1994 (Belgium).

复制或向公众传播数据库也得到了允许。[11]

《版权和邻接权法(1994)》第23条涉及作品的公共借阅,该条已经被修改为包含数据库。因此,被批准的机构可以向公众出借数据库,也可以从欧盟之外进口不超过五个数据库复制件,即使该数据库尚未在欧盟内部发行。[12]

为私人目的、教学或研究示例以及公共借阅等复制非电子数据库的例外都与向版权人提供公平补偿(equitable remuneration)的其他条款联系在一起。因此,第五章已经被修改为,向为个人目的或教学和研究示例的目的而复制的非电子作品(包括数据库)提供公平补偿。这种补偿主要通过对复制设备和为复制目的提供复制设备的人加收费用来实现。[13] 此外,还增加了新的第五章之二,该章计划对电子作品(包括电子数据库)的复制和传播提供公平补偿。这种公平补偿由那些实施利用行为的人支付,或者由那些"免费或为有价值的对价向他人提供作品或表演的教育或科学研究机构"支付。[14]

现有的公共借阅方面的付费规定已经被扩展到包含公共借阅数据库的费用支付。

不正当竞争法

《比利时民法典》第1382条到第1384条构成一般不正当竞争法的基础。[15] 这些规定与《法国民法典》的规定相似,而且比利时的不正当竞争原则与法国不正当竞争法有着相同的发展轨迹。[16] 此外,关于贸易惯例和信息与消费者保护的《1991年7月14日法

---

[11] Article 22*bis*(5), Section 4*bis*, Chapter 1of the Law on Copyright and Neighbouring Rights 1994 (Belgium).
[12] Article 23(3).
[13] Chapter V, Articles 59 and 60.
[14] Chapter V*bis*, Articles 61*ter*.
[15] A. Kamperman Sanders, *Unfair Competition Law* (Clarendon Press,牛津,1997), p.55.
[16] 同上揭,p.55。

令》中也有针对寄生性竞争的具体规定。

特别保护

《数据库法律保护法案(1998)》第二章执行《指令》关于特别保护的规定。数据库的制作者被定义为"最先进行投入并承担投入风险而使数据库得以产生的自然人或法人"。[17] 相关的最先投入和风险大概是与获取、校验或展现数据库内容有关的最先投入和风险,因为在这些行为中进行的实质性投入是数据库权利得以产生的基础。[18] 这就产生了这样一种可能性——至少有两个不同的法人被牵涉到数据库的制作中来,因为最先进行获取、校验或展现与承担上述行为的风险似乎是不同的概念。前者是指获取、校验或展现的实际行为,而后者则是指上述行为中与财政投入有关的财政风险。

对数据库的定义则借鉴并重复了《指令》当中的定义。[19] 列有"自助"组织的小册子被认定为是数据库。[20] 这一判决表明,选择材料(在该案中是指小册子中包含的"自助"组织)的行为可以构成符合特别保护条件所必需的相关品质投入。

与此类似,摘录和再利用权的定义方式也与《指令》的定义相同。[21] 对公共借阅规定了明确的例外,因此公共借阅不会违反摘录和再利用权。[22] 因此,根据版权公共借阅条款的允许从欧盟范围外有限进口数据库并没有受到特别规定的影响。

摘录或再利用非实质性部分的权利 《数据库法律保护法案(1998)》(比利时)第8条授予合法用户以摘录和/或再利用数据库内容的非实质性部分的权利。该法对合法用户做了一个宽泛地定

---

[17] Article 2(5), Section 1, Chapter II of the Legal Protection of Databases Act 1998.
[18] Article 3, Section 1, Chapter II of the Legal Protection of Databases Act 1998.
[19] Article 2(1).
[20] *UNMS v. Belpharma Communication*,布鲁塞尔法院,1999年3月16日。
[21] Article 2(2)(3).
[22] 同上揭。

义。第2条(4)把合法用户定义为"经数据库制作者同意或者法律允许实施摘录或再利用行为的人"。因此,该定义并不限于与制作者有合同关系的人,还包括那些访问数据库以便使自己能够利用摘录和再利用权的例外(包括使用非实质性部分的权利)的人。对合法用户的这个定义使得根据《版权指令》将要引入的规避数据库保护装置的规定变得相当重要。尽管摘录或再利用非实质性部分是合法的,但是首先规避禁止这种摘录或再利用的数据库保护装置却是非法的。

例外 比利时立法采纳了《指令》中规定的为私人目的私下复制非电子数据库的例外。[23] 与此类似,也允许为教学或科学研究示例的目的而摘录,只要所欲实现的非商业目的能够证明这种摘录具有正当性。[24] 正如《指令》自身所表明地那样,这种例外只涉及摘录,与再利用无关;然而,根据比利时版权法的规定,复制和向公众传播都存在例外。[25] 这样产生的效果是,为教学或研究示例的目的向公众传播数据库的版权例外就没有任何意义了。因为任何向公众传播的行为都将侵犯再利用权,无法得到任何例外的保护。正如《指令》所设想的那样,为公共安全或者行政或司法程序的目的进行摘录和再利用得到了允许。[26]

保护期 第6条规定了十五年的保护期。它还规定,对内容的任何实质性改变都能够使作为结果的新数据库产生自己的保护期。作为结果的数据库是否是指由新内容构成的数据库?上述规定是否适用于整个数据库,包括改变之前数据库的部分?这个问题并不清晰,尽管《指令》本身可能提供了这个问题的答案。第6条明确地把数据库制作完成之日和数据库的实质性改变完成之日的证明责任赋予了数据库制作者。

---

[23] Article 7(1).
[24] Article 7(2).
[25] Article 22*bis* (4) of the Law on Copyright and Neighbouring Rights 1994.
[26] Article 7(3).

法　国

《指令》转化之前和之后的版权

在实施《指令》之前，法国对数据库的保护来源于《知识产权法典(1992)》第 L112-3 条，该条规定：

> 智力作品的译本、改编本、重写本或编排本的作者应该享有本法所提供的保护，但不得损害原作品作者的权利。对于多种作品或数据的选编或汇编本的作者，由于它们内容的选择或编排构成智力创作，这个规定同样适用。

法国版权法强加了相对较高的独创性标准。《知识产权法典(1992)》[27]保护"所有智力作品"作者的权利。[28] 这在传统上被解释为作品必须包含作者个性的印记，反过来则意味着作者在创作作品的过程中发挥了创造性的选择。[29] 卢卡斯(Lucas)和普莱森特(Plaisant)已经注意到，有关独创性的这种传统观点已经受到了侵蚀，这一定程度上是由于在计算机程序方面判断独创性所遇到的困难造成的结果。[30] 因此，在计算机程序方面，破毁法院*(Cour de Cassation)把独创性表述为"智力投入"(intellectual input)。[31]

尽管独创性的含义存在模糊性，法国版权法对制作编辑物的

---

[27] Loi No. 92-597 du ler juillet 1992 relative au de la propréte intellectuelle (partie législative).

[28] Article L112-1.

[29] A. Lucas and A. Plaisant, "France" in M. B. Nimmer and P. E. Geller (eds.), *International Copyright Law and Practice* (Matthew Bender,纽约,1999), p.4.

[30] 同上揭，第5页。德国也遇到了类似的难题，尽管最初的应对措施是试图维持高水平的独创性要求。

* 即法国审理刑事和民事案件的最高法院——译者注。

[31] Cass, Ass. plen., 7 March 1986, RIDA 1986, no.129, 136.

过程中投入的额头汗水明确地拒绝给予保护。[32] 例如,按照字母顺序排列的专业人员列表[33]、年度潮汐表设计图[34]和标出葡萄酒产区的法国地图[35]都被拒绝给予保护。另一方面,如果编辑物在材料的选择或编排方面存在足够的独创性,法院的判决已经对一些编辑物给予版权保护,例如住址名册、价格目录表、医疗实验室通讯录和在线数据库等。[36]

L112-3 条已经规定了对汇编物的保护,现在更明确地提到"通过材料的选择和编排,构成智力作品的汇编物,例如新数据库"。L112-3 条还对数据库进行了定义,"数据库是独立作品、数据或其他材料的集合,它们以系统化或有条理的方式被编排,并且能够以电子或其他方法被单独访问"。自从执行《指令》以来,对公共采购招标公告的编辑物已经被拒绝给予版权保护。[37]

版权例外出现在 L122-5 条中。该条新的第五段规定,"在合同规定的条件和使用范围内,为访问电子数据库的内容所必需的行为"应该被准许。该规定提到合同,似乎证实了如下观点:合法用户限于与数据库所有人有合同关系的人,或者从合同关系中获得使用权的人。

L122-5 条第二段允许为私人使用而复制非电子数据库。这样规定是为了排除私人复制电子数据库。该条还规定了许多适用于数据库版权的其他通用的版权例外。例如作者不得禁止"他人在作品中分析或简短引用其作品,只要他人作品的批评、辩论、教育、科学或信息提供的性质证明这种分析和简短引用具有正当性即可"。还有一些例外针对的是新闻评论和传播作为时事新闻在各

---

[32] Lucas and Plaisant,"France", p. 11.
[33] Paris, 4e ch., 16 January 1995, Expertises 1996, 40, obs. Bertrand.
[34] Rennes, le ch., 16 May 1995, Juris—Data no. 172, 286.
[35] Douai, le ch., 7 October 1996, RIDA 1997, no. 047866.
[36] Lucas and Plaisant,"France", 见该文注 111。
[37] *Groupe Moniteur and Others v. Observatoire des Marches*, Public Cour d'appel de Paris, 18 June 1999, RTD COM 4, 1 December 1999, pp. 866—869.

种公众场合（例如政治、行政或司法集会）向公众发表的讲话。不过，该法似乎没有规定为了司法或行政程序的目的或为了公共安全的目的而进行复制的任何例外。

在机械复制权方面规定了强制许可，因为作品一经发表就意味着把该权利转让给了集体管理组织。[38] 机械复制权似乎仅限于模拟手段，因为它被定义为"利用照相或具有同等效果的可以直接阅读的方法在纸质或类似媒质上进行的复制"。[39]

不正当竞争法

不正当竞争法可以被用来防止奴隶般地模仿他人的产品。[40] 这一原则的根据是《法国民法典》第1382条，它规定，"个人对于造成他人损害的任何行为，有过错的一方有义务对他方进行赔偿"。[41] 这个一般条款已经被法国法院在多个不同的场合进行了修正，包括所谓的不诚实竞争。[42] 它涵盖了一个通情达理的人认为违反商业惯例和职业诚信的行为[43]，例如诋毁另一个商人的商品以及在消费者的思想中造成混淆。奴隶般地模仿他人的产品通常容易引导法院做出混淆可能性的结论。

近来越来越多的判决已经涉及到寄生性行为或盗用其他商人的声誉，即使公众并没有产生混淆。[44] 这似乎表明法院已经创造了一种新的诉因——寄生性竞争。[45] 无论如何，奴隶般地模仿他

---

[38] Article L122-10.

[39] 同上揭。

[40] Kamperman Sanders, *Unfair Competition Law*, pp. 28—29.

[41] R. Clauss,"The French Law of Disloyal Competition" (1995) 11 *European Intellectual Property Review* 550, at 550.

[42] 同上揭。

[43] 同上揭。

[44] SARL Parfum Ungaro v. SARL JJ Vivier, Paris, 18 May 1989 D 1990 340. Decoras SA and L'Esprit du Vin SARL and Marioni Alfredi〔1991〕PIBD 510 Ⅲ—655 (CA Paris).

[45] Clauss,"The French Law", p. 553. Kamperman Sanders, *Unfair Competition Law*, p. 28.

人的产品并且因此侵占了他人的劳动成果很可能被认定为不诚实竞争或者寄生性竞争,特别是在双方具有直接竞争关系的时候。[46] 例如,在新近的一个判决中,复制并重新出版已经在某期刊中发布的广告被认定为构成不正当竞争,该期刊专门从事发布公共采购招标公告。尽管法院认定,在编排这些招标公告的过程中没有花费足够的投入,使其能够根据法国数据库立法获得特别保护,却仍做出了上述判决。[47] 另一个案件涉及对一个包含 400 份集体交易合同的汇编作品进行复制,尽管该案同样可以适用特别保护,法院还是做出了类似的判决。[48]

特别保护

特别权利的规定被纳入到《知识产权法典》第二卷中,形成一种新的邻接权。第二卷第一章中关于邻接权的一些一般规定适用于特别权利。

数据库制作者是指在建立、校验和展现数据库内容过程中最先进行投入并承担财政或人力投入风险的人。[49] L112-3 条对数据库做了定义,该条涉及到数据库版权保护问题。不过特别权利规定要求对获取、校验和展现数据库的投入必须是实质性的。[50] 对获取和校验电子版电话白页进行的投入已经被判定为属于实质性投入。[51] 另一个案件中,专门从事发布建筑设计招标广告的杂志被判定为没有进行足够地投入,不能获得数据库权利,因为它仅仅是不得不对向其提供的广告进行印刷上的编排。不过,大量地

---

[46] *SARL Parfum Ungaro v. SARL JJ Vivier*,以及 *Decoras SA and L'Esprit du Vin SARL v. Art Metal SARL and Marioni Alfredi*。

[47] *Groupe Moniteur and Others v. Observatoire des Marches.*

[48] *Dictionnaire Permanent des Conventions Collectives Tribunal de grande instance de Lyon* 18 December 1998 [1999] 181 RIDA 325. 另见 *Cadremploi v. Keljob and Colt Telecommunications* TGI Paris,2001 年 9 月 5 日,这是另一个同时涉及到不正当竞争和特别保护的判决。

[49] Article L341-1.

[50] 同上揭。

[51] *France Telecom v. MA Editions*,Tribunal de Commerce de Paris,18 June 1998.

复制和再版这些广告根据不正当竞争法被禁止。[52]

第342-1条规定了摘录和再利用权,该条实际上采用了《指令》的措辞。公共借阅不属于摘录或再利用行为。复制最初发布在报社网站上的报纸广告被判定为侵犯数据库权利。[53] 在另外一个案件中,一个网络服务提供者开办了一个服务网站,非法显示一个书籍目录信息数据库,被判定为没有侵犯数据库权利,尽管该服务提供者收到通知马上关闭了涉嫌侵权的网站。[54]

摘录或再利用非实质性部分的权利 合法用户摘录或再利用数据库非实质性部分的权利也被规定下来,与之相反的合同规定则被禁止。[55] 如前所述,合法用户是指与制作者有合同关系或者根据该合同获得使用权的人,至少在一个判决中,合同法被用于禁止阻止摘录数据库,而不是求助于特别保护。[56]

有一个判决涉及到一个发布工作招聘的就业网站,这些招聘职位的12%被认为构成数据库的实质性部分。[57] 法院判决中的一个重要因素是,由于被告的寄生性行为,原告的许多客户流失到被告那里去了。[58]

例外 法律对摘录或再利用非电子数据库的实质性部分规定了例外。[59] 其他例外则被包含在L211-3条对邻接权的一般规定中,该条重复了L112-5条中对版权规定的例外。

保护期 L342-5条规定了十五年的保护期。如果对数据库进行了新的实质性投入,在新投入之后赋予十五年的保护期。

---

[52] *Groupe Moniteur* (CA Paris).
[53] *Süddeutsche Zeitung* (DC Cologne).
[54] *Electre v. TI Communication and Maxotex*, Tribunal de Commerce de Paris, 7 March 1999.
[55] Article L342-3.
[56] *Electre v. TI Communication and Maxotex*.
[57] *Cadremploi v. Keljob and Colt Telecommunications*.
[58] O. Oosterbaan, "Database Protection in the EU and the US Compared: A High-Tech Game of Chicken?", 2002年4月,可以在下列网址获取 http://lex.oosterbaan.net/docs.html.
[59] Article L342-3(2).

德　国

《指令》转化之前和之后的版权

直到1998年1月1日之前,《德国版权和邻接权法(1965)》(已修订)第4条规定：

> 作品或其他创作的编辑物,如果由于其所包含的排列和选择的努力而被认为是个人智力创作,应该作为与被编辑的作品无关的独立作品而受到保护。

在转化《指令》之前,《德国版权法》[60]被认为是欧盟内部采用最高独创性标准的法律之一。[61] 下文在讨论《指令》对版权的影响时可以看到,至少在涉及数据库的范围内,德国法是否仍旧是这样尚有疑问。在德国,版权的性质与普通法法域有重大区别。德国对版权持一元论的观点[62],作者的经济权利与他们的精神权利不可摆脱地纠缠在一起。例如,版权所有者身份必然来于作者身份,而且不存在把雇佣作品的版权自动地授予作者的雇主这一原则。[63]

---

[60] 该德国法的标题在英语中通常称为版权(copyright),对其更好的翻译也许是法语的"droit d'autheur"(作者权)一词或者英语的"author's right"(作者权)一词。见 A. Dietz, *International Copyright Law and Practice* (Matthew Bender,纽约,1999)。

[61] C. Hertz-Eichenrode,"Germany", in D. Campell (ed.), *World Intellectual Property Rights and Remedies* (Oceana Publications,纽约,1999), at Ger-18:"版权法第2条(2)规定了版权保护的基本条件,要求作品必须是个人的智力创造……该作品必须表现出特定创作水平的个性,该创作水平应该远远超出该领域中技能熟练和受过训练的人的平均水平",引自 Supreme Court, GRUR 1982 at p.305, Buromobelprogramm and GRUR 1983, at p.377, Brombeermuster。

[62] B. Hugenholtz,"Electronic Rights and Wrongs in Germany and the Netherlands" (1998) 22 *Columbia Journal of Law and the Arts* 151, at 152.

[63] 同上揭,p.152,另见 Dietz, *International Copyright Law and Practice*。这一原则的例外是计算机程序。见 s. 69b of the Urheberrechtsgesetz UrhG。

尽管作者可以授予他人许可,包括独占许可,但是作者不能把他们的版权转让给他人。[64]

关键的版权立法被规定在《版权和邻接权法(1965年9月9日)》(已修订)中。通过强调保护作者具有智力内容的个人创作的作品,该法采纳了版权一元论的观点。支撑这一立法的基本原则是:"文学、科学和艺术作品的作者应该对他们的作品享受保护。"[65]第2(1)条给出了一个非穷尽的作品类型名单。关于独创性条件的关键条款则是第2(2)条,它规定"个人智力创作本身应该构成本法意义上的作品"。

对个人智力创作的强调导致许多判决要求文学作品必须具有相当程度的独创性才能被认定享有版权保护。另外,这些判决还强调对自由利用科学信息的需要。[66]

在编辑物方面,德国法院判决了许多关于电话号码簿的案件,结果不一。[67] 例如,1993年法兰克福地方法院判决禁止发行一个包含在光盘中的电话号码簿。[68] 被告直接复制了原告的电子格式电话号码簿,同时也加入了他们自己的一些原始材料如用户的邮政编码等。[69] 法院判决原告对其电话号码簿享有版权,该版权已经受到了被告的侵犯。这一判决结果有些模糊,因为被告还复制

---

[64] B. Hugenholtz, "The New Database Right: Early Case Law from Europe",向第九届国际知识产权法和政策年会提交的论文,纽约,2001年4月19日—20日,第152页,s.29 (UrhG)。

[65] Section 1 of the Law on Copyright and Neighbouring Rights 1965 (Germany) as amended.

[66] Federal Supreme Court, decision of March 12, 1987 GRUR 704, 705, P. Katzenberger, "Copyright Law and Data Banks" (1990) 21 IIC 310, pp. 322—323.

[67] 见 M. Leistner, "The Legal Protention of Telephone Directories Relating to the New Database Maker's Right" (2000) 31 IIC 950,对这个问题做了更详细地分析。

[68] A. Raubenheimer, "Germany: Recent Decisions on Database Protection Under Copyright Law and Unfair Competition Rules" (1996) 1 Communications Law 3, 124. 1994 CR 473: 1994 NJW-CoR 169.

[69] A. Raubenheimer, "Germany", p. 123.

了原告的用户界面和检索策略。[70] 这表明,这里有一个权利主张针对的是侵犯用于检索电话号码簿的计算机程序的版权,而且这是原告胜诉的基础。法兰克福上诉法院在随后的一个判决中一定程度上确认了地方法院所持的这种观点。[71] 在该案中,被告已经手工修改了正式的电话号码簿,并且只检索德国内部的电话联系信息。[72] 法院判定,"仅仅有诸如姓名、住址、电话号码等数据并不能获得版权保护。"[73]

1997年7月22日的《信息和通讯服务法》实现了对《版权和邻接权法(1965)》(已修订)的修改,它把《指令》转化到德国法中。德国立法只对版权法做了最低限度的修改。例如,第4条(1)现在被修改为:

> 作品、数据或其他独立材料的集合,如果由于其选择和编排而构成个人智力创作,应该作为独立作品受到保护,但不得损害单个材料上所存在的任何版权或邻接权。

第4条(2)对"集合"的定义做了补充,它把数据库定义为一种集合。在该条中,数据库被定义为"以系统化或条理化的方式编排,借助于电子或其他手段能够被独立访问的材料的集合"。可以推测,这个语境中的"材料"(material)的含义是指第4条(1)中使用的"作品、数据或其他独立的材料"。"独立的"(independent)一词出现的位置与《指令》不同,因此"独立的"一词似乎适用于作品、数据和其他材料,而在《指令》中它仅指"作品"。不过,措辞顺序上的些微差异不可能会导致重大的意义差别。[74]

因此,适用于数据库的独创性标准在表面上与适用于版权作品的一般标准相同。有趣的是,在对待《欧盟关于计算机软件的法

---

[70] 同上揭。
[71] 同上揭,1995 CR 85; 1994 WRP 834; 1994 NJW-CoR 303。
[72] Raubenheimer,"Germany", p. 123.
[73] 同上揭,第124页。
[74] 规定特别权利的第87条a(1)对数据库采纳了与《指令》的规定完全相同的定义。

律保护指令(1993)》时,德国曾经增添特别规定以解决计算机软件所要求的独创性标准。[75] 对于数据库所要求的独创性标准却没有新加特别规定。德国联邦参议院认为增添新规定是不必要的[76],因为关于计算机程序的独创性标准已经被纳入到德国版权法中[77],并为德国法院所接受。[78] 霍尔兹·阿尔辛罗德(Herhz-Eichenrode)已经指出,德国法中的独创性标准并不是统一的,而是根据相关作品进行解释。[79] 例如,他认为:"对于文学、艺术或音乐作品而言,比较低的独创性水平就足够了;而对于产品的外观,则要求高度的独创性水平"。[80] 考虑到这一点,我们可以预期德国法院将适用修订后的第4条中明确的独创性标准,同时参考《指令》的目的和措辞。无论如何,这个问题突出了实际适用相关独创性标准的困难,以及通常将会依赖特别保护而不是版权保护的可能性。[81] 不过,由于在建构数据库的过程中投入的努力,一部医学词典曾经被判定为构成受版权保护的数据库。[82]

德国版权法规定了许多例外,其中有些已经根据《指令》规定的数据库版权保护例外做了修订。在此语境中主要的相关规定是

---

[75] OJ No. L290, 24 November 1993. 1993年6月9日的法案对《版权和邻接权法(1965)》(1993年修订)的第69条a进行了补充,第69条a(3)规定:"如果计算机程序在作者自己智力创作的结果这个意义上构成独创性作品,计算机程序应该得到保护。任何其他标准,特别是品质的或美学的标准,都不应被用来决定计算机程序是否符合保护条件。"计算机程序同样被纳入到第2条(1)规定的非穷尽的作品名单中。

[76] *Bundesrats-Druchsache* 966/96, 45.

[77] Copyright Act s. 69(a) UrhG;第69条a(3)规定:"如果计算机程序在作者自己智力创作的结果这个意义上构成独创性作品,计算机程序应该得到保护。任何其他标准,特别是品质的或美学的标准,都不应被用来决定计算机程序是否符合保护条件。"

[78] Supreme Court, GRUR 1994,页39, Bunchhaltungsprogramm.

[79] Hertz-Eichenrode, "Germany", at Ger-18.

[80] 同上揭。

[81] 见Leistner, "The Legal Protection of Telephone Directories",在该文的第951—955页上,对德国的独创性标准正在遭遇的困难进行了讨论。

[82] *Madizinisches Lexicon Landgericht* Hamburg 12 July 2000.

第 53 条。它允许私人复制非电子数据库。[83]

另一个例外是为个人科学使用进行复制,但是这种复制不得用于商业目的。[84] 与比利时的规定不同,这个例外只对复制权适用,而不是对复制权和其他权利都适用。为教学目的的例外则被规定在许多不同的条款中。如果作品被纳入到不同作者的材料的汇编当中,第 46 条允许复制和发行作品的有限部分。作品汇编的目的必须是为了宗教、学校或课堂教学而使用。例如,这可以包括利用数据库的不同内容,而各个内容的版权由不同的作者享有。有趣的是,此处所设想的复制和发行并不限于为了教学目的示例,其合理性的根据大概是,它是《指令》第 6 条所允许的传统版权例外之一。被收录到这些作品汇编中的作品的作者有权得到公平补偿。[85]*

第 53 条(3)还允许复制印刷作品的一小部分或者报纸或期刊中的单篇作品,在非商业教育机构或职业教育机构的教学过程中使用,在数量上限于一个班级的需要,并在必需的限度内。该条提到印刷作品、报纸或期刊,表明这个例外针对的是非电子格式的材料,尽管它的措辞留下了涵盖电子格式的报纸或期刊的可能性。第 53 条(1)至(3)所创设的例外得到了第 54 条(a)的支持,该条规定向那些由于这些例外其作品被复制的作者们提供公平补偿。这种补偿由复印机或类似设备的生产商或进口商支付。

对复制权还有许多其他的一般例外。例如,第 45 条规定了为了法庭、仲裁庭或公共机构诉讼程序目的的例外。其他例外则涉及使用报纸文章和其他与当时的政治、经济或宗教问题有关的期刊文章。[86] 该法还允许复制、发行和公开传播被新闻社或广播公

---

[83] Section 53(1), (5).
[84] Section 53(2) (para.1), (5).
[85] Section 47(4).
 * 注释[85]中 Section 47(4) 应为 Section 46(4),原文有误。——译者注
[86] Section 49(1) of the Law on Copyright and Neighbouring Rights 1965 (Germany).

开传播的与时事新闻或事实有关的各种信息。[87] 在作品出版之后,引用其中的某些段落也是被允许的。[88]

最后,第55a条被用来实施《指令》的第6条(1),该条涉及合法用户为实现访问数据库的目的所必需的行为。该规定不仅针对有形版本的数据库,也包括在线提供的数据库。由作者或经其同意而投入流通的数据库复制件的所有人,可以采取必要的措施以便实现对数据库的访问。由推断可知,这些人包括数据库初始购买者的权利继受人。如果数据库是根据与作者或作者同意的人达成的协议而专门提供的,只有那些根据合同有权实现访问的人才能采取措施以确保实现对数据库的访问。如果授予了访问许可,但是该数据库的复制件并没有出售给数据库用户,第55a条的后半部分可以适用于在线数据库。

不正当竞争法

除了版权法之外,数据库还可以根据《德国反不正当竞争法(1909)》获得保护。[89]《德国反不正当竞争法》(UWG)第1条规定:

> 禁止任何人在商业活动中为竞争目的实施有悖于诚实惯例的行为,实施上述行为的人应该承担赔偿责任。

只要能够证明违背了已经确立的"善良道德"(good morals),这个规定就能够给知识产权提供附加保护。[90] 不过,知识产权立法具有优先于不正当竞争之诉而适用的效力。[91] 因此,原告必须能够确认被告行为的某些要素不属于与本案有关的知识产权立法的范围。[92]

---

[87] Section 49(2).
[88] Section 51(2).
[89] Act against Unfair Competition 1909 (*Gesetz gegen den unlauteren Wettbewerb*, (*UWG*)).
[90] Kamperman Sanders, *Unfair Competition Law*, p.57.
[91] 同上揭。
[92] 见第五章的讨论,涉及到美国法上的先占问题。

以直接或等同复制的形式进行奴隶般地模仿通常会满足违反善良道德的要求,并超出了版权的范围,因为被告一方没有实施创造性的努力。[93] 如果被告通过以某种重要的方式修改原告的数据库来创建自己的数据库,这可能就会避免不正当竞争的指控。

此外,《德国反不正当竞争法(1909)》第1条只有在原告与被告之间存在竞争关系的条件下才适用。[94] 因此,为个人目的获取访问数据库并使用它将不属于不正当竞争。构成不正当竞争需要商业性地使用数据,并与原告进行直接竞争。

这一要求的综合效果是,依靠不正当竞争法去阻止盗用数据库虽然可能,却很困难。这些原则的适用在两个有关电话号码簿的案例中得到了展现。在汉堡地方法院审理的案件中[95],法院判定,被告通过下载原告的电子格式号码簿,制作了自己的电子电话号码簿,实施了不正当竞争行为。这种行为是一种等同复制,而且被告正在销售他的电子电话号码簿,与原告的电子电话号码簿形成直接竞争。卡尔斯鲁厄高等地方法院也得出了类似的结论,尽管在该案中,复制是通过手工进行的。[96] 形成对比的是,法兰克福上诉法院在同一案件中既驳回了不正当竞争的诉讼请求,又驳回了上文讨论的版权侵权的诉讼请求。被告没有对原告的电话号码簿实施等同复制,因为它已经加入了自己的信息,并且删除了原告号码簿的多个部分如广告等。这需要被告方投入相当多的时间和金钱。此外,原告的号码簿是硬拷贝形式的,而被告的号码簿则位于光盘上面。因此,它没有与原告的号码簿形成直接竞争。由于上述原因,不正当竞争的指控没有成功。然而,把电话号码簿扫描

---

[93] Kamperman, Sanders, *Unfair Competition Law*, pp. 57—58。另见 B. Steckler, "Unfair Trade Practices under German Law: Slavish Imitation of Commercial and Industrial Activities" (1996) 7 *European Intellectual Property Review* 390。

[94] J. Mehrings, "Wettbewerbsrechtlicher Schutz von Online-Datenbanken" [1990] *Computer und Recht* 305, 307 at 308。

[95] 1994 CR 476; 1994 NJW-CoR 170. 法院对版权方面的诉讼请求没有表示任何意见。

[96] OLG *Karlsruhe* [1997] NJW 262。

到光盘上面却被判定为构成不正当竞争,同时侵犯了数据库权利。[97]

特别保护

《德国版权和邻接权法(1965)》(已修定)中特别保护规定采取的形式是在有关邻接权的第二部分中加入新的第六章。

数据库的制作者是指在数据库的制作过程中实施了相关投入的人。[98] 一个德国判决认定由网页汇编组成的网站符合数据库的条件,受到特别权利保护。[99] 不过,由于"广告是受委托发布在网站上的,原告不是承担商业风险的机构,因此不能被认定为数据库制作者"。[100] 与之形成对比的是,当原告委托其他公司开发数据库时,原告被认定为数据库制作者,因为他对数据库的制作实施了相关的投入。[101]

相关的投入是指在获取、校验或展现数据库内容的过程中实施的品质上和/或数量上的投入。[102] 这个结论来自第 87 条(a)(1)对数据库的定义,该条采纳了《指令》第 7 条的定义。在 Baumarket. de 一案中[103],法院判定,尽管网站可以构成由单个网页组成的数据库,原告并没有证明在数据的建构、维护或展示方面有实质性投入。另一方面,由指向不同网站的有关儿童保育的 251 个超链接文本组成的集合,被认定为是对数据库的实质性投入[104],因为原告审查了每一个网站,并对是否把这些网站纳入他的网络链接数据库做出了深思熟虑的决定。

数据库制作者的权利被描绘成"复制、发行和向公众传播数据

---

[97] *Tele-Info-Cd* Bundesgerichtshof (Federal Supreme Court) 6 May, 1999.
[98] Section 87a (2).
[99] *Baumarket. de* Oberlandesgericht Dusseldorf 19 June 1999.
[100] Hugenholtz,"The New Database Right", at 9.
[101] C Net Kammergetich (Court of Appeal) Berlin 9 June 2000.
[102] Section 87a (1).
[103] *Baumarket. de* Oberlandesgericht.
[104] *Kidnet/Babynet* Landgericht Koln 25 August 1999.

库的整体或者其品质上或数量上的实质性部分的权利"。[105] 因此,所使用的这些术语与第 15 条关于版权人的权利的术语相同。这些权利同样要受到欧盟范围内数据库首次销售原则以及数据库公共借阅的制约。[106] 电话号码簿白页被认定为构成数据库,把电话号码簿扫描到光盘只读存储器上构成侵犯数据库权利。[107]

许多德国判决涉及到搜索引擎,它查找在线数据库,并把从数据库中摘录的内容自动地提供给搜索引擎的用户。例如,有一个判决涉及到一个按例行程序向用户提供房地产广告的搜索引擎。这些广告被完全复制下来并表明了来源。不过,该搜索引擎的行为构成反复和系统化地再利用数据库的非实质性部分。该搜索引擎还绕过了来源网站上的广告(房地产广告除外),而这正是原告受到损失的主要原因。[108]

对非实质性部分的摘录或再利用权　对数据库的非实质性部分的复制、发行或向公众传播得到了第 87 条 e 的保证。实施上述行为的权利的授予方式与第 55 条所授予的采取措施以访问数据库的权利相同,否则采取措施以访问数据库就会侵犯数据库的版权。数据库在经过制作者同意被投入流通的情况下,数据库复制件的任何所有人都可以复制、发行或向公众传播非实质性部分。同样,通过任何其他方式获得授权使用数据库的人也可以这样做。涉及在线数据库的时候,任何根据与制作者达成的协议或经制作者同意而使用数据库的人也可以实施类似的行为。与此相反的合同条款无效。

例外　第 87 条(c)(1)规定了私人复制非电子数据库的例外。《指令》第 9 条(a)涉及为科学研究和教学示例而摘录的例外,

---

[105] Section 87b(1).
[106] Section 87b.
[107] Tele-Info-Cd.
[108] Hugenholtz,"The New Database Right", p. 9. 另见 *Berlin Online Landgericht* 案的判决,柏林 1998 年 10 月 8 日,该案涉及到类似的事实,以及 *Baumarket. de Oberlandesgericht* (Court of Appeal) 杜塞尔多夫 1999 年 6 月 29 日。

与之相当的规定被包含在第87条(c)(1)的第二段和第三段中。科学研究例外是指为个人的科学使用而复制。此外,它被规定在一个独立的段落中,与为教学示例使用而复制分离开来。这就消除了科学研究使用仅限于为科学研究示例这种可能性。

第87条(c)(2)允许为在法庭、仲裁庭或有权机构的诉讼过程中使用或者为公共安全的目的进行复制、发行和向公众传播。

保护期 第87条(d)授予了十五年的保护期。第87条(a)(1)对此做了补充,它规定,如果现有数据库的内容已经进行了实质性的改变,则将视为创建了一个新数据库。

爱 尔 兰

《指令》转化之前和之后的版权保护

在执行《指令》之前,对数据库的版权保护来自《爱尔兰版权法(1963)》规定的对文学作品的一般保护。该法第2条把文学作品定义为包含"任何书面列表或编辑物"。因此,爱尔兰的法律对待数据库的方式与英国相同,把数据库作为列表或编辑物进行保护。

爱尔兰的文学作品的独创性标准也与英国类似,适用"技巧、劳动和判断"的标准。尽管爱尔兰涉及数据库的版权法与英国在《指令》转化之前的情况类似,它的转化立法的运作方式却与英国的情况迥然不同。《版权和相关权法(2000)》引入了一个被称作"独创性数据库"的新作品类型。[109] 在第2条中,独创性数据库被定义为任何形式的数据库,由于其内容的选择和编排构成作者独创性的智力创造。同条还采纳了《指令》对数据库的定义。第17条(2)(d)则对独创性数据库授予版权。通过这种方式,独创性数据库就被从文学作品中清晰地划分出来,成为一种拥有自身权利的独立作品。区分这两种作品的进一步结果是,适用于文学作品

---

[109] 参见第2条中对作品的定义。

的一般规定不能适用于独创性数据库。例如,第6章第II部分规定的所有公平利用条款都适用于文学作品,但是这些为研究和个人学习的公平利用规定只能适用于非电子的独创性数据库。

我们在上一段中已经注意到,第50条允许为了研究或个人学习的目的公平利用非电子的独创性数据库,但是对为研究或个人学习而公平利用电子数据库却没有任何规定。第51条还允许为批评、评论或报道时事新闻的目的公平利用作品,包括独创性数据库。

还有一种在教学过程中或为教学做准备的过程中复制独创性数据库的宽大的例外,尽管只允许制作数据库的一份复制件。[110] 教育机构还被允许复制一个独创性数据库的5%,要么无需付费要么根据法定许可制度。[111] 还有一些规定与图书馆管理员复制期刊中的文章以及为存档目的复制有关。[112] 该法中还有一些规定允许为议会程序或司法程序而复制[113],以及保证能够访问保存在公共登记或记录中的信息。[114]

第83条规定了合法用户有权采取为访问或使用数据库内容的目的所必需的措施。有权采取这些措施的人是指"有权使用数据库或数据库的任何部分的人,无论他是根据许可实施为独创性数据库的版权所限制的行为或者相反"。加入"或者相反"一词造成了这样一种可能——该条可以适用于意图实施公平利用行为或其他符合版权保护例外的行为的用户。

不正当竞争法

没有任何不正当竞争法会在没有出现混淆或无法证明欺诈的情况下禁止复制行为。

---

[110] Article 53(3),(4).其他例外另见第52和第54条。
[111] Article 57 and 173.
[112] Article 57—70.
[113] Article 71.
[114] Article 72—77.

特别保护

该法第五部分规定了数据库的特别保护。数据库制作者是指最先对获取、校验或展现数据库的内容进行投入并承担因此产生的投入风险的人。[115] 第 2 条对数据库做了定义,而第 321 条则授予数据库以数据库权利,条件是在获取、校验或展现数据库的内容的过程中实施了实质性投入。未经数据库所有人同意而摘录和再利用的行为被禁止,而且保护期与《指令》的规定保持一致。[116]

对非实质性部分的摘录和再利用权　第 327 条允许合法用户摘录或再利用数据库内容的非实质性部分。合法用户是指"任何有权使用数据库的人,无论是根据许可实施为任何数据库权利所限制的行为或者相反"。

例外　用户无权为个人目的复制非电子数据库,除非摘录行为属于以研究或个人学习为目的的公平利用行为。[117] 第 330 条允许合法用户在教学或为教学做准备的过程中为教学目的以摘录的形式进行公平利用。在该条的意义上,教育机构被包括在"合法用户"的含义中。不过,该法没有规定《指令》所允许的任何为非商业目的公平利用电子数据库的例外。第 331 至 336 条基本上重复了在行政和司法过程中以及访问公共登记方面的版权例外。

保护期　第 325 条规定了《指令》所要求的十五年保护期以及该保护期的更新。第六部分附录一规定了回溯至 1983 年 1 月 1 日的溯及保护,保护期为从 1999 年 1 月 1 日起十五年。

许可制度　有关版权作品许可制度的许多条款在数据库许可中又做了重复规定。一旦许可机构建立起一种数据库许可制度,有关该制度的纠纷就能够被提交给根据许可制度立法任命的管理人员。

---

[115] Article 332.
[116] Articles 320 and 324.
[117] Article 329.

技术保护措施

爱尔兰是第一个执行符合《版权条约》的技术保护措施的欧盟成员国。[118] 这些规定对版权和数据库权利都适用[119],因此,尽管爱尔兰是转化适用《指令》的倒数第二个成员国,它仍然成为第一个对特别权利适用技术保护措施的成员国。

第370条授予权利人有权禁止行为人制造、销售或其他商业性行为,或者禁止持有破坏保护装置(protection-defeating device),或者禁止行为人为使他人能够规避权利保护措施而向其提供服务。第2条把破坏保护装置定义为其主要用途或效果是未经许可避开、绕过、移除、破坏或者规避任何权利保护措施的任何设备、功能或产品。

重要的是,关于规避技术保护措施的规定显然要服从版权和数据库权利的各种例外。第374条特别规定:"本章的任何规定都不得解释为用来禁止任何人采取针对受版权保护作品或针对数据库的被允许行为",或者"禁止他人采取实施这些被允许行为所必需的任何规避行为"。不过,这些规定可能不得不进行修改,以便符合最近欧盟《版权指令》的要求。

该法第375条还保护与数据库有关的权利管理信息。

意 大 利

转化《指令》之前和之后的版权

《意大利版权和邻接权保护法(1961)》(已修订)第3条规定了对集合作品的具体保护:

---

[118] Part VII of the Copyright and Related Right Act 2000 (Ireland).
[119] 第2条把"权利保护措施"定义为"任何程序、方法、机制或系统,被设计来阻止或禁止未经授权行使本法授予的任何权利"。

> 通过组合作品或作品片断形成的集合作品（collective works），如果具有由选择和符合具体的文学、科学、教育、宗教、政治、或艺术的目标（例如百科全书、字典、选集、杂志和报纸等）所产生的独立创作物的特征，应该作为独创性作品受到保护，这种保护独立于并且不损害作为组成要素的作品或其片断所享有的任何版权。

第7条还规定集合作品的作者被认为是组织和指导作品创作的人。

第2条的规定得到了有关独创性标准的具体规定的补充。在转化《指令》之前，意大利版权法保护"具有创造性特征并且属于文学、音乐、象征艺术、建筑、戏剧或电影的智力作品，无论其形式或表达方式如何。"[120]

对独创性的要求被第6条证实，该条规定：

> 构成智力努力的独特表达的作品创作，应该获得版权。

现在，数据库根据《版权和邻接权法（1961）》（已修订）第1条和第2条获得特别保护。因此，第1条现在具体是指"由于内容的选择和编排而构成作者自己的智力创造的数据库"。此外，数据库已经被加入到第2条规定的版权保护客体的封闭性列表中。数据库被定义为"独立的作品、数据或其他材料的集合，这些材料以系统的或有条理的方式编排，并能够通过电子或其他方式被单独访问"。

如果雇员在其职务工作中制作出数据库，该数据库的版权被授予雇主。[121] 第64条第5款列出了数据库版权所有人的权利。该条具体针对数据库，没有对涉及集合作品的条款做任何修改，这可能会带来一些难题。例如，集合作品的权利人是作品出版者[122]，

---

[120] Article 1 of Law for the Protection of Copyright and Neighbouring Rights, Law No. 633 of 22 April 1941 （已修订）.
[121] Article 12*ter*.
[122] Article 38.

但集合作品中单个作品的作者有权复制他们在集合作品中的作品。[123] 特别是由于数据库似乎只是集合作品的一种类型,这些规定与涉及数据库的特别规定之间的关系并不清晰。譬如,杂志和报纸不仅符合集合作品的定义,同时也符合数据库的定义。

数据库作者的权利和权利的例外被规定在新的第七部分第64条(6)中。这些例外包括为教学或科学研究的唯一目的而访问或使用数据库。这个例外并没有扩展到在另一介质上的永久复制,这表明该例外仅仅限于实际浏览数据库的行为,而不是以永久的形式复制数据库的实质性部分。第64条(6)—1(b)允许为公共安全或行政或司法程序的目的而使用数据库。

第64条(6)(2)和(3)规定了合法用户采取措施以实现对数据库的访问的权利。不过,该条对合法用户没有做任何定义。

其他版权的一般性例外也适用于数据库。例如,第68条允许为了读者个人使用,可以利用人工手段或者不适于公开销售或发行作品的手段去复制单个作品。该条还允许为个人使用而影印在图书馆内获得的作品。这相当于为个人使用而复制非电子数据库的例外。第69条还允许公共借阅,第70条则允许为批评、分析或为讲授的目的而复制作品的某个部分,但是不得与作品的商业利用相冲突。此外,第101条允许复制消息和新闻,"但是这种复制不得以违背新闻业公平惯例的行为方式实施"。下文涉及不正当竞争的部分对这个规定进行了更详细地分析。

不正当竞争法

版权和邻接权立法中包含着大量被称为"禁止构成不正当竞争的特定行为"的条款。特别是,第101条涉及到消息和新闻的复制问题。它规定:

> 复制消息和新闻是合法的,但是这种复制不得以违背新闻业公平惯例的行为方式实施,而且应该标明来源。

---

[123] Article 42.

因此，某些行为被认为构成不正当竞争，包括在初始发布后的16小时内复制或广播信息快报。[124] 同样地，第101条(b)认为，"报纸或其他期刊或广播组织，以营利为目的，系统化地复制已出版或广播的消息或新闻"是不正当竞争行为。这些条款是不正当竞争原则的一种非常独特的规定，与第五章讨论的美国的时事新闻盗用侵权类似。

除这些条款之外，《民法典(1942)》第2598条还规定了一个一般条款，禁止可能损害他人良好声誉的商业行为。[125] 坎普曼·桑德斯(Kamperman Sanders)认为，尽管就这个一般原则正在形成越来越多的具体化法律，它与先占原则(principles of pre-emption)以及知识产权制度的关系并不是完全清晰的。[126] 一般而言，在一个不正当竞争之诉中，原告和被告之间必须有直接竞争关系，尽管"基于同一事实可以一并提起侵权和不正当竞争之诉"。[127] 如果被告具有明确的仿制意图，奴隶般地模仿产品可以构成不正当竞争。[128] 有关这方面的许多判例法已经适用于对产品设计或未注册商标的模仿。[129] 不过，该法对奴隶般地模仿数据库也同样适用。[130]

特别保护

通过制定新的第二部分之二，数据库的特别保护已经被纳入

---

[124] Article 101(a).

[125] Kamperman Sanders, *Unfair Competition Law*, p. 49.

[126] 同上揭。

[127] 同上揭,第50页。

[128] *Instituto Geografico De Agostini SpA v. Gruppo Editorial Bramante Sri*, 米兰法院，1995年2月16日, Riv. Dir. Ind. 1005, 1009.

[129] M. Franzosi, "The Legal Protection of Industrial Design: Unfair Competition as a Basis of Protection" (1990) 5 *European Intellectual Property Review* 154; G. Jacobcci, "Italian Trademark Law and Practice and the Protection of Product and Packaging" (1983) 74 *Trade Mark Reporter* 418.

[130] *BN Marconi Srl v. Marchi & Marchi SRL.*, 热那亚法院,1993年6月17日, 1994 Foro Italiano Part 1, 2559.

其中。数据库制作者被定义为对创建数据库,或者校验或展现数据库实施了实质性投入的人。投入可以包括财政资源的使用和/或时间和精力的花费。

在特别保护的条款中,没有对数据库做单独定义。因此,相关的定义要在第2条(9)中找到。类似地,第七部分中专门为数据库规定的例外也是对特别权利的例外。

数据库制作者享有摘录和再利用权,这些术语的定义方式与《指令》第7条(2)的定义方式相同。公共借阅被排除在摘录和再利用的定义之外。[131]

摘录和再利用非实质性部分的权利 已经提供给公众的数据库的合法用户可以摘录或再利用该数据库的非实质性部分。对谁是合法用户没有做任何说明。

例外 对为私人目的复制非电子数据库没有做任何明文规定。不过第68条可能会适用于摘录和再利用权,该条涉及到为个人使用以各种手段(包括复印)复制单个作品。

与此类似,法律也没有明文规定为教学或研究示例目的的摘录和再利用权例外。不过,与为个人使用而复制的规定不同,第64条第六款(a)似乎无法适用,因为很明显它是针对数据库作者的权利的例外,而不是数据库制作者权利的例外。因此,这个例外无法适用于特别权利。在为公共安全目的使用,或者为行政或司法程序中使用的情况下,也发生了同样的情况。

荷　兰

《指令》转化之前和之后的数据库版权

在执行《指令》之前,荷兰《版权法(1912)》第10条中规定了一个可以获得版权保护的项目的开放式列表。第10条(12)第二

---

[131] Article 102*bis*.

段规定了对"不同作品的汇编"的保护。独创性标准被认为并不是很高[132]，即如果一件作品被认为绝对不可能由两个人各自独立创作出来，它就符合独创性的条件。[133] 荷兰版权法"具有保护非独创性作品的传统"，例如以字母和数字混合编排的数据编辑物。[134]至少在一个荷兰的司法判决中，由大量法律和条约的完整文本组成的数据库没有获得版权保护，不过这主要是由于《荷兰版权法》第11条的原因，它规定法律和法规属于公有领域的范畴。[135]

为了执行《指令》对数据库版权保护的要求，第10条已经被做了修改。原来第10条中的"不同作品的汇编"的称呼已经被取消，取而代之的是"作品、数据或其他独立要素的集合，这些要素以系统化或条理化的方式被编排，并且能够通过电子媒介或其他手段被访问"。新的规定没有明确要求数据库应该是智力创作物，这就暗示现有的独创性规定符合要求。

如果为实现访问材料所必需或者为了正常使用汇编材料，合法的数据库用户可以复制这些材料。[136] 第16条(b)第一段允许个人为了私人练习、学习或使用进行复制。第16条规定了为教学示例而使用的例外。对于为研究目的而使用则没有明确的例外。第17条(1)也规定了一种例外，但是它限于第10条(1)所指的文学作品，不包括数据库。

类似的情形在为公共安全的例外中也存在。第16条(b)(5)

---

[132] K. Limperg, "Netherlands" in Campbell, *World Intellectual Property Rights and Remedies*.

[133] 同上揭，第10页。

[134] Hugenholtz, "The New Database Right", p. 13. 另见 B. Hugenholtz, "Copyright and Databases, Report on the Netherlands" in M. Dellebeke (ed.), *Copyright in Cyberspace, ALAI Study Days* 1996 (Amsterdam, 1997)，第491页。另见 *PKN v. Denda International and Ors.*, District Court Almelo, 6 December 2000，法院判定在执行《指令》之前制作的电话号码簿享有版权，对《指令》执行之后的复制行为适用新的数据库权利。

[135] *Koniniklijke Vermande BV v. Bojkovski*, 98/147 Court Decision of 20 March 1998（海牙地方法院）。

[136] Article 24a of the Copyright Act.

中已经规定了为司法或行政程序运行的复制例外。服务于普遍利益的公共机构执行其负责的任务以及为了公共服务目的的例外规定在第16条(b)(6)中。不过,它限于第10条第一段所述的作品,即书籍、小册子、报纸、期刊和所有其他书面作品,似乎不适用于数据库。

版权法还规定了许多其他例外。它们包括为新闻报道目的的各种规定。[137] 公共借阅也是允许的,但需遵守支付公平补偿的要求。[138] 对于教育和研究机构以及各种其他组织,这一要求甚至都被免除了。[139]

不正当竞争法

《1992年民法典》债法第6卷第6:162(2)条规定,以有悖于不成文法下的社会适当举止的行为侵害权利的,构成侵权。[140] 这个规定禁止造成混淆的行为。[141] 它也可以被用来禁止"不适当地攫取竞争对手努力的成果"。[142] 因此,在某些情况下,商业性地侵占他人劳动、技巧和金钱的成果是被禁止的。[143]

特别保护

特别保护的条款规定在《数据库法(1999)》中。数据库制作者是指承担数据库投入风险的人。[144] 相关的投入是一种实质性投入,是在获取、校验或展现内容的过程中的投入,可以从品质和数

---

[137] Article 15 and 16a of the Copyright Act.
[138] Article 15c of the Copyright Act.
[139] Article 15c(2) and (3) of the Copyright Act.
[140] Kamperman Sanders, *Unfair Competition Law*, p. 33.
[141] *Lego v. Oku Hobby Speelgoed BV/Frits de Vrites Agrenturen BV Lima Srl*, President District Court of Utrecht, 10 September 1998.
[142] Kamperman Sanders, *Unfair Competition Law*, p. 34.
[143] Kamperman Sanders, *Unfair Competition Law*, p. 35.
[144] Article 1(b) of the Database Law.

量两个方面评估。[145] 对于相关行为是否能够被认为是符合条件的投入,这里有相互冲突的判决。有些判决考虑过这样的观点,如果数据库仅仅是数据库所有人实施的主要商业行为的副产品或派生物,那么对该数据库的投入就不足以证明特别保护有正当理由。例如,在一个案件中,制作广播节目清单没有被认定为构成必要的投入[146],因为这个清单只是广播业务运营的副产品或派生物,对这个清单本身没有进行实质性的投入,这与清单中所列出的节目不同。因此,制作广播节目时间表,把几个频道的节目清单结合起来,并不侵犯单个频道的特别权利。

另一个案件也采取了类似的进路,该案涉及网站提供指向原告的报纸文章的超文本链接。被告的网站含有每篇文章的标题,读者可以点击这些标题,从而直接找到这篇位于相关报纸网站上的文章。法院认为,这些标题是报纸出版的副产品,它们本身并没有反映出实质性的投入。[147] 此外,与报社雇用的员工总数相比,报社为维护它的网站而雇用的七名工作人员实在是微不足道的。因此,在汇编这些标题名单的过程中并没有花费实质性的投入。

在另一个案件中,荷兰上诉法院判定,由可售房地产的详细信息构成的数据库不是实质性投入的产物。该数据库是由于各种房地产代理商把他们的清单提交给数据库而产生的。制作该数据库主要是为了这些房地产代理商在他们的工作中使用,但是也通过互联网公开提供。法院认为该数据库的产生仅仅是相关房地产代理商主要活动的副产品。[148] 在上诉时,这个判决被荷兰最高法院推翻。[149] 最高法院认为上诉法院试图以不同的目的来判断数据库

---

[145] Article 1 (a) of the Database Law.
[146] *NV Holdingmaatschappij de Telegraf v. Nederandes Omroep Stichting*, The Court of Appeal of The Hague 99/165, 30 January 2001.
[147] *Algemeen Dagblad and Others v. Eureka President*, District Court of Rotterdam, 22 August 2000. 被告的网站(http://www.kranten.com)仍在运营。
[148] *NVM v. De Telegraaf*, Court of Appeal, The Hague, 21 December 2000.
[149] *NVM v. De Telegraaf*, Supreme Court, The Hague, 22nd March 2001.

的投入,并且要求在每一个目的上都有实质性投入。因此,在判断为了向公众提供数据库信息的目的方面是否有实质性投入时,上诉法院忽视了在为房地产代理商的工作目的方面,对创建数据库进行的投入。最高法院否定了上诉法院的进路,其根据是《指令》和荷兰立法都没有证明这种进路的正当性,而且在划分不同种类的投入时也会遇到重大困难。然而,最高法院并没有否定副产品论据本身。

另一方面,电话号码白页仅仅是电话公司在正常运作过程中既有投入的副产品,这一观点在其他判例法中也被否定了。[150] 被告的电子搜索引擎提供了对一个在线号码簿的访问,但是绕过了原始网站上设置的广告。[151]

对非实质性部分的摘录或再利用权　第3条(1)允许合法用户使用数据库的非实质性部分。法律没有对合法用户做出定义,而且在实质性部分的含义方面也有一些相互矛盾的判决。例如上文讨论的涉及链接报纸网站的案件判决表明,报纸文章的标题不属于该报纸数据库的实质性部分,因为它们并不构成报纸出版投入的实质性部分。相反,在 NVM v. De Telegraaf 案(即上文讨论的涉及房地产清单的案件)的一审判决中[152],法院认为"既然仅仅少量的数据也可能对最终用户具有巨大的价值,所以即使摘录很小数量的数据也可以符合实质性摘录的条件"。[153] 本章的英国部分在讨论 British Horseracing Board v. William Hill 一案时,英国法院的判决也采纳了类似的观点。

在 Algemeen Dagblad BV v. Eureka 案中[154],也涉及到反复和系统性地摘录或再利用数据库的非实质性部分。该案与复制报纸标题名单和链接相关文章有关,上文在关于数据库权利所需要的

---

[150]　KPN v. Denda International, Court of Appeal Arnhem, 15 April 1997.
[151]　KPN v. XSO, President District Court of The Hague, 14 January 2000.
[152]　President District Court of The Hague, 12 September 2000.
[153]　Hugenholtz,"The New Database Right", p. 14.
[154]　Algemeen Dagblad and Others v. Eureka President.

必要投入部分对此做了分析。法院判定,即使该数据库是由相关文章构成的原告网站,被告复制标题也不能构成利用数据库的实质性部分。每日利用数据库的非实质性部分并不与该数据库的正常利用相冲突。在法院看来,没有证据证明指向实际文章的链接(与指向原告主页的链接相对)导致了任何重大损失。相反,它具有增进效果;而且,原告通过确保把广告放置在实际文章所在的网页而不是其主页上,能够避免所有损失。

例外 第5条(a)允许为私人目的复制非电子数据库。第5条(b)则允许为了教学示例或者科学研究示例的目的进行摘录。第5条(c)允许为行政或司法程序或公共安全的目的进行摘录和再利用。此外,公共机构对由其制定的法律、法规或规定所组成的数据库,或者由司法判决或者行政决定所组成的数据库,不享有任何权利。[155] 另外,公共机构对于其制作的数据库不享有任何权利,除非对权利做了明确的保留。

保护期 第6条规定了十五年的保护期。由造成实质性改变的新投入所产生的新数据库会引起新的保护期。

西班牙

《指令》转化之前和之后的版权

在执行《指令》之前,数据库的版权保护来源于《西班牙版权法(1987)》(已修订)。《西班牙版权法》第12条原来曾经规定:

> 他人作品的集合,例如选集,以及其他要素或数据的集合,如果由于其内容的选择或编排而构成智力创作物,同样应该成为本法意义上的知识产权的对象。

第10条还强加了独创性的要求,它规定知识产权的客体应该是指

---

[155] Article 8(1).

所有独创的文学、艺术或科学创作物。在编辑物内容的选择和编排方面要求有少量的创造性。[156]

为了执行《指令》有关数据库版权的规定,第 12 条被修改,规定如下:

> 他人作品、数据或者其他独立要素的集合,例如选集和数据库,如果由于其内容的选择或编排构成智力创作物,应该享有知识产权,但是不得损害上述内容可能享有的任何权利。
>
> 本条对这些集合提供的保护仅仅与它们的结构,即其内容的选择和编排的表达方式有关,但不及于它们的内容。

《指令》第 6 条(2)(a)到(c)规定的数据库版权的例外被转化到该法第 34 条(2)(a)到(c)中,涉及私人复制非电子数据库、为教学或研究示例目的使用以及为公共安全或者行政或司法程序而使用。第 34 条(1)规定了合法用户可以采取措施以实现对数据库的使用。

许多适用于版权的一般性例外也可以对数据库版权适用,但是专门针对数据库的更详细规定可以排除它们的效力。例如,第 31 条(1)允许私人复制,但是第 34 条把这种复制限制在非电子数据库上,这表明第 31 条(1)不适用于电子数据库。

另一方面,第 13 条免除了法律和行政公文的版权保护,但是对这些公文的结构和编排仍可以享有版权。此外,第 35 条还规定了报道时事新闻的例外。第 35 条(1)规定:

> 在时事新闻报道过程中可能看到或听到的任何作品都可以被复制、发行或向公共传播,但是只能限于为信息知情目的所证明的正当性范围。

第 37 条允许一些特殊机构免费复制和出借。例如第 37 条(1)允许"公共的或者构成具有文化或科学特征之机构的组成部分的博物馆、图书馆、唱片资料室、电影资料室、报纸资料室或档案馆",为

---

[156] L. Gimeno, "Protection of Compilations in Spain and the UK" (1998) 29 IIC 907.

了研究的唯一目的复制作品,但不得具有任何商业目的。与此类似,第37条(2)允许作品的公共借阅。

从立法的用语来看,这些规定适用于数据库的范围并非完全清晰。严格解读这个立法会认为,数据库版权例外只包括第34条的那些规定,它们是对《指令》规定的具体例外的反映。不过,这就会排除《指令》第6条(2)(d)所允许的那些传统版权例外的普遍适用。

不正当竞争法

西班牙于1991年通过了《不正当竞争法》。在此之前没有不正当竞争法的传统。[157] 该法第11条规定模仿不受既有专有权和其他两个例外的约束。特别是第11条(3)规定了系统模仿竞争对手的产品或服务的诉讼。当模仿代表了恶意盗用竞争对手的声誉和努力时,第11条(2)把它作为一种诉因。这个规定提到了努力(effort),这就产生了将其适用于对数据库内容的摘录和再利用的可能性。[158]

适用第11条的例证之一是巴塞罗那上诉法院在1994年的一个判决,被告被禁止奴隶般地模仿原告的自粘标签。这个判决完全没有考虑原告的专利和外观设计权已经失效的事实。法院判决的依据是,由于被告的标签有着与原告相同的尺寸和形状,可能造成消费者产生混淆,但尚不清楚混淆是否是认定不正当竞争的必要条件。[159]

特别保护

有关数据库的特别保护规定已经被纳入到第二卷新的标题八——"其他知识产权和数据库的特别保护"——之中。数据库制

---

[157] L. Gimeno,"News Section: National Reports"(1996)2 *European Intellectual Property Review* D-49.
[158] 同上揭。
[159] 同上揭。

作者被定义为对数据库内容的获取、校验或展现最先进行实质性投入并承担投入风险的人。[160]

相关的投入包括在数据库内容的获取、校验或展现方面花费的,以金钱、时间、努力或精力或者其他具有类似性质的手段等形式体现的投入。[161] 第12条所规定的数据库正式定义对特别保护条款也适用。[162] 由判例法和制定法组成的资料库被判定为构成数据库,因为在编辑和系统化处理这些材料的过程中投入了时间和努力。[163] 摘录和再利用权被规定在第133(3)(b)和(c)中,其措辞与指令使用的措辞完全相同。

对非实质性部分的摘录和再利用权 第134(1)禁止数据库制作者阻止合法用户摘录和再利用其数据库的非实质性部分。对合法用户未作任何定义。

例外 第135(a)允许为私人目的摘录非电子数据库。第135条(b)实施了为教学和科学研究示例的例外。第135(a)则规定了有关为公共安全或者行政或司法程序使用的例外。

保护期 关于保护期以及由于数据库内容的实质性改变造成的保护期更新,都规定在第136条中。该法的过渡条款第16段规定了保护的溯及效力。

瑞　　典

《指令》转化之前和之后的版权

在执行《指令》以前,有些编辑物,包括有些数据库,作为文学作品受到版权保护。[164] 此外,瑞典对"汇编了大量信息条目的目

---

[160] Article 133(3)(a) of the Consolidated Text of the Law on Intellectual Property, Law No. 22/1987 of 11 November 1987.
[161] Article 133(1).
[162] 同上揭。
[163] *Editorial Aranzadi*, Court of First Instance Elda 2 July 1999.
[164] Article 1,《文学和艺术作品版权法》(瑞典),1960年第729号法令(已修订)。

录、表格或其他类似产品"提供特殊保护,其保护期是十年。这些目录也要服从相应的版权例外。[165]

尽管对独创性没有做具体规定,瑞典版权立法对"创作出文学或艺术作品"的人给予保护。[166] 目录保护条款的存在本身表明,仅仅是额头出汗在过去和现在都不足以满足独创性的条件。

瑞典版权法几乎没有做多少修改,这反映出这样的信念——现有法律已经符合《指令》对数据库的要求。修改后的第26节(b)规定,"版权不得禁止为了司法行政或公共安全的利益而使用作品。"此外,第21节也被修改成,尽管为教学或为宗教服务可以复制已出版作品,但是这个例外不再适用于为商业目的的教学。

瑞典版权法中包含着许多宽大的例外,可能是由于它们属于传统的版权法例外,这些例外已经被保留下来。例如为私人目的复制[167]和为教育目的以影印方式复制都得到允许。[168] 图书馆和档案馆为特定目的复制也同样得到允许[169],在对公共问题的公开辩论中使用被提交给公共机关的文件也是允许的。[170] 还有其他一些规定允许复制由瑞典公共机关制作的文件。[171]

不正当竞争法

《市场行为法(1996)》禁止不适当的销售行为,但是该法的重点是防止混淆而不是禁止寄生性行为。[172]

特别保护

瑞典法律中关于特别保护的规定无疑是所有成员国中最保守

---

[165] Article 49.
[166] Article 1.
[167] Article 12.
[168] Articles 13 and 18.
[169] Article 16.
[170] Article 26.
[171] 例如 Article 26a。
[172] Kamperman Sanders, *Unfair Competition Law*, p. 68.

的规定。瑞典对第49条进行了些微修改,现在该条规定:"目录、表格或其他此类作品,如果其中汇编了大量的数据或者是实质性投入的结果,应该享有排他性的复制该作品的权利和提供给公众访问的权利"。此外,保护期已经由原来的十年扩展到十五年。

此外瑞典法未作其他修改。特别是,宽泛的版权例外同样适用于修改后的目录保护规则。《指令》的理由陈述第52条证明这种方法显然是合法的,该理由陈述允许那些已经有相当于特别权利之权利的具体规则的成员国,保留对该权利的传统例外。由于目录规则显然是这样一种相当的权利,因此有理由认为瑞典版权法中的例外可以适用于稍加改动之后的目录规则。不过,有些欧盟官员已经质疑,理由陈述第52条是否为瑞典以及其他北欧国家立法中宽泛例外提供了根据。[173]

这种转化方式的部分结果是,瑞典法院采取了与它们此前处理目录法相同的进路来解释修改后的目录法。例如,在 Fixtures Marketing Ltd v. AB Svenska Spel 案中[174],歌德兰岛市法院(Gotland City Court)拒绝判定侵犯原告的足球比赛赛程表,尽管事实是这个赛程表中的大量信息都被利用了。被告是一家赌博机构,为了赌博活动的目的它使用了原告赛程表列出的大约90%的比赛。

被告提出了两条抗辩理由。第一条是荷兰已经采纳了副产品或派生物的观点。他认为原告的主要投入投在了足球比赛的安排和组织中。因此编辑比赛赛程表只是这些活动的副产品。这个论据被否决了,其理由是在制作比赛赛程表时仍然花费了实质性投入。

被告的第二个论据是修改后的目录法保护并没有扩展到作为

---

[173] C. Auinger,"Implementation of the Database Legislation in the EU and Plans for Review",该文是向国际科学协会理事会(ICSU)领导下的一个工作组提交的论文,Baveno,2000年10月14日。

[174] T 99-99, 2001年4月11日。对本案的讨论可以参见 C. Colston,"Sui Generis Databases Right: Ripe for Review?" (2001) 3 *Journal of Information, Law and Technology*; 以及 J. Gaster, "European Sui Generis Rights for Databases" (2001) 3 *Computer Und Recht International* 74。

基础的信息，而只限于以相同或类似的编辑物的形式重印或复制这些信息。这一主张被法院接受，而且，由于被告并没有进行逐字复制，尽管被告从原告的数据库那里获得了关于足球比赛的信息，原告仍然输掉了这个案子。

英　　国

《指令》转化之前和之后的版权

在执行《指令》之前，数据库被作为编辑物——文学作品的一种类型——给予保护。[175] 执行《指令》之前英国法中版权保护的独创性标准比较低，而且现在依然如此，不过数据库除外。独创性标准只是在数据库方面做了修改。[176] 通常版权作品的必要标准是多低？以及它是否只采用额头汗水标准而无需任何智力创造的痕迹？这些问题并不完全清晰。制定法，不论过去还是现在，都是模糊的。它仅仅提到作品应该具有独创性而没有对独创性给出定义。适用这一条件的判例法也模棱两可。许多判决提到需要作者运用技巧、劳动和/或判断。但是没有任何判例法提到那个更美国式的短语——"额头汗水"。实施了相当可观的劳动本身足以赋予版权保护，因此额头汗水原则是英国版权法的组成部分，对此并没有明确的权威阐述。不过，下文出自上议院德夫林勋爵的一段话比较接近于阐述了这样一个立场。

> 任何独创性的文学作品，顾名思义包括汇编物都享有版权，因此在诸如时间表和电话簿之类的作品上也能够存在版权，只要它们无一例外地具有"独创性"即可。独创性的要求意味着作品必须来源于作者，它是作者运用实质性程度的技

---

[175] Section 3 of the Copyright, Designs and Patents Act 1988.
[176] 有理由认为这只是针对文学作品数据库而言，而不是针对非文学作品的数据库，例如录音制品的编辑物。

巧、勤劳或经验的结果。(原文加了着重号)[177]

相反,有权威观点认为信息没有版权,而且独创性的其他公式化表达也同时提到了技巧和劳动:

> 只有被选择来表达信息或观点的创作和语言才能要求版权保护……当以某种独特的方式来表达事实的时候,对于在这种独特的信息表达方式中蕴涵的技巧和劳动是否能够获得版权,就变成了一个事实和程度的问题。[178]

学者们的一致观点是,英国版权法上的独创性标准要么就是额头汗水标准,要么是一种与它非常接近的标准——额头汗水外加非常少量的创造性就足够了。[179]

《指令》通过《1997 版权和数据库权利条例》(简称《英国条例》)来执行。[180]《英国条例》是与《版权、设计和专利法(1988)》有关的规定,它修改了版权立法中的多个条款。它同时还规定了有关数据库特别保护的各种规范。《条例》第6条新增了第3A节,把《指令》对数据库的定义纳入其中。

对编辑物提供版权保护的一个困难在于,编辑物被包含在文学作品的定义内,这造成了并且将继续造成这样的困难——不符合文学作品条件的编辑物不能获得版权保护。[181] 例如,戏剧或音乐作品的编辑物不是文学作品,因此将不被保护,三维客体的汇编如果没有以文字形式来书写或表现也将无法获得保护。[182] 英国数据库条例在赋予数据库以具体保护的时候,似乎没有考虑过这一

---

[177] Ladbroke (Football) Ltd v. William Hill (Football) Ltd [1964] 1 WLR 273.
[178] Football League Ltd v. Littlewoods Pools Ltd [1959] 1 Ch 637 at 651—652.
[179] 关于独创性的额头汗水标准的更多判例法,可参见第二章。
[180] SI 1997, No. 3032.
[181] C. Rees and S. Chalton (eds.), *Database Law* (Jordans, Bristol, 1998), p.44. 类似的问题在美国中也存在,在美国,只有被称为文学作品的编辑物才能够受到版权保护。见 A. Monotti, "The Extent of Copyright Protection for Compilations of Artistic Works" (1993) 15 *European Intellectual Property Review* 156。
[182] Rees and Chalton, *Database Law*, p.45.

异常现象。

新的第 3A 节仍然把数据库作为一种文学作品,这表示不能构成文学作品的数据库不受保护。《指令》要求对所有在内容的选择和编排方面体现出智力创造的数据库都给予版权保护,因此这一要求并没有得到遵守。

《版权、设计和专利法(1988)》第 3A 节(2)以如下措辞描绘了由数据库构成的文学作品所需要的独创性标准:

> 本部分所称由数据库构成的文学作品具有独创性是指,而且仅仅是指,由于数据库内容的选择或编排,该数据库构成作者自己的智力创作。

尽管采纳了《指令》为数据库规定的独创性标准,《版权、设计和专利法(1988)》和英国数据库条例对其他所有版权作品的独创性标准未加任何改动。此外,编辑物的版权保护也被保留下来,但确实有理由认为,由于《版权、设计和专利法(1988)》第 3A 节(1)采纳了《指令》对数据库的宽泛定义,很少有(如果有的话)编辑物不属于数据库。[183] 如果有不属于数据库的编辑物,判断其是否享有版权的标准与 1998 年 1 月 1 日之前的标准相同。

尽管对数据库有一些专门的规定,有关版权例外的一般性规定对数据库也适用。例如第 50D 节与第 296B 节结合起来,禁止数据库版权所有人阻止有权使用数据库的人实施为访问和使用数据库内容所必需的行为。在这个语境中,有权使用数据库的人是指"根据许可实施受数据库版权所限制的行为的人或者相反"。[184] 使用"或者相反"(or otherwise)一词给该规定带来了一定程度的模糊性,因为它必然包括某些没有获得数据库使用许可的人。这些用户可能限于那些从原始购买者那里获得数据库有形复制件的用户。另一种可能是,他们也包括那些为了公平利用的目的而进行访问的人。

---

[183] 纵横填字游戏(Crossword puzzle)就是一个例子。
[184] Section 50D.

公平利用条款也已经被修改,因此,如果不是为了商业目的,允许为了研究目的对数据库进行公平利用。[185] 针对其他作品的一般性公平利用条款并未要求非商业目的,尽管非商业目的与判断使用行为是否属于公平利用有关联。该法没有规定为教学示例目的的专门例外。不过,第 32 节到第 36 节中有多个条款都涉及到教育机构的复制行为。第七章中还有规范许可制度的多个条款。第 45 节到第 50 节规定了为公共管理目的的例外,这些例外等同于《指令》提到的为公共安全、行政和司法程序目的的例外。

英国版权法中没有为个人目的私人复制的一般性例外,而且对非电子数据库也没有规定这种例外。为数众多的其他一般性例外贯穿于整个版权法。它们包括允许为了批评、评论和新闻报道的目的进行公平利用。[186] 第 37 节到第 44 节中还有许多规定涉及到由图书馆和档案馆进行的复制,它们可能与数据库有关。例如,第 38 节允许图书馆管理人员复制并提供一本期刊中的一篇文章,条件是管理人员确信,他们是向为了研究或者个人学习的目的而要求获得该复制件的人进行提供。关于数据库的公平利用条款被做了明确修改,要求图书馆管理人员承担责任,确保为研究而公平利用数据库的行为不具有商业目的。

不正当竞争法

英国没有与数据库保护问题有关的不正当竞争法,无论是禁止盗用数据库内容的法律还是要求为侵占数据库支付补偿的法律。[187] 英国法中的这个缺口是对此前版权保护所要求的低独创性标准所导致的巨大保护范围的抵偿。而其他欧盟成员国有或者曾

---

[185] Section 29(1A)5.
[186] Section 30.
[187] 见,例如,*Hodgkinson & Corby Ltd and Roho Inc. v. Wards Mobility Services Ltd* [1995] FSR 169 *per* Jacob J:"我转而思考法律并从辨别什么不是法律开始。这里不存在复制侵权。这里没有夺去他人市场或顾客的侵权……这里没有所谓的利用他人良好声誉的侵权。这里不存在竞争侵权。"一般性参见 A. Kamperman Sanders, *Unfair Competition Law*。

经有过高独创性的版权标准,因此就可能利用不正当竞争法去解决那些由这个高标准所造成的某些难题。

特别保护

《条例》第 14 条定义了数据库制作者。特别是《条例》第 14 条(1)把制作者定义为最先对数据库内容的获取、校验或展现进行投入,以及承担获取、校验或展现过程中的投入风险的人。这个定义造成出现不止一个制作者的可能性,因为一个人可能最先实施了获取、校验或展现行为,而另一个人则可能承担投入风险。[188] 数据库权利的所有权被授予了雇主、英国政府或英国议会,正如在同样的情况下把版权授予雇主、英国政府或英国议会一样。[189]

第 3A 节(1)规定的数据库定义不仅适用于版权目的,也适用于特别保护目的。《条例》第 13 条(1)进而规定,如果在获取、校验或展现数据库内容的过程中花费了实质性投入,就可以给予特别权利保护,亦称"数据库权利"。在英国赛马委员会诉威廉希尔公司(*British Horseracing Board v. William Hill Ltd*)案中[190],兰迪法官的判决对什么能够构成实质性投入以及什么构成这种意义上的数据库做出了解释。在该案中,英国赛马委员会(简称委员会)反对威廉希尔公司(一家赌马公司)在其网络赌博服务中使用由委员会管理的有关赛马大会的信息。威廉希尔公司从卫星信息服务公司(Satellite Information Service)那里获得了这些信息,该公司则持有从委员会那里获得的许可,可以向其订户传输委员会的大量数据。然后威廉希尔公司就把这些信息放置到赌博网站上,以便向赌客提供赛会的详细信息,并且提供网络赌博服务。

兰迪(Laddie)法官认为,"数据库这一用语有着非常广阔的含

---

[188] Regulation 14(5).

[189] Regulation 14(2)—(4);《版权、设计和专利法(1988)》第 11 节、第 163 节以及第 165 节。

[190] HC 2000 1335, judgment of 9 February 2001.

义,事实上涵盖了所有可以检索的数据集合"[191],可能包括计算机存储器中储存的所有数据集合,因为软件能够访问并检索这些数据集合。[192] 此外,"投入的合格标准非常低",但是对相关投入的类型提出了许多评论。[193] 例如,"为创造数据库中所汇集的实际数据而投入的努力不具有相关性"[194],尽管区分这种努力与获取或汇集数据花费的努力是困难的。[195] 因此,委员会组织一场赛马比赛花费的投入并不是相关的投入,但是收集有关赛会的所有信息花费的努力却是合格的投入。与此类似,在校验过程中的投入与权利的初始产生和保护期的更新都有关联。[196] 在展现的相关性方面,兰迪法官注意到,这方面的投入看起来"至少必须包括为使数据库更便利用户访问而投入的努力和资源"。[197] 这将包括对信息编排的设计所投入的努力,也可能包括编制能使数据更容易被访问的计算机程序的投入。[198]

《条例》第16条规定,摘录或再利用数据库的实质性部分构成侵犯数据库权利,《条例》第12条(1)则以与《指令》相同的措辞对摘录和再利用做了定义。摘录包括从数据库所有人之外的其他来源摘录信息。例如,在英国赛马委员会案中,被告就是从第三方获得数据的,第三方则是从委员会那里合法地获得了数据。不过被告仍然侵犯了摘录权。这样判决的效果可能是,即使被告不知道他正在摘录或使用取自受数据库权利保护的数据库信息,他仍然要承担侵权责任。另一方面,任何相反的判决都会严重限制特别保护的有效性,因为它事实上将无法超越通过合同获得的保护。

此外,摘录并不要求从数据库所有人那里摘取数据,并在摘取

---

[191] 同上揭,第30段。
[192] 同上揭,第35段。
[193] 同上揭,第32段。
[194] 同上揭,第33段。
[195] 同上揭,第34段。
[196] 同上揭,第35段和第36段。
[197] 同上揭,第37段。
[198] 同上揭。

之后使得数据库所有人不再掌握该信息。[199] 在这种情况下,信息过去被存储在赛马委员会的数据库中,在被告使用了赛马委员会的数据库之后,该信息当然继续存储在赛马委员会的数据库中。不过需要注意的是,摘录必须是向另一种介质的转移,这就引起了下面这个饶有兴味的评论:

> 一个黑客未经许可访问数据库,如果他的行为没有涉及到以物质形式制作数据的复制件,仅仅浏览数据并把数据记忆下来并不构成非法摘录。[200]

149 对这个附带评论一定存在某些争议,因为这些数据被存储在这个黑客的随机存取存储器(RAM)中,而且摘录也包括临时转移。

被告的主要观点是,除非他的行为涉及摘录或再利用该数据库作为数据库的那种特性,否则他不应该承担数据库侵权责任。这个观点的根据是被告律师所称的数据库的"数据库性"(database-ness)。这个概念以《指令》的基本原则为基础,而且《指令》的特别保护也主要是针对把数据库作为信息集合来进行保护,而不是保护数据库中偶然包含的单条信息。因此,任何摘录和再利用都必须与重要数量的数据有关,这些数据在整体上能够被认为是相关数据库的实质性部分。

兰迪法官坚定地驳回了被告的这个观点。尽管数据库必须符合某种形式才能获得特别保护,即它能够被检索,但是特别权利并不保护这种形式,而是保护在获取、校验和展现内容过程中的投入。因此,如果被摘录的部分是数据库内容的实质性部分,摘录内容并对其进行重新编排并不能免除侵权。[201]

在这个语境下,实质性部分的含义得到了解释。根据兰迪法官的见解,《指令》第7条(1)试图从被利用部分的数量和品质相结

---

[199] 同上揭,第57段。
[200] 同上揭。
[201] 同上揭,第47段和第48段。

合的角度进行考虑,而不要求把这两个方面分别独立考量。[202] 在英国赛马委员会的判决中,兰迪法官承认,从委员会的数据库中摘录的信息数量并不大,尤其是考虑到该数据库的巨大规模。但是把多个因素综合起来则可以得出这样的结论:被利用的部分属于实质性部分。尽管被利用部分应该与原告的数据库进行比较,但被利用部分对侵权人的重要性也具有相关性。

    信息对侵权嫌疑人的重要性有助于理解它是否属于数据库重要或有重大意义的部分。如果数据库的用途之一是维持与侵权嫌疑人所经营的类型相同的营业,而侵权嫌疑人摘录了同一种类的信息,那么获取、校验和展现数据库中的这类信息就可能构成该数据库内容的重要或有重大意义的部分。[203]

此外,与比赛本身有关的信息才是最终的和关键的信息,而且被利用的也正是这类信息,而不是诸如注册驯马师、赛马的颜色和骑师等其他信息。特别是,被告正是利用了即期比赛信息的时效性和可靠性。该信息的这些特性使其具有了品质上的实质性。

  被告还主张他没有利用原告数据库的实质性部分,因为他利用的是原告多个不同数据库的数个非实质性部分,而不是同一个数据库的一个实质性部分。他认为,委员会的数据库正在用新信息进行持续更新,那么新数据库就定期产生,至少每隔几天就有一个新数据库。因此,他利用的是每一个独立数据库的非实质性部分。这种行为并不属于《条例》第 16 条(2)的规范范围,该条禁止的是反复或系统地摘录或再利用一个数据库的内容的非实质性部分,因此有理由认为这个规定只适用于系统或反复地摘录或再利用同一个数据库。兰迪法官对付这个主张的办法是,判定委员会只有一个处于持续改进状态的数据库。[204] 因此被告利用了该数据库的实质性部分。

---

[202] 同上揭,第 53 段。
[203] 同上揭,第 52 段。
[204] 同上揭,第 72 段。

另外，该判决认为摘录和再利用权适用于使用和出版修改之后的原始数据。为了避免侵权，被告提出用每场比赛的序号代替比赛的时间，用赛马的号码而不是名字来识别赛马。法院对这个建议回应如下：

> 这种做法丝毫不影响对[委员会的]数据库权利的侵犯。而且，我无法理解以修改后的方法表达实质上相同的数据怎样能够避免侵权。假设一个数据库碰巧是用英语写成的，未经许可的第三方用法语、德语或中文文字来展现这个数据库的实质性部分，不会免除侵权；如果他把十进制的信息编译成相应的二进制信息，同样也不能免除侵权。

被告向上诉法院提起了上诉，这一问题随后被提交给欧洲法院。[205] 尽管上诉法院暗示它倾向于支持兰迪法官在一审判决中意见，但它仍然认为，欧盟其他成员国例如瑞典和荷兰等国家的判决要求欧洲法院为争议问题给出解决方案。

对非实质性部分的摘录或再利用权 《条例》第19条授予合法用户为任何目的摘录或再利用数据库内容的非实质性部分的权利。《条例》第12条对合法用户定义如下：

> 合法用户是有权使用数据库的任何人（无论他是根据许可实施为数据库权利所限制的行为或者相反）。

使用"或者相反"一词意义比较含混。它表明合法用户包括那些本身能够利用特别权利例外的人。

例外 《条例》没有规定为个人目的使用非电子数据库的任何例外。合法用户有权为教学或者研究示例目的摘录数据库的实质性部分，但不得具有商业目的，同时这种使用要符合公平利用。[206] 在上述情况下，公平利用可能大体相当于《指令》的如下要求：摘录

---

[205] *British Horseracing Board v. William Hill Ltd* [2001] EWCA Civ 1268, 31 July 2001.

[206] Regulation 20.

应该限于实现非商业目的所需的正当性范围,合法用户的行为不得与数据库的正常利用相冲突,也不能不合理地损害数据库制作者的正当利益。[207] 因此,这个例外的适用可能需要利用现有的有关公平利用的版权原则。

《条例》附录1规定了不构成侵犯数据库权利的几种关于公共管理的情形。例如,为了议会或司法程序目的而利用的行为不侵犯数据库权利。为报道上述程序而使用也不构成侵权。[208] 其他例外涉及到依照法定职权向公众开放调查的数据库,以及在公共事务中向政府机构传输的材料。[209]

保护期　《条例》第17条规定了保护期以及在什么条件下保护期可以更新。在英国赛马委员会一案中,兰迪法官认为保护期的更新只能适用于数据库被更新的部分,动态在线数据库则应该被作为一个单一数据库来对待。因此,如果某些信息已经被使用了超过十五年,它就可以被摘录和再利用,即使该信息所在的数据库在此期间内已经被做了实质性改变。然而,没有任何规定要求数据库制作者去鉴别那些使用期不足十五年或超过十五年的信息。用户将不得不承担信息已经被使用了超过十五年的风险,因为如果有合理根据证明数据库权保护期已经届满,他本来可能会利用《条例》第21条的规定使侵害行为正当化。

许可制度　与版权许可制度有关的许多规定被沿用到数据库中。根据《版权、设计和专利法(1988)》,具有两个或两个以上作者的版权作品的许可方案应归版权裁判庭(the Copyright Tribunal)管辖。如果发生纠纷,版权裁判庭有权改变许可方案,以符合它认为合理的标准。[210] 同样,涉及数据库许可方案的纠纷也要提交到版权裁判庭。[211] 《版权、设计和专利法(1988)》的版权条款还规定了

---

[207] Article 8 and 9 of the Directive.
[208] Schedule 1, reg. 20(2)1.
[209] 参见 Schedule 1。
[210] Section 121, Copyright, Designs and Patents Act 1988.
[211] Regulation 4.

单一作品或多个作品的版权所有人应该服从强制许可的情形。[212]如果垄断和兼并委员会(the Monopolies and Mergers Commission)的报告认为,许可协议的条件或者拒绝以合理的条件授予许可造成了反公共利益的效果,上述情形就可能发生。与之相同的规定也出现在数据库权利中。[213]

《指令》的转化情况小结

通过上文对执行立法的考查,我们可以得出多个一般性的观察结论。第一个就是,对于《指令》迄今为止是否已经实现了协调数据库法律保护这一目标肯定有许多争议。

版权的协调 质疑协调的程度有多个理由。首先,尽管数据库版权保护所需要的独创性标准得到了协调,但是在数据库版权的例外方面却存在相当的差异。这些差异的主要原因在于,由于《指令》的允许,许多成员国保留了传统上的版权例外。这方面的主要例证之一是公平利用或者类似报道时事新闻的例外[214],以及私人复制非电子数据库的权利。其他例子还有教育使用和为宗教目的使用。另外,在例外方面缺乏强制性要求已经预设了版权例外的不协调进路。《版权指令》对此也于事无补,因为它放任各个成员国保留或采纳二十多个不同的版权例外。

其次,特别保护的有限例外还促使某些成员国同样对版权例外加以限制,至少是在版权例外适用于数据库时对其加以限制。例如在英国,为研究目的而公平利用数据库的例外已经被限制在非商业目的上,以便使版权例外与特别权利例外相一致。

在许多方面,数据库版权保护的这些差异已经不再重要。《指令》的实施效果之一就是使得数据库版权保护在很大程度上失去了意义。特别保护既比较容易获得,又更加容易证明,既可能对数

---

[212] Section 44 of Copyright, Designs and Patents Act 1988.
[213] Regulation 15.
[214] 例如《比利时版权法》第 22 条(1)和《意大利版权法》第 101 条。

据库内容提供权利,而权利的例外范围又窄于或不宽于版权的例外范围。英国赛马委员会一案的判决就是数据库版权重要性减弱的一个例证,因为原告在该案中没有提出任何版权侵权请求,而是选择了完全依赖特别保护。由于欧盟拒绝对国外数据库提供国民待遇,这种状态可能会发展出一个出乎意料的结果。用户可能更愿意交易和使用外国人的数据库,因为那些数据库所适用的版权条款他们更为熟悉,而且限制也更少。这种情况事实上是否会发生还尚未可知。

不过,即使在特别权利方面,缺乏协调性的地方依然存在。不同的转化立法及其相应的判例法已经引起了许多问题。它们包括如下方面:

符合特别保护资格所必需的投入 对于获得特别保护所需投入的性质和程度似乎有相当大的争议。有些案例表明,在数据库所含材料的选择方面进行的投入属于必要的品质上投入。因此,由一百余个提供儿童保育信息的网址组成的列表获得了保护,标有自助组织的小册子也同样受到保护。这些判决都与第三章所表达的观点一致,即赋予数据库以版权保护的选择行为同时也是赋予数据库以特别保护所必需的品质上的投入。

另一个问题是数据库在何种程度上是作为基础的商业活动的副产品。有些案件——例如荷兰关于广播节目表[215]和新闻标题的案件[216]以及英国的英国赛马委员会案——认为,对产生数据库内容的商业行为实施的投入与获得特别保护的目的无关。这导致有些荷兰案件判决争议中的数据库不符合保护资格。如果接受对这种观点的最宽解释,这种进路将侵蚀《指令》的预定效果。

然而,对副产品观点进行宽泛解释的进路未必经得起欧洲法院的严格审查,这其中有多个原因。第一,它尚未获得普遍接受,

---

[215] *NV Holdingmaatschappij de Telegraf v. Nederandes Omreope Stichting*, The Court of Appeal of The Hague 99/165, 30 January 2001.

[216] *Algemeen Dagblad and Others v. Eureka President*.

甚至在那些它已经获得信任的国家也是如此，例如荷兰。第二，采取这一进路的一些判决试图把原告的主要商业活动与它的数据库制作行为进行比较。在 Algemeen Dagblad and Others v. Eureka 案中，法庭就比较了原告在经营报纸方面的投入和在维护网站方面的投入。这种比较方法没有得到《指令》的支持，《指令》要求把重点放到判断获取、校验和展现数据库内容所花费的投入是否具有实质性上。数据库所有人本来可以在另一活动中实施更大投入，这一事实无关宏旨。至多，副产品的观点可以被用来排除在商业活动中对产生信息实施的投入，并要求数据库所有人把重点放在搜集（获取）、校验和展现数据库信息而花费的实质性投入上。因此，在涉及电视和广播节目时间表的案件中，副产品的观点可能会起作用。在那些案件里，对节目本身的投入并不具有相关性。决定某个特定节目何时播出取决于它的内容或者人口统计上的吸引力，有理由认为，在这方面投入的资源同样可以被置之不理，因为它属于最大化节目利润的商业活动的组成部分。一旦做出上述决定并且否定了它们的相关性，实际校验和展现节目时间表的投入可能会非常之小。相比之下，诸如电话公司之类的企业可以毫不费力地证明，自己在汇集电话号码列表及其校验和展现方面花费了实质性投入。单单在展现如此大量的信息方面花费的投入就可以使得号码簿获得保护。

　　权利的性质与侵权的检验标准　　由于所授权利的性质出现了不同，因此造成这些权利在侵权构成上的差异。英国赛马委员会一案的判决明确指出，被保护的是数据库的内容，而不是被告所主张的数据库的"数据库性"。另一方面，瑞典法院却采取了更具限制性的进路[217]，这主要是它们此前的目录法以及转化《指令》时的最低限度保护进路的结果。在它们的进路中，要求必须有以数据库内数据存在的形式直接利用数据的行为；它们事实上采纳了英国赛马委员会一案中被告主张的进路，即被利用的必须是数据库

---

[217] *Fixtures Marketing Ltd v. AB Svenska Spel* T99-99 11 April 2001.

的"数据库性",而不仅仅是大量的数据库内容。这一进路已经成为受批评的对象,而且它是否能够经得起欧洲法院的审查也存在疑问。《指令》第 7 条(1)规定了禁止"摘录和/或再利用数据库内容(原文有着重号)的实质性部分"的专有权利,而不是禁止使用数据库的实质性部分的权利。然而,如果采用限制性进路,它无疑将极大地限制《指令》的效力。英国上诉法院已经把英国赛马委员会一案提交给欧洲法院以图解决上述问题以及其他附带问题。[218]

侵权问题中已经受到关注的方面是什么构成数据库内容的"实质性部分"。这又是一个可能与版权法发生重叠的领域,因为这个词是从版权法领域借用而来。有几个案例已经表明,判断实质性的标准之一是被利用部分对最终用户的价值。这种方法可能会产生循环论证的风险,因为按照该方法,仅仅使用数据本身就是证明被使用的数据是数据库实质性部分的证据。在这个意义上,非实质性部分的概念变得没有任何意义了,《指令》和转化立法中所规定的摘录或再利用非实质性部分的权利同样也毫无意义。

另一方面,这些进路可能是对以不正当竞争为基础的问题解决方法的反映。例如,许多判决表明,被告行为对原告在争议信息的市场方面造成的冲击已经影响到对摘录或再利用"实质性部分"的判定。[219]

正如相关投入的问题一样,在特别权利侵权的背景下,讨论"实质性部分"的构成问题并不必然由于引入与用于判断版权侵权相同的品质检验标准而变得更加复杂。因此,在有些案件中,选取相对较少数量的信息就会构成符合保护条件的必要品质上投入,使用被选取的这些信息构成侵犯特别权利。

合法用户的定义 合法用户的定义与合法用户摘录或再利用数据库非实质性部分的权利有关。有些国家例如法国明确规定合

---

[218] *British Horseracing Board v. William Hill Ltd* [2001] EWCA Civ 1268, 31 July 2001.

[219] 例如,*Cadremploi v. Keljob and Colt Telecommunications*,以及 *Algemeen Dagblad and Others v. Eureka President*。

法用户是指与数据库所有人存在合同关系的人。另外一些国家，例如德国则认为合法用户是有权利用例外规定的任何人；还有一些国家例如英国所设计的转化立法则留下了做出上述任何一种解释的可能性。

例外缺乏协调性 在特别权利的例外方面同样缺乏协调性，尽管这一现象不如版权保护例外方面那样显著。例如，在私人复制非电子数据库方面就没有统一的解决方法。此外，即使是《指令》所规定的那些非常有限的例外，一些国家也已经决定不予规定。

保护期 兰迪法官在英国赛马委员会一案的判决中认为，数据库中的单条信息在十五年之后就将进入公有领域。《指令》和多数转化立法的措辞则正好相反：如果在更新数据库的过程中花费了进一步的实质性投入，数据库的全部内容都可以获得保护期的扩展。后一种方法造成了与公有领域有关的许多难题，第三章中已经对此做过分析，不过它对原告也会造成一些难题。如果被告能够主张存在正在制作中的一系列不同的数据库，就能够论证他正在利用不同数据库的非实质性部分。因此，他就能够依靠摘录或再利用非实质性部分的权利，以其并非针对同一个数据库实施行为为由，避开禁止反复和系统性地摘录或再利用这一限制。结果，本来打算用来提供广泛保护的条款，却可能在事实上限制了保护范围。这是欧洲法院需要解决的问题之一。对此可能的应对措施不是采用英国赛马委员会案的进路，而是求助于《指令》第 8 条(2)的规定。它禁止数据库合法用户实施与数据库的正常利用相冲突的行为，或者不合理地损害数据库制作者的正当利益的行为。在类似英国赛马委员会案件的情况下，如果事实上涉及到产生了一系列新的但也是密切相关的数据库，系统化地摘录每一个数据库的非实质性部分正好违反了第 8 条(2)。

与不正当竞争法的关系 出现的饶有兴味的问题之一是，先前存在的不正当竞争法原则的继续适用，或者是以其自己的名义，或者是作为适用特别保护的结果。至少有一个法国判决就是以不正当竞争为依据的,尽管由于对数据库并未进行实质性的投入,基于特别权利的诉讼请求没有获得成功。[220] 此外,正如上文指出,在很多情况下,不正当竞争原则对特别权利的适用具有重要影响。例如,它对判定什么构成数据库的实质性部分产生了影响。

所有这些判例法都涉及到为商业目的摘录和再利用。这表明,如果欧盟坚持其最初的以不正当竞争原则为基础的进路,或许能够取得令人满意的效果——满足数据库所有人禁止对其数据库进行商业性复制的需要。

单一来源数据库(single source database) 另外,许多判例法涉及到所谓的"人造"信息(synthetic information),即由数据库制作者自身产生的信息。[221] 电话号码簿就是含有人造信息的数据库的典型例子,因为电话公司创造了电话号码。这类人造信息经常作为基础商业活动的副产品而产生,顾名思义,它来自单一来源。因此,这类单一来源的信息经常被授予广泛的特别保护。这种情况似乎与《指令》的增进创建数据库的动力这个目标不符,因为这类数据库不需要制定《指令》就几乎必然被制作出来。

此外,有关作为既有商业活动副产品制作而成的单一来源数据库的许多难题,本来可以利用《指令》起草过程中被抛弃的那些原则来解决。例如,强制许可规定被从最初文本中删除了,与侵权有关的不正当竞争原则也遭受了同样的命运。

结 论

成员国对各种问题的处理方法依然存在许多差异,这些差异只有欧洲法院才能最终解决。目前需要最终解决的主要问题是英国赛马委员会案所提出的问题——特别权利保护数据库的内容还

---

[220] *Groupe Moniteur and Ors. v. Observatoire des Marches.*
[221] S. Maurer, B. Hugenholtz and H. Onsrud, "Europe's Database Experiment" (2001) 294 *Science's Compass* 789—790.

是数据库本身？如果通过基本采纳本案的一审判决来解决这个问题，将会对在转化《指令》方面采取了最低限度保护进路的北欧国家产生重大影响，包括在它们的转化立法和相关的判例法方面。这也将产生一个明确的结论——在先前已有的不正当竞争法和版权法之外，《指令》极大地提高了对数据库的保护。

欧洲法院需要解决的其他问题包括如下：

- 构成实质性投入所必需的投入，特别是按照副产品数据库的主张如何确定实质性投入？
- 确定数据库实质性部分的检验标准是什么？
- 当一个数据库是被持续更新的对象时，为了判断保护或侵权的目的，如何定义相关的数据库？
- 被告经由第三人而不是直接从数据库获取信息并进行摘录或再利用，在何种程度上构成侵权？

159　　直到欧洲法院对英国赛马委员会案做出最终判决之前，这些问题的处理都将悬而未决。不过，对《指令》的历史、《指令》本身以及迄今为止占主导地位的判例法的考查表明，有理由相信这些问题很可能以有利于数据库所有人的方式得到解决。

第五章　美国对数据库的保护

本章分析两个基本问题。第一,考查美国版权法以及盗用侵权(the fort of misappropriation)对数据库的适用,盗用侵权属于更广泛的反不正当竞争法的组成部分。对版权的讨论相对简明扼要(这是因为第二章已经比较详细地分析过美国的独创性标准)。不过,本节还是讨论了美国版权法对规避技术措施的规定,因为即使当数据库的版权保护非常微弱的时候,它们也为数据库内容提供了一种获得实际保护的手段。本节在讨论版权的时候还分析了美国的合理使用抗辩,因为最近的特别保护立法建议已经纳入了一个类似合理使用的抗辩。因此,把握版权中的合理使用抗辩对于理解针对特别保护主张提出的这个类似抗辩是必不可少的。此外,也需要把宽泛的、自由裁量的合理使用抗辩与《指令》所规定的更具限制性的例外进行对比。

由于多种原因,对盗用侵权的分析所占篇幅要比对版权的处理长得多。本节分析了盗用侵权的历史,包括它自1918年被最高法院最初接受以来的起落兴衰[1],后来司法对它的不情愿地适用[2],以及近来愈来愈多地适用它以便提供独立于版权的保护。[3] 盗用侵权的历史也揭示出其正当化根据的变迁。盗用侵权最初的正当化根据——盗用所控诉的是违背正义良知(good conscience)——似乎是建立在自然权利理论的基础上,该理论对它的

---

[1] *International News Service v. Associated Press*, 248 US 215 (1918).
[2] 例如 *Cheney Bros. v. Doris Silk Corp.*, 35 F 2d 279 (2nd Cir. 1929)。
[3] 例如 *National Basketball Association v. Motorola Inc.*, 105 F 3d 841 (2nd Cir. 1997)。

适用好像没有施加任何易于识别的限制。[4] 部分由于这个原因，美国许多州拒绝采纳盗用侵权。[5] 近来盗用侵权的正当化根据更加清晰地建立在经济考量的基础上，反映出渴望实现保护原告在无形商业价值中的劳动和投入与获取信息的需要之间的平衡。[6]

此外，盗用侵权和知识产权制度之间的关系并不清晰。例如，在何种程度上盗用侵权应该与知识产权制度在同一领域内运作？近来盗用侵权的反复适用已经刻画出盗用侵权与版权保护之间的界限，这部分是由于制定法对侵入版权保护范围的普通法救济形成先占（pre-emption）的结果。[7] 因此，随着盗用侵权正当化根据的明确化以及侵权与知识产权制度之间界限的清晰化，它的运作已经得到更为明确地限定。

第二，在讨论了版权的立场以及盗用侵权之后，本章第二部分考查了在美国已经提出的各种特别保护立法建议。这些建议结合了版权原则与盗用原则。由于盗用侵权自首次被接受以来已经成为流动的圣节（a movable feast）*，这些立法建议以盗用侵权为基础，其所拟授予数据库的保护的性质与范围差异极大就不足为奇了。1996 年的最初立法建议设计的内容非常宽泛[8]，以至于难以看到其所拟授予的权利与《指令》授予的专有财产权之间的区别。另外，所授权利的例外范围也比版权法的规定更狭窄。通过引入限制规定，例如要求原告证明被告的行为给其市场造成实质损害

---

[4] *International News Service v. Associated Press*, at 241.
[5] 见下文对盗用侵权兴衰历史的讨论，以及 D. Baird, "Common Law Intellectual Property and the Legacy of *International News Service v. Associated Press*" (1983) *University of Chicago Law Review* 411。
[6] 见，例如，《1995 反不正当竞争法重述（第三次）》第 38 节，美国法律协会评论与说明（b），以及 *National Basketball Association v. Motorola Inc*。
[7] *National Basketball Association v. Motorola Inc*.
* 即不是固定在每年同一天举行的节日，如复活节，与固定的节日相对，如圣诞节。此处作者借喻盗用原则的不确定性。——译者注
[8] The Database Investment and Intellectual Property Antipiracy Bill of 1996, HR 3531 of 1996.

等,后来的建议规定了更具限制性的保护。[9] 此外,所含例外也与版权例外同样广泛,在某些情况下甚至比版权例外更加广泛。[10]

在分析针对特别保护的各种立法建议的过程中,对这些立法建议与《指令》以及盗用侵权之间做了比较。这一比较显示出特别保护的最新立法建议与《指令》在许多重要方面有着差异。特别是,这些建议已经避免了第三章所指出的关于《指令》的许多难题。另一方面,这些立法建议所提供的保护要比盗用所提供的普通法保护强大得多。尽管它们利用了盗用侵权的某些一般原则,它们还是把保护扩展到法院所提供的保护范围之外。例如,最近的一些盗用案例要求证明信息所有人由于被告的行为而受到实质损害[11],然而,立法建议却对原告所遭受的损害采纳了更低的标准。[12]

版　　权

美国最高法院通过它对费斯特(Feist)一案的判决,毫不含糊地澄清了独创性的标准。[13] 第二章讨论过这个案件以及美国法的独创性标准。费斯特案的判决确认,获得版权保护所需要的独创性水平很低,自此以后已经有多个案件得到裁判,但是仅仅是"额头汗水"尚不足以获得保护。

---

[9] The Collections of Information Antipiracy of 1999, HR 354 of 1999.
[10] 见下文对 The Collections of Information Antipiracy of 1999 (HR 354 of 1999)的讨论。
[11] *National Basketball Association v. Motorola Inc.*
[12] 见下文对 The Collections of Information Antipiracy of 1999 (HR 354 of 1999)的讨论。
[13] *Feist*, 499 US 340 (1991).

费斯特案以来的几个判决

这些案件包括与电话簿有关的另外一些案件。[14] 例如，在贝尔萨广告和出版公司诉东尼信息出版公司（Bellsouth Advertising & Publishing Corporation v. Donnelly Information Publishing Inc.）案中[15]，黄页广告电话号码簿就没有获得版权保护。[16]

另外一些案件则与被笼统地称为政府信息的编辑物有关。最为著名的例子就是有关非法使用西方法律公司（Westlaw）编辑的法庭意见文件的案件。[17] 西方法律公司在数个法域中出版法庭判决报告。在对其报告主张版权的一系列案件中，西方法律公司对它的星号标记页码[18]和它对判决的编辑提出版权权利主张。初审判决支持西方法律公司[19]，但是随后第二巡回上诉法院的判决——这些判决被最高法院肯定[20]——判定页码系统不享有版

---

[14] 见，例如，*Illinois Bell Telephone Company v. Haines and Co. Inc.*，932 F 2d 610，该案的事实与 Feist 案判决非常类似。

[15] 999 F 2d 1436（1993）。

[16] 加拿大的法院采取了类似的进路。见 *Tele-Direct（Publication）Inc. v. American Business Information Inc.*（1996）74 CPR（3d）72。

[17] *West Publishing Co. v. Mead Data Central Inc.*，616 F Supp. 1571（D. Minn. 1985）；799 F 2d 1219（8th Cir. 1986）；479 US 1070 S. Ct（1987），*Oasis Publishing Co. v. West Publishing Co.*，924 F Supp. 918（D. Minn. 1996）以及 *Matthew Bender Co. Inc. v. West Publishing Co.*，158 F 3d 693（1988），cert. denied, S. Ct, *West Publishing Co. v. Matthew Bender & Co.*，522 US 3732（1999），*Matthew Bender & Co. Inc. v. West Publishing Co.*，158 F 3d 674（2nd Cir. NY 1998）。

[18] 星号标记页码能够使判例的电子文本的读者准确地识别出印刷版本在什么地方进行分页。这就使得利用电子文本来为开庭做正确地援引成为可能，无需再获得 Westlaw 公司出版的该报告的纸质版本。

[19] *West Publishing Co. v. Mead Data Central Inc.*，*Oasis Publishing Co. v. West Publishing Co.*

[20] *Matthew Bender & Co. Inc. v. West Publishing Co.*（1998），cert. denied, S. Ct, *West Publishing Co. v. Matthew Bender & Co.*，*Matthew Bender & Co. Inc. v. West Publishing Co.*（1998）. *West Publishing v. Hyperlaw Inc.*，cert. denied, S. Ct., 526 US 1154（1999）。

权,西方法律公司实施的编辑行为也不能赋予编辑物以版权。由于西方法律公司对判决本身不享有版权,因此它就不能阻止他人复制这些判决、进行编辑并标识页码。

全美劳工赔偿保险理事会诉保险信息资源公司(*National Council on Compensation Insurance Inc.* (*NCCI*) v. *Insurance Data Resources Inc.*)[21]案也做出了一个类似的判决,该案涉及到一个公共信息数据库。原告(NCCI)受佛罗里达保险部门委任,编辑工人们在佛州的赔偿经历。成文法要求所有的保险公司都要提供相关的数据,保险部门同意按照工作代码以及其他标准来编排信息系统。NCCI向公众公开销售含有上述信息的手册。被告照搬了手册中的工作分类。但是法院做出如下结论:

> 它们是关于工人分类的简单字母顺序列表,描述性地并且没有创造性地鉴别每一类中所含的工人类型,每一类都被分配了一个数字代码……因此,本庭认为这些代码和规则并不具有创造性,不是独创性的选择和编排的产物。[22]

其他类型的编辑物同样没有达到独创性的检验标准。编辑在赌博中使用的幸运数字不能获得版权。[23] 争议中的这些数字是根据该"产业"内使用的两个标准公式得出的,尽管计算这些数字需要花费大量的劳动,但是并不具备构成文学作品的足够创造性。类似地,马萨诸塞州律师电话号码簿也不具备独创性,其根据是被选入的律师是那些在马萨诸塞地区实际执业的律师,与那些可能已经退休或者暂停执业的律师相对。[24]

另一方面,大量案件说明独创性的要求能够比较轻易地得到满足。在关键出版公司诉中国城今日出版公司(*Key Publications*

---

[21] 40 USPQ 2d 1362 (SD Fla. 1996).

[22] 同上揭,第1364页。

[23] *Victor Lalli Enterprises Inc. v. Big Red Apple Inc.*, 936 F 2d 671 (2nd Cir. 1991).

[24] *Skinder-Strauss Associates v. Massachusetts Continuing Legal Education*, 914 F Supp. 665 (D. Mass. 1995).

Inc. v. Chinatown Today Publishing Enterprises Inc.）案中[25]，纽约市中美社区电话号码簿就得到了版权保护，它由出版商认为与该社区有关的企业组成。该号码簿的选择和编排方法赋予了其版权。有些企业被从号码簿中排除了，因为出版者认为它们的营业不会维持太久。[26] 另外，许多新类型被纳入到号码簿中，例如"豆腐和豆芽店"，这在标准的黄页号码簿中是找不到的。在 Kregos v. Associated Press 案中[27]，由针对棒球投手的表现编制的九个统计数据组成的列表被认为可以获得版权。法院判定在选择统计数据的九个标准时表现出足够的创造性，因为可以选择多个不同的统计标准去衡量一个投手的表现。[28] 判决编辑物具有独创性的一个更显著的案件是蒙哥马利县房地产经纪人协会诉房地产摄影师公司案（Montgomery County Association of Realtors Inc. v. Realty Photo Master Corporation）。[29] 本案中的编辑物是计算机化的马里兰州蒙哥马利县可售房地产名录。除了纯粹实际的信息例如地址、标价和其他关于每处房产的详细信息外，名录中还有以销售广告形式从有利方面描绘每一房产的独创性表述，以及"独特而精致的缩略词系统"。[30] 因此，通过在所列房产的基本实际信息中加入表达性因素就可以获得版权保护。

规避技术措施

加入表达性因素后，保护基本事实信息的另一种手段是利用技术措施防止他人获取这些材料。这些措施由于禁止规避而获得支持。美国关于规避版权保护装置的规定被纳入了《数字千年版权法（1998）》（Digital Millenium Copyright Act）。

---

[25] 945 F 2d 509 (2nd Cir. 1991).
[26] 同上揭，第 513 页。
[27] 3 F 3d 656 (2nd Cir. 1993).
[28] 另见 Armond Budish v. Harley Gordon, 784 F Supp.1320 (1992)案的判决。该案原告以创造性的方式从现有的提供老年保健信息的资源中选择信息。
[29] 878 F Supp. 804 (1995).
[30] 同上揭，第 810 页。

该法于 1998 年 10 月生效,关于规避的条款则明文规定于 2000 年 10 月生效。[31] 第 1201 节规定了一个基本禁止条款,禁止未经许可规避技术措施。除基本禁止以外,还进一步禁止制造或商业销售规避装置。这个附加禁止显然有些过于宽泛,因为它所指的是主要为了规避"有效保护版权人权利"的技术措施所提供的保护而设计或生产的装置。因此,它将涵盖这样的情形:用户合法地获得了对数据库的访问,但是有些技术措施阻止其实施版权人权利范围内的特定行为,例如打印作品或者保留数字复制件。主要被设计来规避这些技术措施的装置可能会落入附加禁止的范围,但不是基本禁止。另外,合法访问作品的用户所采取的实际规避行为不会构成违反规避规定,尽管它可能侵犯作品的版权。不过,合法访问作品的用户在理论上被允许为了实施合理使用的目的而规避保护措施。但是实际采取这种行为是困难的,因为附加禁止对能够实现规避的装置的生产和销售都施加了极大地限制。

法律对这些禁止规定也设置了许多具体例外。例如,为了反向编译计算机软件目的的例外。[32] 非营利图书馆、档案馆和教育机构,为了善意地决定为实施本章允许的行为这个唯一目的是否需要获取作品的一份复制件时,可以访问版权作品。[33] 甚至这个例外也无法适用,除非"该作品的相同复本无法通过其他方式合理获取"。[34] 这里不存在为利用版权例外特别是合理使用抗辩而实施规避行为的一般权利。

此外,第 1201 节(a)(1)(B)和(C)授权国会图书馆决定规避条款不适用于"特定种类版权作品的使用者,他们由于法律禁止其非侵权性使用该特定种类作品而受到不利影响"。国会图书馆有权在该法通过后两年内做出上述决定,并且在随后的每三年期间实施此权利。该权利要求国会图书馆按照版权局局长的建议采取

---

[31] Section 1201(a)(1)(A).
[32] Section 1201(f).
[33] Section 1201(d).
[34] Section 1201(d)(2).

行动,而版权局局长则需要咨询商务部通讯和信息助理部长的意见。

在首次调查这个问题之后,国会图书馆馆长发布了豁免适用规避条款的两类作品。* 它们是:

1. 由被过滤软件所封锁的网站目录组成的编辑物;

2. 被由于故障、损害或过时而无法允许访问的访问控制机制所保护的文学作品,包括计算机程序和数据库。

这两类豁免中的第一类与过滤软件有关,它可以阻止访问可能包含色情内容的网站。不过,即使网站的内容不属于色情,它们仍然可能被该软件阻挡。为了确定一个特定网站是否被争议软件过滤掉,允许实施规避行为。第二类则主要是针对失灵或者过时的技术。例如,国会图书馆馆长收到了大量涉及失灵"软件狗(dongle)"(位于计算机硬件上的锁,与计算机软件相互作用)的意见。这些意见表明,许多软件狗失灵,而且销售方或者要求购买新软件以及新软件狗,或者销售方早已破产因而无法获得新的软件狗。

国会图书馆馆长还考虑过不同团体或个人提出的其他豁免。其中一个豁免是专门针对数据库的。许多评论者宣称,有些版权所有者正在把公有领域的内容附加上很少的版权材料如简短的介绍等。因而,他们就把这些公有领域的文件附加上了极少量的版权因素,并且有效地获得了对这些无版权材料的保护。[35] 特别是,这些评论者强烈主张由公有领域的作品或材料组成的编辑物应该被豁免,除非该编辑物中的公有领域成分被标出,从而允许规避控制访问这些公有领域成分的任何技术措施。[36]

---

* 美国国会图书馆已经第三次发布了豁免适用禁止规避技术保护措施条款的版权作品种类,目前有六类作品被豁免适用禁止规避技术保护措施条款。新豁免的有效期是 2006 年 11 月 27 日至 2009 年 10 月 27 日。——译者注

[35] 珍妮·金斯博格(Jane Ginsburg)教授写给美国版权局的信函,2000 年 6 月 11 日。

[36] 同上揭。

国会图书馆馆长认为对这一豁免的需要尚未得到证明。他同时认为：

> 一般而言,访问控制保护的到来似乎提高了数据库和编辑物的可获得性。访问控制增强了对数据库制作者创建和维护数据库的激励……如果数据库制作者无法控制访问,就难以从数据库的利用中获利。制作的数据库就会越少,造成使用可获得性的减少。[37]

此外,国会图书馆馆长还持这样的观点——大多数无版权材料可以从其他来源获得。[38] 因此,在为获取公有领域信息的目的而进行规避方面不需要提供豁免。与反规避条款结合起来,这一决定的效果是实质性地增强了对符合版权保护条件的数据库的保护。技术措施可以被用于阻止访问数据库中包含的信息,即使这些信息并非以能够获得版权保护的形式存在。另一方面,一旦实现了对信息的访问,反规避条款就不能阻止合理使用数据库中的信息,包括复制很大数量的数据,但不包括数据的选择和编排。不过,尽管反规避条款无法阻止上述行为,最初规定访问材料的合同却可以做到。换言之,授予访问权的合同条款可以预先排除随后未经许可使用数据库内的无版权信息的行为。

最终结果是：通过结合使用合同、技术保护措施以及《1998数字千年版权法》的反规避规定,能够对数据库内的无版权材料给予相当程度的保护。这种结合赋予了如此有力的实际保护,它可能会对特别保护的需要产生冲击。

合理使用抗辩

从用户的角度来看,如果技术措施所带来的困难能够被克服,就能够利用合理使用抗辩使得本来构成版权侵权的行为正当化。

---

[37] p. 64, 567 of the Rules and Regulations of the Library of Congress 27 October 2000 (Vol. 65, No. 209).

[38] 同上揭。

这一抗辩对数据库及其所含信息的使用尤为重要。另外,由于最近的特别保护立法建议提出对特别权利设置等效的抗辩,为了获得对所提议的等效抗辩的理解,有必要对合理使用抗辩做个考查。《1976年版权法》的第107节规定了合理使用抗辩,法院在此立法之前就已经承认这个抗辩。[39] "有时版权立法可能会窒息其所欲培育的创造性,此时,它允许法院避免僵化地适用版权立法。"[40]第107节部分规定如下:

> ……为了例如批评、评论、新闻报道、教学、教育或研究的目的,合理使用版权作品不构成侵犯版权。判断特定案件中使用作品的行为是否属于合理使用时,应该考虑的因素包括:
> 1. 使用的目的和性质,包括该使用是商业性质的使用还是为了非营利教育目的;
> 2. 该版权作品的性质;
> 3. 与整个版权作品相比,被使用部分的数量和质量;以及
> 4. 该使用对版权作品的潜在市场或价值产生的影响。

对这个抗辩以及四个判断标准需要做几点说明,因为它们可能适用于数据库。一是美国法院已经认识到,难以在商业使用与非营利使用(例如教育使用)之间做出清晰区分。[41] 事实上,任何特定使用都位于商业使用与非营利使用之间的连续统一体的某一点上。[42] 重点应该放在该使用行为位于这个统一体的哪一点上,而不是试图进行一种黑白分明的分析,即把使用定义为要么是商业

---

[39] *Harper & Row, Publishers, Inc. v. National Enterprises*, 471 US 539 (1985) at 549.

[40] *Iowa State University Research Foundation Inc. v. American Broadcasting Co.*, 621 F 2d 57 (2nd Cir. 1980); *Stewarts v. Abend*, 495 US 207 (1990) at 236.

[41] "一个严肃的学者不应该被轻视并被剥夺法律的保护,因为他希望利用自己的学识谋生。" *Salinger v. Random House Inc.*, 650 F Supp. 413 at 425 (SDNY 1986).

[42] 司法委员会关于《信息汇编反盗版法案》的报告中也承认了这一点,1999年9月30日,第6页。

性的,要么是非营利性的。因此,尽管使用者的商业目的或非商业目的具有相关性,但它不是合理使用问题的决定性因素。[43] 与之形成对照的是,为了证明被讨论的使用行为的正当性,《指令》要求使用数据库的行为应该具有为教学或研究示例的非商业目的。

除了使用者的商业或非商业目的之外,在考量第一个标准时,至关重要的问题是该使用者在多大程度上对原来的版权作品增添了价值。在判断是否发生合理使用的时候,使用者在多大程度上对原始作品中的材料创造出一种新的生产性或转化性使用(productive or transformative use)是一个重要因素。因此,简单地复制材料并把其用于原初设想的目的极不可能被认定为合理使用[44],而创造出某种新的、具有不同目的或不同特征的东西则更可能被认定为合理使用。[45] 在更一般性的背景下,考特(Cooter)和尤伦(Ulen)[46] 通过区分生产性因素与再分配因素也强调了这一点。生产性因素能够产生更大财富,例如脊髓灰质炎免疫疫苗配方。再分配因素可以被用来分配财富以有利于获得或使用现存信息的一方,但是不能促成创造新的财富。在数据库的背景下,这与数据库的转化性使用特别具有相关性,在转化性使用中,来自一个数据库的信息被用作另一个更大、更好的数据库的组成部分,同时还提供有关其他问题的信息(第七章更详细地讨论了这种转化使用的可能性)。第二个标准也与数据库有特别的相关性。与独创性条件的一般进路相一致,作品的信息性成分越多,合理使用的范围就

---

[43] 见 M. Nimmer 和 D. Nimmer, *Nimmer on Copyright* (Lexis,纽约,1963), at p. 13.05[A][1][c]。

[44] 见 M. Nimmer 和 D. Nimmer, *Nimmer on Copyright*, at p. 13.05[A][1][b]。*Campbell v. Acuff-Rose Music Inc.*, 114 S Ct 1164, 1170 (1994)。

[45] *Campbell v. Acuff-Rose Music Inc.*, at 1171.

[46] R. Cooter and T. Ulen, *Law and Economics* (Forseman, Glenview, 1986), p. 259.

178 数据库的法律保护

越大。[47] 在这个意义上,合理使用抗辩的这个特征反映出费斯特案判决中对事实的保护进路。

其他两个标准相对容易理解,同样,它们与数据库有特别的相关性。首先是复制整个作品不可能构成合理使用。[48] 这经常是原告在数据库案件中的指控,但是如果作品缺少享有版权所需要的足够独创性,这个指控就没有什么用处。不过,如果数据库确实满足了最低的独创性条件,合理使用抗辩就不可能证明使用整个数据库具有正当性。对原告潜在市场的影响这一标准同样具有相关性,因为美国法院已经判定,此类影响"不需要把由于被告复制了原告不能获得版权的事实材料而对原告作品的潜在市场造成的不利影响考虑在内"。[49] 同理,在数据库的背景下,这意味着使用大量的事实材料将不会构成侵权。无论是根据侵权还是根据合理使用的侵权抗辩来解释这个命题,最终结论都是一样的。

对合理使用抗辩的性质可以得出一个更具一般性的结论,它对有关特别保护的争论具有重大相关性。合理使用抗辩可以被看作是标准(standard)而不是规则(rule)。这是因为,它规定了与判断版权材料具体使用行为之合法性有关的各种因素,但是它没有精确地规定什么是合法的以及什么是非法的。它与更具精确性的规则形成对比。[50] 有关规则和标准的理论著作指出,当难以精确地预知在某种情形下应该适用标准还是规则时,标准要比规则更恰当。[51] 在版权的背景下,我们能够很容易地看到许多不同种类

---

[47] *Diamond v. Am-Law Corp.*, 745 F 2d 142 (2nd Cir. 1984), *Maxtone-Graham v. Burchaell*, 631 F Supp. 1432 (SDNY 1986). 见 Nimmer 和 Nimmer, *Nimmer on Copyright*, at p. 13.05[A][2][a].

[48] *Infinity Broadcast Corp. v. Kirkwood*, 150 F 3d 104, 109 (2nd Cir. 1998), *American Geophysical Union v. Texaco Inc.*, 802 F Supp. 1, 17 (SDNY 1992).

[49] 见 M. Nimmer 和 D. Nimmer, *Nimmer on Copyright* (Lexis,纽约,1963), at p. 13.05[A][4]。

[50] I. Ehrlich and R. Posner, "An Economic Analysis of Legal Rulemaking" (1974) 3 *Journal of Legal Studies* 258 at 259.

[51] 同上揭。另见 L. Kaplow, "Rules versus Standards: An Economic Analysis" (1992) 42 *Duke Law Journal* 557。

的版权材料可能有多种不同的使用方式。因此,合理使用规则的一般标准要比更准确的规则更为可取。同样的推理也可以适用于对额头汗水的特别保护。数据库内所含信息的异质性以及不同潜在使用方式的多样性使得它们适合于更少精确性的规则,并且适于依赖一般性的标准例如合理使用(这个问题在第六章有更深入的讨论)。

版权情况小结

从数据库所有者的角度看,美国版权法提出了三个重要问题。第一是许多数据库对使用者的价值来源于它们的全面性。经常是,未加选择却使得数据库最有使用价值,因为选择就意味着某些材料被从一个大的信息领域中排除了。因此,一个电话号码簿应该包含该电话公司所有用户的姓名,一本律师名册应该包含所有正在积极执业的律师。[52] 第二个难题是许多数据库中的信息并不适合使用创新性的方式进行编排。客户希望电话号码簿以字母顺序编排。任何其他编排方式都会使他们感到沮丧。第三是合理使用抗辩。特别是,即使数据库满足了独创性的必要条件,由于重点并不在于保护版权作品中的事实材料(并且要去除利用事实材料对潜在市场的影响),因而削弱了所提供的保护。

因此,与任何特定数据库有关的投入并不适合版权保护。事实上,试图利用选择或编排所提供的必要程度的创造性来获取版权保护,可能会使数据库变得毫无价值。另一方面,美国最高法院在费斯特案的判决中已经阐明,"只有编辑者的选择和编排才能受到保护;原始事实则可以任意复制。这一结果既非不公平,也非不幸。这正是版权得以推进科学与艺术进步的手段"。[53] 很显然它担心的是版权能够被用来保护原始材料,而且它的担心一定程度上是由版权的宪法根据所激发。美国宪法第 1 条第 8 款授权国会

---

[52] *Skinder-Strauss Association v. Massachusetts Continuing Legal Education.*
[53] *Feist*, pp. 349—350.

制定法律"以促进科学和实用艺术的进步"。

用这种要么全有要么全无的方法来保护编辑数据库所投入的劳动,所造成的部分难题是,它留下了搭便车利用这种劳动的可能性。这种搭便车利用会减弱编辑和提供数据库的动力,反过来也会对科学和实用艺术的进步造成消极影响。盗用侵权已经被用来缓解这一难题。不过,过分宽泛地适用盗用侵权会导致过度保护,并且导致美国最高法院在判决费斯特案时希望避免的那些问题。另一方面,适用盗用侵权或者它的成文法变体,同时适当考虑数据库所有人与使用者之间利益平衡的需要,有可能会克服与费斯特案判决要么全有要么全无的结果有关的难题。

美国盗用侵权的性质与历史

尽管数据库的版权情况非常清晰,其他法律制度所提供的保护则未必如此。盗用侵权在美国许多州中是更大范围的不正当竞争法的组成部分,它在关于数据库保护的辩论中起到了关键作用。美国所有的特别保护立法建议都是以盗用侵权的基本观念为基础,或者至少这些法案的提案人宣称他们的法案以盗用侵权为基础。然而,在本章涉及各种立法建议的部分,我们将会看到,立法建议本身在许多关键方面有着差异。这反过来可以得出这样一个结论,盗用侵权的要素本身就可以做多种不同解释,而且事实上也正是如此。自从 1918 年美国最高法院对国际新闻社诉联合通讯社案(*International News Service v. Associated Press*)的开创性判决以来,究竟什么构成盗用,能促使法院介入并支持声称是盗用的受害者的原告,就成为美国法院争议的问题。[54] 因此,除非赋予盗用这个概念以某种相对明确的含义,否则某个立法宣称自己以盗用侵权为根据就没有多少意义或者没有任何意义。由于盗用侵权在美国关于特别保护的争论中具有关键作用,也由于对它究竟需要包

---

[54] 248 US 215 (1918).

含哪些内容有争议,下文就讨论美国判例对盗用侵权的处理。

国际新闻社诉联合通讯社(International News Service v. Associated Press)

对盗用侵权的任何思考,其逻辑的或许也是必需的出发点是1918年美国最高法院对国际新闻社诉联合通讯社(*International News Service v. Associated Press*)案的判决。[55] 在该案中,联合通讯社起诉了国际新闻社,后者使用了前者在自己的新闻服务业务中采集的一些新闻。这些新闻的具体细节是通过多种方式获得的。这些手段包括从待出版的属于联合通讯社新闻服务组成部分的报纸上获取、从公告栏上复制新闻,以及从联合通讯社在美国东海岸已经出版的较早版本的报纸上复制新闻。然后他们利用美国的时差,把新闻原样或者改写之后的新闻用电报传给西海岸的报纸。这些新闻报道出现在从国际新闻社获取新闻的报纸上的时间,与出现在那些与联合通讯社结盟的报纸上的时间大致相同。

重要的是,由于多种原因(包括下述事实:许多新闻报道被改写了,其唯一目的是纳入所获得的那些信息而不是纳入该信息的表达),无法利用版权侵权诉讼。不过,美国最高法院根据不正当竞争的普通法诉讼向联合通讯社提供了救济。多数意见的判决显然是根据侵占原告搜集新闻花费的劳动做出的,而不是根据大多数不正当竞争判例法案件中以盗用为基础的诉讼请求。[56] 法庭的两个大法官出具了一个独立的判决意见,同意判决结果但是反对判决的推理,这一事实也突出了这一点。[57] 他们认为国际新闻社隐含地实施了虚假陈述——它的报纸中的材料是由它自己搜集的,而事实上却是联合通讯社搜集的。

多数意见为了得出他们的结论——国际新闻社的行为构成盗

---

〔55〕 同上揭。
〔56〕 同上揭,第242页。
〔57〕 见大法官霍姆斯(Justice Holmes)的判决意见。麦肯纳大法官(Justice McKenna)同意霍姆斯大法官的意见。

用新闻因而属于可诉的不正当竞争行为——必须克服许多难题。特别是,难题在于新闻不是普通法上的财产,新闻本身也不受版权法保护,这与新闻的表达形成对比。

最高法院的多数意见认为:

> 在衡平法庭上,当涉及到不正当竞争问题时,如果原告花费实质性成本正当获得的东西能够以实质性利润正当销售,盗用了这种东西的竞争对手为自己的利益和损害原告的目的而对其进行处分,就不能判决这种东西太难以捉摸或易于消失以至于不认为是财产。它具有判定竞争对手对它的盗用由于违背正义良知而构成不正当竞争所需要的全部财产属性。[58]

保护的客体 这种宽泛的立场声明伴随着许多难题。例如,原告获得的东西是什么?显然,它不是任何一项有形的物品,例如货物,因为涉及非法挪用、侵扰的法律以及其他相关法律已经为盗用这类财产提供了保护。它是一种无形物品吗?例如新闻或者如何销售各种产品的创意?似乎法院在暗示任何无形观念都能够被看作财产,只要对它的盗用由于违背正义良知而构成不正当竞争。那么判定被告使用无形物的行为违背了正义良知,并因而构成不正当竞争的根据是什么?这些问题的答案来自于对整个判决的解读。首先,所讨论的无形物(在本案中是新闻)必须通过投入相当的资源已经被获得:

> 新闻,不论多么不易于在绝对意义上所有或支配,都属于商品,需要花费事业、组织、技巧、劳动和金钱去搜集,并且与其他商品一样,被发送或销售给那些愿意为其支付金钱的人。因此,把新闻看作双方同时并且在同一领域都希望从中获取利益的事物,我们就几乎不得不承认,为这个目的,在双方之间,它必须被看作是一种准财产(quasi property),不论一方的

---

[58] 同上揭,第240页。

这种权利是否可以对抗公众。[59]

保护所禁止的对象 显然,原告必须证明他在获得正在寻求保护的那种"东西"的过程中花费了相当的投入。然而,仅仅确定被保护的东西是什么是不够的。被保护的"东西"获得的保护仅仅是禁止某些法人,特别是直接的竞争对手,对它进行盗用。多数意见做出的许多陈述也说明了这一点,下面即是其中之一:

> 推理的错误在于对原告的权利适用与可以对抗公众的权利一样的检验标准,而没有把原告和被告——商业上的竞争对手——的权利看作是他们两者之间的权利。一张报纸的购买者慷慨地传播报纸的内容知识,如果出于正当目的而且没有不合理地妨碍原告对其进行商品化的权利,这种权利应该得到允许;但是如果为商业目的而传播新闻,与原告进行竞争——这正是被告正在做并且寻求合法化的东西,问题就非常不同了。在实施行为的过程中,被告通过其行为承认,他利用了原告已经获得的材料,这些材料是原告组织和花费劳动、技巧和金钱的结果,原告可以为营利而进行销售。被告占用了这些材料并作为自己的东西进行销售是谋求在其没有播种的地方收获,因而把这些材料转让给原告成员竞争对手的报纸是把他人播种的收获窃为己有。[60]

还有许多引证材料提到联合通讯社和国际新闻社是直接竞争对手这一事实[61],而且判决所支持的这一原则也只在直接竞争对手之间适用。[62]

保护的性质 该案对盗用侵权所确立的另一个重要限制是联合通讯社所获保护的性质和范围。承认联合通讯社对它的新闻享有"准财产权",并不能得出这样的结论——它的竞争对手就被彻

---

[59] 同上揭,第236页。
[60] 同上揭,第239页。
[61] 同上揭,第229和235页。
[62] 同上揭,第240和235页。

底地排除使用它所收集的新闻。

175
可以看出,我们所采纳的观点……仅仅推迟了原告的竞争对手们参与到发行和复制他们并未搜集的新闻这一过程中,而且仅仅限于阻止该竞争对手收获由原告的努力和花费而产生的成果所必需的程度。[63]

尽管最高法院没有责任确定对国际新闻社的禁令的最终形式,它还是指出,对国际新闻社的任何禁令都应该设计成,"使得限制局限在与合理保护原告的报纸相适合的程度上,每一限制都有自己的范围并且限于公布之后的一段特定时间内"。[64]

所授保护的性质也与被保护的"东西"这一问题密切相关。判决指出,新闻只有在依然是新的或者具有时间敏感性的时候才能获得保护。判决中的许多评论强调了新闻是"新鲜的"这一事实的重要性:

服务以及所提供新闻的价值取决于传播的迅捷……必不可少的是,新闻传递给其成员或订户的时间要同时或早于类似信息提供给竞争报纸的时间。[65]

新闻的独特价值体现在当新之时进行传播。[66] [……]

本案的独特特征来源于这样的事实:尽管新颖性和新鲜性构成企业成功的重要因素,传播和出版的过程却必然要占用大量时间。[67]

多数意见判决所提出的问题已经在今天的数据库保护辩论中重现。判决提出了许多问题,在费斯特案判决拒绝对额头汗水提供保护,并且存在便利和迅速地侵占大量信息(特别是数字格式的信息)的可能性的背景下,这些问题变得更加重要。该判决所支

---

[63] 同上揭,第 241 页。
[64] 同上揭,第 245—246 页。
[65] 同上揭,第 230 页。
[66] 同上揭,第 235 页。
[67] 同上揭,第 238 页。

持的原则已经被许多为数据库特别保护提供立法建议的人所利用。

国际新闻社诉联合通讯社判决中的不同意见 布兰迪斯(Brandeis)大法官在他的不同意见中阐述了同样的问题却得出了不同的结论。特别是,他表示本案所提出的问题并不适宜通过发展新的普通法原则来加以解决:

> 随着社会复杂性的提高,公共利益趋向于变得无所不在;由对正义的新需求所提出的问题不再如同以往那样简单。法院创造或承认的新的私权可能会对一般公众造成严重侵害,除非该权利的边界得到清晰地限定和明智地守护。为了使新的私权能够与公共利益相协调,必须对它的享有设立限制和规则。[68]

纠纷不可避免地要涉及到公共利益同时也涉及到当事人双方的利益,这种观点与多数意见所表达的见解相反,多数意见认为新闻可以看作是双方当事人之间的财产或准财产。

布兰迪斯大法官进而指出了一些必须予以考虑的公共利益问题。例如,他注意到,似乎国际新闻社自身已经不能从外国搜集新闻,这不是由于它不愿意为此进行花费,而是由于外国政府不适当地禁止向国际新闻社传输新闻。[69] 这就造成了这样一种可能,联合通讯社在美国事实上成为唯一的外国新闻提供者,除非国际新闻社被允许做它实际上已经从事的行为。本案判决赋予了联合通讯社一种市场支配力,这一点也为最高法院后来的一个判决所强调。[70] 它判定,由于报社协会的章程对谁能够加入协会施加了不合法的限制,联合通讯社正在利用其垄断地位限制交易。实际上,现有成员能够否决任何潜在竞争对手成为新成员。而且,这些竞

---

[68] 同上揭,第 262—263 页。
[69] 同上揭,第 264 页。可能由于国际新闻社的社论反对战争才使其被施加了这种禁止令。
[70] *Associated Press v. United States*, 326 US 1, 65 S. Ct 1416 (1945)。

争者无法获得联合通讯社的新闻,因为报社协会的其他规定禁止把协会的新闻传播给非成员。关于特别保护的立法争论已经证实了布兰迪斯大法官的见解——必须对任何被创造出来的新权利设立限制和规则。下文涉及到立法建议的部分展示了这个问题的复杂性,以及由于提供新形式的保护而没有认真考虑需要对该保护设置例外所带来的难题。

国际新闻社诉联合通讯社案立场小结 本案判决带来的难题是确定该判决所采纳的而且应该对未来案件适用的一般原则或多个原则。尽管上述分析指出,在不正当竞争法范围内对盗用侵权有一些重要限制,还是可能对最高法院的判决抱持更宽松的观点。例如,威斯康星州最高法院在 *Mercury Record Productions Inc. v. Economic Consultants Inc.* 案中就对判决做出了如下总结:

> 国际新闻社案中发展出来的盗用诉因的要件是:(1)在生产被侵占对象的过程中花费的时间、劳动和金钱;(2)竞争关系;以及(3)对原告造成商业损害。[71]

对判决的这种解释将会导致盗用侵权赋予思想和信息以异乎寻常的保护程度。[72] 例如,这种保护将在事实上成为永久性的,而且将不考虑潜在的被告提炼和改进他占用的思想或信息所花费的努力。第一个投入实质性资源开发特定产品或者利用特定创意(例如销售规划)的人,将对其享有独占权,直到榨取出全部的商业价值为止。它将造成一种无限扩展的、永久的知识产权形式。正如 *Sysnercom Technology Inc. v. University Computing Company and Engineering Dynamics Inc.* 案指出:

> 然而,即使粗略地分析也将揭示,该原则的效力范围不能如同这个要件公式所显示的那样宽泛。例如,如果按照字面

---

[71] 218 NW 2d 705 (Wis. 1974) at 709.

[72] E. Sease, "Misappropriation is Seventy-five Years Old; Should We Bury it or Revive it" (1994) 70 *North Dakota Law Review* 781.

含义来适用,所设立的这个原则将包括非专利所有人在专利期限届满后制造产品。显然,盗用原则具有限制,包括该原则本身所内含的限制以及美国宪法、联邦专利法和版权法从外部施加的限制。[73]

此处我们主要关心的是该原则的内在限制。联邦法施加的外在限制将在下文涉及先占问题的部分进行讨论。

对该判决也可以做更狭窄的解释,而且多年来许多法院在评价这个判决时也做出了这种解释。例如,在 *Cheney Bros. v. Doris Silk Corp.* 案中[74],勒尼德·汉德(Learned Hand)大法官对该判决做了如下评论:

> 许多案件中的情况既是判决内容的根据,同时也是对判决内容的限制。对我们而言本案就是这样一种情况;我们认为其范围不会超过与当时法庭审理的案件实质相似的场合。相反的理解则会产生无法克服的困难。[75]

Mercury Records 案和 *Cheney Bros* 案的两个判决代表了国际新闻社诉联合通讯社判决和盗用侵权可能的宽阔解释幅度的两个极端。它们也同样说明,以立法反映了盗用侵权的基础原则来证明立法的正当性是没有意义的,除非对盗用侵权赋予具体内容。同样,参考国际新闻社诉联合通讯社判决中"财产权"也是无益的。如果侵占新闻违背了正义良知,该新闻就被认为是财产;如果不违背正义良知,它就不被认为是财产。这种推理本身就是同义反复。

国际新闻社诉联合通讯社判决的起落兴衰史

自从国际新闻社案判决以来,盗用侵权就有了一段所谓的起

---

[73] 474 F Supp. 37 (1979) at p. 40.
[74] 35 F 2d 279 (2nd Cir. 1929).
[75] 同上揭,第 280 页。

落兴衰的历史。在很长一段时期内,它因其最似是而非的根据[76]而被弃之草芥、名闻遐迩,或者被多个法院完全拒绝遵循。美国法律制度的联邦特征更使得局势复杂化了。盗用侵权在联邦和州的层次上采用了不同的进路。在联邦普通法被废除之后,联邦普通法盗用侵权与不同州普通法对盗用侵权的进路之间的两分法甚至变得更为重要。在 *Erie Railroad v. Tompkins* 案中[77],美国最高法院判定,在美国没有独立的联邦普通法,而普通法在每一个州都是一个独立的实体。由于国际新闻社诉联合通讯社案的原始判决被认为是联邦判决,在理论上,法院就能够以此为由将其置之不理,因为它不再具有任何权威性。[78]

因此,盗用侵权是在各州的基础上被完善、采纳或拒绝的。纽约州、加利福尼亚州和佛罗里达州相对迅速地采纳了它,而其他许多州则认为该判决是美国联邦法判决,因而不是其州法的组成部分。纽约州法对盗用采纳了一种极端宽泛的解释,支持"这样一种更宽泛的原则——具有商业价值的财产权利将而且必将受到保护,免受任何形式的商业不道德行为的侵犯"[79],而且它支持发展盗用法以对付违反社会伦理的商业不法行为,并且认为该原则是"宽泛的和灵活可变的"。[80]

相反,适用马萨诸塞州法的法院则认为"在马萨诸塞州使用竞

---

[76] 例如,*Cheney Bros v. Doris Silk Corp.*, *De Costa v. Viacom Int. Inc.* 981 F 2d 602 (1st Cir. 1992) 认为该判决的根据是虚假陈述,*PIC Design Corp. v. Sterling Precision Corp.*, 231 F Supp. 106 (2nd Cir. US Dist. Ct, SD NY, 1964) at 113,"国际新闻社案并没有被给予该判决用语看上去所要求的那种范围和效力。随后的案件表现出对充分扩展这个原则缺乏司法热情。"*Neal v. Thomas Organ Co.*, 241 F Supp. 1020 (US Dist. Ct SD Cal. 1965)。

[77] 304 US 64 (1938)。

[78] *Columbia Broadcasting System Inc. v. De Costa*, 377 F 2d 315 (Ct App., 1st Cir. 1967)。

[79] *National Basketball Association v. Motorola*, at 851。

[80] *Metropolitan Opera Association v. Wagner-Nichols Recorder Corp.*, 199 Misc 786, 101 NYS 2d 483 (NY S. Ct, 1950) at 492, 488—489。

争对手采集的信息不属于不正当竞争"。[81] 盗用侵权要在马萨诸塞州获得接受仍需留待将来。[82] 其他州已经改变了它们长期以来的立场,这可能是对技术发展提高了用以侵占信息的便利性而做出的反应,但也可能是由于主流观点对什么构成搭便车利用发生了变化的结果。例如,伊利诺伊州最初否决了盗用侵权[83],但是后来又接受了它。[84]

盗用侵权适用范围的限制

分析那些完全承认盗用侵权存在的案件,可以揭示出盗用侵权适用范围的内在限制和外加限制的特征,这在 Synercom Technology Inc. v. University Computing Company and Engineering Dynamics Inc. 案中就已经提到。[85] 这些限制在盗用原则的一个最新权威性表述中被很好地表达出来,这个权威性表述出现在美国第二巡回上诉法院对 National Basketball Association v. Motorola Inc. 案(摩托罗拉案)的判决中。[86] 原告美国篮球协会(NBA)负责组织篮球比赛。被告做了一些安排,藉此,在比赛进行的过程中,有关这些比赛的结果以及各种细节就通过它的信息服务传递给订户。这些细节来源于通过电视观看节目或者通过收音机收听节目的通讯员。

原告反对这样使用它所谓的通过它的努力而创造的信息(比分和其他细节)。第二巡回上诉法院认为,如果满足下列条件,盗

---

[81] *Triangle Publications Inc. v. New England Newspaper*, 46 F Supp. 198 (D. Mass., 1942) per Wyzanski J at 203.

[82] D. Robins, "Will Massachusetts Adopt the Misappropriation Doctrine?" (1999) 43 Boston Bar Association Boston Bar Journal 4.

[83] *Addressgraph-Multigraph Corp. v. American Expansion Bolt and Manufacturing Co.* (124 F 2d 706 7th Cir. 1942), *Continental Casualty Co. v. Beardsley* US Dist. Ct SD NY 151 F Supp. 28 (1957)(评论了伊利诺伊州的法律)。

[84] *Capitol Records Inc. v. Spies* 130 Ill. App. 2d 429 (1970), 264 NE 874 (1970), *Board of Trade v. Dow Jones and Co.*, 456 NE 2d 84 (S. Ct Ill. 1983).

[85] 474 F Supp. 37 (ND Tex. 1979) at 40.

[86] 105 F 3d 841 (2nd Cir. 1997).

用侵权诉因就可以成立：

（ⅰ）原告花费成本制作或采集了信息；（ⅱ）该信息具有时间敏感性；（ⅲ）被告使用信息构成搭便车利用原告的努力；（ⅳ）被告与原告提供的产品或服务形成直接竞争；并且（ⅴ）他方当事人搭便车利用原告或其他人的努力将减弱提供产品或服务的动力，以至于对其存在或品质将构成严重威胁。[87]

不过，在这个案件中诉讼失败了，因为法院认为被告并没有搭便车利用原告的努力。统计信息是由被告雇用的人员编辑的，不是直接从原告处获取。原告组织了篮球比赛，然后被告对这些比赛进行了统计分析，仅仅这一事实并不意味着被告正在搭便车利用原告的努力。被告对比赛进行了自己的分析，制作了属于自己的信息并通过自己的电话网络进行传递。

这个判决对盗用侵权施加了三个至关重要的限制：时间敏感性、双方存在直接竞争以及被告被证明正在搭便车利用原告的努力。第三个限制是一个潜在的宽泛限制，因为被讨论的搭便车利用必须具有这样的属性——如果不禁止这种搭便车利用行为，就会实质性地妨碍产品的产量或品质。因此，重点并不在于被告是否从使用原告的产品中获利，而在于是否已经对原告造成了损害，以至于原告将丧失继续生产其产品的动力。有理由认为，这些限制也是国际新闻社案判决的组成部分，因为该案的事实符合摩托罗拉案判决中列出的全部五个条件。不过，判决的措辞也留下了过宽解释的可能性，这也是它在唤醒国际新闻社判决的过程中不受欢迎的部分原因。

联邦宪法和知识产权立法的先占　摩托罗拉案所确立的标准不仅是对盗用原则内在限制的反映，同时也是对联邦版权立法影响盗用侵权主张的反映——它只是已经失败的版权侵权之诉的另

---

[87] 同上揭，第845页。

一种形式而已。"先占"(pre-emption)是指联邦知识产权法对盗用的优先性以及两者之间的关系。这种关系几乎与盗用侵权的历史本身一样复杂。基本上,先占意味着,如果原告正在对知识产权制定法已经规定的客体寻求保护,他就不能依靠盗用侵权,除非他对被告不法行为的诉讼请求涉及到某种附加要素的主张,这种附加要素超出了证明违反相关知识产权立法所需要的要素范围。[88] 这两个要件通常被称为先占的客体检验和附加要素检验(或一般范围检验)。[89]

最高法院在 1964 年的两个案件中直接阐述了先占问题。[90] 在 Sears, Roebuck & v. Stiffel Co. 案中,原告起诉被告销售与原告制造的"长杆落地灯"相似的灯具。原告已经对它的长杆落地灯获得了机械和设计专利。不过这些专利由于缺乏创造性被判无效。在一审和上诉法院的上诉审中,原告根据不正当竞争法胜诉。用最高法院的话说,"上诉法院认为……根据伊利诺伊州法律,即使仅仅复制和销售非专利物品,Sears 也应该承担责任"。[91]

最高法院进而认为,州不正当竞争法不应该以这种方式适用,以至于妨碍了联邦专利法允许复制非发明物品这一目标:

> 专利制度是这样一种制度,在那里,统一的联邦标准被慎重地用来促进发明,同时维持自由竞争……正如一个州不能直接侵蚀联邦专利法一样,它也不能根据其他一些法律,例如禁止不正当竞争等,对与联邦专利法目标相抵触的事物给予

---

[88] *Information Handling Service Inc. v. LRP Publications Inc.*, 54 USPQ 2d (BNA) 1571 (2000), *CD Law Inc. v. Lawworks Inc.*, 35 USPQ 2d (BNA) 1352 (1994), *Skinder-Strauss Associates v. Massachusetts Continuing Legal Education Inc.*

[89] *Del Madera Properties v. Rhodes and Garder Inc.*, 820 F 2d 973, 976 (9th Cir. 1987).

[90] *Sears, Roebuck & Co. v. Stiffel Co.*, 376 US 225, 84 S. Ct. 784 (1964) 以及 *Compco Corp. v. Day-Brite Lighting Inc.*, 376 US 234, 84 S. Ct 779 (1964).

[91] *Sears, Roebuck & Co. v. Stiffel Co.*, at 228.

保护。[92]

先占效力的完整范围多年来一直是有争议的问题,特别是因为最高法院在后来的判决中似乎要限制先占的范围。[93] 不过,1976年修改版权法的时候,版权法对不正当竞争案件的先占效力被明确规定在美国法典第17章第301节中,它规定:

> 自1978年1月1日起(包括本日),与第106节载明的作品版权通常范围内的任何专有权相当的所有法定权利或衡平法权利,只能由本章规定。上述作品需要以有形的表达方式固定,并且属于第102节和第103节载明的版权客体,无论其是否在上述期限之前或之后创作,也不论其是否出版。此后,任何人都不得依据任何州之普通法或成文法对上述作品享有上述权利或与之相当的权利。

不过,当诉讼理由涉及到超出版权侵权的指控时,制定法不会对这些诉讼请求形成先占。[94] 因此,在摩托罗拉案中,第二巡回上诉法院判定不正当竞争的诉讼主张并没有被版权立法先占。尽管美国篮球协会的广播和作为基础的事实都属于版权立法的范围,美国篮球协会所指控的却是超出版权人专有权利范围的其他行为。在该案中,美国篮球协会指控摩托罗拉公司正在传播的信息具有时间敏感性,这就给了不正当竞争诉讼一个在版权侵权诉讼中找不到的要素。

不过,版权先占已经对州盗用侵权法的运作,以及它对占用不具有时间敏感性的大量信息的适用产生了非常重大的影响。费斯特案判决本身以及此前和此后的许多判决也说明了这一点。所有这些判决都有效地阻止了把盗用侵权适用于仅仅是额头汗水的编

---

[92] 同上揭,第230—231页。

[93] *Goldstein v. California*, 412 US 546 (1973) 以及 *Kewanee Oil Co. v. Bicron Corp.*, 416 US 470 (1974). 另见塞兹在 Sease, "Misappropriation", at 781 中的讨论。

[94] *National Basketball Association v. Motorola Inc.*, at 27.

辑物,其理由是,以盗用侵权为根据的诉讼主张只不过是版权侵权诉讼的另一种称呼而已。[95] 主张盗用通过辛勤收集或额头汗水所汇集和编排的材料,这类案件所面临的特别困难是,被盗用的材料显然属于版权立法的范围却不受它保护。[96] 牢记这些内在和外在的限制,我们就能够分析与盗用侵权的各个要素有关的案件,以及把这些要素适用于特定事实时的某些难题。

当事人之间的直接竞争 困难的地方在于决定当事人之间是否存在直接竞争,以及如果不存在直接竞争,盗用侵权是否在任何情况下都应该适用。例如,在 KVOS 诉联合通讯社(*KVOS v. Associated Press*)案中[97],联合通讯社(Associated Press)起诉了一家广播电台。这家电台获取了联合通讯社采集的新闻,并把这些新闻用作广播新闻节目的基础。这些节目制作于广播区域内使用联合通讯社提供的新闻的报纸出版之前或之后不久。联合通讯社起诉的根据与它在国际新闻社判决中起诉的根据相同。在一审中,该诉讼请求被驳回,理由是广播电台与联合通讯社的报纸之间不存在直接竞争,因为传播新闻的媒体不同。这一判决在上诉过程中被第九巡回上诉法院推翻,法院认定广播电台与联合通讯社的报纸之间明显存在竞争。[98]

许多其他案件也涉及到被控盗用来自原告组织的体育比赛的信息,当时原告希望自己利用这些信息,或者已经授权他人利用该

---

[95] *Kregos v. Assocoiated Press*, 3 F 3d 656 (2nd Cir. 1993) at 665—666, *Information Handling Service Inc. v. LRP Publications Inc.*, *CD Law Inc. v. Lawworks Inc.*, *Skinder-Strauss Associates v. Massachusetts Continuing Legal Education Inc.*, *RP Donnelly & Sons Co. v. Haber*, 43 F Supp. 456 (1942).

[96] 见 *US Ex Rel Berge v. Board of Trustees of University of Alabama*, 104 F 3d 1453 (4th Cir. 1997) at 1463,第四巡回上诉法院指出,"范围和保护并不同义。而且,法令的先占实际投下的影子显然要大于法令的保护羽翼"。

[97] 299 US 269 (1936), 80 F 2d 575 (9th Cir. 1935), 9 F Supp. 279 (1934).

[98] 该诉讼最终在最高法院败诉,因为原告没有证明它的损失超过 3000 美元,这是一审法院对该案享有管辖权的先决条件。尽管最高法院对国际新闻社案的判决未作任何评论,它不愿判定相关损失超过 3000 美元就表示出当时它对盗用侵权的些许敌视态度。

信息。这部分是由于体育比赛广播缺少版权保护结果。修改后于 1978 年生效的版权法提供了这种保护,但是在此之前,原告却不得不求助于盗用侵权。例如在匹兹堡运动公司诉 KQV 广播公司 (*Pittsburgh Athletic Co. v. KQV Broadcasting Co.*) 案中[99],一场棒球比赛的组织者就成功地阻止了对比赛的实况广播,广播通过一名评论员在体育馆外从空中俯视观看比赛来进行。[100] 相反,在勒伯诉特纳(*Loeb v. Turner*) 案中[101],原告是一家广播电台,它被授予了在菲尼克斯举办的跑车比赛的广播专有权。原告对比赛进行了广播,而被告安排它的代理人收听广播并通过电话把有关比赛的信息传递给它在达拉斯的广播电台。在达拉斯,根据经由电话传送到电台的新闻重新创作了比赛的广播节目。得克萨斯州民事上诉法院认为,国际新闻社案的判决不能适用,因为位于菲尼克斯的广播电台没有与位于达拉斯的广播电台形成竞争,而且双方都也没有打算同对方在它们各自的领域内相互竞争。

除了通常的新闻和体育信息之外,关于证券市场、公司信用等级的商业信息或者其他有商业价值的信息已经成为盗用侵权诉讼的主要来源之一。在 1951 年的麦考德诉普劳尼克(*McCord Co. v. Plotnick*) 案中[102],加州上诉法院维持了有利于报纸出版者的一审判决,该报纸载有对银行或其他商业公司有价值的贷方账项。原告还出版了报纸的纺织品版本,上面载有普通版本中专门与纺织产业有关的信息。普通版和纺织品版都是一周出版五次。纺织品版正是被争议的诉讼对象。被告出版了每周三次、标题为"信用简报"的业务通讯,该通讯抄袭了原告纺织品版上的信息。原告的盗

---

[99] 24 F Supp. 490 (D. Pa. 1934).
[100] 比较 *National Exhibition Co. v. Tele-Flash Inc.*, Dist. Ct SD NY Supp. 810 (1936),该案的事实实质上相同,却做出了相反的判决。另见 *NFL v. Governor of Delaware*, US Dist. Ct, 435 F Supp. 1372 (1977)案的判决。
[101] 257 SW 2d 800 (1953).
[102] 108 Cal. App. 2d 392, 239 P 2d 32 (1951).

用侵权请求获得了支持。[103] 被告认为它没有与原告进行直接竞争,因为原告的纺织品版刊载的项目数量是被告通讯的十倍,而且被告还提供其他服务,例如收账和调查信用等,而原告仅仅是提供信息,法院驳回了这一主张。特别是,法院注意到,有证明表明数百个纺织品公司已经拒绝定购原告的纺织品版,因为它们从被告的业务通讯那里获得了需要的信息。[104]

近来更多案例涉及到以盗用侵权为根据的信息侵占,同样值得在这里提及。在标准普尔诉商品交易所(Standard & Poor's Corporation Inc. v. Commodity Exchange Inc.)案中[105],第二巡回上诉法院维持了向被告发出禁止令的一审判决。被告希望利用原告的证券市场指数作为基础来计算它的证券指数期货交易合同的价格。原告提出反对的根据是,它在每日和即时计算其指数的过程中投入了相当多的资源。[106] 而且,它已经许可第三方为了相同的目的使用它的指数,而被告却不付费就进行使用。显然,如果被告能够为了同样目的无偿使用该指数,许可对于第三方而言就没有任何价值了。尽管该诉讼的属性是一个请求获得限制令而搁置最终审判的诉讼,不需要法院最终解决这个问题,法院还是指出:

> 至少,标准普尔公司的盗用侵权诉讼请求提出了足够严肃的问题,这些问题具有使其成为正当诉讼根据的品质。[107]

它还指出,盗用侵权具有"适应性和包容性"。[108]

引起思考的具有非常类似事实的案件是芝加哥城市贸易委员会诉道琼斯公司案(The Board of Trade of the City of Chicago v. Dow

---

[103] 同上揭,第395页。这里没有考虑如下事实:如果原告将它的版本注册了版权,似乎它本来能够提起版权侵权之诉。
[104] 同上揭,第394页。
[105] 683 F 2d 704 (2nd Cir. 1982).
[106] 同上揭,第710页。
[107] 同上揭,第711页。
[108] 同上揭,第710页。

Jones & Company)。[109] 道琼斯公司试图禁止芝加哥城市贸易委员会在它的期货交易合同中使用道琼斯工业指数。与标准普尔案的情况不同,道琼斯公司并没有与第三方达成使用其工业指数的任何许可安排。它也没有任何即时的计划以便达成这种安排。因此,委员会没有与道琼斯公司当前对指数的使用形成竞争。然而,伊利诺伊州最高法院依然打算禁止委员会以其希望的方式使用该工业指数。这就要面对强烈的反对意见——盗用侵权只能适用于原被告之间具有直接竞争关系的案件。[110] 它也与摩托罗拉案以及其他案件[111]所明确表达的观点以及不正当竞争法重述(第三次)[112]相冲突。

时间敏感性 在上述两个案件中,对争议信息的时间敏感性肯定也存在疑问。被告的合同使用这些指数从当日营业结束时起到这些合同结算时止。该指数被公开出版,公众通常在当时就可以获取。尽管它显然仍旧具有商业价值,因为它能够被用作计算合同成本的依据,但是到了以这种方式使用该指数的时候,信息的时间敏感性显然已经降低了。

1925年德克萨斯州的吉尔默诉萨蒙斯(Gilmore v. Sammons)案中出现了一个更有争议的情形。[113] 原告吉尔默(Gilmore)编辑了有关达拉斯地区建筑物和施工工程的信息。信息以标题为"德克萨斯建筑承包商"和"预期建筑工程报告"的两种文件出版。原告主张这些消息在长达六个月的时间里对其有价值,因为相关的文件每六个月出版一次,而且这些文件在整整六个月的期间内都在销售。被告利用原告出版物中的信息并出版了自己的版本。因为收集这些消息花费了重大的资源投入,而且被告把这些消息用

---

[109] 98 Ill. 2d 109, 456 NE 2d 84 (1983).
[110] 同上揭,西蒙(Simon)法官(反对意见),第124页。
[111] *Loeb v. Turner et al.*, 257 SW 2d 800 (Ct Civ. App. Tex. 1953); *NFL v. Governor of Delaware*, 435 F Supp.1372 (1977).
[112] 《1995反不正当竞争法重述(第三次)》,美国法律协会。参见评论与说明。
[113] 269 SW 861 (1925) at 863.

于基本相同的用途,目的是为争夺基本上相同的读者群进行直接竞争,得克萨斯州法院准备禁止被告在这些消息最初出版后六个月内对其进行使用。与后来摩托罗拉案设立的标准相比,一个显著的问题是争议信息是否在两次出版之间的整整六个月内都具有时间敏感性。如果"时间敏感性"是通过被更新或替换之前该物品可供销售的期间来测度的话,那么这个概念就与"商业价值"相同。因此它就不再是盗用侵权的一个独立而重要的标准,可以被更宽泛的检验标准——是否利用了某种对原告有商业价值的东西——所取代。该判决也与第二巡回上诉法院的另一个判决相冲突(Financial Information Inc. v. Moody's Investors Service Inc.)。[114] 在该案中,原告出版关于地方政府或其他政府公债偿还信息的每日报道和年度合订本。被告出版了两周一期的年度出版物增刊,尽管被告的出版物更加精挑细选而且包含着其他信息,但其中仍然载有原告每日报道中的大量信息。以版权和盗用为根据的诉讼请求都败诉了。盗用侵权诉讼请求被驳回,部分是由于原告没能证明它的诉讼请求具有"热点消息"的因素:

> 由于领先时间的存在,到 Moody's 公司实际复制 FII 公司的信息时,FII 出版的信息至少已经存在了十天。热点消息原则关注的是在他人能够利用其竞争优势之前,复制并出版他人搜集的信息。[115]

引用热点消息这一要求似乎表明时间敏感性和商业价值之间存在区别。尽管被告每日出版它的资料卡,先前的信息在被新的偿债信息替代或废弃之前依然是有价值的信息。或许,在原告初次出版这些信息十天之后,被告出版该信息仍然能够获得某些商业价

---

[114] 808 F 2d 204 (1986).
[115] 同上揭,第 209 页。

值,但是这并不能改变这一事实——它已经丧失了大量"热度"。[116]

减少原告的动力　另一个关键问题是被告是否实施了搭便车利用行为,以至于严重减损了原告生产产品或者生产相同或更高质量之产品的动力。这被认为是 Fred Wehrenberge Circuit of Theatres Inc. v. Moviefone Inc. 案的关键问题。[117] 在该案中,原告电影院起诉了一家电话信息热线公司,它提供关于电影院节目时间表的信息,其中包括原告的时间表。密苏里东区地方法院的法官佩里(Perry)认为,原告没有满足摩托罗拉案所确立的五个标准:

> 原告正在开展它的电影放映业务。原告为了经营它的业务,有必要制作它的电影放映时间表并向公众发行这些时间表……即使原告声称它通过销售其电影放映时间表获得了一些收入,其经营活动的核心和其主要利润的来源也不是发行电影放映时间表。原告经营活动的核心是放映电影,并从票务和优惠销售中获利……被告的行为不会把原告制作或发行电影放映时间表的动力减少到时间表的存在或质量将受到威胁之程度。[118]

判决提出了有关原告商业活动性质的几个引人注意的地方,它们同多个类似场景直接相关。特别是判决提到了作为原告核心商业活动之必要组成部分的信息生产。它表明,即使一个企业能够从有关其商业活动的信息中获利,侵占这类信息也不会构成违法,除非原告的经营活动能够证明它创造相同质量信息的动力因此被减损。电视节目时间表和电话号码簿就是这样的例子,因为电视台和电话公司依然有很强的动力为它们的客户以及那些希望与其客

---

[116] 其他案件显然更符合时间敏感性的条件。例如,*Lynch, Jones & Ryan Inc. v. Standard & Poor's*, 47 USPQ 2d BNA 1759 (S. Ct. NY, 1998),被告违反了发布商业信息的 35 分钟禁令。

[117] 73 F Supp. 2d 1044 (1999).

[118] 同上揭,第 1050 页.

户通话的人制作号码簿。换言之,它们依然将从其投入中收获足够的回报,从而激励它们继续编辑相关信息,尽管它们被剥夺了从制作和发行相关信息的投入中获取最大化回报的机会,并在这个意义上其市场受到了损害。

尽管这个总体进路似乎与摩托罗拉案所表达的标准相一致,这个进路还是存在一些难题。特别是有些关于程度的问题需要加以阐释。例如,在电话公司的核心电话服务业务之外,电话号码簿能够产生相当的广告收入。有些公司还把这些相关业务分离给独立的公司,因而使得这些业务成为该独立公司的核心活动。因此,尽管提供信息是否属于核心经营业务这个问题很重要,它却无法决定被告的行为是否对生产相关产品或者对该产品的质量产生了实质性影响。不论相关业务是否从核心业务中独立出来,一旦与核心业务有关的信息产生了大量收入,允许竞争对手复制号码簿就一定会造成某些消极的刺激效果。因此,这里必然存在一个所涉程度的问题,必然要求对如下问题做出决定:对生产相关产品(或者相同或更高质量的产品)造成的影响是否足够重大,能够证明需要保护其免受复制。一旦承认了度的问题,它就与给予保护的性质和范围密切联系在一起。

关于证券指数的案件就提出了这个问题,但是并没有得到全面解决。在这类案件中,核心经营业务是提供与证券市场发展变化有关的即时信息。然而,这些指数的所有人提出,如果不向其提供保护以禁止他人复制,它们继续提供该指数的动力就被减损了,因为它们将丧失许可为期货交易使用该指数的机会。[119] 不过,如果原告只需要证明由于被告的行为它将失去某些收入,给予保护的性质和程度就太异乎寻常了。[120]

---

[119] *The Board of Trade of the City of Chicago v. Dow Jones & Co.*, 98 Ill. 2d 109, 456 NE 2d 84 (1983) at 117.

[120] 这个问题与在数个欧盟案件中已经阐述的"副产品"观点类似,第四章已经对此做了分析。

美国不正当竞争法小结

以上分析可见,盗用侵权是一个在不同的州发展各异的没有固定形态的规则。然而,通过对涉及盗用侵权的判例法的考查,能够推测出几个作为基础的一般原则。其中之一就是盗用侵权的适用与版权的清晰分立。所有适用盗用侵权的法域都强制实施某种程度的版权法之先占适用,以至于盗用侵权要么必须适用于版权法范围之外的客体,要么必须具有构成版权侵权所需要之要素以外的附加要素。尽管对于先占的性质和范围有某些争议,对于需要在盗用侵权与版权之间做某种区分却毫无争议。盗用侵权极少(如果有的话)被用于对纯粹的额头汗水授予保护。盗用侵权诉讼必须要证明的绝不仅仅是搭便车利用他人花费的时间和资源的努力。

这些显著特征各州存在差异,不过可能包含以下内容:

1. 要求被利用的信息具有时间敏感性。

2. 要求原告与被告相互之间存在直接竞争。作为替代选择,更弱一点的要求则是原告需要证明被告使用信息的方式对它的某些商业利益造成了影响。

3. 要求被告的行为抑制了或者将会抑制原告的活动。

这些条件也与盗用侵权的基础政策有关联,自国际新闻社案的判决以来,盗用侵权的基础政策本身也成为一个备受争议的问题。有些判决,例如国际新闻社案本身,认为盗用侵权的根据在于不劳而获的不道德性。这种立场的宽容性造成了忽视限制运用盗用侵权的条件的可能性。不过,后来采纳这些限制条件的判决明确地把盗用侵权建立在经济考量的基础上,即考虑对相关产品的投入提供激励的需要与自由利用信息的相反需要之间的平衡,以及这种自由对经济和社会进步的重要性。

此外,没有任何案件曾经限制为个人的非商业使用而利用信息。甚至那些保护潜在或相关市场的案件也没有强迫具有上述目的之个人信息使用者承担责任,至少是在那些尽管对潜在市场保护的需要尚需推测、但被告的行为对潜在市场的影响比较容易辨别的案件中是如此。

由此产生的综合效果是,尽管作为数据库特别保护之基础的盗用侵权没有得到充分精确地确定,但是有一些基本原则构成盗用侵权的基础,因此在理论上应该成为以盗用侵权为基础的任何立法的依据。牢记这些原则,就能够对已经提出的数个立法建议进行审查。

特别保护立法建议

美国关于数据库或信息编辑物的特别保护立法建议的历史复杂曲折。在 1996 到 1999 年期间,多个不同的法案被递交到了国会。在委员会审议阶段,有些法案被做了大量修改,1997 年,众议院两读通过了立法。

最早的特别保护提案采纳了盗用侵权的某些用语。然而,它对什么构成盗用采用了一种非常宽松的观点,以至于它实质上成为一种专有财产权模式。它与欧盟指令的相似性也非常明显。自此以后,除了要求相关信息应该具有时间敏感性之外,新法案越来越接近于采纳新近的盗用侵权普通法进路。此外,该法案也纳入了许多例外,除合理使用之外,这些例外至少与版权例外一样宽泛。根据对欧盟指令与立法提案的比较,这些发展变化最引人注目的特征是:立法过程的出发点是欧盟立法过程的终点,而迄今为止它的终点却回到了欧盟立法过程的起点。美国以几乎与欧盟特别权利相同、实质上是专有财产权的立法提案开始,而在最近的立法提案中,却最终以与欧盟最初提出的不正当竞争方法类似的盗用侵权进路结束。

《1996 年数据库投资与知识产权反盗版法案》

第一个立法提案是《1996 年数据库投资与知识产权反盗版法

案》(简称《1996年法案》)。[121] 它于1996年5月23被提交到众议院,距离《指令》通过的时间刚刚超过两个月。它与《指令》最终版本的相似性是显而易见的。

数据库的定义　被提议的数据库定义几乎与《指令》的定义相同,"数据库是以系统化和条理化的方式编排的任何形式之作品、数据或其他材料的集合、汇编或编辑物"。[122] 与《指令》一样,法案试图区分用于创建和运行数据库的计算机软件与数据库的内容。[123]

特别权利　被提议的特别保护将被授予下述数据库,它们"是在搜集、校验、编排或展现数据库内容方面花费的人力、技术、财政或其他资源的品质或数量上实质性投入的结果"。[124] 这与《指令》中的对应措辞有些微差异。例如,它使用了"搜集"(collection)而不是"获取"(obtaining)内容的说法,这似乎明确排除了在产生或造就数据库内容方面的投入。

被提议授予数据库制作者的特别权利是摘录权、使用权和再利用权,这些权利的定义方式使其包含了实施与《指令》规定的摘录权和再利用权相同的行为。[125] 如果某些行为与"数据库所有人正常利用数据库的行为相冲突,或者对数据库的实际或潜在市场造成了不利影响"[126],该行为就被禁止。同样被禁止的还有反复或系统性的摘录、使用或再利用数据库非实质性部分的行为,条件是这些行为累加起来,与数据库所有人对数据库的正常利用相冲突,或者对它的实际或潜在的市场造成了不利影响。[127] 第4节(b)对"与数据库的正常利用相冲突或者对数据库的实际或潜在市

---

[121]　HR 3531 of 1996.
[122]　《1996年法案》第2节。
[123]　《1996年法案》第3节(d)规定,"计算机软件不受本法管辖,包括但不限于用于制作、生产、运行或维护数据库的软件。"
[124]　《1996年法案》第3节(a)。
[125]　《1996年法案》第2节。
[126]　《1996年法案》第4节(a)(1)。
[127]　《1996年法案》第4节(a)(2)。

场造成不利影响"的行为给出了一个包容性定义。这个包容性定义与信息的商业性使用有关。不过,由于这个定义只是包容性的,它很可能包括个人以未经数据库所有人许可而访问数据库的方式使用数据库的行为,因为这种使用将与数据库所有人对数据库的正常利用相冲突。

与盗用侵权相比较　尽管禁止规定所使用的措辞采纳了盗用侵权的术语,但是该措辞的意义范围却会有效地授予数据库所有人以专有财产权。数据库所有人只需要证明被告的行为与他本人对数据库的正常利用存在冲突即可。任何未经许可使用数据库的行为都可能符合这个标准。因而这将把形式上的盗用侵权模式转变为实质上的专有财产权模式,任何未经许可使用数据库的行为都将是非法的。

与《指令》相比较　除了事实上属于专有财产权模式之外,法案还包含与《指令》相同的缺陷,第三章对《指令》的缺陷已经做了分析。例证之一是法案对数据库的定义以及永久保护的可能性。一旦花费了相关的投入,数据库就受到该法案的保护,而且更新保护期限非常容易。第6节(b)规定,对数据库进行任何在品质上或数量上具有商业重要性的改变而产生的新数据库,新的保护期限就开始起算。这类改变包括"通过在编排或展现过程中持续性增加、删除、重核、更改、修正的累积所造成的改变,或者其他修改"。[128] 因此,与《指令》类似,法案提供了数据库永久保护的可能。提及对编排和展现的修改也增加了区分数据库结构的版权与特别权利的困难。

另一方面,《1996年法案》甚至提供了比《指令》更多的保护。例如,提议的保护期限是二十五年[129],而不是十五年,而且没有规定任何例外,不论是合理使用还是公平利用。与《指令》不同的是,《1996年法案》还直接规定了规避数据库保护系统以及维护数据库

---

[128]　《1996年法案》第6节(b)。
[129]　《1996年法案》第6节(a)。

管理信息的完整性问题。因而,第 10 节禁止进口、制造或发行其主要目的或效果在于规避数据库保护系统的任何装置。同时被禁止的还有提供规避数据库保护系统的服务行为。第 11 节还禁止发布虚假的数据库管理信息,或者去除或改变数据库管理信息。这两个规定与《版权条约》中关于规避技术保护措施和保护版权管理信息的规定相类似,《版权条约》是在《1996 年法案》提出七个月之后得以表决通过的。

另外,提案没有以任何方式减损合同法。因此,即使法案允许摘录,使用或再利用数据库的非实质性部分仍将受制于合同规定,而合同条款可能会禁止哪怕是非常有限的数据库使用行为。此外,其他可能对数据库保护有影响的法律制度也得以保留[130],包括盗用侵权。

《1996 年法案》受到了相当大地批评,特别是来自科学和教育机构的批评。[131] 部分是由于应对这些批评的结果,后来的法案在表面上脱离了《指令》的专有财产权模式,更坚定地以盗用侵权为基础。因此,后来的立法提案的焦点放在了保护数据库制作者的数据库市场方面,而不是放在他的专有权利上。这个焦点通过加入如下要求体现出来:信息汇编物的所有人必须证明汇编物的"实际或潜在的"市场由于被告的行为而受到了损害。[132] 仅仅证明已经发生了未经许可使用信息汇编物的行为是不够的。

《1997 年信息汇编反盗版法案》

上述进路显然为《1997 年法案》所采纳,该法案于 1997 年 10 月 9 日被提交给众议院。[133] 从首次递交给众议院到该院最后通过

---

[130] 《1996 年法案》第 9 节(c)。

[131] 见,例如,National Research Council, *Bits of Power: Issues in Global Access to Scientific Data* (National Academy Press, Washington, DC, 1997),第 157—160 页。

[132] 这两个术语最后被"主要或相关的"市场这一称呼取代。见 s. 1402, HR 354 of 1999。

[133] HR 2652 of 1997。

期间,经过众议院司法委员会及其法院和知识产权分委员会的审查,《1997法案》被做了许多修改。[134]《1997年法案》的最终版本在相当程度上脱离了《指令》。法律责任以盗用侵权为基础,而且第三章提到的与《指令》措辞有关的许多难题也得以避免。

数据库的定义 "数据库"一词在《1997年法案》中实际被摒弃了,并最终被"信息汇编"取代。"信息"被定义为"能够以系统化方式被收集和编排的事实、数据、作品或任何其他无形材料"。更重要的是,《1997年法案》最后草案中的"信息汇编"定义被众议院表决通过,它是指"被汇集起来并被编排的信息,目的是把分散的信息项目汇集到一个地点或者使其经过一个来源,以便用户可以访问它们"。这个定义引入目的因素来缩小数据库的范围,因而避免了《指令》的定义所带来的难题(第三章对此做了分析)。例如,它排除了法案对火星公司诉技术知识公司(*Mars UK Ltd v. Teknowledge Ltd*)案这类事实的适用[135],因为在那里,"编排信息的目的不是为了把分散的信息汇集到一起或者使其经过一个来源,以便用户可以访问它们"。

特别保护的先决条件 为了确定何种行为将得到《1997年法案》的保护,法案所采用的措辞提到了在收集、编排或维护信息汇编过程中投入的实质性的货币资源或其他资源。[136] 同理,提到"收集信息"似乎还是为了排除这样一种可能——产生信息的任何投入也被认为具有相关性。不过,收集和编排信息汇编这些概念仍然会包含创造性的选择和编排这一版权概念,当然也会包含与这种选择和编排有关的"额头汗水"。

引入在维护数据库过程中的投入这个概念造成了这样一种可能:在衡量必需的实质性投入时,数据库的持续维护成本也成为一个相关因素。由于《1997年法案》对维护一词未作定义,它可能会

---

[134] 见提交给众议院的第 105 届国会 HR 2652 IHIS 法案和提交给参议院的第 105 届国会 HR 2652 RFS 法案: http://thomas.loc.gov。
[135] [2000] FSR 138,[1999] AU ER 600 (QB)。
[136] 《1996 年法案》第 1202 节。

包括有关维护数据库经由计算机网络的可获得性的成本,而不是与更新内容有关的成本。这反过来实质上会导致永久保护。对《1997 年法案》而言,起初这并不是一个大问题;法案(它被提交到众议院的时候)对信息汇编的保护期限没有规定任何时间限制。然而,保护期限随后就被限制在十五年[137],因而使它成为一个"鲜活"问题。另外,提到在维护过程中的投入可能会对什么构成损害数据库所有人的市场这一问题有影响,它是任何诉讼的必要成分,下文将讨论这个问题。除了必须证明必需的投入外,只有信息汇编属于在商业过程中提供的或者打算在商业过程中予以提供的产品或服务的组成部分时,才能给予保护。[138]

特别权利的性质 尽管《1996 年法案》在责任标准方面带有某些盗用侵权法的色彩,它也使用了更传统的版权表达方式——"以与数据库所有人正常利用数据库的行为相冲突的方式"使用数据库。《1997 年法案》删除了这一表达,专门集中到对信息汇编所有人的实际或潜在市场造成的损害上。[139] 这种损害必须是由于"在商业过程中摘录或使用信息汇编的实质性部分"而造成,"可以从数量或品质方面来衡量"。令人奇怪的是,对商业过程中的摘录和使用没有给出任何定义,而且"使用"一词可能包含任何种类的使用,只要发生在商业过程中即可。在这个意义上,与《1996 年法案》相比,所有人的权利似乎被扩大了,因为《1996 年法案》对摘录、使用和再利用都做了定义。不过,把保护限制到禁止损害实际或潜在的市场是一个重大转变,当然这取决于怎样定义这些市场。

潜在市场 因此,"潜在市场"的定义就成为一个关键问题。这个词在《1997 年法案》的最初草案中尚未出现,但被加入到众议院表决通过的最终版本中。它被定义为"根据第 1202 节要求保护的人有正在进行的或者可证实的计划去利用的任何市场,或者提

---

[137] 《1997 年法案》第 1208 节(c)。
[138] 《1997 年法案》第 1202 节。
[139] 同上揭。

供含有信息汇编的类似产品或服务的人通常利用的任何市场"。区分现实的和潜在的市场可以缩小信息汇编所有人的权利范围,不过这将取决于法院在多大程度上宽容地解释潜在市场的概念。引证下面两个案例就可以很好地解释这一点,它们是标准普尔诉商品交易所案(Standard & Poor's Corporation Inc. v. Commodity Exchange Inc.[140])和芝加哥城市贸易委员会诉道琼斯公司案(The Board of Trade of the City of Chicago v. Dow Jones & Company[141])此前在盗用侵权的背景下曾对它们做过讨论。每个案件都涉及到使用私人公司制作并商业发行的证券市场指数信息。在每一案件中,一方企图使用指数信息作为由其管理的期货合同的结算价格。在每个案件中,指数制作人都反对这样利用它们的指数,其根据是这将构成盗用计算指数所付出的金钱、劳动和专门知识。尽管两个案件具有这些相似性,在各个指数制作者的地位方面却有重大区别。标准普尔公司(Standard & Poor's)已经授权其他团体为期货合同的结算价格而使用其指数,而道琼斯公司(Dow Jones)在诉讼的时候没有而且也没有任何打算去这样做。因此,由于许可合同的存在,标准普尔公司在期货交易商业活动中有重大利益[142],而道琼斯公司的现有商业活动却没有受到任何直接影响。[143] 尽管两个指数制作者在它们的盗用侵权诉讼请求中都获得了胜诉,如果根据《1997年法案》而不是盗用侵权普通法来裁判,道琼斯案的局势可能会不同。[144] 如果

---

[140] 683 F 2d 704 (1981).

[141] 456 NE 2d 84 (1983). 另见 National Business Lists Inc. v. Dun & Bradstreet, 552 F Supp. 89 (1982),这是另一个涉及潜在市场概念的案件。Dun & Bradstreet 出版有关企业的信用信息,并且从供应这些信息中获取收益。被告使用这些信息去帮助制作它的邮件表。在被告开始涉入邮件表的供应多年之后,Dun & Bradstreet 决定参与到邮件表的供应中,并以这个目的使用这些信用信息。由于原告多年来一直默许被告的行为,原告被判决禁止反悔。该诉讼的依据是版权,由于它适用了额头汗水的版权保护标准,因此被费斯特案的判决推翻。

[142] 683 F 2d 704 (2nd Cir. 1981).

[143] 456 NE 2d 84 (1983) at 89—90.

[144]《1997年法案》将会对以盗用为依据的诉讼形成先占。见第1205节(b)。

法院认为道琼斯公司的潜在市场没有遭到损害,情况就会如此,因为道琼斯公司没有进入期货交易业务的既有计划。

另一方面,以潜在市场定义中的第二个分支为根据,道琼斯公司却可能会获得成功,即期货交易业务是"一个由提供含有信息汇编的类似产品或服务的人通常利用的市场"。这个问题随之就变成在哪一点上这样一个市场将被认为属于"通常利用"。这显然是一个程度问题,必须由各个法院根据个案衡量。无论如何,区分对实际市场的损害以及与之相对的对潜在市场的损害,将激励信息汇编的所有人为最大化保护而尽可能地使用和利用信息。

规避数据库保护系统和保护数据库管理信息 《1996年法案》中有关规避数据库保护系统和保护管理信息的规定没有被写入《1997年法案》中。这一做法的效果是将会提高美国所制定的执行《版权条约》的立法中关于版权材料的相应规定的适当性。[145]

被允许的行为 尽管《1996年法案》和《1997年法案》都允许摘录或使用信息汇编的非实质性部分,《1997年法案》还规定了许多在《1996年法案》中没有出现的针对特别权利的许可行为和例外。《1997年法案》特别规定,"单条信息,包括作者的作品,不应该被认为自身构成信息汇编的实质性部分"。[146] 这就造成这样一种可能,摘录或使用两条信息可以构成信息汇编的实质性部分。此外,这个例外不能被用来作为允许反复摘录非实质性部分的依据,这种行为累积起来会构成摘录实质性部分。[147] 最终结果是,这个规定为如下立场提供了某种程度的支持:只有两条信息也可能会构成一个信息汇编的实质性部分。同时,它仅仅是确认摘录或利用非实质性部分不会违反法案。这本来就是如此,因为从来就没有禁止摘录和利用非实质性部分。与《指令》不同的是,法案没有授予使用非实质性部分的积极权利,因此可以利用合同排除使

---

[145] 《美国版权法(1976)》第1201节。见此前本章在涉及版权的部分对这个问题的讨论。
[146] 《1997年法案》第1203节(b)。
[147] 同上揭。

用非实质性部分的权利。

《1997年法案》还规定了其他许多例外。例如，为非营利的教育、科学或研究目的而使用和摘录将会被允许，只要它没有损害含有该信息汇编的产品或服务的实际或潜在市场。同样，这只不过是描述了已经获得允许的行为，因为它仅仅重复了如下要点：除非其市场或潜在市场受到了损害，否则信息汇编的所有人就不能获得诉因。对教育、科学和研究机构所做的唯一真正的让步是关于侵权的救济。根据第1206节(e)，如果数据库所有人的权利被上述机构的雇员所侵犯，而该雇员合理地相信其行为是被允许的，法院将被指示去减少或者完全免除任何金钱赔偿。由于法案对数据库的使用缺少让步，难以想象一个雇员如何能够证明他们有这样一种合理的相信。

与此类似，第1203节(b)专门规定，任何人都可以以任何方式独立地收集信息，从他人的信息汇编中摘录信息除外。同理，这也仅仅是重复了它此前根本就没有禁止的内容。

其他的被允许行为更加恰当些，因为它们许可了原本为第1202节所禁止的行为。如果一个人已经独立采编了一个信息汇编，现在他希望验证信息的准确性，第1203节(c)允许他从数据库中摘录或使用信息用于验证过程。法案规定了一个为新闻报道的目的而摘录或使用信息的专门例外，当然这个例外有许多限制。这些限制是对国际新闻社案和摩托罗拉案所支持的盗用侵权诉讼要件的反映。因此，以持续的形式使用其他新闻报道机构为了特定市场收集的具有时间敏感性的信息，如果该信息尚未被发送到该特定市场，新闻报道抗辩不能适用。最后，合法制作而成的信息汇编复制件的所有人有权销售或处分其拥有的复制件。

除外规定 对于由某个政府机构或者为了某个政府机构而收集、编排或维护的信息汇编，法案做了明确排除。[148] 这种排除反过来也要服从一个例外，即根据有关证券交易和商品交易的法律必

---

[148]《1997年法案》第1204节(a)。

须收集并发布的信息除外。[149]

与《指令》一样,提案的保护明文规定不适用于计算机程序。与之相伴的进一步规定是,信息汇编不会仅仅因为被纳入到计算机程序中就不符合保护条件。这有可能重新造成第三章所讨论的那些难题,尽管通过信息汇编定义的目的特征在某种程度上避免了这些难题(上文已经讨论过)。

合同法和其他法律制度的保留 与《指令》不同,但是与《1996年法案》以及有关这一主题的所有提案一样,《1997年法案》将不以任何方式减损合同法。因此合同法在数据库保护中扮演着日益重要的角色,在数据库的访问和使用过程中,其他削弱合同法的法律手段和强化合同法作用的任何法律规定也同样会起到重要作用。例如,具有强迫信息的唯一提供者许可使用信息的效力的反垄断规定,在限制数据库所有人滥用市场支配力的过程中起到日益重要的作用。

对州法的先占 尽管《1997年法案》不影响任何有关访问和使用数据库的合同规定,它却规定了对提供相当于特别权利之权利的州法的先占效力。这将对盗用侵权的适用形成先占。

与《指令》相比较 《1997年法案》在许多方面与《指令》有区别,尽管可以辩驳说这些差异更多的是形式上的而不是实质性的。一个明显的实质性区别是在信息汇编的定义中引入了目的因素。其他区别则与侵犯原告权利的检验标准有关。一个明显的转变是从纯粹的专有权模式到要求原告证明对它的实际或潜在市场的损害。当然这是否会对信息汇编的所有人施加任何实际限制尚存在争议。与《1996年法案》相同,任何未经许可使用信息汇编的行为可能构成损害,因此事实上是把损害当作诉讼成功的障碍给清除掉了。而且,信息汇编的实际或潜在市场的定义几乎容纳了对信息汇编的任何实际的或可能的使用。宽松的损害定义,加上同样宽松的实际和潜在市场的定义,将不会对所有人控制其信息汇编

---

[149] 《1997年法案》第1204节(a)(2)。

施加任何真正的限制。此外,对信息汇编的"使用"没有给出定义,其范围超出了《指令》做了更清晰限定的摘录权和再利用权。

另一方面,法案试图区分对信息汇编中单条内容的权利和对信息汇编的投入的保护。使用单条信息将不构成侵犯特别权利这一规定就说明了这一点。

与盗用侵权相比较 《1997年法案》与盗用侵权之间同样有重大区别。尽管《1997年法案》比《1996年法案》更接近于盗用侵权所提供的保护,它仍然提供了远远超出盗用侵权的保护。主要的区别是:

- 不仅保护实际市场,还保护潜在市场;
- 保护免受任何损害,而不是摩托罗拉案所设想的实际损害;以及
- 保护期为十五年,而不仅仅是在具有时间敏感性的期间内。

《1999年信息汇编反盗版法案》

1998年,众议院表决通过了《1997年法案》,但是后来它被从参议院通过的知识产权立法中删除了。[150] 它的后继者——《1999年信息汇编反盗版法案》(简称《1999年法案》)[151],于1999年1月19日被提交到美国众议院。[152] 在提交给众议院的时候,《1999年法案》非常类似于《1997年法案》。不过,《1997年法案》与《1999年法案》之间仍有一些重大区别。在提交《1999年法案》的时候,

---

[150] 众议院于1998年5月19日通过了HR 2652法案,随后该法案被纳入到《1998年数字千年版权法案》12 Stat. 2860(1998)中,并于1998年8月4日由众议院表决通过。根据1998年10月8日参议院的会议报告,有关信息汇编保护的立法内容随后在参议院被删除了。

[151] HR 354, 106th Congress.

[152] 在同一天,Hatch参议员提交了另外两份法案给国会议事记录,作为讨论和协商的基础。它们是《1999年数据库反盗版法案》和《1999年数据库公平竞争和研究促进法案》。第一份法案代表了数据库所有人的立场,而第二份则代表了使用者的立场,例如科研机构和图书馆。这些法案的某些特点被纳入到《信息汇编反盗版法案》的修改中。见1999年1月19日的国会议事记录,http://thomas.loc.gov。

霍华德·库伯（Howard Coble）宣布，为了回应非营利性科学、教育和研究团体在审议《1997年法案》时表达的关注，对《1997年法案》所做的主要修改是澄清并体现了合理使用，而且处理了永久保护的问题。[153] 在委员会审议阶段，《1999年法案》又被做了进一步的修改。[154]

信息汇编的定义　在向众议院报告时，《1999年法案》对获得特别保护的先决条件和保护的性质做了一些重大修改。信息汇编的定义与《1997年法案》的规定类似，但是加了一个递进条款，规定"该术语不包括从整体上看属于叙述性文学写作的单个作品"。[155] 此外，法案规定了维护信息汇编的定义，而这个定义在先前的立法中没有出现。[156] 法案规定，"维护"是指"更新、校验或补充汇编物所包含的信息"。这表明它不包括维护或更新用于存储和表达数据库的硬件或软件的成本，尽管这或许可以认为它属于校验汇编物依然含有其所希望包含的信息这一过程的组成部分。

重要损害　在此前的法案中，信息汇编的所有人只需要证明对它的市场有损害即可。这可以包含任何损害，包括由于为个人用途未经许可使用而损失的许可费。[157] 这种最低的损害标准的后果是将严重削弱法案的盗用侵权基础，并可能把法案转变成一种以专有财产权为基础的立法。所以先前法案所提到的损害成为被批评的对象。[158] 因此，法案采纳了"重要损害"（material harm）的检验标准，旨在排除那种"非常孤立、微小或不确定的损害，以至于

---

[153]　Howard Coble 议员在众议院的发言，1999年1月19日。
[154]　HR 354 RH of 106th Congress.
[155]　《1999年法案》第1401节(1)。
[156]　《1999年法案》第1401节(6)。
[157]　Charles Phelps 代表美国大学协会、美国教育理事会和美国州立大学和州立学院协会向司法委员会法院和知识产权分委员会就《1999年法案》所作的陈述，1999年3月18日，第8页。
[158]　同上揭；Joshua Lederberg 和 Andrew Pincus（美国商务部总法律顾问）向司法委员会法院和知识产权分委员会就《1999年法案》所作的陈述，1999年3月18日，第4页。

被告的行为即使变得非常普遍……一个合理的人在决定是否对收集、编排或维护信息汇编进行投入时也不会给予考虑"。[159] 摩托罗拉案所采纳的实质性损害的检验标准被明确否定了,因为这一标准对于信息汇编的所有人而言太难承受。[160]

被保护的市场 与《1997年法案》相比,所授予的特别保护的性质被做了许多重大修改。这些修改的起点是引入一种新的两分法以取代实际市场与潜在市场的区分。这两个词被所谓的信息汇编所有人的主要和相关的市场所代替。[161] 主要市场被定义为:该市场上的信息汇编所有人已经在提供包含信息汇编的产品或服务,而且所有人从该市场上获得了或者有理由预期获得收益。[162] 这个术语被认为比"实际市场"一词更加与盗用侵权相一致。[163]

相关市场被定义为:该市场上的信息汇编所有人已经采取了可证实的措施以期在短时间内商业性地提供产品。《1999年法案》最终版本的第1401节(4)使用了可证实的措施(demonstrable steps)一词,这与潜在市场定义中最初提到的可证实的计划(demonstrable plans)形成对比,后者出现在《1997年法案》和提交给众议院的《1999年法案》的最初版本中。相关市场也可以被定义为:在该市场上,他人提供的包含信息汇编的产品或服务与信息汇编所有人提供的产品或服务类似,而且该人从市场上获得或者预期获得收入。

因而这种两分法就成为对有关主要市场和相关市场的行为所做的各种禁止规定的根据。《1997年法案》所指的一般检验标准——以损害所有人实际或潜在市场的方式摘录或使用——被两个独立的禁止规定所取代。第一个是禁止向他人提供信息汇编或

---

[159] 司法委员会关于《信息汇编反盗版法案》的报告,第106-349号,1999年9月30日逐节分析和讨论。
[160] 同上揭。
[161] 《1999年法案》第1402节。
[162] 《1999年法案》第1401节(3)。
[163] Charles Phelps关于HR 354法案的陈述,1999年3月18日,第8页。

其实质性部分,或者为了向他人提供信息汇编或其实质性部分的目的而摘录,以至于造成对所有人主要或相关市场的重要损害。因此,它被有效地限制在通过转售、出租、传输或在线提供的方式对信息汇编进行商业使用。在这方面,它类似于《指令》的再利用权,只是它要服从对主要或相关市场造成重要损害的条件。为个人使用而摘录不属于该禁止规定的调整范围。

第二个禁止则与对主要市场造成重要损害的其他摘录行为有关。影响相关市场的其他摘录行为没有被禁止。

实质性部分 最后,对于数据库的哪个部分不能被摘录或者向他人提供也有重大修改。此前的法案已经采纳了《指令》的方法,引用数量或品质的检验标准来确定信息汇编的实质性部分。检验信息汇编实质性部分的这两个测度标准从《1999年法案》中消失了。相反,《1999年法案》只提到了提供或摘录信息汇编的全部或实质性部分。[164]

实质性部分的检验标准似乎与收集、编排或维护该部分所花费的投入有关。第1402节的相关部分规定:

> 任何人[摘录或再利用]……由他人通过实质性的货币或其他资源的投入而收集、编排或维护的信息汇编的全部或实质性部分……以至于造成对主要市场的损害。

这一措辞表明,某个部分要成为实质性部分,收集、编排或维护该部分必须花费了实质性的投入。因此,这一措辞在保护的客体(即投入)与对该客体授予的权利之间实现了一致。[165] 构成侵权的使用行为必须涉及到使用根据对该部分的投资而具有实质性的部分,并且该使用行为的后果必须是通过损害所有人的市场而对投资造成重大损害。这一措辞还留下这样一种可能:由于相关的投

---

[164] 《1999年法案》第1402节。
[165] 这一点也为司法委员会关于《1999年法案》的报告(No.106-349)所证实,它指出:"目的是禁止盗用信息汇编本身的价值这样的盗版使用,而不是禁止使用它所包含的特定信息。"见逐节分析和讨论,Http://thomas.loc.gov。

入是,例如,对获取很小数量的材料而花费的大量投入,这种投入可能会具有品质上的重要性。相应地,使用很小数量的材料就可以构成利用实质性部分,同时损害了所有人的市场。[166] 在这方面一个令人费解的因素是,《1999年法案》保留了与《1997年法案》相似的一个条款,它规定摘录或提供单条信息本身并不会违反第1402节的规定。[167] 这进而暗示,两条信息就可能构成一个信息汇编的实质性部分,只要在收集、编排或维护这两条信息的过程中花费了实质性投入即可。

《1999年法案》的反对者认为,实质性部分的检验标准应该要求数量上和品质上都具有实质性,同时应该要求侵占了体现制作者实质性投入的内容。[168] 这种观点的论据是,法案的目的在于保护从分散的来源收集大量数据库信息花费的投入,因而小数量的信息"正好是单条的数据或信息,不属于被保护的对象"。[169] "同样,只要其不具有品质上的实质性,甚至没有理由禁止侵占大量的材料。"[170] 尽管这个主张未被接受,不过,引入对信息汇编所有人的市场造成重要损害的这一要求,根据争议市场的类型区分侵权行为的构成要件,以及把实质性部分的含义与对该部分花费的投入结合起来,都对法案使被保护的对象与采用的提供保护的手段之间更加相称助益良多。另外,尽管利用了一些版权原则,法案还是明确地以盗用原则为基础。

合理使用 《1999年法案》对第1402节的禁止规定设立了更多例外。特别是,它把与版权法非常类似的合理使用引入了信息汇编中。[171] 有五个因素被确定为与针对信息汇编的行为的合理性

---

[166] 第106-349号报告也证实了这一点。见逐节分析和讨论,Http://thomas.loc.gov。
[167] 《1999年法案》第1403节(c)。
[168] Charles Phelps的陈述,第7页。
[169] 同上揭。
[170] 同上揭。
[171] 《1999年法案》第1401节(a)。版权合理使用的条款规定在《版权法(1976)》第107节中。

有关。

1. 提供或摘录行为在多大程度上是商业性的或者非营利的。
2. 提供或摘录信息的数量是否与该目的相称。
3. 提供或摘录信息的人的善意。
4. 被提供或被摘录的部分被纳入到一件独立的作品或汇编中的程度和方式,以及其信息被提供或被摘录的信息汇编与该独立作品或汇编的区别程度。
5. 提供或摘录行为对受保护的信息汇编的主要或相关市场造成的影响。[172]

这些因素中有多个类似于与合理使用版权抗辩中的四要素,但是也有几个值得注意的重要区别。这是由于客体的性质差异造成的不可避免的结果。这些相似性与三个版权因素有关,即使用的目的和性质、被使用部分的数量和实质性以及使用行为对版权作品市场的影响。特别是,使用者的商业性或非营利性目的与这两个抗辩都有关系。此外,使用的转化性特征对于版权和特别权利也都非常重要。不过,由于评估被利用的信息数量的标准不同,导致两者之间有无法避免的差异。对于版权而言,被利用的信息数量不具有相关性,因为信息不是保护的对象。但是对于特别权利而言,当信息存在于数据库中时,保护信息正是该权利的目的。同理,在衡量被告的行为对原告市场的影响时,必须把被使用的无版权信息考虑在内,而合理使用的版权抗辩则不需要。[173]

为教育、科学研究目的合乎情理地使用 对有关教育和研究行为的第1403节(a)(1)和(2)做了有利于数据库使用者的重要修改。第1403节(a)(1)当中规定,"允许任何人以不直接损害第1402节所提到的产品或服务的主要市场的方式,为非营利性教育、科学研究目的摘录或使用信息"。

---

[172] 《1999年法案》第1403节(a)。
[173] 在版权抗辩中,善意的标准被包含在使用行为的性质当中。见 Nimmer 和 Nimmer, *Nimmer on Copyright*, at p.13.05[A][1][d]。

这是对《1997年法案》第1203节(d)的重大修改,该规定的目的在于对上述不损害实际或潜在市场的使用行为提供豁免。正如此前讨论《1997年法案》时指出的那样,这种措辞的效果是对违反第1202节所产生的责任根本不提供任何豁免。新条款则通过允许教育、科学研究使用而提供了某种程度的保护,除非它们直接损害了数据库所有人的主要市场。对主要市场的间接损害以及对任何相关市场的任何损害都被排除在外。

除了为非营利性教育、科学研究机构而规定的抗辩之外,针对这些机构所能获得的救济要远远少于针对违反第1402节的人所能获得的救济。根据第1406节(e),如果被告合乎情理地相信它的行为是被允许的,法院被指示要减少或者完全免除金钱赔偿。此外,对这类机构或它们的雇员或者在其职责范围内实施行为的代理人也不能适用刑事制裁。[174]

其他合乎情理的使用 《1997年法案》曾经有一个新闻报道例外[175],但是该例外的范围在《1999年法案》第1403节(e)中做了进一步的限制。第1403节(e)允许为了新闻报道、新闻传播和评论的唯一目的而使用或摘录信息。但是,如果相关信息具有时间敏感性、信息由新闻报道机构所收集、以及摘录或使用是为直接竞争的目的而实施的连续行为的组成部分,那么为了上述目的也不得使用或摘录。《1997年法案》的第1203节(e)与之类似,只不过根据第1202节,只有在新闻是为在特定市场传播而被收集起来,并且尚未被传播到该市场上的时候,才能给予保护。《1999年法案》的新规定不要求新闻应该为了特定市场而被收集起来,并且把保护扩展到所有市场,只要信息具有时间敏感性即可,不管它是否已被传播到任何特定市场上。可以认为,它超出了国际新闻社诉联合通讯社案的原则所提供的保护范围。在该案中,当被告出版新闻的时候,该信息尚未在原告的市场上出版。严格解读这一判例

---

[174] 《1999年法案》第1407节(a)(2)。
[175] 第1203节(e)。

会得出这样一个结论:如果原告曾经有首先在其市场上出版这些材料的机会,就不会判定盗用侵权成立。根据新近的摩托罗拉案的盗用侵权构成要件,只有被告与原告提供的产品或服务存在直接竞争,并且被告的行为减损了生产产品或服务的动力,以至于它的生存或质量将受到严重威胁的时候,盗用侵权才能成立。如果被告在原告市场以外的其他市场上提供信息,则盗用侵权不成立。从另一个角度来讲,通过衡量材料的时间敏感性,并且认定一旦在原告的市场上出版,信息将迅速丧失其时间敏感性,这个问题或许可以得到解决。不论如何,在信息首次出版之后,过不了多久就可以利用这些信息了。

对证券和商品市场信息以及在线数字通讯的特殊规定 不过,第1403节规定的所有合理使用抗辩都要受到第1405节(g)所包含的特殊保护条款的约束,它规定了对有关价格和交易的实时市场信息的特殊保护,"这些价格和交易信息根据《1934年证券交易法》的规定被收集、加工、传播或出版,或者由期货交易委员会根据《商品交易法》及其所属的规则和条例指定的期货交易市场进行收集、加工、传播或出版。"

除根据法案已有规定的那些行为外,实时市场信息不得被摘录、使用、转售或进行其他处分,而且第1403节之(a)、(b)、(c)、(d)和(f)都不能被用作上述行为的抗辩。此外,第1403节之(e)——关于新闻报道的合乎情理地使用的条款——不允许以构成对实时市场信息服务的市场替代的方式摘录或使用实时信息。对特殊类型信息的这种保护超出了《1997年法案》的规定。[176]

对宗谱信息的特殊规定 为处理特殊信息的行为设立特殊规定,这一趋势由于有关宗谱信息规定的引入而得以推进。第1403节之(h)允许为非营利性的宗教目的提供或摘录宗谱信息,或者为私人的非商业目的提供或摘录为非营利的宗教目的收集、编排或维护的信息。

---

[176] 《1997年法案》第1205节和第1204节(a)(2)。

调查、保护或情报行为　根据同样的思路,第 1403 节之(i)保留了政府官员在履行调查、保护或情报的职责中提供和摘录信息的权利。

计算机程序和在线数字通讯　同先前的所有法案一样,《1999年法案》明确规定,不把保护扩展到制造、生产、运作或维护信息汇编的过程中所使用的计算机程序。[177]

《1999 年法案》走得更远,它还处理了一些与在线通讯有关的运算问题,以及它们与信息汇编保护的关系。《1997 年法案》第 1201 节(5)已经有效地排除了对下述信息汇编的保护:"收集、编排或维护该信息汇编的目的是寄送、发送、转寄、传输或存储在线数字通讯,或者是为在线数字通讯提供或者接受联络。"《1999 年法案》第 1404 节(c)中也出现了一个类似的条款。这些条款的目的是确保不把保护扩展到"功能性的网络元素上,例如域名表和界面说明,并且无意阻碍网络的发展和运行"。[178]

有关计算机程序和在线通讯的这些规定,加上聚焦在受保护的信息汇编这一目的上的更准确的信息汇编定义,这些都比《指令》的同等规定更为有效。它们有效地把计算机程序的版权保护以及有关网络运行的问题与信息汇编的保护问题区隔开来。

政府信息汇编　《1999 年法案》还对访问政府信息表现出相当的关注。这一关注通过把大多数政府信息汇编排除在法案作用范围之外而表现出来。[179] 法案还包含着多个宽大的规定,确保非营利的教育、科学研究机构、图书馆和档案馆能够访问包含在私人信息汇编中的政府信息。[180] 通过对法案生效之前制作的信息汇编中的政府信息设立强制许可,这一目标得以实现。

因此,法案没有把保护扩展到为实现政府目标或为履行法律

---

[177] 《1999 年法案》第 1404 节(b)。
[178] 版权局局长 Marybeth Peters 向国会司法委员会法院和知识产权分委员会所作的说明,1999 年 3 月 18 日,第 4 页。
[179] 《1999 年法案》第 1404 节(a)。
[180] 《1999 年法案》第 1408 节(b)和(c)。

或法规规定的政府职责而制作的信息汇编。[181] 不论该汇编物是由政府雇员,还是由政府机构雇用的承包人制作而成,结论都是一样。

对于在法案生效之日以后制作的信息汇编,如果信息汇编包含了某个政府汇编的全部或实质性部分,则要求该汇编物的所有人提供一个公告,标识出该政府汇编及其来源的政府机构。如果没有以合理的方式提供公告,对于违反第1402节的禁止规定的行为就不能获得任何金钱赔偿。[182]

对于在法案生效之日以前制作的信息汇编,在特定情况下,含有政府信息的信息汇编的所有人被要求以查找、摘录和交付的成本价格提供信息。如果所有人没有这样做,那么他对于违反第1402节的行为就不能提起诉讼。非营利的教育、科学研究机构、图书馆和档案馆,为非营利目的使用信息,就可以利用这个抗辩。它的条件是该政府信息不能被公开获取,或者无法从任何其他来源合理获取。此外,查寻该信息的组织必须向信息汇编的所有人发出通知,说明他们已经付出了努力从其他地方获取信息,并清晰地确定该信息。此后,信息汇编的所有人就有义务以查找、摘录和交付的成本价格提供信息。

保护期 《1999年法案》把信息汇编中所含的特定信息的保护期限制在十五年,从投入了符合信息保护条件的资源之后该信息首次被商业性提供之时起算。[183] 因此,信息汇编的所有人有十五年的保护期,一旦特定信息已经被商业性提供超过十五年,它们就可以被商业性地摘录或使用。不过,信息汇编中从被提供之时起不足十五年的其他信息,将继续受保护,直到它们被商业性提供达到十五年。根据《1997年法案》,十五年的保护期从投入开始之时起算,但是这种投入要使得信息汇编的组成部分符合保护条件。[184]

---

[181] 《1999年法案》第1404节(a)。
[182] 《1999年法案》第1408节(b)。
[183] 《1999年法案》第1408节(c)。
[184] 《1997年法案》第1208节(c)。

因此,根据《1997年法案》,十五年保护期开始起算的时间点要早于《1999年法案》规定的时间点,因此《1999年法案》规定的保护期实质上被稍微增长了。

不过,《1999年法案》具有确保不会对信息汇编的全部内容授予永久保护的效果,即使在更新该信息汇编过程中进行了进一步的投入。只有在下列条件下,汇编物中的新信息才将获得同旧信息一样的保护:在收集、编排或维护新信息的相关投入完成后,从其首次被商业提供之时,新信息符合十五年保护期的条件。这与《指令》形成对照,只要数据库所有人更新了数据库,《指令》实质上对数据库的全部内容授予了永久保护。对这个命题唯一需要说明的是把对"维护"的投入作为获得保护的标准之一。上文已经讨论过有关"维护"之含义的一些问题。在这里,一个更深入的问题是,"维护"包括校验信息汇编中包含的信息。[185] 可以认为,在信息首次被商业提供之后,校验它的持续精确性也可以构成对该信息的新投入。因此,一旦对校验做了新的投入,即使事实上没有发生信息的更新或补充,十五年的保护期就可以开始。

此外,《1999年法案》增加了一个特别要求,即信息汇编的所有人要承担证明未经其同意而被摘录或使用的信息被商业提供尚不足十五年的义务。[186] 另外,对于不能合理地确定被提供或摘录的信息被商业提供的时间是否少于十五年的使用者,不能获得金钱赔偿。[187] 这些规定的实际效果是,要求信息汇编所有人明确标明汇编物中哪些信息是受保护的,以及该保护从哪一天开始。

溯及力　《1999年法案》将不适用于法案生效之前的行为,但是在生效之后,它将保护信息汇编达十五年,从汇编物被首次商业提供之后起算。法案的溯及规定与《指令》相当不同,后者对数据库赋予了最大可能的溯及保护。

---

[185] 《1999年法案》第1401节(6)。
[186] 《1999年法案》第1409节。
[187] 《1999年法案》第1408节。

救济 《1999年法案》第1406节规定了知识产权案件的一般救济范围。这些救济包括损害赔偿、利润返还、禁令和扣押含有信息汇编内容的所有复制件和用于制作上述复制件的所有工具。法案还授予法院给予三倍赔偿的自由裁量权。此外,《1999年法案》对累犯规定了刑事制裁,包括高达50万美元的罚金和长达十年的监禁。[188]

研究和报告 关于《1999年法案》最后需要说明的是,它规定版权局和司法部反垄断局,对第1408条当中的抗辩是否应该扩展适用到无法从其他来源公开获得的所有信息汇编,而不仅仅是政府信息汇编这一问题提出报告。

与《指令》相比较 《1999年法案》的最后版本与《指令》非常不同。要求证明重要损害和参考主要和相关市场坚定地把法案转变到盗用侵权模式,并进一步脱离了《指令》的专有财产权模式。禁止规定也反映出保护制作汇编物的投入与汇编物的侵权使用之间更清晰的关系。此外,对有关保护期更新的条款的修改也消除了对整个信息汇编物永久保护的可能性。

被提议的例外也反映出对不同种类信息的更复杂的处理方法。[189] 合理使用的一般抗辩提供了一种以多个标准为根据的抗辩,考虑了对不同类型信息的各种使用方式。其他例外,从宗谱信息的例外到为情报和安全目的而收集的信息的例外,都说明把信息看作一个同质对象是困难的。此外,这些例外确保特别权利不会不必要地逾越版权法,而且它们将量身裁剪所授权利以便使法案的目标指向对投入的保护。

与《指令》相比,《1999年法案》被认为有利于数据库所有人而不利于使用者的一个地方与减损有关访问和使用数据库的合同安排有关。《指令》规定了数据库合法用户摘录和再利用数据库非实质性部分的积极权利。《1999年法案》没有禁止利用合同限制摘录

---

[188] 《1999年法案》第1407节。
[189] 这个问题在第六章中做了更详细地论述。

和提供信息汇编的非实质性部分。《1999年法案》所规定的唯一可能减损合同法的地方是第1408节(c)规定的有关政府信息汇编。甚至这个规定也只是间接涉及到合同法,因为它是通过豁免用户违反第1402节的禁止规定的责任,实质上授予了用户在特定情况下摘录和提供信息的积极权利。不过,它并没有赋予信息汇编所有人提供相关信息的积极义务。因此,尽管禁止访问信息的法律依据被取消了,但是对汇编物所有人利用技术措施去阻止或限制访问信息却没有任何约束。不管怎样,《指令》和美国法案都避开了强制许可,并把这个问题留待以后考虑。

与盗用侵权相比较　尽管法案的修改更加远离了《指令》,法案的保护依然清晰地高于盗用侵权所提供的保护。法案不愿意采纳实质性损害的检验标准而采用重要损害就是对此最重要的表现。因此,尽管法案明显地接近盗用侵权模式,两者之间依然有重大区别,而且有观点认为盗用侵权普通法并不能对信息汇编提供足够的保护。

尽管如此,法案确实向着这样一种保护模式发展,它被设计成确保所有者对其投入获得某些回报,而不是试图由所有者攫取汇编物的全部商业价值。重要损害标准的采用、主要和相关市场概念的引入以及例外规定都是对此的例证。另一个重要的例证是引入了这样的规定:特定信息被首次提供达十五年之后,确保该信息进入公有领域。

《1999年消费者与投资者信息获取法案》(The Consumer and Investor Access to Information Bill of 1999)

关于这个问题,还有另外一个法案被提交给了国会。1999年5月20日,汤姆·布里雷(Tom Bliley)议员提交了《1999年消费者与投资者信息获取法案》(简称《替代法案》)。[190]《替代法案》是《1999年法案》的对应物。在许多方面,它可以被看作是《1999年

---

[190]　HR 1858 of 106th Congress.

法案》反对者的权利主张的范围。它提出了一个远比先前法案的规定要狭窄的特别权利。所提议的特别权利是,在销售或发行数据库的复制件与该数据库形成竞争的情况下,禁止向公众销售或发行数据库的复制件。[191] 法案不禁止复制小于整体的数据库的任何部分。即使对这种最低限度的保护,也有许多宽松的排除规定和允许行为。例如,第103节(d)允许为了科学、教育或研究的目的进行复制,只要这种复制不是为直接商业竞争目的而实施的连续行为的组成部分即可。《替代法案》还把政府数据库完全排除在保护范围之外。[192]

美国的立场小结

最终,《1999年法案》和《替代法案》在第106届国会结束时都失去了效力。因此,美国依然希望通过某种特别立法[193],而目前对数据库的保护主要来源于版权、盗用侵权和合同。不过,已经提交的各种法案显现出可能的保护模式相当广泛。除了《指令》采用的准版权模式外,各种以盗用为基础的模式中任何一种都可能被采用。正如在开始分析美国立法建议的历史时指出的那样,美国立法建议的出发点是欧盟立法的终结点,而它的终结点(至少在本书写作时)与欧盟的出发点非常类似。美国已经避开了专有财产权的进路。相反,它已经选择了盗用侵权为基础的进路,把焦点放在被告的行为对原告的影响,以及原告从生产数据库或信息汇编的投入中获得合理收益的能力上。

对于早期的立法草案例如《1996年法案》和《1997年法案》在多大程度上确实采纳了不正当竞争的进路,尚有某些疑问。必需的损害可以由未经同意使用信息汇编的任何人引起。它原本就是

---

[191] 《替代法案》第102节。
[192] 《替代法案》第104节。
[193] 在司法委员会和商业委员会2001年联席会议召开期间,会议试图在对立观点的共识基础上提出立法法案。在本书写作时,尚未提出任何新的法案。

一个不相关的要求,因为每个原告都可能满足这个要求而不会遇到哪怕是最微小的困难。实际和潜在的市场这两个概念非常宽松,足以认为几乎任何人对数据库实质部分的任何使用都会构成必需的损害。用"主要的"和"相关的"两个词代替上述两个概念,并且引入重要损害的要求,这些更符合盗用侵权,尽管它们依然极大地偏离了盗用侵权构成要素的最新表述。在使用信息汇编方面的大范围的禁止行为、被描述为"不存在任何有意义的界限"[194]的保护期,这些都对立法建议在哪种程度上没有规定类似于《指令》所授予的专有财产权提出了质疑。

国会审议的最终立法草案走过了一条漫长的道路,从以《指令》为基础的《1996年法案》最初草案转变到更坚定地以摩托罗拉案所描述的更现代的盗用侵权概念为基础的进路。不过,这个立法建议与盗用侵权之间依然存在相当大的差异。有几个明显的原因可以解释立法进路与盗用侵权进路之间的差异。尤其是,后者是美国普通法的产物,而且生来就随着各个法院的判决在发展、倒退、扩张和限缩。这些判决反过来也明显受到关于竞争的性质的主流司法观念以及法院在塑造它的过程中所起的作用的影响。盗用侵权在性质上也更具一般性,而且,同它起源于第一次世界大战期间这个事实相适应,它并不是被专门设计来对付围绕在线数据库的技术问题。相反,立法建议被设计来处理盗用的一个特定方面或者一种特定的盗用类型。它处理一个问题及该问题的各种复杂难题。

随后的法案承认问题的复杂性,并对各个问题以比《1996年法案》更为详尽的方式做出了回应。对大量个别问题提出的专门规定就可以说明这一点,包括访问政府信息、教育和研究机构使用信息、使用股票市场信息、使用宗谱信息以及为情报活动使用信息等。另外,许多更具一般性的例外和抗辩被提出来,这是对有关版权侵权例外和抗辩规定的反映。

---

[194] Charles Phelps 的陈述,第8页。

最终结果是一种对数据库的特别保护进路,这种进路融合了盗用侵权、版权法、保护额头汗水和保护那些拥有足够的游说力量使国会必须考虑其利益的特别群体的利益。简而言之,它是一种远比《指令》更为复杂的法律提案。

　　这种复杂性有几个明显的原因。采用盗用侵权进路本身就立即带来了某些复杂性。它要求考虑经济问题,例如信息汇编所有人的市场以及对市场的损害。它承认有必要在保护投资人和访问信息之间维持平衡,并且需要由法官来决定这个平衡。相反,《指令》的进路则更为简单,它利用专有财产权为基础的进路去提供保护,同时结合了相对较少数量的例外。

　　应该承认,这些差异还有一些现实的原因。与美国联邦立法相比,《指令》的特性在于它处理的是必须由各成员国去执行和阐释的一般原则和问题。每个成员国立法的细节都必须由该成员国在自己法律制度的背景下做出决定。相反,美国的立法显然更具体和详尽,因为它是关于特别保护问题的唯一的和最终的法律文件。部分由于这个原因,它更加详细地处理了大量特殊种类的信息。例如,美国法案非常详细地规定了访问含有政府信息的数据库的问题。在《指令》中,这个问题得到了一般性承认,但是访问政府信息的详细规定则留给了成员国的立法。

　　即使承认《指令》的性质与具体立法之间的存在这些区别,在某些方面,后来的美国法案显然还是比《指令》更优越。这种优越性来自处理某些起草问题的方式,例如信息汇编的定义。这种优越性还来源于愿意接受和处理有关不同种类的信息及其不同使用方式的观念问题。例如,相当于合理使用的抗辩承认严格区分商业行为和非营利行为的困难,特别是在教育和研究部门。第六章对上述优点以及类似的地方做了更详细地讨论。

第六章　数据库保护的国际视角

本章有两个主要部分。第一部分考查了适用现有的国际版权条约去保护数据库。通过考查，我们的论点是，由于没有对外国数据库提供与欧盟数据库相同的特别保护，欧盟成员国可能违反了它们向相关国际条约的其他成员提供国民待遇和最惠国地位的国际版权义务。这个论点的根据是第三章在涉及特别权利与版权之间的重叠时所提到的要点。《指令》的特别保护可以被归类为版权，因此必须对所有数据库提供国民待遇，不管它们的地理来源如何。反过来，这会牵涉到下述观点：为了从欧盟获得互惠保护，其他国家例如美国应该提供类似保护。[1] 如果欧盟有义务提供国民待遇，那么上述观点就失去了价值。[2]

本章第二部分考查了迄今为止为达成专门解决数据库保护的多边条约而采取的行动。本部分还讨论了欧盟与其他国家所达成的多个双边协定，它们有效地把《指令》的特别权利作为欧盟现行法（acquis communitaire）的组成部分"出口"到那些国家。有关数据库的讨论的真正本性就要求考虑这些国际法律维度。计算机网络在很大程度上不受地理的限制，它允许从任何地方向地球上的任何地点几乎瞬时传输大量信息。相反，数据库的实际法律保护和管理主要是以领土为基础完成的。国际公法决定着各个区域法得

---

[1] 见，例如1999年6月15日，Henry Horbaczewski代表Reed Elsevier就《替代法案》向远程通讯、贸易和消费者保护分委会所作的证词，可访问下列网址http://thomas.loc.gov。

[2] 不管怎样，克林顿政府表示它准备采取措施抵制那些没有保护其数据库的国家。见美国商务部总法律顾问Andrew Pincus就《1999年法案》向法院和知识产权委员会所作的陈述，1999年3月18日，第20—21页。

以协调的程度,减少法律权利地域性的影响。例如,制定版权保护的最低标准,可以确保在世界的大部分地方对数据库提供类似标准的保护。当保护缺少一定程度的国际统一性时,如果只有很小数量的国家提供特别保护,全球数字环境就会向着抵制特别立法有效性的方向运作。对于拥有全球市场的数据库而言,情况必然如此。欧盟成员国的立法将对主要供应国内市场的数据库产生最大效应。因此,如果拥有国际市场的数据库要获得充分保护,一个国际保护制度是必不可少的。

在世界知识产权组织支持下制定的多边条约最初草案就是以《指令》为基础的,而且欧盟仍然在世界知识产权组织主张《指令》是合理的保护模式。欧盟把《指令》作为国际保护的模板来推广,遭到了来自科学和图书馆组织联盟以及大多数发展中国家的坚决反对。尽管世界知识产权组织内的这些争论并没有极大地推进支持或反对特别保护的观念争议,但是它们有助于清晰地识别争议的利益相关人和他们的利益。

由于在世界知识产权组织内缺乏进展,欧盟已经把它的努力转向与其他国家达成的双边条约上,特别是其他欧洲国家。在现有的一般双边条约的框架内,它已经确保几乎每个欧洲国家以及其他许多国家都将在可预见的将来拥有特别权利。

关于数据库版权保护的国际条约

有三个国际公约专门涉及到汇编作品和编辑作品,因此对数据库产生了影响。它们都与数据库的版权保护有关。它们是《伯尔尼公约》(Berne Convention)、《与贸易有关的知识产权协议》(TRIPS)和《版权条约》(Copyright Treaty)。《伯尔尼公约》确保对文学和艺术作品的编辑作品给予最低限度的保护。其中第2条(5)规定:

> 文学或艺术作品的汇编,诸如百科全书和选集,如果由于其内容的选择和编排而构成智力创作,本身应得到保护,但不得损害构成该汇编的每一作品的版权。

这个规定限于文学和艺术作品的汇编，不包括信息汇编，因为单条信息不具有使其获得版权保护的形式。

《与贸易有关的知识产权协议》和《版权条约》扩展了这种最低限度的保护。两者都含有把这种保护普遍延伸到数据汇编的规定。不过，这种保护要取决于汇编物的选择和编排方式构成一种智力创作。例如，《版权条约》第4条写到*：

> 数据或其他资料的汇编，无论以何种形式，只要由于其内容的选择或编排构成智力创作，其本身即受到保护。这种保护不延及数据或材料本身，亦不损害汇编中的数据或材料已存在的任何版权。

因此，尽管应该记住，这些公约只是规定了最低的保护标准，但是这些国际条约中没有任何一个要求对额头汗水提供保护。各个国家或者国家集团例如欧盟可以自由规定更高的保护水平。不过，至少在理论上，《指令》和费斯特案判决的效果已经使得数据库版权保护得以标准化并达到《与贸易有关的知识产权协议》和《版权条约》的所规定的水平。当然，应该注意，这些公约中关于信息汇编的保护规定更可能是对欧盟和美国决定采纳该标准的反映，而不是决定的原因。

还有一些更具一般性的版权保护规定，对数据库特别是电子数据库的法律保护以间接的方式产生影响。这些规定是《版权条约》中关于电子传播版权材料的条款。特别是新的向公众传播权以及关于技术措施和权利管理信息的义务。《版权条约》第8条规定：

> 文学和艺术作品的作者应享有专有权，以授权将其作品以有线或无线方式向公众传播，包括将其作品向公众提供，使公众中的成员可以在其个人选定的地点和时间获得这些作品。

---

* 原文如此。但是该条实际应为《世界知识产权组织版权条约》第5条，原文有误。——译者注

考虑到在线数据库的大量使用,任何特别保护也必须对不受版权保护的数据库提供相同或者类似的权利。正如第三章指出的那样,《指令》规定的再利用权包含这个向公众传播权。《1999年法案》中禁止向他人提供和禁止为向他人提供而摘录的规定同样涵盖了《版权条约》第8条所蕴涵的理念。

《版权条约》第11条还规定:

> 缔约各方应规定足够的法律保护和有效的法律救济,制止规避由作者为行使本条约或《伯尔尼公约》所规定的权利而使用的、对就其作品进行未经该有关作者许可或未被法律准许的行为加以约束的有效技术措施。

后来执行上述规定的缔约方的法律已经对制造、进口、发行和使用用于规避技术保护措施的装置等行为施加了限制。[3] 对于提供规避技术措施的服务同样也施加了限制。[4] 这反过来也限制或者将会限制为其他目的而获得此类装置,譬如,为合法目的例如为实现访问已经进入公有领域的版权材料和不享有版权保护的数据库,而规避技术保护措施。另外,适用除额头汗水以外的任何独创性标准都必然带来难题,这也意味着经常难以判断一个数据库是否受版权保护,因而也意味着难以判断是否允许规避它的技术保护措施。

《版权条约》第12条还规定:

> 缔约各方应规定足够和有效的法律救济,制止任何人明知、或就民事补救而言有合理的根据知道其行为会诱使、促成、便利或隐匿对本条约或《伯尔尼公约》所涵盖的任何权利的侵犯而故意从事下列行为:

---

[3] 例如澳大利亚1968年《版权法》第116节A。另见2000年9月28日欧洲理事会表决通过的《共同立场》No.48/2000 第6条(2),其目的是为了表决通过《欧洲议会和理事会关于协调信息社会版权和相关权特定方面的2000/EC号指令》,OJ No. C344 1 December 2000。

[4] 同上揭。

(i) 未经许可去除或改变任何权利管理的电子信息;

(ii) 未经许可发行、为发行目的进口、广播或向公众传播明知未经许可已被去除或改变权利管理电子信息的作品或作品的复制件。

第12条(2)把"权利管理信息"定义为:

> 识别作品、作品的作者、对作品拥有任何权利的所有人的信息,或有关作品使用的条款和条件的信息以及代表此种信息的任何数字或代码,各该项信息均附于作品的每件复制品上或在作品向公众进行传播时出现。

同理,受版权保护的数据库的所有人将获得对权利管理信息的保护。这种保护的主要目的之一是维护有关合同条件的信息,所有人准备以这些条款提供对其数据库的访问。因此,这种保护便利了为实现访问和使用数据库的缔约过程。例如,《1999年法案》强制要求信息汇编的所有人提供公告,在公告上标明特定信息首次被商业提供的日期。如果相关信息汇编受版权保护,第12条就对这类公告提供保护。

国民待遇、最惠国地位和《指令》

国际版权条约最终的相关义务是国民待遇义务。《伯尔尼公约》、《版权条约》和《与贸易有关的知识产权协议》都设有国民待遇的概念,而且后者还设立了类似最惠国地位的概念。国民待遇要求一个国家把它提供给本国国民的版权保护,同样扩展适用到作为相关国际条约成员方的其他国家的国民。它是早期双边版权条约的基本组成部分,而且自《伯尔尼公约》开始时就成为公约的组成部分。[5] 它迄今依然是后来的版权国际条约的基本特征。例

---

[5] S. Ricketson, *The Berne Convention for the Protection of Literary and Atistic Works: 1886—1986* (Center for Commercial Law Studies, Queen Mary College, University of London, 1987), at p.5.54.

如,《与贸易有关的知识产权协议》第 3 条(1)规定:

> 各成员在知识产权保护上对其他成员之国民提供的待遇,不得低于其提供给本国国民的待遇。

《与贸易有关的知识产权协议》第 4 条概述了最惠国地位的概念:

> 在知识产权保护上,某一成员授予给任何其他国家国民的任何利益、优惠、特权或豁免,均应立即无条件地适用于全体其他成员之国民。

第 4 条接下来列举了国民待遇要求的许多例外,它们与当前的分析没有关系。

《与贸易有关的知识产权协议》的一个解释性注释写到:

> 就本协议第三条、第四条而言,所谓保护,既应包括涉及本协议特别阐述的知识产权利用的事宜,也应包括影响知识产权之有效性、获得、范围、维护及行使的诸项事宜。[6]

需要注意的重要一点是,尽管《与贸易有关的知识产权协议》详细规定了知识产权保护的某些最低要求,协议特别规定成员可以规定比《协议》的要求更高的保护。[7] 这一点,结合对《与贸易有关的知识产权协议》的其他成员实施国民待遇并给予最惠国地位的要求,似乎可以得出这样的结论:如果一个国家选择提供比《与贸易有关的知识产权协议》的要求更高的知识产权保护,那么它必须把额外保护提供给其他国家的国民。它不得以互惠为基础向其他国家国民提供额外保护,即不能以其他国家的国内法也对它的国民提供额外保护为条件。相反的观点可能来源于第 1 条(3),该条规定:"成员均应将本《协议》提供的待遇,赋予其他成员的国民"(加了着重号)。这可能暗示,国民待遇的义务只适用于《协议》所要求的保护,但是第 3 条和第 4 条似乎非常清晰地指出,

---

[6] 见世界贸易组织网站上的《与贸易有关的知识产权协议》文本及相关注释,http://www.wto.org/english/doc_e/legal_e/27-trips.pdf,注释 3。

[7]《与贸易有关的知识产权协议》第 1 条(1)。

国民待遇和最惠国待遇的要求适用于所有知识产权保护,不论是利益、优惠、特权还是豁免。

接下来关键的问题就变成什么构成《与贸易有关的知识产权协议》含义下的"知识产权"。《协议》本身对此做了部分阐释,第1条(2)规定:"对于本《协议》,'知识产权'一词,系指第二部分第一至第七节中所包括的所有类别的知识产权。"这些章节中的第一节特别指的是"版权和相关权",而其他章节则是指"商标"、"地理标志"、"工业设计"、"专利"、"集成电路"和"未披露的信息"。此外,任何知识产权制度的类别也要受到国际公约例如《伯尔尼公约》的影响。这是因为《与贸易有关的知识产权协议》本身要求其成员遵守既有公约的规定,并且明确地从这些公约中借鉴了许多思想。[8]《与贸易有关的知识产权协议》中的知识产权以及特别是版权和邻接权的定义都产生于对这些公约及其附加规定的考虑。例如,如果其选择或编排涉及知识产权,《伯尔尼公约》要求保护文学或艺术作品的编辑物,但是《与贸易有关的知识产权协议》则把这个要求增加为,不仅要求保护文学和艺术作品的编辑物,还要求保护数据或其他材料的编辑物。

在表面上,《指令》所创造的摘录和再利用的特别权利似乎不属于版权或邻接权类型。因此,《指令》能够规定对其他国家国民的特别保护只有在互惠基础上才能提供。然而,对《指令》的规定进行深入考查则会得出不同的结论。正如第三章的讨论指出,有理由认为对数据库提供的特别保护只是版权保护的另一名称而已。此处将不再重复这一讨论,但是应该注意《指令》的特别权利的下述特征:

1. 在很多情况下,同一人的同一行为既构成版权意义上数据库的作者,又构成特别权利意义上数据库的制作者。
2. 特别权利保护客体的检验标准实质上与版权制度的额头汗

---

[8] 例如,《与贸易有关的知识产权协议》第9条要求成员遵守《伯尔尼公约》第1至21条。

水标准相同。在当前背景下更重要的是,它还进一步规定特别权利的授权条件是与数据库的选择和编排有关的智力创造性,或者是额头汗水与智力创造性的结合。

3. 授予数据库制作者的权利与授予版权人的权利相同。

4. 所规定的例外非常类似于版权中规定的例外,而且在许多情况下还与之相同。此外,这些例外本身受到《伯尔尼公约》所采纳的一般原则的限制,即任何例外都不得与作品的正常利用相冲突,或者不致不合理地损害作者的正当利益。[9]

不仅《指令》第三章的效果是提供版权保护,而且有相当的证据表明这本身就是它的目的。共同体委员会和理事会的讨论促成了《指令》的通过,这些讨论完全能够证明上述结论。特别保护的目标是一种版权保护,这个论点也得到《经社委员会的意见》对共同体委员会制定的《最初草案》所表达的观点的支持。经社委员会实际上主张《指令》完全对额头汗水提供版权保护,并且指出特别保护进路不是最合适的提供保护的方式。[10] 它还表达了这样的观点:如果要创建特别权利,那么它应该"是一种如同数据库版权限制下的行为一样有效的权利"。[11] 尽管不创建特别权利的首选进路未被采纳,但是次选方案被采纳了。它与经社委员会建议的以版权为基础的进路之间的区别仅仅在于形式而不在于实质。在直至《指令》被表决通过的过程中,以版权为基础的特别保护进路也受到了数据库产业界的欢迎,特别是英国的那些生产商。《最初草案》发布之后,许多数据库生产商组织反对草案,并且为把"英国保护模式"推广到其他欧盟国家而奔走游说。[12]《指令》的重心从以不正当竞争原则为基础到以版权原则为基础的巨大转变表明,这些游说活动取得了成功。

---

[9]《伯尔尼公约》第9条(2)。这一措辞也被《与贸易有关的知识产权协议》中关于版权和有关权的第13条所采纳。

[10] Para. 2.6.1 of the Committee's Opinion.

[11] Para. 2.7 of the Committee's Opinion.

[12] R. Cobb, "The Database Fightback", *Marketing*, 18 February 1993, p.3.

简而言之，版权与《指令》规定的特别权利之间的唯一区别是：一个被称为"版权"而另一个则被称为"特别权利"。形式上的差异不能掩盖实质上的真实——它就是数据库版权。按照上述结论，欧盟成员国有义务向属于国际公约——例如《与贸易有关的知识产权协议》和《版权条约》——签约方国家的所有国民的数据库提供国民待遇。[13]

欧盟成员国执行《指令》的实际方式也表明，执行《指令》的各个立法都属于《与贸易有关的知识产权协议》中知识产权定义的范围，因此必须向世界贸易组织的所有成员国国民提供国民待遇。英国的执行立法就是其中最明显的例子。英国执行《指令》的立法被包含在《英国版权、外观设计和专利法(1988)》的条例中(《英国数据库条例》)[14]，该条例更加强了这一感觉——数据库特别保护就是版权的一部分。[15] 英国的官方文件进一步加强了这一印象，它证明英国政府的目标是尽可能更少破坏英国现有的额头汗水版权制度。[16]

把《指令》的特别保护规定和它的执行立法归类为版权法还会产生其他结果。一旦得出上述结论，国际条约(例如《与贸易有关的知识产权协议》和《伯尔尼公约》)施加的所有国际义务都要对所

---

[13] 相反的观点，见 P. Goldstein, *International Copyright*: *Principles, Law and Practice* (Oxford University Press, Oxford, 2001), pp.79—80。

[14] Copyright and Right in Databases Regulations 1997, SI 1997, No.3032.

[15] 其他国家则在其版权和相关权的立法中设立的关于数据库的新规定，并把这些新规定看作是一种新形式的邻接权。见，例如，法国把《指令》转化到知识产权法典中的 No.98-536 号法令，1998 年 7 月 1 日；荷兰，1999 年 7 月 8 日执行关于数据库法律保护 96/9/EC 指令(1996 年 3 月 11 日)的法令(Staatsblad 1999-303)；意大利，1999 年 5 月 6 日立法法令 No.169，官方公报 No.138，1999 年 6 月 15 日，第 5 页。

[16] Copyright Directorate, The Patent Office DTI, "Directive 96/9/EC of the European Parliament and the Council of 11 March, 1996 on the Legal Protection of Database: A Consultative Paper on United Kingdom Implementation" (London, 1997), at 10; 以及 Copyright Directorate, The Patent Office, "The Government's Proposals to Implementation the Directive of the European Parliament and the Council of 11 March, 1996 on the Legal Protection of Database (96/9/EC): Outcome of Consultations" (Patent Office, London, 1997), at 1—2.

谓的"特别权利"适用。特别是，多数版权材料的最低保护期限是作者死后五十年。[17] 根据欧盟法，保护期限是作者死后七十年。[18] 欧盟有权为了其内部目标改变保护期，但是它要受到五十年最低保护期的约束，该期限由《伯尔尼公约》和《与贸易有关的知识产权协议》规定，可以通过世界贸易组织强制执行。《指令》规定的十五年保护期明显短于最低保护期。

上述分析最主要的隐含意义是：如果欧盟被要求向来自其他国家的数据库提供国民待遇，迫使欧盟范围外的国家提供互惠保护的努力就不具有任何影响力。

国际公法义务与美国立法

与《指令》相比较，被提交给国会但未被通过的美国法案在性质上不能被轻易地归类为版权。事实上，没有多少论据能够证明它是版权。《1999年法案》授予信息汇编所有人的权利的性质根本不同于版权。依靠盗用侵权原则去定义禁止摘录和提供信息汇编的规定，使得法案脱离了版权范式，进入了盗用侵权的领域。《替代法案》在这方面甚至走得更远。

迈向世界知识产权组织数据库保护条约

迄今为止，尚不存在对数据库提供特别保护的多边协定。在世界知识产权组织的支持下已经讨论过这个主题。特别是，一个数据库保护条约的草案(《条约草案》)[19] 曾经被提交给世界知识

---

[17] 《伯尔尼公约》第7条。

[18] 《1993年10月29日理事会协调版权和特定相关权保护期的指令》(Council Directive of 29 October 1993 harmonizing term of protection of Copyright and certain related rights), OJ No. C290, 1993年11月24日, pp. 9—13.

[19] 《有关版权和邻接权问题的外交会议审议的数据库知识产权条约实体条款基本草案》(Basic Proposal for the Substantive Provision of the Treaty on Intellectual Property in respect of Databases Considered by the Diplomatic Conference on Copyright and Neithbouring Rights Questions), 日内瓦, 1996年12月, CRNR/DC/6.

产权组织召集的外交会议,也就是通过了《版权条约》的那次外交会议。[20] 这个提案是欧盟起草并提交给 1996 年 2 月专家委员会会议[21]的最初草案与美国于 1996 年 5 月向同一委员会提交的草案两者结合的产物。[22] 随后,专家委员会在 1996 年 2 月和 5 月审议了这些草案[23],并向同年的外交会议提交了一份基本草案。

由于强烈的反对,特别是来自发展中国家的反对,《条约草案》在外交会议上并未得到详细审议。相反,会议做出了继续深入考虑数据库保护问题的决议。[24] 部分由于这个原因,详细分析《条约草案》的规定实际上就没有必要了。不过,下文提供了关于该《条约草案》的一些中肯评论,并附带讨论了世界知识产权组织对条约的当前立场。

《条约草案》

在《指令》被表决通过后不久,1996 年 11 月提出了《条约草案》。它由关于《伯尔尼公约可行协议》和《保护表演者和录音制作者权利之可行方案》的专家委员会主席起草,并附带有关于《条约草案》的解释性评论。[25] 这个时间也恰好是《1996 年法案》被提交给美国国会之后不久。因此,《条约草案》与这两个文件非常类似就不令人惊讶了。它基本上是对《指令》和《1996 年法案》的反映,而后者同样也是对《指令》的反映。

因而,它采纳了《指令》关于数据库的宽泛定义。[26] 数据库获得保护的根据是在收集、组合、校验、编排或展现数据库内容过程中花费的实质性投入。《条约草案》的解释性评论确认,除了额头汗水的努力之外,投入还可以"包括提供能够提高产品质量的创

---

[20] CRNR/DC/6.
[21] BCP/CE/VI/13.
[22] BCP/CE/VII/2-INR/CE/VI/2.
[23] CRN/DC/6, at 2.
[24] WIPO Press Release, Geneva, 20 December 1996.
[25] CRNR/DC/6.
[26] 《条约草案》第 2 条。

意、革新和努力"。[27] 由于《条约草案》建立在《指令》的基础上,这就更加支持了如下结论(第三章以及本章前节所作的结论):《指令》的特别权利实际上保护那些能够赋予数据库以版权保护的创造性特征。此外,评论还指出,校验包括"后续的核实与再核实"(第三章在涉及《指令》中"校验"的含义时对这个问题做了讨论)。[28]

因此,《条约草案》授予数据库所有人的摘录权和利用权与《指令》规定的摘录和再利用的权利是相同的。[29] 这些权利的例外本身明确规定要符合下述要求:不与数据库的正常利用相冲突,也不致不合理地损害权利人的正当利益。[30]

与世界知识产权组织的其他条约以及《与贸易有关的知识产权协议》一样,《条约草案》第6条设置了国民待遇的概念。这可能是《条约草案》与《指令》之间的唯一重大分歧,《指令》只有在其他国家对欧盟数据库提供类似保护的基础上,才对来自非欧盟国家的数据库给予保护。

对于保护期,《条约草案》提供了两个选择性规定。一个建议是给予十五年的保护期,而另一个可选择方案是二十五年的保护期。这再一次反映了欧盟与美国当时在处理这个问题上的分歧。

世界知识产权组织为数据库条约的进一步行动

根据外交会议上做出的建议,世界知识产权组织主管机构应该对条约的进一步准备工作做出决议,自1996年的外交会议以来,数据库条约问题已经在世界知识产权组织的多个委员会中进行了讨论。[31] 1997年3月,世界知识产权组织主管机构和由世界知识产权组织管理的组织在日内瓦召开会议,就这个问题进行了

---

[27] Explanatory Memorandum to the Draft Treaty, at 16.
[28] 同上揭。
[29] 《条约草案》第3条。
[30] 《条约草案》第5条。
[31] WIPO Press Release, No. 106.

讨论。[32] 在此次会议之前,世界知识产权组织总干事于1997年1月发布了一个备忘录[33],提出了一个为通过数据库条约的准备工作临时性进度表。这个进度表涉及到召集一个专家委员会去审议被提交的条约草案,而条约草案则"由国际局通过考虑当年5月底之前所收到的政府或欧共体的任何书面建议进行起草"。[34] 此后,主管机构的后续会议将审议被提议的专家委员会会议的结论,目的是为了组织下一步关于数据库条约的预备会议。[35] 显然,备忘录背后的目标是尽快地推进迈向数据库条约的步伐。

在主管机构的会议上,来自非洲、亚洲和南美洲的许多国家对这个潜在的数据库条约快车道提出了相当多的反对意见。例如,韩国代表团提出对这个问题的准备工作应该延迟到1998年以后。[36] 来自科特迪瓦和巴基斯坦的代表团则建议应该听取"相关的组织——例如联合国教科文组织(UNESCO)、世界气象组织(WMO)和联合国贸易和发展会议(UNCTAD)的意见,特别是数据库特别保护对发展的影响"。[37] 许多代表团赞成对有关数据库的现有法律和实践进行一次技术性研究。[38] 简言之,压倒多数的代表国支持放慢制定数据库条约的过程。会议最终决定召开一次关于数据库知识产权的情报会议。[39]

世界知识产权组织关于数据库知识产权的情报会议,日内瓦,1997年9月17至19日

情报会议于1997年9月召开。它不是一次为条约草案做准备

---

[32] 见主管机构通过的综合报告(AB/XXX/4),可以在下列网址获取 http://www.wipo.org/eng/document/gov.body/wo_gb_as/30_4.htm。
[33] AB/XXX/3.
[34] 同上揭,at 2.
[35] 同上揭,at 3.
[36] 见主管机构通过的综合报告(AB/XXX/4)。
[37] 同上揭,at 3。
[38] 同上揭。
[39] 同上揭。

的会议,而是一次交流关于数据库的现有国家和地区立法信息以及各个相关组织(例如世界气象组织[40]和联合国教科文组织[41])的意见的机会。

世界气象组织和联合国教科文组织的意见

世界气象组织和联合国教科文组织都向会议提交了书面意见,表达了它们对任何数据库条约对科学信息自由流动之影响的关注。[42] 两个意见报告都对把自由企业竞争模式适用到为科学目的访问和传播数据的问题上提出了质疑。在描述了气象数据的国际交换框架之后,世界气象组织评论说:"世界气象组织为所有国家和民族的总体利益而采取的行动要求合作而不是竞争,并主要在合作的基础上而不是在竞争的基础上繁荣起来。"[43] 与此类似,联合国教科文组织指出,许多数据库含有关于地球科学、环境、海洋或空间科学的信息[44],而且"这些数据库的成功在于它们具有的巨大覆盖范围,同时还有访问和有效使用的最好条件,而与商业因素没有关系"。[45] 它接下去认为:

> 因此,调整有关这种数据库的信息交换的规则……不应该从具有商业特征的竞争性利用的逻辑中产生……所以,为了科学家的目的而进行的数据交换应该遵守以合作原则为基础的特别模式,这种模式与那些适用于数据库商业利用的模式分离开来。科学家应该能够自由地从所有来源访问数据库,而不是仅仅参与承担生产和交换数据的成本。[46]

---

[40] DB/IN/4,可以在下列网址获取 http://www.wipo.org/eng/meeting/infdat97/。
[41] DB/IM/5.
[42] DB/IM/4 and 5.
[43] DB/IM/4, at 5.
[44] DB/IM/5, at 2.
[45] 同上揭。
[46] 同上揭。

情报会议的结果

会议报告揭示出,对于任何关于数据库条约的匆忙结论都有相当的反对意见,许多代表团要求延长研究和分析这个问题的时间。[47] 最后,情报会议通过了本次会议达成的涉及信息传播的多个建议以及提交给会议的书面报告。关于以后召开世界知识产权组织会议的问题则留待世界知识产权组织的相关主管机构决定。[48] 自情报会议以来,版权与相关权常设委员会(SCCR)的六次会议中有五次都讨论过这个问题。[49]

没有任何一次会议能够极大地推进条约的进程或者关于数据库法律保护的理论论争。版权与相关权常设委员会的第一次会议于1998年11月在日内瓦召开。从总体上看,科学组织反对数据库特别保护,发展中国家也表达了它们对数据库特别保护立法潜在影响的忧虑,不过它们经常是重复科学组织的论点。[50]

澳大利亚、俄罗斯和瑞士代表团似乎是首次提出了这样一种可能性,"为成员国制定一种具有特定程度灵活性的国际制度,允许它们选择其希望执行该制度的方式"。[51]《保护录音制品制作者防止未经许可复制其录音制品公约(1971)》(Convention for the

---

[47] DB/IM/6, 19 September 1997, at 2.

[48] 同上揭,at 3。

[49] 1998年3月,世界知识产权组织成员国大会对它的管理架构做了一些重大修改。在修改以前,世界知识产权组织曾经根据不同的主题设立过特别委员会,例如关于《伯尔尼公约》草案专家委员会。这些委员会的作用是,承担制定条约的预备工作;当预备工作达到比较成熟的阶段时,召集外交会议,并且在可能的条件下缔结该条约。这种专家委员会制度被许多常设委员会所取代,包括在数据库方面负有责任的版权和相关权常设委员会。对这些改革的分析,见 A/32/INF/2;世界知识产权组织成员国大会,第32届会议。日内瓦,1998年3月25—27日,"世界知识产权组织的管理架构"。

[50] 见,例如作者权和有关权永久委员会的报告,1998年11月2—10日。常设委员会通过,SCCR/1/9,以及,印度代表团的意见,para.139;埃及代表团的意见,para.154;肯尼亚代表团的意见,para.146;中华人民共和国的意见,para.150;世界气象组织的意见,para.159;联合国教科文组织的意见,para.160。

[51] 同上揭,at paras. 134、137和145。

Protection of Producers of Phonograms Against Unauthorized Duplication of their Phonograms 1971)和《集成电路知识产权条约(1989)》(Treaty on Intellectual Property in Respect of Intergrated Circuits 1989)建议稿已经采用了类似的方法。

情报会议对有关数据库保护的未来工作提出了两个主要建议。一是"在1999年第二季度,国际局应该组织地区性磋商,不论是以地区性会议、专题讨论会还是圆桌会议的形式",二是"国际局应该委托研究数据库保护对发展中国家的经济影响,特别要重视对最不发达国家的影响"。[52]

不论是这些地区性磋商还是版权与相关权常设委员会后来的会议,都没有显示出政府或非政府组织的态度或观点发生了任何真正的改变。[53] 关于对发展中国家影响的研究依然在进行之中。它的提交日期尚未确定,而且直到研究完成之前,进一步的实质性讨论将不可能重新恢复。[54]

制定数据库条约的行动小结

在1996年的外交会议上,快速制定数据库条约的最初动议就已经被延迟下来,并要求继续收集关于数据库问题的更多信息。推进这个进程的困难之一在于,在一个条约或者至少是某种形式的条约背后,缺少有组织的国家集团。有许多国家和组织支持某种形式的特别保护,但是它们对于形式却有着分歧的观点。欧盟及其成员国继续支持《指令》中已有的特别保护方式。支持这种进

---

[52] 同上揭,at para. 204(b)。

[53] 见版权和相关权常设委员会第二次和第三次会议的报告,1999年5月4日—11日,载 SCCR/2/11;SCCR/2/10 Rev 是一个关于中欧和波罗的海国家地区性圆桌会议的报告,该报告的内容是广播组织的权利保护而不是数据库的保护;版税和相关权常设委员会的 SCCR3/11 文件是关于六次圆桌会议中四次会议的报告。阿拉伯集团国家和加勒比及拉丁美洲国家没有提供它们的地区会议报告。

[54] 世界知识产权组织的 Carlos Claa 先生发给本书作者的电子邮件,2000年9月5日。

路的其他国家限于那些来自中欧和波罗的海的国家,它们可能有支持欧盟的政治议程,因为它们希望成为欧盟的成员。[55] 还有少数非洲国家有条件地给予支持。[56]《指令》的进路还获得了许多非政府组织的支持,例如国际出版者联盟(IPA)。[57]

美国也表示它将继续支持某种形式的特别保护。不过,在美国缺少任何国内立法的情况下,也就无法对它所支持的特别保护方式进行精确说明。美国政府的立场确实已经极大地偏离了它最初所支持的以《指令》和《1996 年法案》为基础的条约。[58] 到 1999 年 5 月召开的版权与相关权常设委员会第二次会议为止,美国代表团的立场已经转变为明确支持关于数据库以盗用侵权为基础的国内法。[59] 此外,似乎不可避免的是,国会就这一主题所通过的任何形式的美国立法都将反映上述观点,而且它将非常不同于《指令》以专有财产权为基础的进路。因此,即使对数据库增加保护的可欲性达成共识,保护的方式也是一个具有争议的问题。

瑞士、俄罗斯和澳大利亚提出制定一个采用灵活性进路保护数据库的条约,上述情况就为这个建议提供了可能性。这可能涉及到规定一个基本要求,以便保护在获取、校验和展现数据库内容过程中的投入,但是无需规定保护的确切特征,也不能不适当地对数据库所有人任何权利的例外加以限制。它允许各个国家选择采用专有权制度或者以盗用侵权为基础的保护方式。不过,灵活性进路实际上对非独创性的数据库提供了重要保护,对此达成共识并非易事。

那些支持某种形式特别保护的成员缺少一种具有凝聚力的方法,这种情况与反对《指令》所采纳的进路、看上去团结一致的集团形成鲜明对比。这种反对力量来自亚太地区国家、大部分非洲国

---

[55] SCCR/2/10 Rev, at 2.
[56] 例如 SCCR/2/11,加纳的提议。
[57] SCCR/3/11 paras. 112, 114, 115, 116, and 117.
[58] 例如前述 Andrew Pincus 的陈述。
[59] SCCR/2/11, para. 96.

家和许多国际科学和研究组织。[60] 它们几乎一致担心任何特别保护对发展中国家,对为教育、科学和研究目的而获取信息,以及对获取用公共基金制作的信息的影响。这种担心以多种不同的方式表现出来,并最终导致极大地延误了条约的进程。例如,一再要求对任何特别保护提供更多信息和更多理由。拥有众多人口的国家都对增加保护的建议表达了它们的忧虑。这些国家有印度、俄罗斯、中华人民共和国和印度尼西亚[61],它们占了世界总人口的一半以上。尤其是,国际局(the International Bureau)承担了委托研究增加保护对发展和经济转型之影响的任务,这个过程本身就是缓慢的。

非洲国家还企图利用数据库问题,以便在民间文学表达和传统知识保护这个非常独立的主题上赢得优势。由于总干事的备忘录在涉及1996年条约建议最初草案的地方几乎是偶然提到了它,两个问题的最初联系就出现了。[62] 然而,非洲国家已经在不止一个场合提出过这两个问题的联系,这表明,在发达国家得到更多知识产权保护之前,它们渴望能够确保那些对发展中国家更利益攸关的问题先得到解决。[63]

不能忽视的是,在数据库方面创建一种新知识产权制度的建议仅仅是为建立新知识产权制度的第二个主要建议,新知识产权制度将得到来自发展中国家的大力支持。[64] 在当今任何一个主要发展中国家以有影响的方式参与建立国际保护标准的国际进程之

---

[60] 除了世界气象组织和联合国教科文组织发表了意见之外,国际科学协会理事会(ICSU)也表达了它对特别保护的关注,见 SCCR/2/11,para.113;国际图书馆学会联合会(IFLA)也表达了意见,见 SCCR/1/9,at para.165。

[61] 见,例如,常设委员会的报告,SCCR/1/9,以及印度代表团的意见,para.139;印度尼西亚,para.154;中华人民共和国,para.150,以及俄罗斯代表团的意见,SCCR/3/11,para.74。

[62] CRNR/DC/6,《条约草案》第 2 条的评论,at 8。

[63] 主管机构表决通过的综合报告(AB/XXX/4),at 4,以及 SCCR/3/2,at76。

[64] 第一个是集成电路布图设计特别保护,尽管有理由认为它仅仅是版权保护的一种变形。

前,其他传统形式的知识产权——专利、外观设计、版权和商标——都已经充分建立起来。发展中国家对现有知识产权制度的利益和关切,都被当作对既有制度的事后补救、补充或例外来对待。这种局势的后果自然是强烈反对改变既有制度和权利以满足发展中国家的关切,因为没有什么事情比改变一种既有的权利和资格制度更为困难。一个明显的例证是,在达成共识表决通过关于发展中国家版权的《伯尔尼公约斯德哥尔摩协议》的过程中所经历的困难。[65]

因此,从发展中国家和那些关注数据库保护问题的组织的角度看,非常重要的是,任何新知识产权制度的初始创建就要正确地考虑这些国家和组织的利益,因为以后要达成任何改变都将是极端困难的。这次争论中有一个特别方面对发展中国家的影响要超过发达国家,那就是对利用政府基金建立的信息的控制问题。在发达国家,政府和非营利部门贡献了大约三分之一的研发基金。在发展中国家这个比例似乎要高得多。[66] 下一章对利用政府基金产生的信息与特别保护之间的关系做了一些分析。

由于发展中国家的关注和特别利益,制定多边数据库条约的进程可能是漫长和复杂的,而且至少在可见的将来,欧盟采用的高度保护主义模式极不可能获得国际性的接受。

欧盟与双边协定

由于在多边层面上缺少进展,欧盟对此的反应是,寻求把数据库保护作为它和与其存在特殊关系的特定国家之间双边协定的一部分。例如,欧盟与不同国家签订了多个联系协定,包括许多希望成为欧盟成员的国家。这些协定和成员身份本身的条件之一就是

---

[65] 见 S. Ricketson, *The Berne Convention*: *1886—1986*,第 11 章。
[66] 例如,在印度,1995 到 1996 年度,83.6% 的研究和开发基金来自非营利部门。UNESCO, *World Science Report* (UNESCO, Paris, 1998) at pp. 197—198.

这些国家的法律要符合欧盟现行法(acquis communitaire)，即欧盟法律整体。这类协定的例子有欧盟与十个中东欧国家之间的欧洲协定。[67] 还有其他协定已经就绪并要求下列国家，例如塞浦路斯、马耳他、土耳其、以色列和南非，采纳欧盟法，包括保护数据库的法律。其他国家也有可能自愿采纳与《指令》类似的法律，因为它们与欧盟或者欧盟成员有密切的关系。墨西哥和一些拉丁美洲国家就是这类国家的例子。

总之，超过五十个国家已经规定，或者在可预见的将来会规定《指令》创建的特别权利。在多数情况下，它将作为采纳整个欧盟法的过程的一部分而发生，而不是专门考虑数据库保护。

结　　论

最终结果是，尽管一个多边条约似乎还遥遥无期，但是欧盟模式已经蔓延到几乎所有欧洲国家、南非、部分南美国家以及其他国家，例如以色列和土耳其。另一方面，在北美、亚洲和非洲则存在抵制这种模式的强大反对力量。

正如本章开头所言，关于数据库国际保护的争论已经辨别出了在争论中关键的利益相关者。在世界知识产权组织的讨论中，出现了主要的科学和图书馆组织以及许多发展中国家对欧盟保护模式的担心。一些全球性组织——例如世界气象组织(WMO)和国际科学协会理事会(ICSU)——表达的忧虑反映出美国在国家层面上表达的类似忧虑。在美国，反对特别立法的主要力量来自科学组织，例如美国国家科学研究委员会，这是一个由各种科学组织组成的范围广泛的机构，其中有国家科学院、国家工程院和国家医学科学院。反对的结果是，在国家层面上，美国推迟引入特别立法；在多边层面上，推迟了世界知识产权组织的条约。相反，《指

---

[67]　波兰、匈牙利、捷克、斯洛伐克、罗马尼亚、比利时、拉脱维亚、立陶宛、爱沙尼亚、斯洛文尼亚。

令》的模式已经渗透到超过五十个国家的法律制度中,似乎只出现了非常小的反对。

　　似乎有三个原因可以解释对欧盟模式态度上的这种极端对立。第一是,在一路到达表决通过《指令》的时间里,没有任何泛欧或泛欧盟的科学组织存在,更遑论一个有效组织起来为反对迫切要求高度保护数据库的出版利益而陈情的机构。相反,却存在另一些组织良好的泛欧组织——例如欧洲出版者联盟,它们能够对《指令》的最终形成施加重大影响。

　　这种差别的第二个原因是,欧盟的出版产业界坚决地支持《指令》,而美国的出版组织在特别保护问题上却意见分裂,有些出版商例如邓白氏(Dun & Bradstreet)公司就站到了科学游说团一边。这种分裂在世界知识产权组织的讨论中也非常明显。

　　第三个原因可以解释《指令》模式在一些国家的传播,它们毫不迟疑地在双边协定中接受全部的欧盟法律,作为与欧盟保持密切关系的代价。实际上在这些国家中,并没有讨论数据库特别保护对于它们是否适当。

　　这些态度分歧,以及欧盟模式未经深入讨论就传播到其他国家的传播方式,都表明在建立任何新知识产权制度——例如数据库特别保护制度——的过程中亟须慎重。在下一章中,将以一系列基本问题结束对数据库特别保护正当性的讨论,在授予数据库任何新保护时都应该对这些问题给予考虑。

第七章　数据库法律保护的适当模式

前面几章已经对《指令》的法律立场和美国数据库特别保护的提案做了详细分析。第六章考查了欧盟的行动,把数据库保护的《指令》模式传遍整个欧洲,并且通过多边或双边协定传播到其他地区。本章考查数据库特别保护的正当性根据,并对规定数据库特别保护的未来立法或国际协定的几个关键方面提出了建议。

为此,本章首先着眼于支持特别保护的论据。本节的部分内容利用了波斯纳(Posner)和兰德斯(Landes)分析的知识产权制度的经济正当性。同时,波斯纳和兰德斯所认定的建立知识产权制度的成本也在数据库的背景下做了分析。在分析过程中,本节涉及到几个与信息经济学有关的特殊问题,尤其是那些关于把信息作为商品的问题。把信息作为商品对待是可能的,而且在许多情况下,这样做是恰当的。关键的问题是确定这种商品的性质,以及与之相关联,应该授予其何种性质的权利。此处特别的困难之一是信息有被均质对待的倾向,而事实上它却不是均质的。因此,不同种类的数据库和不同的数据库使用方式需要被区别对待。[1] 例如,难以保证信息生产的链条,或者更准确地说是信息生产的螺旋能够得到恰当地维持。链条或螺旋这些概念是指数据库所有人、数据库使用者和那些对数据库贡献信息的人之间的关系。在有些背景下,例如科学研究,使用者和贡献者是同一人。因此,过度限

---

[1] "如果政策制订者错误地认为只存在一种信息,因此对所有信息市场只能适用一种财产法规则,就会导致无效率,造成产生错误数量和错误种类的信息。" R. Cooter and T. Ulen, *Law and Economics* (Scott, Foresman and Co., Glenview, 1986), p.115.

制数据库使用者会影响他们向数据库贡献信息的能力,从而对可利用信息的数量和质量造成消极影响。因此,数据库的法律权利需要谨慎确定,以便能够保证数据库所包含的信息得到充分可能地利用。

在考查了把经济理论运用于特别保护的论据之后,本章还审查了支持这些论据的一些观察证据和经验证据,而且有些证据表明特别保护并非必要。这个论证的主要困难在于,没有决定性的经验证据证明需要特别保护。不过,法律的改变经常是在没有决定性的经验证据的情况下就发生了。[2]

需要说明的是,还有一些非经济的考量因素与获取信息有关。它们主要涉及到,信息在一个民主社会中的作用,以及通过维持不把信息当作商品对待的信息使用模式,推进科学和艺术的需要。这会得出一个结论,对于政府信息以及为了新闻报道的目的,需要一些例外。此外,有些科学奋斗的舞台和信息交换的场所,例如世界气象组织和联合国教科文组织所提到的那些地方,应该被完全豁免适用把信息定义为商品的特别立法。

本章的结论是:尽管应该通过特别保护授予某些附加权利,这个领域的改革需要竭力避免这样的观点——某种程度的特别保护是好的,因此更多的特别保护就必然更好。有确凿的理由支持采用一种保守和谨慎的进路去授予任何特别保护。这些理由包括如下:

1. 缺少有说服力的经验证据证明需要有专有财产权形式的强特别保护。

2. 一旦制定出来,知识产权制度就极不可能被废止。另一方面,知识产权的扩张却非常普遍,并且也相对容易进行。如果后来出现了有说服力的证据支持这样做,任何新知识产权制度都能够被扩展。

---

[2] US Copyright Office Report on Legal Protection for Databases, 1997 年 8 月, at 76—77,可在下列网址获取 http://www.copyright.gov/reports/。

3. 有些传统的经济分析本身表明,任何特别保护都应该限制在某些方面。

4. 建立特别保护的行动几乎不可避免地会涉及某种形式的寻租,从特别保护中获利最大的那些人所寻求的更大保护,超过了从其对数据库的投入中获得回报所需要的限度。仅此一个原因,就应该谨慎地对待数据库所有人支持保护的主张。

本章结尾关于特别保护的建议反映了上述要点。它们还利用了前面几章对《指令》和美国各个法案的某些缺陷的分析(特别是第三、第四和第五章)。

支持特别保护的论据

数据库所有人支持对数据库的强知识产权保护的论据是一致和简单的。他们对数据库投入了金钱,如果他们的数据库不需付费就能够使用,持续投资的动力就会丧失或被严重减损。需要避免发生缺乏数据库或者减损现有数据库的质量的结果。这个经济学论据基本上与支持版权保护的论据相同。缺少禁止或者限制复制的某些法定权利,就会发生市场失灵[3],因为如果发生不适当的利用,搭便车者将不会对产品支付通行的市场价格。因此,需要法律干预去推动市场,在市场上,买方和卖方的信息集合起来,而且供给和需求的力量决定了信息的价格。通过创建财产权,阻止他人简单地攫取已经生产出来的东西,这种市场推动得以完成。

在数据库的背景下,这种方法的特别困难在于,需要授予的财产权的精确特征和范围并不明显。对于有形物品而言,该物品由一个人使用就排除了他人进行同样的使用。某些形式的财产权需要确定哪一个人能够以特定方式使用该物品,以及哪些人应该被

---

[3] "市场无法实现最佳的资源配置。"C. Pass and B. Lowes, *Collins Dictionary of Economics* (2nd edn, Harper Collins, Glasgow, 1988).

第七章 数据库法律保护的适当模式

排除这种使用。[4] 对于数据库而言,物品由一个人消费并不妨碍他人对其进行消费。因此,应该授予数据库所有人什么样的权利就不太清晰。数据库作为商品的地位是由保护它们的法律所确定的。[5] 同样,它们作为商品的经济价值很大程度上取决于该法律的特点。法律规定的权利越强大,该商品的经济价值就越大。权利越弱,该商品的经济价值就越少。

既有数据库的供给又有对数据库的需求,尽管在这个意义上有一个数据库市场存在,但是却没有一个为每个特定数据库而存在的"专有"市场。赋予数据库以商品地位的法律能够人为地促成许多可能的市场。这个可能性范围的一个非常简单的例子是由不同的数据库保护期限所造就的市场。《最初草案》建议的保护期是十年[6],《指令》实际授予的保护期是十五年[7],美国的最初提案提出的保护期是二十五年[8],而墨西哥的立法现在提供的保护是五年。[9] 数据库的价值将随着授予数据库所有人保护期限的不同而变化,然而这个保护期限基本上是一个武断的数字。

从前几章对《指令》、它的最初草案以及美国的各个立法提案的分析可以看出,特别保护可以采取多种形式。在这个幅度的一端是数据库所有人对其数据库享有专有财产权的方法。[10] 在保护

---

[4] J. Gans, P. Williams and D. Briggs, "Clarifying the Relationship Between Intellectual Property Rights and Competition", 代表国家版权工业联合会为提交给《知识产权和竞争评论》(Review of Intellectual Property and Competition) 而准备的报告, 2001 年 2 月, 可在下列网址获取 http://www.ipcr.gov.an/SUBMIS/docs/78.pdf。

[5] 除了可以授予任何特别保护以外,已经存在利用其他方式的保护,例如合同、版权和商业秘密法。

[6] Article 9(3) of the First Draft.

[7] Article 14 of the Directive.

[8] Section 6 of the 1996 Bill.

[9] Article 108 of the Federal Mexican Copyright Law 1996.

[10] W. Landes and R. Posner, "The Economics of Trademark Law" (1998) 78 *Trade Mark Report* 267 at 267: "财产权是一种在法律上可以强制执行的排除他人使用资源的权力,无需与他人签订合同。"

期内,他们几乎能够完全控制任何人以任何原因使用其数据库。结果是,他们几乎攫取了使用该数据的全部商业利益。《指令》的特别保护方式最接近这种进路。《1999年法案》的特别保护进路则规定了较为有限的保护。特别是,它没有规定禁止任何个人使用数据库,因为原告必须证明这种使用对它的主要或相关市场造成了重要损害。《替代法案》则规定了甚至更为有限的保护。这些保护方式的目标是向数据库所有人提供一种投资回报,但是不允许他攫取由创建数据库而产生的全部利益。

因而对数据库所有人而言,美国立法建议保护下的数据库就是一种比《指令》保护下的同一数据库价值低得多的商品。在它们将导致没有达到最佳的数据库投入或者没有实现最佳的访问限制的意义上,美国立法建议规定的保护是否不足?或者《指令》规定的保护是否过度?这是至关重要的问题。困难在于没有可以给出答案的压倒性经验证据。[11]

把数据库或信息汇编人为地定义为商品意味着,没有一种神奇的方法能够实现最佳的信息利用。当前,政府介入所寻求的是清晰确定需要保护的商品;那么政府就有义务去考虑它划定的界限所产生的结果。它不能在确定被买卖的商品之后就逃离现场,宣称市场机制现在就可以解决资源的最佳配置问题。这里不存在能够实现的自然市场均衡,或者至少没有一个能够使数据库所有人,或者实际上使争论中的多数利害关系人满意的自然市场均衡,因为自然市场的价格是零。因此,政府有义务在具体层面上参与确定和管理由它的立法所创造的商品。《委员会的意见》中的建议是:

> 某种客体是否应该被保护?通过给予短期限的知识产权保护措施并附加强制许可来对这个问题进行妥协是错误的。更可取的办法是,对某种客体是否符合保护条件做出判断,如

---

[11] US Copyright Office Report on Legal Protection for Databases,1997年8月,at 76—77。

果符合,就赋予其高水平的知识产权保护。[加了着重号][12]上述建议并非不证自明。它是一个需要被验证的断言。

经济理论

我们可以利用经济学理论去分析特别保护的经济论据。许多论据与版权保护的经济论据相似,因此值得考查版权保护的经济学文献。

特别是,波斯纳的著述在这个方面经常被引用,而且,无疑他的著述以及芝加哥学派其他成员的作品是具有影响力的。[13] 他和兰德斯已经确定,如果不授予防止复制版权材料的权利,市场失灵就会发生,而且他们提出了以规定财产权为基础的方案来解决这个问题的主张。[14]

他们的分析从考查财产权的益处出发。他们注意到财产权具有静态和动态两方面的利益。[15] 静态的利益是,拥有财产权的人将会维护财产权,因而财产权就能防止相关资源的损耗问题。[16] 以用于畜牧的土地使用为例,缺少财产权会导致为了放牧的目的过多使用和开发土地,但是没有人会对牧场的维护进行投入,因为其他人将从这种投入中获益而无需对其做出贡献。这种状态通常被称为"公共资源悲剧",在这里,使用者将会耗尽任何人都可以利用的资源,而不会对资源的维护或改进做出任何贡献或做出足够

---

[12] Paragraph 2.6.2 of the Committee's Opinion.
[13] 见 W. Landes and R. Posner, "Citations, Age, Fame and the Web" (2000) 29 *Journal of Legal Studies* 319,文章讨论了一个对法律学者引用率的研究,依次是波斯纳(Posner)、兰德斯(Landes)、博克(Bork)和伊斯特布鲁克(Easterbrook)(他们都与芝加哥经济学派有关系,都位于被引用的法律学者前五十名之列)。
[14] W. Landes and R. Posner, "An Economics Analysis of Copyright Law" (1989) 18 *Journal of Legal Studies* 325.
[15] W. Landes and R. Posner, "The Economics of Trademark Law" (1989) at 267—268.
[16] 同上揭,at 268。

的贡献。通过为财产权的所有人创造维护土地的动力,授予牧场土地以财产权可以解决这个问题。

防止资源损耗的静态利益与知识产权无关,或者在这个特定场合,与数据库无关。持续或反复地使用数据库并不会损耗它。静态利益缺失之后只剩下了财产权的动态利益,它构成对创造或者进一步改善相关资源进行投入的动力。[17] 这是数据库所有人提出的支持特别保护的论据。不过,除了数据库的制作问题之外,一旦数据库被制作出来,就会存在访问数据库内的信息的问题。

差别定价(price discrimination) 有些经济理论认为,非常高强度的数据库财产权将不仅会促成数据库的生产,而且会促成对数据库的访问。这个经济理论建立在两个命题的基础上。第一个命题是,防止复制和传播数据库的强财产权将构成制作数据库的强大动力。第二个命题是,如果数据库所有人拥有强大的财产权,允许他实施差别定价,他将有极大的动力去提供访问其数据库。第二个命题所依据的观点是,一旦数据库被制作出来,向任何用户提供访问的边际成本相对很小。只要数据库所有人能够根据使用者对使用数据库的支付意愿实施差别定价,为了从其投入中获得最大化回报,数据库所有人就会这样做。差别定价涉及的行为有:例如根据检索所占用的时间定价、限制访问数据库的特定部分以及对非高峰时间访问在线数据库索要不同的价格。不同的用户有着不同的需求,因而影响着他们的支付意愿。如果数据库所有人能够调整数据库的访问以适应不同用户的支付意愿,那么他们就能够从其数据库中获得最大化的回报,同时也满足了所有潜在用户的访问需求。

某种形式的法律保护对于促进这种差别定价是必不可少的。如果数据库所有人*对数据库不享有法律权利,轻易地实现访问数

---

[17] 同上揭。

* 原文此处为"用户"(user),根据上下文的含义,显然应为"所有人"(owner),故做如上改动。——译者注

据库的用户能够把信息再提供或再销售给其他用户,这些用户原本会向所有人支付较高的价格。这就会挫伤数据库所有人实施差别定价的努力,也妨碍了其尽可能向许多潜在用户提供访问。相反,他将需要向所有实际用户索要高价,因为他设想有些用户会再传播或再销售信息。因此,强知识产权保护不仅符合数据库的生产,而且符合数据库的访问。[18]

这个理论依赖于数据库所有人实施差别定价的能力,同时在此过程中不要引发大量的交易成本。如果确定用户支付意愿的成本太大,或者缔约过程的成本太高,数据库所有人实施差别定价就得不偿失了。在数据库所有人缺少意愿和能力去实施详细地差别定价时,那些具有较低支付意愿和支付能力的人将不会实现对数据库的任何访问。对那些依靠公共基金实现访问的人而言,这可能是一个严重的问题。下一部分在讨论财产权的成本时,会更详细地分析交易成本问题。

此外,这个理论没有对数据库所有人提供额外的激励,使其提供数据库用于生产性目的,例如制作新增价值的数据库,该数据库可能与原始数据库或数据库所有人形成竞争。譬如根据《指令》判决的许多与电话号码簿有关的案件。在很多情况下,复制原始号码簿的一方不仅复制了电话号码簿,而且还改进了该号码簿。[19]

进一步的假设是,为了避免来自新市场参与者的竞争,任何数据库所有人都有保持低价的压力。接下来就要假定对于那个特定数据库而言,不存在进入市场的障碍。[20] 由于下文涉及寻租时所分析的各种原因,对于许多数据库而言,情况并非如此。

考虑到这些可能性,规定故障防护条款,允许使用数据库的非

---

[18] L. Tyson and E. Sherry,"Statutory Protection for Database: Economics and Public Policy Issues",代表信息产业协会准备的论文,并于1997年10月23日提交给司法委员会,at 3—4。在 J. Gans, P. Williams and D. Briggs,"Clarifying the Relationship"一文中,针对版权提出了这个一般性的论点。
[19] 本书通篇引用的费斯特案的判决就是一个例子。
[20] Tyson and Sherry,"Statutory Protection for Database",p.18,尽管他们宣称,在数据库市场上没有利用市场支配地位的证据。

实质性部分以及合理使用(特别是为了研究和科学目的)就具有某种合理性。而且,强制许可数据以便实现对数据的生产性使用也具有某种正当性。本章的最后一节分析了上述建议。不过,这个理论确实赞成至少禁止为商业目的再传播(redistribution)[21]数据库。在版权和合同已经提供了足够强大的权利的情况下,是否需要有更强的权利,控制个人为了研究或教育等目的的使用行为?这个问题值得怀疑。

知识产权的成本

除指出知识产权的动态好处之外,兰德斯和波斯纳还指出,知识产权在赋予好处的同时,还可能施加了四种类型的成本,它们是[22]:

1. 寻租。经济租金是超出产生提供有关商品或服务的动力的最低需要以外的剩余。如果对一种产品提供的财产权超出了提供制造产品的动力之需要,该产品的用户将不得不向制造者支付超出提供制造产品的投资动力之最低需要的费用。如果权利超出了提供制造产品的动力之需要,潜在的所有人将在获取那些权利的竞争中耗费相当多的资源。

2. 限制使用具有公共物品性质的财产。因为信息不会由于使用和传播而受到损耗,对信息传播施加法律限制会招致与拒绝公众获取该信息有关的代价。授予权利所产生的利益需要大于这些成本。

3. 与财产权的行使和转让有关的交易成本。协商权利的转让或者获得使用权利的许可过程中必然要花费时间和其他资源,以及

4. 执行权利的成本。

下文将思考把这四种潜在成本适用于财产权和特别权利,尤

---

[21] 此处的"再传播"还包括"提供"(making available)。
[22] W. Landes and R. Posner, "The Economics of Trademark Law", at 268.

其是数据库的特别权利。

寻租　在为知识产权客体获得财产权的竞争中,投入的资源可能会消耗掉乍看起来授予权利会带来的许多利益。当"价值和成本之间存在巨大的差额"[23],这种竞争就非常可能发生。有多种原因使得寻租成为数据库的一个特殊问题。特别是,尽管在理论上,制作一个含有特种信息的数据库并不禁止另外独立制作一个相同或相似的数据库,有许多原因可以解释为什么这种情况并不可行。如果是这样,争夺第一个制作数据库的竞争将会非常激烈,而且在赢得竞争的过程中,相当多的资源将被耗费。

在某个数据库是相关领域中的第一个数据库的情形下,就属于这样的例子。规模经济是这样一种情况,任何竞争对手生产相似的数据库都是没有效率的,因此这个领域中第一个数据库的所有人将获得自然垄断地位。对数据库内信息的全面性的需要表明,第一个制作数据库的人在许多情况下也会获得这样的自然垄断地位。此外,数据库所有人可能已经从其数据库内所含信息的各个供应者那里取得了排他性的合同权利。在这种情况下,后来的竞争者就不可能直接从这些供应者那里获取信息,除非信息供应者承担违约责任,或者竞争者承担引诱违约的责任。这样的数据库可能包括,例如医学和法学期刊数据库,因为数据库所有人通常在出版和把论文纳入数据库之前,就取得了每一篇文章的版权转让。或者是,数据库所有人可能是唯一能够获取数据库所含信息的人,电话号码簿和电视节目表就属于这种情况。

如果没有第二章已经解释的那些原因,竞争法或许能够解决这些糟糕的难题,但是竞争法是一种驽钝的工具,它无法解决那些与数据库所有人的市场支配地位有关的大多数难题。[24] 只有通过事先认真设计和限制授予他们的权利才能解决这个问题,而不是去亡羊补牢。在只对信息的选择和编排提供保护并允许基础信息

---

[23]　同上揭,at 270。
[24]　本章的末尾对如何修改竞争法以改善这种状况提出了一些建议。

再利用的版权制度下,以竞争者选择和编排其信息之方式为基础展开竞争的可能性显然大大增强了。

在特别保护制度下,另外的危险是,数据库所有人将投入更多的资源为其数据库内的信息获得权利,而在以适合数据库用户需要的方式创造性地选择和编排数据库方面,投入更少的资源。因此,特别保护的规定可能造成创作版权作品的动力减少。这可能导致所有可能性中最坏的结果。特别保护的好处被寻租侵蚀了,同时创作版权作品的动力也被获取更容易取得的知识产权形式的刺激所减损,而这种形式的知识产权带来的社会利益更少。例如,像《指令》规定的那样,保护对数据库内容的品质上投入就会产生这个问题,当然这取决于怎样定义品质上的投入和品质上的实质性部分。[25] 获得重要的单条信息并将其纳入到数据库中可能会构成这种投入,尽管在物理上把信息纳入数据库花费的成本可能很小。如果很小数量的这类信息构成数据库品质上的实质性部分,而且摘录很小数量的该类信息就构成侵犯特别权利,那么可以预见,相当多的资源会消耗在获取对这类信息的专有权上。这是因为,在信息由于特别保护而产生的高价值与信息被编制到数据库中耗费的低成本之间,存在巨大差额。

寻租也以被消耗的资源的形式体现出来,不仅包括根据现有的知识产权制度寻求获得权利而耗费的资源,还包括利用诉讼或游说支持新立法以改变和扩张知识产权的权利范围所花费的资源。[26]《指令》的最初版本从针对电子数据库的有限财产权,转变到授予所有数据库的强大财产权,这种转变方式可能就是一个例证。

公共物品利益的丧失 财产权的第二个相关成本是"限制使用具有公共物品性质的财产"。[27] 这与知识产权不能产生静态利

---

[25] 见第三章对这个问题的讨论。

[26] P. Drahos, *A Philosophy of Intellectual Property* (Dartmouth, Aldershot, 1996), p.133.

[27] W. Landes and R. Posner, "The Economics of Trademark Law", at 269.

益有关。使用数据库内信息的边际成本是零,因为允许他人访问和使用相关信息不会产生直接的额外成本。排除这类使用产生了损失或社会成本,这种损失和社会成本必须被新形式的特别保护所产生的激励利益所弥补。

另外,一个重要的问题是,即使在没有法律保护数据库的时候,有些数据库是否无论如何也会被制作出来?这一点也是"副产品"观点的一部分,在多个结果相互冲突的欧洲判决中已经讨论过这个观点。[28] 电话号码簿和足球比赛赛程表就是数据库的明显例子,即使没有保护,这类数据库也几乎一定会被制作出来。

确定数据库所有人对库内信息所增加的特定价值,以及附加法律保护可能对他们提供增加价值的动力造成的影响,这是一个一般性问题,"副产品"观点仅仅是这个一般性问题的一部分。与此有关的是需要考虑数据库生产的整个过程。正如布拉曼(Braman)所言:信息作为商品的观念需要一种信息生产链的思想作为补充。这个生产链的步骤借用了马克卢普(Machlup)和博尔丁(Boulding)提出的模型,包括信息创作(创造、生产和搜集)、加工(认知的和算法的)、存储、传输、发行、杀毒和查询等。[29]

特别保护的建议专门集中在保护这个过程中的收集、展现和发行阶段。生产过程比这个要复杂得多。除这些阶段以外,还有此前和此后的对制作数据库非常重要的阶段,而且还需要注意所有这些阶段之间的关系。第一个阶段是信息产生,并随后被收集、展现和传播。这里大部分都不受版权的制约,或者即使存在版权,由于多种原因,版权人也会准备相对廉价地出售权利。当信息是为公共目的或者利用公共财源而制作出来的时候,情况尤其如此。法律领域内的这类例子有:立法、判决和第二手资料如学术论文等。在科学领域内,大量信息是由公共机构或者拥有公共基金的

---

[28] 见第四章。

[29] S. Braman,"Definition Information: An Approach for Policy Makers" (1989) 13 *Telecommunications Policy* 233—242.

机构的雇员创造的。[30] 就科学出版物而言,有些研究者事实上要付费以便获得出版其论文和科学数据的权利。[31] 在其他领域,例如气象信息,它被免费提供,以此作为信息提供者公共职能的一部分。类似的考虑因素也适用于法律材料如法庭判决。创作这类信息的人的动机不是经济性的,或者即使具有经济性,它的经济动机也不是从该信息被纳入数据库的行为中获得任何重要和直接的回报。因此,就科学研究人员寻求获得经济回报而言,他们是从发表作品和提高声誉中获得回报,而不是获得出版报酬。法官也不是受纯粹经济动机驱动的人,他们从其作为法官的工作中获得经济回报。他们撰写判决书不是因为判决书在 Lexis 或其他数据库中出版,他们可以从中获得经济收入。数据库所有人从创作信息的这些不同动机中获得了好处。他们有机会攫取上述组织之成员的行为的有益外部效应。实际上,数据库所有人窃取了经济范式失谐所带来的利益:他们专门致力于从其数据库中获得经济回报,而那些创作信息的人行为的原因,却很大程度上与从该信息被纳入数据库中而获得任何可能的经济回报无关。对数据库所有人给予更大保护,将会对数据库制作过程的特定部分赋予特权,包括信息收集、选择和展现的部分,但是它并没有解决与创作信息有关的问题。它甚至会允许信息收集者攫取更大的信息创作利益,却牺牲了访问该信息的公共利益。

　　传统的经济学观点认为,这种方式并没有什么不对,因为数据

---

[30] 例如,在 1992 年到 1997 年期间,美国整个研发活动中超过 33% 是由政府、大学或其他非营利组织资助的。Bureau of Statistics, Statistical Abstract of the United State (Bureau of Statistics, Washington DC, 1998). 在 1992 到 1996 年期间,英国的情况也是如此,UK office for National Statistics, Annual Abstract of Statistics No. 135, 1999, Table 19.1 (Office for National Statistics, London, 1999).

[31] Keith Akers 和本书作者承担的"澳大利亚医学研究人员利用数据库和对数据库的贡献调查",2000 年 6 月,作者存档备查。39% 的研究人员要为出版其材料付费,而且其中超过一半的人所付费用超过了 500 美元。没有一个人因为他们的出版而获得报酬。

库所有人正在帮助信息创作者最大化他们的声誉;创作者对声誉的渴求是他们对如何最大化其经济福利所作选择的范例。认为市场机制总是能解决涉及信息生产者和数据库所有人之间的关系的问题,这种设想会遇到很多难题。难题之一涉及到对制作这种信息的公共补助金的使用,以及这种补助与数据库法律保护条款所授予的"公共资助"之间的关系。[32] 特别是,下述假定是有问题的:那些提供信息,特别是利用公共资金生产的信息,却获得很少或者没有获得经济回报的人,正在最大化他们的个人福利,因此,对他们的信息规定一个显然比较低的价格并不是一个需要处理的问题。

麻烦在于相关个人接受了公共资助去制作信息。在追求他们自己的个人目标——例如提高他们的声誉——的过程中,他们并不寻求从公共资助中获得回报。数据库所有人却得到了资助信息创作的利益。[33] 或者是,这些信息被廉价出售,因为数据库所有人拥有某种市场支配地位,对创作者施加压力使其与数据库所有人进行交易。

更根本的反对理由是,这种观点假定每个人的每个行为都以自利为基础,而且他们从自己的行为中获得效用。[34] 这个假定导致的结论是,信息提供者对他们的信息收取了适当的价钱。这个结论严重低估了这种可能性:信息提供者的行为是由于诸如社会化因素的影响,或者是由于通过个人行为——例如对公共利益做

---

[32] "政府资助私人提供信息的例子是,政府资助科学、人文和艺术方面的基础研究,以及通过专利、版权和商标制度授予信息创作者以垄断权利",Cooter and Ulen, *Law and Economics*, at p. 259. 另见 J. Boyle, "A Politics of Intellectual Property: Environmentalism For the Net" (1997) 47 *Duck Law Journal* 87,在该文中,Boyle 认为规定知识产权可以被看作是向社会征收的一种税。

[33] 如果数据库所有人没有受到重大的竞争压力,这种利益就不会传递到数据库的使用者。

[34] R. Posner, Economics Analysis of Law (4th edn, Little Brown, Boston, MA, 1992), pp. 3—4.

出贡献——追求社会地位的结果。[35] 充分解释这个命题超出了本书的范围。不过，这里的根本点是，尽管经济理论对个人行为的动机提供了某些洞见，认为它能够解释每个人的任何行为却是有风险的。下文在题为"限制公共资源的悲剧"一节中对此将进行深入讨论。

最终结果是，尽管数据库所有人在传播中起到了重大作用，仍有一些场合需要对他们的法定财产权加以限制。通过例外或者抗辩，例如合理使用以及保证访问利用公共基金制作的信息的规定，这些限制将允许公共部门获得信息的某些回报。在理论上，这可以通过政府对公共资助的信息生产者和数据库所有人之间的合同关系施加更大的干预来实现。不过，尤其是考虑到信息制作过程中大量的政府和非营利投入，政府有正当理由通过保证公众获取某些信息的立法，维护针对用政府基金生产的信息的公众知情权。[36]

在制作过程的另一端，还需要考虑数据库使用者的作用。设想数据库所有人是数据库的生产者而使用者是数据库的消费者是危险的。信息的特性挫败了这种设想。使用信息并不会导致通常

---

[35] "因为他们同时假定了自利的行为，所以经济学家传统上一直难以解释，为什么个人会对公共电台捐款，控制他们乱丢杂物的行为，在路边餐馆留下小费，把失物交到失物招领处，以及当一个理性的、未社会化的人将不会合作时依然进行合作。" R. Elickson, "Social Norms, Social Meaning, and the Economic Analysis of Law"（1998）27 Journal of Legal Studies 537 at 540. 参见 Journal of Legal Studies 第 27 卷上关于这个主题以及它与经济学和法律的关系的系列论文。另见 National Research Council, Bits of Power: Issues in Global Access to Scientific Data（National Academy Press, Washington, DC, 1997）, p. 22. 该书在第 22 页指出，"科学家们最珍重的目标是其他科学家应该学习其作品并使用它"。

[36] 例如，在 1992 年到 1997 年期间，美国整个研发活动中超过 33% 是由政府、大学或其他非营利组织资助的。Bureau of Statistics, Statistical Abstract of the United State（Bureau of Statistics, Washington DC, 1998）. 在 1992 到 1996 年期间，英国的情况也是如此，Annual Abstract of Statistics No. 135, 1999, Table 19.1. 大量的其他信息产生于非研究导向的政府行为，例如判例法、制定法、关于出生、死亡和婚姻的统计信息以及其他各种信息。

意义上的信息消耗,即信息在消费过程被耗尽。信息在使用之后不仅依然存在,而且由于使用被转化了,同时依旧保持其原始形式。在这一点上,在数据和信息之间做某些区分是值得的。详细讨论那些形而上的区别超出了本书的范围,因此下面的评论从一个启发式的视角提出,思考这些区别对数据库所有人和数据库使用者之间关系的实用性。[37]

> 数据是"信息—知识"演化链条上的第一个阶段,通常通过外形以下列形式表现出来——字母、文字、数字、符号等,需要利用认知技巧去解读它们,并且需要回想以前已经吸收的信息以便帮助赋予它们以意义。[38]
>
> [……]
>
> 因而,把数据转化为信息就成为一个接收、识别和转化的过程,我们的认知历史和我们在特定文化中解读符号的能力使得这一过程成为可能。有趣的是,只有当我们能够从我们已经获取的信息存储那里增加数据的价值时,从数据到信息的精确转化才能发生。[39]

数据本身是处于未加工状态的信息。在缺少具有解读该数据之能力的人时,它只不过是一组没有意义的符号而已,而解读能力通常是由于他们拥有某些其他信息的结果。正是这种解读数据的行为把数据转化为信息。[40]

---

[37] 见,例如 Kenneth Boulding 的著述,载于 K. Boulding, *Notes on the Information Concept* (Exploration Press, Toronto, 1955), pp. 103—112。

[38] T. Haywood, *Inf-Rich—Info-Poor: Access and Exchange in the Glibal Information Society* (Bowker Saur, West Sussex, 1995), p. 1.

[39] 同上揭,第 3 页。

[40] 有些作者把这种视野下的数据称为信息,把知识称为解释并把信息纳入某种信息结构的行为。见,例如, K. Boulding, *Notes on the Information Concept*, pp. 103—112,摘要载于 R. Babe, *Communication and the Transformation of Economics: Essays in Information, Public Policy, and Political Economy* (Westview Press, Bouder, CO, 1995), p. 166。这种差异的细节在这里并不重要。重要的是要理解数据、信息和知识是一个持续流程的组成部分,而不仅仅是商品。

直到数据转化为信息之前,它没有多少或者根本就没有使用价值。只有作为使用者实施的价值增值过程的结果,数据才能成为信息。在每个使用者提供的不同价值增值的范围内,该数据就在相同的范围内被转化为不同种类的信息。然后,这种新知识——被赋予的新形态,即用户对其已经感知的数据增加价值的结果——就有可能表现为可被增加到现有数据上的新数据。接下来,这个数据又可以被转化为新的信息。也就是说,在形成新信息的过程中,数据库使用者通常也是数据的创造者和关键的参与者。对此而言,没有比科学学科更明显的例证了。那些使用数据库的人同时也是向数据库提供内容的人。[41]

这对于规制通常所谓的信息链[42]或信息流[43]有重要的意蕴。尽管这些隐喻非常有用,它们有可能在关键方面产生误导。它们暗示信息的生产、收集和传播过程存在起点和终点。它们没有表明数据使用者会对创造更多的数据产生影响,而这些数据又被返回并贡献到这个过程中。这个过程的循环特征会影响到在该过程的特定点上应该给予的法律保护的特征。或许能够克服上述难题的一个更有用的隐喻是"扩张的数据和信息螺旋"。这个隐喻体现了识别信息生产过程的起点和终点的困难。那些利用数据库所有人提供的现有信息创造信息的人贡献出了更多的信息,这些信息随后又被数据库所有人收集、选择和展现。接下来这些信息又被数据库使用者用于创造更多的信息,产生更多的数据,接下来更多的数据进入数据库当中。这样,数据以及随后的信息和知识就在永恒扩张。然而,没有一个对这个过程作出贡献的团体能够独立于其他团体而运作。为一个团体创造法律激励可能会对其他团体

---

[41] Keith Akers 和本书作者承担的"澳大利亚医学研究人员利用数据库和对数据库的贡献调查",2000 年 6 月,作者存档备查。所有被调查的研究人员都向数据库贡献了可供利用的材料,都定期地使用数据库并把数据库当作其研究活动的基本组成部分。

[42] S. Braman,"Definition Information", 12.

[43] J. Reichman and P. Samuelson,"Intellectual Property Rights in Data"(1997) 50 *Vanderbilt Law Review* 51.

以及对这个过程的贡献产生消极影响。例如,过度保护数据库所有人可能会减少对数据的访问,因而也会对使用者的动力或能力造成消极影响,而这些使用者同时还是创造者,并且因此也是信息生产过程的关键参与者。任何形式的特别保护都必须承认这一事实。

把信息作为商品对待的另一个困难是,它掩盖了数据库内所含信息种类的极大多样性所具有的实用性和重要性。这是因为信息并不是均质的:

> 很显然,所有被称为信息的事物都应该共同具有"某种东西"(something),[但是]确实不易查明它是否大大超出了信息这个名称。[44]

信息是把多种不同现象联结在一起的一个通用概念。[45]

对信息的异质性稍加思考,就会发现下述假定是错误的——所有种类的信息都具有某种共同的重要东西。电话号码簿中所含的信息就是一种与人类基因组数据库所含的信息非常不同的事物。从信息中创造出商品的法律需要承认它所创造的商品的多样性,并对之做出反应。这就涉及到上文提到的关于信息创造者、数据库所有人和数据库使用者之间的关系。在有些情况下,例如在电话号码簿案件中,我们或许可以把这种关系看作更类似于供应者/消费者的关系。消费者使用这种信息打电话给他们希望联络的人。信息被消费者使用,但是消费者并没有对信息进行重大转

---

[44] Braman,"Definition Information", at 12,引自 F. Machlup and U. Mansfield (eds.), *The Study of Information: Interdisciplinary Messages* (Wiley, New York, 1983).

[45] Babe, *Transformation of Economics*, p.10.

变或改进。[46] 在其他情况下,例如科学数据的数据库,创造者、所有人和使用者之间的关系更加相互依存,需要给予更多注意。这是因为信息可以被用于增加信息的数量,这些信息又被提供给原来的数据库或者类似的数据库。

当信息的制作是由公共基金资助的时候,例如由科学研究人员进行的信息制作,这种情况就可能发生。这种信息的出版得到研究人员为出版其材料向出版商支付的款项提供的资助。然后另外的资助通过特别保护给予了数据库所有人。最后,公共基金被这些研究人员用于实现访问数据库,这些数据库中含有他们集体提供的那些信息,而这些信息对于保障生产更多的信息是必不可少的。通过强特别保护对资料的收集和展现给予过多资助,会降低资助对信息的生产和访问的效果。由于以法律保护形式出现的过度资助不正当地限制了访问,对生产和使用的资助可能被耗尽在支付访问信息的费用上。

《比特的力量》(*Bits of Power*)一书所描绘的地球资源卫星私有化的失败就是这个问题的部分例证。[47] 地球资源卫星是一系列遥感卫星。这些卫星的私有化发生在里根政府期间,造成卫星遥感图像的价格从每幅400美元激增为每幅4,400美元。[48] 这种状况对于研究的影响是毁灭性的[49];请看下面描述的例子:

> 地球资源卫星专题测图仪影像的可用性很差,不仅是因为成本,还因为该卫星为特定陆地表面地区选择性地运行的惯例。图像的成本减少了用户基础,地球观测公司(EOSAT)

---

[46] 见 Cooter and T. Ulen, *Law and Economics*, p. 259。他们区分了生产性因素和再分配因素。再分配因素可以被用来分配财富以有利于获得信息的一方,但是不能导致新财富的产生;而生产性因素,例如脊髓灰质炎免疫疫苗配方,能够增加财富。信息的转化性使用或生产性使用在合理使用抗辩下得到了优惠对待。
[47] National Research Council, *Bits of Power*,第四章。
[48] 同上揭,at 121。
[49] 同上揭,at 122—123。

在获取图像之前不得不首先判断哪些图像最适宜市场化。留给许多科学家的则是非常有限而又成本高昂的专题测图传感数据档案。因此,对于地球一些特定区域而言,卫星的覆盖范围很大,而对于其他区域,覆盖范围却非常不足。[50]

为实现访问相关信息而提供的难得的公共基金被耗尽了,以至于达到这样的程度,地球资源卫星自身就未被充分利用,而且以地球资源卫星数据为基础的新信息自然地枯竭了。特别保护可能会使这个问题进一步恶化。

关于信息创造者、数据库所有人和使用者之间的关系这一要点,再一次回到需要对使用公共基金生产的信息保留某种程度的政府控制上。同样,尽管这可以通过合同来实现,但是利用法律,通过权利的例外来保证一定程度地获取为公共利益目的生产的信息,或许是一个可以采取的适当和更可靠的手段。

交易成本 在某种意义上,至少对于在线数据库,交易成本不会很高,因为可以通过电子商务和"点击合同"达成合同安排以行使财产权。[51] 数据库所有人能够轻松地安排潜在用户达成在线合同以访问其数据库。因而,数字技术的引入降低了与获得数据库访问许可有关的交易成本。通过"点击合同"降低交易成本的有利时机已经导致要求取消版权和特别权利的例外,理由是降低交易成本的需要再也无法证明这些例外的正当性。[52]

---

[50] 同上揭。
[51] "标准格式合同降低了交易成本并提高了效率。"J. Reichman and J. Franklin, "Privately Legislated Intellectual Property Rights: Reconciling Freedom of Contract with Public Goods Uses of Information" (1999) 147 *University of Pennsylvania Law Review* 875 at 906.
[52] 数据库生产者建立的跨行业工作组织于1997年向英国政府就这一效应提出的建议。见 Copyright Directorate, The Patent Office, "The Government's Proposals to Implementation the Directive of the European Parliament and the Council of 11 March, 1996 on the Legal Protection of Database (96/9/EC): Outcome of Consultations" (Patent Office, London, 1997), at 3. 另见第二章对版权例外的正当性的讨论。

尽管这些主张认为交易成本在数字环境下已经被大大降低了,实际的数据库许可协议的磋商过程仍然可能被拖延。例如,许多数据库许可协议是在出版商和图书馆联盟之间协商的。尽管图书馆联盟采用这一程序部分是为了在主要出版商和图书馆之间谈判能力的对比中恢复一定程度的平衡,但是出版商和图书馆采纳这种方法也是为了使单独协商合同的困难最小化。

另一个可能会带来难题的交易成本则产生于《指令》所采用的进路,它造成了版权和特别保护之间的重叠。对同一客体创建一种法律上有区别但实际上极其相似的权利会产生潜在的问题。一方当事人可能拥有版权而另一方则可能拥有特别权利。此时,为了对同一个数据库或者它的某个部分实施基本上相同的行为,数据库使用者将需要获得两个不同法律实体的许可。如果数据库内的单个条目上存在版权,使用者就不得不与数据库版权的所有人、特别权利所有人以及单个条目的版权所有人进行协商,这个问题就会加剧。即使不存在所有权关系的二元划分,许可协议也将不得不考虑所有相关的权利系统,增加了交易成本。

这个困难仅仅是潜在的更大问题的一部分,海勒(Heller)将其描述为"反向公共资源悲剧"。[53] 公共资源悲剧被解释为是对允许搭便车而造成的市场失灵的简洁表达,换句话说,在当前背景下,不付费就可以使用数据库的可能性减弱了生产数据库的动力。公共资源的基本问题是"多个所有者每个人都被授予了使用特定资源的特权,而且没有人有排除他人的权利"。[54] 反向公共资源悲剧是这一现象的颠倒。

> 在反向公共资源现象中……多个所有人每个人都被授予了排除他人使用稀缺资源的权利,并且没有人具有有效的使用特权。当太多所有人拥有这种排他权时,该资源就倾向于

---

[53] M. Heller, "The Tragedy of the Anticommons: Property in the Transition from Marx to Market" (1998) 111 *Harvard Law review* 621.

[54] 同上揭,at 622。

使用不足——一种反向公共资源悲剧。[55]

在海勒关于反向公共资源的论文中,他提到了莫斯科房地产方面由于过多的权利和权利人而造成的问题。[56] 因为获得临街店面专有权的交易成本太高,其结果是在莫斯科,许多临街店面空空如也,"而街道前面的杂货摊却货物充盈"。[57] 在数据库的背景下,特别权利的潜在困难是,它们可能导致海希曼(Reichman)所称的"信息的巴尔干化"*,而海勒则将其称为"财产权的碎裂化"。这个结果就是一种反向公共资源。如果事实上对数据授予了权利,因而赋予了获得这些权利的动力,那么就会有实际的危险:不同数据库所有人将对数据大厦的各个"分区"获得权利,每个分区本身都具有某些但是又非常有限的效用。存在大量的不同所有人对整个大厦的单个分区享有自己的权利,会导致整个大厦使用不足。我们已经考查了这个问题的一些例子。费斯特案件本身就是这样一种情况:被告打算提供一个更具有综合性的电话号码簿,包括来自不同电话公司及其各自地理区域的电话号码簿。尽管每个电话号码簿都有自己的用途,但是更大、更具综合性的号码簿将具有更多效用。如果原告拒绝许可其号码簿是有效的,就会产生反向公共资源的效果——授予各个电话公司的权利将导致包含所有相关电话簿的整个信息大厦使用不足。在该案中,被告所面对的交易成本是难以克服的,因为原告拒绝许可使用其号码簿。另一个例子是气象信息的交换;与更大区域的整体信息相比,关于有限地理区域的分散的信息片断只有有限的效用。

---

[55] 同上揭。
[56] "在一个典型的莫斯科临街店铺中,一个所有人可能被首先授予了销售权,另一人则获得了销售收益权,而且还有其他人获得了出租权、出租收益获取权、占有权和处分权。"同上揭,第 623 页。
[57] 同上揭。
 * "信息的巴尔干化"(Balkanisation of information)意为信息的分裂化。20 世纪初期巴尔干半岛地区政治极端分裂,"Balkanisation"(巴尔干化)一词因此得名。——译者注

有些经济和法律学者认为,通过自愿发展市场过程去减少交易成本,并且利用合同把利益相关方集合到一起,可以克服与交易成本有关的难题。[58] 版权材料集体管理组织的自愿发展就是这样的例证,它通过汇集不同的版权以及为"消费者"提供"一站购齐"(one stop shopping)的服务,减少了交易成本。不过,海勒声称:"反向公共资源一旦出现,再把权利集中到便于利用的私有权利束中就显得粗暴而又缓慢。克服反向公共资源悲剧的困难说明,政策制订者应该对财产权权利束的内容给予更多注意。"[59]他指出了多个原因来说明为什么市场不能把反向公共资源转变成便于利用的私有财产。[60] 除了不能忽视的交易成本问题之外,海勒还指出了越轨行为、寻租和不确定性等这些市场自身不能轻易克服的问题。[61]

执行成本 最后一个困难是执行所授权利的成本,这个困难同样将取决于该权利被表达出的性质和清晰程度。这个潜在成本同样与寻租和社会成本有关,因为数据库所有人会花费资源试图说服法院对特别立法给予宽松的解释,并利用随后的判决去限制使用其数据库。类似火星公司诉技术知识公司(Mars v. Teknowledge)的案件就展示出如何宽松地利用特别立法去保护计算机程序,而这种方式甚至出乎了欧盟的意料。

另一方面,授予财产权可能的一个好处是,它会减少对技术保护措施的依赖和支出。由于特别保护已经就绪,数据库所有人只需要监控大规模地复制数据库内容的行为,并采取适当的法律行

---

[58] 见,例如,R. Coase,"The Problem of Social Cost"(1960) 3 *Journal of Law and Economics* 1, 以及 R. Merges,"Of Property Rules, Coase, and Intellectual Property"(1996) 94 *Columbia Law Review* 2655。

[59] M. Heller,"The Tragedy of the Anticommons", 621 at fn. 28.

[60] 同上揭,at 688。

[61] 同上揭,at 656—658。另见该文注释237,海勒在该注释中指出:"即使在一个不受交易成本约束的世界里,人们也并不必然通过谈判把反向公共资源进行唯一的使用。由于财富效应或框架效应的存在,并取决于谁最先掌握排他权,对反向公共资源而言,可能存在多种有效率的使用方式。"

动。与更小的作品例如流行歌曲的录音带不同,除了数据库的商业用户之外,其他人不可能实施大规模地复制,而商业用户的使用能够被察觉并能通过诉讼加以制止。

限制财产权的成本

兰德斯和波斯纳指出了多种塑造知识产权中的财产权的方法,以便减少财产权的成本。它们都与限制法律保护的范围有关,以便实现提供创造动力这一动态利益与授予产生这一动力的财产权所带来的社会成本之间的平衡。关于限制法律保护范围的这些观点可以应用到特别保护的争论上。

一种方法是限制保护期限。[62] 这就设置了知识产权价值的最高限,因而不但减少了寻租,而且降低了限制利用具有公共物品特征的财产造成的社会成本。欧盟和多数美国提案已经提出了十五年的保护期,但是没有提供经验性证据证明这个期限的正当性。欧盟的期限是武断地选择的,用以替代最初建议的十年保护期,而北欧的目录法规定的保护期同样也是十年。[63]

《委员会关于促进为公共利益获取科学和技术数据的研究报告》已经注意到,"在线商业数据库中原始数据的平均高度活跃生命期大约是3年"。[64] 兰德斯和波斯纳对于如何限制授予财产权成本的其他建议实际上抵消了特别保护的论据。例如,他们强调

---

[62] Landes and Posner, "An Economics Analysis of Copyright Law", at 326:"对于信息而言,包括书籍的文本,不存在拥塞外部性(congestion externality),因此无限期延长所有权使其超出作者或出版商弥补其创作作品的固定成本之需要就没有利益可言(却可能有重大的成本)。"

[63] 例如,《瑞典版权法》(1960)第49节。另见《丹麦版权法》(1995)第71节以及《芬兰版权法》(1961)第49条。

[64] National Academy of Science, *A Question of Balance: Private Rights and the Public Interest in Scientific and Technical Databases* (National Academy of Science, Washington DC, 1999) at 85, 引自 Martha E. William (1984—1999), Information Market Indicators: Information Centor/Library Market—Report 1—60 (Information Market Indicators, Inc., Monticello, IL).

保护表达而不是思想。[65] 不过,他们关于这一主题的著述撰写在数字革命发挥充分影响之前(正如第一章所述),支持对信息汇编的投入给予某种保护的论据由于数字革命的影响而加强了。尽管如此,兰德斯和波斯纳还是强调允许合理使用版权作品的重要性,特别是为了生产性目的。[66] 类似的考虑也适用于任何数据库的特别保护。

经济理论小结

上述讨论的综合结果是,数据库所有人以经济理由为唯一根据主张他们需要某种形式的特别保护具有某些价值。通过引入特别立法,对数据库采取一种以商品为基础的进路是可能的,但是这样做所牵涉的内容,要比有些支持对数据库所有者增加权利的人提出的建议更为复杂。特别是,在决定所授保护的特性时,需要考虑数据、信息和知识生产的"扩张的螺旋"。对信息生产提供公共资助时也需要这样做。简单地在这个螺旋的某个点上授予更高保护会冒着造成信息内爆的危险。例如,依靠公共资金支付合法访问数据费用的用户预计,"任何数据访问价格的提高都将无法通过增加公共资助来弥补"。[67] 这反过来将会影响他们担当数据库贡献者的能力。

因此,承认某种形式的特别保护应该得到保证仅仅是特别保护讨论的起点。麻烦在于关于这种保护的性质的细节问题;特别是,需要多大程度的保护以便为生产和改进数据库提供最佳动力,同时避免不合理地影响那些数据库所含信息的创造者。在决定这些问题的时候,需要考虑下述事实:版权已经对许多(如果不是绝大多数的话)数据库授予了保护,进一步的保护可以通过结合商业秘密法、合同和访问数据库的技术限制来获得。

---

[65] Landes and Posner, "An Economics Analysis of Copyright Law", at 347—349.
[66] 同上揭,at 360—361。
[67] National Academy of Science, *A Question of Balance*, p.88.

第七章 数据库法律保护的适当模式　273

观察证据和经验证据

　　最终,支持提供法律保护的经济理论必须要通过一些真凭实据来证明。有大量观察证据证明,在目前由版权、商业秘密法以及合同和技术保护措施的结合所提供的保护之外,还需要某种形式的保护。这一点也为许多独立性组织[68],甚至那些对特别保护表示出忧虑的人所认可。[69]

　　前面几章中分析了大量案例,提供了关于数据库用户如何搭便车利用数据库所有人的努力的例证。美国国会商业听证委员会也得到了其他例证,投入到数据库中的相当多的资源可能无法获得版权保护。在反数据库盗版联盟(CADP)[70]于1999年3月18日向众议院司法委员会法院和知识产权分委员会提交的《文件附录》中,就有许多这样的例子。[71] 其中包括汤姆森公司(Thomson Corporation)的POISINDEX系统,该系统登记了大约一百万种药物成分,它们的临床效果、治疗措施以及其他关于执业医生和中毒控制专家的相关信息。励德爱思唯尔(Reed Elsevier)*的MDL信息系统"制作了大量的数据库,它们合起来向药剂师提供一个电子图书馆,该电子图书馆覆盖了药品供应商以及十万种化学药品的定

---

[68]　同上揭,以及Andrew J. Pincus(美国商务部总法律顾问)向司法委员会的法院和知识产权分委员会就《1999年法案》所作的陈述,1999年3月18日。

[69]　Joshua Lederberg(代表美国国家科学院等组织)和Charles Phelps(代表美国大学协会等组织)向司法委员会法院和知识产权分委员会就《1999年法案》所作的陈述,1999年3月18日。

[70]　Marilyn Winokur, Micromedex公司执行副主席,代表反数据库盗版联盟(CADP)就《1999年法案》向司法委员会法院和知识产权分委员会提交的书面陈述,1999年3月18日。反数据库盗版联盟是由美国大大小小的各种数据库提供商组成的集团,包括McGraw-Hill公司、美国证券商协会、Reed Elsevier公司以及Thomson(汤姆森)公司。见反数据库盗版联盟就《1997年法案》向司法委员会法院和知识产权分委员会提交的书面陈述中的描述,1997年10月23日。

[71]　Marilyn Winokur的书面陈述。

*　励德爱思唯尔(Reed Elsevier)是世界上最大的传媒公司和首要专业出版商之一,Lexisnexis即为其属下的子公司。——译者注

价、交易和安全信息。"[72] 附录还提到了 Skinder-Strauss 和美国医学会(American Medical Association)分别制作的律师和医生名录。东尼农业服务公司(Doane Agriculture Services Company)生产关于农业信息(例如面积和产品价格、作物产量和供应以及家畜等)的指南,该公司的主席提出,该公司由于缺乏特别保护而受到了严重影响。由于担心竞争对手不法利用,该公司尚没有通过互联网提供服务。类似地,美国房地产经纪人协会(National Association of Realtors)也表达了它对其"多重上市服务系统"(Multiple listing system*)所受版权保护程度的不确定性的担心,它的"多重上市服务系统"已经成为诉讼的对象。[73] 1997 年,在同美国版权局的讨论中,一些数据库所有人也表达了类似的忧虑。[74]

另一方面,也有一些观察证据表明,对数据库和信息产品的投入通常不会受到预想的数据库保护缺乏的影响。在 1991 年到 1997 年期间,数据库的数量从 7,637 个增长到了 10,338 个,而且私营部门所占份额从 1977 年的 22% 增长到 1997 年的 78%。[75] 考查那些最大的信息公司[76]的年度报告,同样可以发现对信息供应维持和增加投入的策略。例如,汤姆森公司(Thomson Corpora-

---

[72] 同上揭。

* Multiple Listing Service 是源于美国房地产行业的专业术语,也称"多重上市服务"。这种房地产营销新模式的核心,是通过特定的软件技术和网络手段,使加入该系统的各个独立中介商的所有房源信息形成一个统一的互通体系。——译者注

[73] *Montgomery Country Association of Realtors v. Realty Photo Master*, 878 f. Supp. 804 (1995), *San Fernando Valley Board of Realtors Inc. v. Mayflower Transit Inc.*, unreported No. CV 91-5872-WJR-(Kx) (CD Cal 1993).

[74] US Copyright Office Report on Legal Protection for Databases, August 1997 at 78.

[75] M. Williams,"The State of Databases Today:1998", *Gale Directory of Databases*. 另见 Jonathan Band 代表在线银行协会就《1999 年法案》向众议院司法委员会法院和知识产权分委员会做的证词,可访问下列网址:http://www.hyperlaw.com/band.htm。

[76] 汤姆森(Thomson)公司把自己、励德爱思唯尔(Reed Elsevier)公司以及威科(Wolters Kluwer)公司认定为主要的全球性信息企业。见汤姆森(Thomson)公司 1998 年度报告,at 26。

tion)1998年度报告说明,该公司已经战略性地把自身转变为一个信息公司,而且把与信息无关的权益剥离出去。[77] 在1993年到1998年期间,它在获取信息以补充其核心信息业务方面投入了61亿美元,而且仅在1998年它就在获取70个新的信息业务上花费了8亿3千万美元。[78] 它的1998年度报告自豪地宣称:

> 在过去的五年中,我们的信息收入已经增长了24亿美元——这个成就几乎相当于创建一家《财富》500强的公司。[79]

在付出这些投入和收入增长的时候,它的信息业务尚未获得特别保护,不论是在欧洲还是在美国。汤姆森公司的1999年度报告也指出,欧盟存在特别保护,美国没有特别保护,这些都不会造成任何问题。它的1999年度报告中说,它的基于互联网的收入增长了一倍,达到了3亿9千万美元,它的调整后收入增长了14%,而且它在资本支出方面投入了4亿7千万美元。[80] 尽管事实上它的收入中86%是从美国获得的,但美国并没有特别保护。[81]

其他主要的信息公司也呈现出类似的图景。1998年,威科公司(Wolters Kluwer)*的执行委员会报告说,该公司的收入已经突破了记录,其有机增长(organic growth)**已经从1996年的4个百

---

[77] 同上揭,at 4。
[78] 同上揭,at 6。
[79] 同上揭。
[80] 同上揭,at 3。
[81] 同上揭,at 7。

* 威科(Wolters Kluwer)公司创立于1863年,为荷兰第一大、全欧第二大的出版集团,在全球的发行网涵盖了数十个国家,出版数千种不同的专业媒体,提供全球读者相关产业的信息服务。——译者注

** 有机增长(Organic Growth)是保罗·托马斯在《成长力》一书中提出的概念。用通俗的语言来解释,企业可以通过两种方式来获得企业的成长,一种是无机的方式,即通过并购企业壮大;二是有机的方式,即通过内在栽培,使企业逐渐发展壮大。第二种方式即为有机增长。——译者注

分点提高到1998年的5个百分点。[82] 在1994年到1996年期间，Reed Elsevier公司仅仅在Lexis和Shepard的引证服务方面就投入了超过30亿美元。[83]

应该指出的是，以上数字指的是这些公司在信息业务上的全部投入，而且它们并没有区别对待已经受到版权保护的信息的投入与将要获得某种特别保护的信息的投入。不过，有些收入却与处在不受版权保护状态的信息有关，它们现在的保护来源于合同和技术保护的结合。Lexis数据库或者说Lexis数据库的某些部分就是这样的例子。

或许可以争辩说，如果欧盟和美国都授予了特别保护，在信息和数据库方面的投入将可能会更多。然而，统计数字表明，到1998年为止，欧盟和美国都缺乏这类保护并没有对投资产生严重的寒蝉效应(chill effect)。而且，这种论辩可以永远主张现有的保护不足，因而应该加以扩张。无论如何，上述统计资料显示，由于额头汗水缺乏保护造成的缺口，所产生的问题之严重程度相对较小。采取行动填补这个缺口的需要相应地也比较小。

这些公司的报告更饶有兴味的地方是，它们重视信息被展现给其客户的方式。它们都明白自己是在一个全球网络环境下运营，不但提供信息，而且要以用户友好方式提供信息。例如，汤姆森公司在1998年度报告中写到：

> 成熟技术的成本下降和采用的便利性不仅正在降低进入门槛，同时还引发了来自灵敏的技术新兴企业的更大竞争。这一趋势凸现了提供独特的增值特征和能力以提高产品区别度的需要。[84]

---

[82] Wolters Kluwer公司1998年度报告，at 1，可在如下网址获取：http://www.wolters-kluwer.annualreport98_11.html。

[83] Reed Elsevier公司新闻稿，1998年4月27日，可在如下网址获取：http://www.reed-elsevier.com/newsreleases/nr39.htm。

[84] Thomson公司1998年度报告，at 24。

威科(Wolter Kluwer)1998年度报告则注意到:

> 来年,预计在线产品的迅速发展能够帮助促进有机增长进一步发展。集团公司已经开发了许多网络服务,而且正在继续做下去……
>
> 信息服务的专业用户越来越需要对持续增长的信息流进行选择、建构和解释。

在1999年度报告中,励德爱思唯尔(Reed Elsevier)公司声称:

> 我们策略的核心显然集中在网络交付、高附加值的内容和服务以及更便利的用途和功能性上。

从上述证据中可以得出两点结论。一是这些主要信息供应商认识到,它们的竞争优势至少在实质程度上来自于它们把信息展现给其客户的方式,而不仅仅是内容。版权已经对它们的竞争优势来源给予了重要保护。第二点是,对在线服务电子交付的重视似乎并没有因为数据库内容缺乏国际性的特别保护而减弱。在这些公司的正式文件中,没有出现对大规模地搭便车利用其努力的明显担心。

关于《指令》之影响力的证据　迄今为止,关于指令对数据库投资的影响力,最详尽的实证调查是斯蒂芬·莫耶(Stephen Maurer)提交给加拿大工业部的报告。[85] 该报告的一部分研究了1993年到2001年期间美国、英国、法国和德国的数据库产业。研究的数据采自盖尔数据库指南(Gale Directory of Databases)的多个版本。

莫耶的结论是,加入法国、英国和德国数据库产业的新供应商的数量在1998年的统计数字上有急剧增长,而且数据库的总数在1999年的统计数字上有重大增加。[86] 然而新参与者和新数据库

---

[85] S. Maurer,"Across Two Worlds: Database Protection in the US and Europe",为加拿大工业部(Industry Canada)的"知识经济中的知识产权和创新研讨会"准备的论文,2001年5月23—24日,可在如下网址获取:http://www.strategies.ic.gc.ca/SSI/ipf/maurer.pdf。

[86] 同上揭,at 40。

的增长量很快就恢复到1998年以前的水平,因而他断定《指令》对于数据库投资只有一次性的刺激效果。[87] 甚至这种一次性的刺激效果也可能部分是对下述现象的反映——新参与者推迟了它们的加入,直到执行法就绪并且法律立场更加确定为止。[88]

另一方面,有些观察证据表明,《指令》的存在对于决定在哪个地点实施某些数据库计划有影响。另外,有些观察证据则表明,在《指令》实施前夕,存储在光盘只读存储器上的数据库的可供应量大大增加了。

上述所有关于提高保护的证据分析表明,凭借商业秘密法、版权、合同和访问数据库的技术限制,现有的保护已经对信息产品的投入提供了重大动力。即使现在还存在对数据库的投入缺少动力的问题,也有充分理由相信这个问题很微小而不是很严重。因此,对这个问题的应对措施就应该是最低限度主义而不是最大限度主义。

信息的非经济作用

因此,对支持特别保护的新古典经济学论据以及迄今为止的观察证据和经验证据进行分析,揭示出支持特别保护的经济论据的弱点。或许更准确地说,这个分析表明,支持特别保护的经济论据只能证明一种弱形式的保护。还有一点也需要论及。新古典经济学论据没有考虑支持或反对特别保护的非经济论据。尽管信息能够被定义并被作为一种商品对待:

> 把信息作为商品对待的这种信息定义造成有利于那些在经济背景下的竞争中获胜的人,或者有利于那些把经济价值视为唯一价值的人。[89]

---

[87] 同上揭,at 2。
[88] 同上揭,at 37。
[89] S. Braman, "Definition Information", pp. 233—242.

除了作为商品之外,信息还有其他定义并起到其他作用。正如布拉曼(Braman)所说,信息不仅是商品,而且也是社会中的构成性力量。

> 把信息当作社会中的构成性力量对待,根据这种信息定义,信息不但受到其环境的影响,而且它自身也是一个行动者,影响着环境中的其他要素。它不只是被包容在社会结构中,它还创造着这个结构本身。[90]

信息的这种构成性特征的一个明显例证是,那些来自于传统上由政府向大众提供的服务的信息,这些服务是免费的或者是只需支付提供该信息的成本。

> 我们对自身作为一个社会的了解绝大部分来自政府的信息服务。其中大部分通过类似报纸和电视的第二手来源影响着我们,但是这种方式并没有否定这些信息起源于政府机构……
>
> [政府]是能够系统地和常规性地收集和处理各种形式信息的唯一机构,从离婚到婴儿发病率,从职业变动到犯罪倾向。这是因为这个令人生畏的任务需要大笔的金钱,而且重要的是,需要宪政政府的正当性。例如,考虑一下从每10年一次的人口普查中可以获得的详尽和隐秘的信息以及我们如何评价这一点。[91]

韦伯斯特(Webster)针对信息所指出的上述要点对于数据库的争论,对于在许多环境下需要把信息远远不止是看作商品特别恰当。在许多方面,信息正是尤尔根·哈贝马斯(Jurgen Habermas)所描

---

[90] 同上揭,第239页。
[91] F. Webster, *Theories of the Information Society* (Routledge, London, 1995), p. 120.

述的公共领域的基础[92],并且韦伯斯特已经指出了信息对公共领域的重要性。[93]

如果我们珍重知情的公民(informed citizenry)及其所带来的利益——以我们被统治或者能够统治自身的方式,那么信息就是一种强有力的构成性力量,必须用诸如头脑中的民主过程等目标去保护和引导它。以近来澳大利亚对"被盗走的一代"(the "stolen generation")的政治辩论为例。"被盗走的一代"是指如下事实:数十年来,有些原住民的孩子根据政府的政策被强制从他们的生身父母那里带走,并被安置到一些机构中或者被澳大利亚白人收养。实施这个政策有巨大的社会学意涵,而且最近时期以来,关于对"被盗走的一代"的适当的政府应对措施问题有非常大的政治争论,这并不令人惊奇。如果没有关于这个问题的程度和性质的政府信息,这个辩论完全不可能发生。关于这个问题的信息——例如多少孩子被带走了?它们被带到了哪里?为什么会被带到那里?——只能通过公共来源才能获得。它的商业价值很小。但是,它对于一个国家以及国家试图开始处理其土著少数民族的历史和当前待遇问题的影响却是深远的。

如果没有获得政府信息,众多政治问题就完全无法被公开辩论,这个例子仅仅是其中之一。因此,信息在民主过程和政治观点的形成中可以发挥巨大的作用。

> 一个大众的政府,如果没有大众的信息,或者没有获得大众信息的方法,那么它就只是一场闹剧或悲剧的序幕,或许既

---

[92] J. Habermas, *The Structure Transformation of the Public Sphere: An Inquiry into a Category of Bourgeois Society*, trans. T. Berger (MIT Press, Cambridge, MA, 1989).

[93] "一个舞台,不仅独立于政府(即使接受了政府基金)而且还拥有独立于党派经济力量的自治性,它致力于理性辩论(例如辩论和讨论那些'没有成见的'、'未被掩饰的'或'未被操纵'的问题),易于公民参与并且向公民开放监督。正是在这里,在这个公共空间中,公共观点得以形成。"F. Webster, *Theories*, pp. 101—102.

是闹剧又是悲剧的序幕。知识永远统治着无知,那些希望成为自身的统治者的人必须用知识赋予的力量武装自己。[94]

韦伯斯特已经注意到政府对于信息的作用的态度转变。[95] 在写到专门涉及 20 世纪 80 年代英格兰的形势时,他指出政府政策朝着从政府信息的传播中获取收益的方向发展,偏离了把信息提供看作公共服务的道路。他还注意到美国也存在类似的事情。[96]

由于最近政府服务和以前用公共基金生产的科学信息的私有化趋势,朝着信息商品化发展的这种趋势已经被加剧了。显然,在数据库的任何特别保护建议提出之前,信息商品化的这种发展趋势就已经存在了,此前这种趋势在公共领域中担当着一种选择性或附加性的作用。特别保护的建议可能是对这一趋势的反映或者是它的结果,而不是这种趋势的原因。但是,专门聚焦于信息的商品特征的特别保护将确认并加强这种趋势。它将成为创建商品文化这一过程的一部分,而这种文化将无视信息的其他作用。另一种可能是,特别保护直接并积极地承认信息的不同作用,因而能够对限制甚至或许是扭转这一趋势中令人不快的方面发挥作用。

限制公共资源的悲剧

与这一命题有关的理论和实证研究表明,知识公共物并不必然是悲剧。这反过来导出这样的结论:缺乏悲剧也就不存在政府经由私有财产权加以干预的必要。[97] 埃里克森(Ellickson)研究了在加利福尼亚州夏斯塔县(Shasta County),牧场主因自己牲畜的意

---

[94] B. Jones, *SLEEPERS, WAKE: Technology and the Future of Work* (Oxford University Press, Sydney, 1982), p.173 quoting James Madison.
[95] F. Webster, *Theories*, Chapter 6.
[96] 同上揭,第 123 页。
[97] R. Ellickson, *Order Without Law: How Nerghbors Settle Disputes* (Harvard University Press, Cambridge, MA, 1991); E. Ostrom, *Governing the Commons: The Evolution of Institutions for Collective Action* (Cambridge University Press, New York, 1990).

外侵扰行为所承担的法律责任变化造成的效果。夏斯塔县大部分是一个开放牧区,实际上是没有栅栏防卫的地区,而且是一块公共牧地,牲畜可以啃食和侵扰而牲畜的主人不承担任何责任。然而,加利福尼亚州的特别立法有效地封闭了部分牧场,并规定牧场主要对其牲畜侵扰封闭牧场承担责任。尽管牧场主是否对牲畜侵扰承担责任取决于相关地区属于开放牧区还是封闭牧区的法律地位,埃里克森发现,法律责任的这种转变对相邻牧场主的行为方式或者他们决定由谁承担加筑围栏的成本没有任何影响。[98]

邻居们发展出一套关于加筑牧场围栏的成本以及因此限制牲畜侵扰的规范。这些规范的发展和遵从与法律的立场无关。例如,他们发展出一种相称性规范,即邻居们根据粗略的标准——例如谁拥有大多数牲畜以及他们分别对这项工作做贡献的能力——来决定如何分配修筑围栏的成本。有着大致相同数量牲畜的牧场主平均分担修筑围栏的成本,而与有很少或没有牲畜的"小牧场"毗邻的牧场主则通常承担全部的围栏费用。其他则通过如下方式达成安排:如果他们感觉到自己可能获得超过50%的利益,他们就承担超过50%的成本,即使他们能够合法地获得这些利益而无需承担任何成本时也是如此。[99]

> 事实上,邻人们强烈地趋向于合作,但是他们并不是通过从法定权利开始讨价还价……而是通过开发和执行优于法定权利的邻里规范来实现合作的结果。[100]

这个研究表明,使用公共资源的人并不必然成为搭便车者,并因而造成公共资源悲剧。埃里克森以及其他人已经识别出有效规则得以发展和运作的一些必要条件。特别是,"当纠纷当事人之间的社

---

[98] 这与科斯(Coase)在《社会成本问题》一文中所表达的观点相反。在该文中,科斯从一个纯理论的基础上认为,牧场是否加筑围栏这一问题的最终结果都是一样的,取决于实现该结果的交易成本,但是法律责任规则将决定由谁支付加筑围栏的费用。

[99] R. Ellickson, *Order Without Law*, pp.71—79.

[100] 同上揭,第4页。

会距离加大时,当涉及的利益总量增加时,以及当法律体系为纠纷当事人提供了将成本外化到第三方的机会时,纠纷当事人愈益可能求助于法律规则"。[101] 例如,埃里克森注意到,当越界的牲畜对驾驶机动车到该地区的陌生人造成损害时,牧场主们发展的规范就愈少可能适用。[102] 奥斯特罗姆(Ostrom)则提到了其他经验的和心理的验证,同样表明,当能够利用池塘资源的那些人之间存在某种社会关系时,搭便车使用她所谓的公共池塘资源的情况就更少可能发生。[103]

换句话讲,当公共资源只属于一个特定的群体时,他们能够并且也愿意发展他们自己的规范以便能有效地利用公共资源。封闭的公共资源的概念是约翰·洛克(John Locke)确定的。德拉豪斯(Drahos)在分析洛克的财产权理论适用到知识产权时,写到了不同种类的公共资源,包括一种专有的或封闭的、积极的公共资源。[104] 这是一个特定群体可以利用的资源,而不是所有人都可以利用的资源,该群体中没有任何一个成员有权不经群体的同意而取走任何资源。这种资源与包容的、消极的公共资源相对。一种包容的或开放的公共资源包含每一个个体,因为没有人被排斥出去,并且消极的公共资源是一种个人无需获得有权利用该资源的那些人同意就可以取走的资源。正是在包容的或开放的公共资源中,最可能发生公共资源悲剧。在这些情况下,需要法律干预以避免或解决悲剧。对于专有的或封闭的、积极的公共资源,埃里克森和奥斯特罗姆所说的规范则可能出现。

这与数据库有什么关系?它对于科学信息的交换特别重要。有大量证据表明,科学共同体已经开发出与科学信息交换有关的

---

[101] 同上揭,第283页。
[102] 同上揭。
[103] P. Keohane and E. Ostrom (eds.), *Local Commons and Global Interdependence: Heterogeneity and Cooperation in Two Domains* (Sage Publications, London, 1995), pp. 119—120.
[104] Drahos, *A Philosophy of Intellectual Property*, pp. 57—60.

专有的、积极的公共资源。与这种资源相伴的是关于信息的生产和交换的规范。[105] 如第五章所指出的那样,科学家和科学组织重视科学信息交换的文化,这已经成为反对某些特别保护建议的重要方面。[106] 有关集体财产的规范能否提高公共福利? 或者更有效率的进路是否是采用以市场为基础的财产进路? 学术著述对此有理论争论。[107] 不过,科学组织提供的观察证据是,有关科学数据的使用和交换的这些规范应该最大可能地得以维持,这个证据至少与支持特别保护的证据具有同等的说服力。

大多数(如果不是全部的话)关于法律和社会规范的关系的作者持这样的观点:法律政策能够加强或破坏自我调节规范系统的发展和维持[108]:

> 大量的文献表明,行为不只是受到实证法或社会规范的控制,而且受到这两个系统之间复杂而又密切的相互作用的影响。因而,希望鼓励特定行为的法律制订者能够通过利用法律塑造社会规范的方式来实现他们的目标。[109]

由于美国20世纪80年代向专利法的转变,有关科学发明信息交换的规范被瓦解了,拉爱(Rai)已经认识到规范被瓦解的方式。[110] 那些法律增强了专利权人的财产权,造成了信息交换规范的崩溃。

---

[105] 见,A. Rai,"Regulating Scientific Research: Intellectual Property Rights and the Norms of Science"(1999) 94 *Northwestern Law Review* 77.

[106] 见,例如第五章中谈到的各个科学组织的声明。另见 National Research Council, *Bits of Power*。

[107] 例如,Ellickson,"Social Norms", at 550,以及 E. Posner,"Law, Economics and Inefficient Norms"(1996) 144 *University of Pennsylvania Law Review* 1697。埃里克森认为,通常是,规则提高了服从该规则的群体的福利。群体福利的这种提高对群体外的人可以产生积极或消极的外部性或效果。例如,三K党的种族主义规则就对其群体外的人有消极效果。相反,有理由认为关于科学信息交换的规则具有积极的外部效应。

[108] Rai,"Regulating Scientific Research", at 84; Ellickson, *Order Without Law*, pp. 284—285.

[109] Rai,"Regulating Scientific Research", p. 88.

[110] 同上揭。

同样的风险对数据库特别保护也存在。关于科学信息共有化的规范被基础科学信息商品化的法律进一步侵蚀。尽管这些规范还可能承受着其他压力，不适当地设计而成的特别立法会加速这个过程。尽管公共资源的悲剧是一个需要加以考虑并予以解决的现实问题，公共资源的浪漫传奇同样也需要加以考虑。不这样做可能会导致用一场闹剧替代一场悲剧。

科学合作的例证

可以给出无数例证来说明在信息交换方面进行合作的好处以及妨碍这种交换的代价。[111] 特别是，信息交换不但会使得那些获得信息的人变得愈加见识广博，而且使得他们超越了信息使用者范畴，成为知识螺旋的贡献者。信息的这种转化性使用是科学研究领域的关键问题。下面讨论两个例子。

健康行家工程　健康行家工程(the Health WIZ project)是由一家私人公司代表澳大利亚政府健康和老年保健部承担的。[112] 它是一个由澳大利亚国内与健康有关的多个子数据库组成的数据库。它利用了下列多个不同的医疗保健数据库所包含的信息：

- 人口普查统计数据；
- 医院使用情况统计数据；
- 医院容量数据；
- 死亡率数据；
- 免疫数据；
- 国家和地区癌症数据；
- 社会保障和退伍军人事务局受惠人；
- 儿童保健数据；
- 医疗保健(澳大利亚国家健康计划)数据；

---

[111] 见 *Bit of Power*, pp. 205—219。

[112] 可以在如下网址查看有关这个数据库的信息：http://www.prometheus.com.au/healthwiz/hwizf.htm。

- 老年保健数据;和
- 地图数据。

通过把所有这些不同的数据库结合起来,创造出一个新的和强大的数据库,能够被用来判断几乎无限数量的健康问题。它能够制作出不同地区的健康地理地图,并且将其与该地区的健康设施地图进行比较。例如,它能够制作出关于在哪个地区老年人有老年护理的巨大需求的信息,并把该信息与该地区实际的老年护理单位的地理分布或老年医疗救护的花费进行比较。可以采用类似的方式去追踪儿童和儿童护理单位。或者是,可以利用这些数据去开发一张不同地区最普遍的死亡原因地图,并且把医疗资源转向处理不同地区的这些不同死因。其他数据库也存在被纳入健康行家工程或其他转化性的健康数据库的可能性,例如死因调查记录数据库,甚至是涉嫌威胁健康的因素——例如高压电线或燃煤发电机——所在地点的信息数据库。

这个大型数据库中包含的子数据库是由澳大利亚政府或地方政府维护的公有健康数据库。不过,私有数据库没有理由不被纳入到这样一个数据库或类似的数据库中。例如,私人健康基金的信息也能够做出颇有价值的贡献。或者是,与健康问题不存在本质或主要联系的信息——譬如可能威胁附近居民健康的各个企业的地点——也能够被利用。创建这样一个转化性的、改进的数据库需要不同组织的合作,各个组织开始收集它们的信息时具有各自的目标和原因。这些组织可能并不致力于创建一个更大更好的数据库这样的目标。事实上它们可能完全反对这些目标。增加一种新的专有财产权可能会不必要地使得这些不同组织集合起来进行合作的过程复杂化了。新权利可能会不必要地阻碍了为完全不同的目的而创造的崭新而又有用的数据利用方式。简言之,创建新的权利可能会导致反向公共资源悲剧,除非新权利被设计成能够防止挫伤信息的生产性使用。[113]

世界气象组织(WMO) 世界气象组织的工作进一步说明了建立任何一种特别保护制度都需要谨慎。世界气象组织创建于1947年,是联合国的一个专门机构。[114] 它的目标包括:"促进设置站网方面的国际合作,以进行气象、水文以及其他观测;以及增进气象信息的快速交换。"[115] 在世界气象组织的185个国家和地区成员之间都有气象信息交换的合作。[116] 它的主要项目包括世界天气监测网(World Weather Watch),该网每天在世界气象组织的传播网络中传送超过1千5百万个数据符和2千张气象图。通过提供关于全球警报和其他由于气候变化造成的环境改变的关键数据,它在环境问题上也发挥了有影响力的作用。例如,它是"1992年里约地球峰会(Rio Earth Summit)*签署的《联合国气候变化公约》的协调机构"。[117] 世界气象组织对环境问题的工作很可能对人类能否生存下去具有重要影响。

20世纪90年代中期,世界气象组织活动的合作性质受到了威胁。从开始一直到那个时候,各个成员分别免费地贡献它们的数据。然而,在90年代中期,欧洲的气象组织表示它们将不得不退出合作协议,并且它们希望从气象信息的提供中获得收益。世界气象组织主持了漫长的谈判,避免了这个事件的发生。[118] 不过,当时欧洲的态度就是一个例证,说明由于以牺牲这些数据的其他作用为代价的数据商品化,政府的组织受到了日益增长的压力去弥

---

[113] Maurer 的文章也讨论了反向公共资源的问题,见 Maurer," Across Two Worlds", at 2, 46 and fns. 204—206。

[114] http://www.wmo.ch。

[115] http://www.wmo.ch/web-en/wmofact.html。

[116] World Meteorological Organization, *Exchanging Meteorological Data: Guidelines on Relationships in Commercial Meteorological Activities*: *WMO Policy and Practice*, publication No. 837 (WMO, Geneva, 1996)。

* 里约地球峰会(Rio Earth Summit),即巴西里约热内卢地球高峰会议,由于当时参会的多是各国高级首脑,因此得名。——译者注

[117] http://www.wmo.ch/web-en/achiev.html。

[118] J. Zillman,"Atmospheric Science and Public Policy" (1997) 276 *Science* 1084。

补它们的运营成本。[119]

尽管通过使用合同和完全拒绝访问相关数据已经促进了商品化过程,对数据创造一种特别的新权利还是会恶化这种局势。其风险在于,这一立法推动了在对待信息的作用的态度方面文化和制度的改变并使其合法化。信息的商品作用被认为是至高无上的,牺牲了任何其他作用。如果不能正确分析信息的类型与它们可能发挥的作用之间的区别,就会产生这种理解。

气象数据的例子也说明了数据库制作者下述论点的潜在困难,即相同信息能够从其他地方获得,并且可以被放置到另一个竞争性数据库中。对于一个特定点上及时的自然现象观测而言,完全不是这样的情况。譬如,只有一次机会去测量纽约市昨天或过去任何一天的最高和最低气温。这个结果无法被重复。

上述分析说明,凭借特别立法实施的信息商品化能够造成这样一种局势:信息的商品作用被给予的特别优惠与它的实际作用不成比例。尽管商品化可能具有某些好处,但是有种趋势认为某种程度的商品化是好的,并且越大程度的商品化就越好。不是去分析各种情况并努力了解什么时候商品化进程是恰当的,而是设想财产权应该而且必须是高强度的。所有相关信息都经过了这个设想的过滤,影响了对任何特定情势的分析。这可以被看作是一种寻租类型的更具欺骗性的表现形式,它为了提高任何投资的价值而主张广泛的财产权。它的欺骗性来自于它试图把恶行伪装成美德。

数据库保护的几个建议

前述分析的结论是,存在一种现实,要求在最常见的版权制度所提供的保护之上和之外,对数据库给予某种程度的进一步保护。不过,由于欧盟和美国之间在数据库保护的进路上存在分歧,而且

---

[119] 同上揭。

世界知识产权组织的许多成员对附加保护有相当大的抵制,所以不可能对专门的示范法——例如《指令》或与之类似的法律——达成共识。相反,实际上最可能实现的是就某些基本问题达成协议,每个国家都应该在版权提供的保护之外,通过它自己的立法致力于对数据库提供某种最低限度的保护。[120] 下面就对这些基本问题进行分析。

严格地定义保护客体以避免不必要的或意外的后果

第三章和第四章分别评价过《指令》中的数据库定义和不同美国法案中信息汇编的定义。与美国的各种定义不同,《指令》的定义的难题之一是,它没有包含强调数据库的目的是提供信息这一特征。因此,对于计算机程序中的数据的保护就具有不确定性,这一点本来不应该由于数据库的特别保护而提出来。任何特别保护的国际条约都应该阐述这个问题。它还应该走得更远。它应该专门规定,数据库的目标是为了允许人们摘录并直接感知数据库的内容,以便促使人类努力变得见识广博。在计算机程序的目标码获得版权保护之前,有些法院认为这是文学作品定义的关键要素。[121] 在数据库的定义中加入这一要求,将会强化如下要点:计算机程序中的数据主要是用来允许程序执行它们的功能,不属于特别保护的范围。

它还应该表明其对数据库所有人和用户之间关系的理解。如果没有使用者的知识和技巧,数据库的内容就没有任何价值;通过他们的使用,用户转化并提高了内容的价值。把这一点纳入数据库或信息汇编的定义,将成为把上述理解纳入任何特别保护的过程,同时也是确保该种保护能够反映数据库所有人和使用者之间关系的重要性的过程。基于同样的原因,使用欧洲的"数据库"一

---

[120] Andrew Pincus(美国商务部总法律顾问)向司法委员会的法院和知识产权分委员会就《1999 年法案》所作的陈述,1999 年 3 月 18 日,注释 4。另见第五章讨论过的澳大利亚代表团向世界知识产权组织就这种方法提出的建议。

[121] 例如,*Apple Computer Inc. v. Computer Edge Pty Ltd* (1984) 53 ALR 225。

词而不是美国的"信息汇编"要更恰当些。这将使下面一点得到强化：数据库的内容本身仅仅是数据，在缺乏能够把这些数据转化为信息和知识的博学的用户时，这些数据只有最低限度的价值。

274 **分离"额头汗水"特别保护的客体与版权保护的客体**

如果要对数据库授予特别保护，有充分的理由要求非常清晰地区分本质上是对制作数据库的"额头汗水"的保护与版权保护。这就涉及到清晰地划定版权客体和特别保护的客体之间的界限并把两者分离开来。前者应该被限定在与独创性程度有关的数据库的结构和编排上，后者则应该限于制作数据库所投入的劳动和资源的数量上。这完全符合现有的有关编辑物的国际版权义务，它们只要求保护由于选择和编排而构成智力创作的编辑物，并且这种保护只能授予数据库的创造性方面。

这种做法最明显的理由是实用性的，即确保不会有两种制度适用于同一客体。版权将被限于数据库的创造性方面，而特别权利则被限于数据库建构中的"额头汗水"。这就必然需要完全避免提及为制作数据库而实施的投入的品质。第三章对在这个领域引入品质问题的困难做了详细考查。

除了这些困难以外，引入品质的测度标准会扭曲在获取、校验和展现数据库方面的投入与对其所授予的保护之间的恰当对称。特别是，它造成了这样一种可能——未经允许使用很小数量的数据将构成侵犯特别权利。这反过来也造成了这些数据被纳入数据库中的成本与它们对数据库所有人的价值之间存在巨大差额。成本与价值之间的差额愈大，产生有害寻租效应的可能性也就愈大。

由于对创造性提供的版权保护要比对"额头汗水"提供的特别保护更为强大，明确分离版权保护与特别保护还将留下对创造性给予优待的可能性。对于这样做的原因，多个法域中无数的判决意见和有关这个内容的学术著作已经做了详细解释。[122] 推进特别保护绝不会削弱创造性应该获得比"额头汗水"更高的保护这一主张。如上所述,要求特别保护的现实表明,应该通过知识产权立法给予额头汗水某种保护,而不是不给予任何保护,但是这种保护仍然应该比对创造性授予的版权保护受到更多限制。由于这些原因,那些已经对"额头汗水"提供版权保护的法域应该认真地考虑修改它们的版权制度,以便引入版权保护客体与特别保护客体之间的二元分立。

区分特别权利与版权

分离版权客体与特别保护客体的必然结果是,区分版权立法和特别立法所授权利的性质。版权所授予的权利以及最低保护期限很大程度上是由国际条约确定的,例如《伯尔尼公约》、《与贸易有关的知识产权协议》和《版权条约》。显然,特别保护就不是这种情况。

需要加以限制的行为几乎无疑将类似于版权所限制的那些行为。这是因为版权材料和数据库材料的商业利用必然会涉及类似的行为。在给定的情况下,必须禁止复制、通过传输或提供向公众传播以及出租和发行,但要受制于首次销售原则。那么,什么能够区分版权与特别权利?应该做哪些区分?这里要谈的第一点是,特别保护所授予的权利应该比版权所授予的权利范围更窄。数据库材料的临时复制就是一个例子。未经版权人同意对版权材料制作的临时性计算机复制件是否属于非法复制?对于这个问题已经有相当多的争论。[123] 无论争论的结果如何,与版权材料相比,禁止临时复制数据库材料的理由就弱得多。临时复制件能够被它的制作者进行商业性利用,这种情况即使并非不存在,也是非常有

---

[122] Landes and Posner, "An Economics Analysis of Copyright Law",以及第二章和第四章中已经讨论过的费斯特案的判决本身。大陆国家的版权法同样反映这种方法。见第二章对独创性的讨论以及第三章对版权的一般性讨论。

[123] 见第二章对这个问题的讨论。

限的。[124] 禁止临时复制数据库将主要是禁止数据库信息的个人使用者。把临时复制件排除在特别立法制度中的复制权之外，这本身将会大大有助于确保这种保护径直对准数据库或数据库的实质性部分的商业性再传播。[125]

此外，尽管需要被限制的行为的性质必然会与版权有密切的联系，还是有可能摆脱版权的专有权模式，该模式实质上禁止任何人实施未经版权人同意的那些行为。特别是，被限制的特定行为的目的和效果是限定并区分特别权利和版权的重要标准。重点应该放在未经许可商业性地使用数据库上，同时与在欧洲和美国都已经适用的不正当竞争原则相一致。迄今为止，几乎所有的观察证据都表明，未经许可的商业性使用即使不是数据库所有人所面临的唯一问题，也是其面临的主要问题。改造并协调欧洲有关不正当竞争的法律本来已经足以满足出版商的正当需要了。

设立允许使用基础信息的版权例外

正如下面分析的那样，特别权利的保护期应该比版权保护期短得多。然而，一旦特别权利届满，版权将继续发挥作用以禁止使用信息。如果数据以数字形式存在，一旦特别权利已经届满，最明显和最便利的摘录信息的手段就是利用数字复制。这种方法的困难是，为了复制信息，它的结构和编排必须也被临时复制下来。尽管结构和编排随后能够被从基础信息中剥离出去，并未对这种结构和编排以任何重要的方式进行再利用，临时复制这种结构和编排还是会侵犯版权。一旦数据的特别权利届满并已经进入公有领域，这种技术性侵权将会妨碍对这类数据进行最有效地利用。需要对版权设立例外，在复制基础数据属于合法的情况下，允许为了获取和复制基础数据而临时复制该结构和编排。

---

[124] 临时复制件的定义也是一个问题。在此处所指的是指计算机随机存取存储器中的临时复制件，一旦关闭计算机它就会消失了。

[125] Tyson 和 Sherry 在其论文中也承认了这种可能。见 Tyson and Sherry, "Statutory Protection for Databases" at 9。

设立禁止规避保护措施的例外

为了上述目的需要设立版权例外，与之相结合的是，还需要设立禁止规避保护措施的例外。这种例外将适用于，为了实现获取已经进入公有领域的基础信息而规避版权保护措施。这一例外将会防止事实上永久保护数据的可能。有关规避保护措施的一般问题已经在第三章和第五章中进行了阐述。

规定相当于合理使用的抗辩

合理使用抗辩经过一番改造后被纳入了《1999年法案》，适用于该法案所授予的特别权利。正如第五章所分析的那样，这个抗辩的关键特征是它的自由裁量性质。该抗辩确定了需要加以考虑的相关标准，但是这些标准的权衡和适用却要由法官以个案为基础进行。[126] 不过，这些标准中最重要的标准与所谓的合理使用的目的有关。特别是它规定了教育和研究活动的范围，它们可以具有某种商业特征。相反，《指令》中非常有限的抗辩被限制在为教学和研究目的示例，属于纯粹的非营利性活动。正如第四章指出，彻底把商业目的从所有教育和研究活动中排除是极端困难的。[127] 合理使用抗辩承认，教育和研究活动可以发生在从纯粹非营利性活动到纯粹商业性活动之间这一场域内的任何地方。因此，行为的非营利性或商业性程度就要与其他因素进行权衡，尤其是这种使用行为在多大程度上是转化性的，并构成一种新的和更好的信息使用方式。

部分由于这个原因，更具灵活性的合理使用抗辩要优于《指

---

[126] 见第五章对合理使用抗辩的讨论。
[127] 见 Library Association Copyright Alliance, "Interpretation of terms in the Database Regulations: Supplement to a positon paper submitted to the Database Market Strategy Group in 1999"（2000），本书作者存档的文件，它说明英国的图书馆在解释该规定方面正经受着困难，并且还面临着有关特别权利和版权具有不同例外的难题。

令》规定的抗辩。《指令》所采方法的最大困难在于,它对数据库的投入提供了非常广泛的保护,随后狭窄地划出了有限的例外。例如,尽管它允许为公共安全或者行政或司法程序的目的对特别权利设定例外,却没有规定为新闻报道目的的任何例外。在一个以民主原则为基础的社会中,这是一个异乎寻常的疏忽。

还有其他正当理由支持适用合理使用的一般标准,而不是具体规则。[128] 特别是,数据库内信息的多样性表明,由于信息的不同种类及其使用方式的多样性,以标准为基础的进路是最恰当的。更为精确的规则不具有充分的灵活性,不足以应对可能发生使用数据库的各种情况。[129]

与合同法和强制许可的关系

如果不解决数据库保护的规定与合同法之间的关系,关于数据库保护的任何规定最终都不会有重大价值。本书的开头以及多位学者都已经指出了这一点:合同法在材料使用合同的当事人之间创造出了新的知识产权,本来使用材料应该受到知识产权制度的调整。除非知识产权制度优先于合同法,或者更准确地说,除非知识产权制度能够防止合同法排除它的效力,否则围绕特别保护的辩论可能就没有意义。

这就是为什么特别权利的"例外"需要以数据库用户的积极权利的形式来设计的另一个原因。这也是美国的立法建议的缺陷之一。与《指令》不同,美国的立法建议没有干预有关访问和使用信息的合同关系,而《指令》则规定了使用数据库的非实质性部分的积极权利。不过,这种权利可能只限于那些拥有使用数据库的合同权利的人。任何特别立法都需要走得更远。在特定情况下,它

---

[128] "标准指明与判断合法性有关的各种情况,因而是开放性的。" I. Ehrlich and R. Posner, "An Economics Analysis of Legal Rulemaking" (1974) 3 *Journal of Legal Studies* 257 at 258.

[129] 见,例如上揭所引文,以及 L. Kaplow, "Rules versus Standards: An Economics Analysis" (1992) 42 *Duke Law Journal* 557。

需要强制要求所有者与使用者之间建立一种合同关系[130],这些情况包括:

• 数据库所有人能够唯一地获取数据库的内容,或者数据库所有人对该数据库有自然垄断地位;

• 该信息最初通过使用公共基金创作出来,并且从其他来源不易获得;以及

• 使用者希望以转化性的创造财富方式使用这些内容,例如通过增加原始数据库的价值创建另一个数据库。

使用强制许可就把以责任为基础的规则而不是专有财产权方法引入了数据库的保护。[131] 正如许多学者已经指出的那样,以责任为基础的进路具有很高的交易成本,因为判决给予何种赔偿将取决于第三方的决定,例如审判委员会或法院。[132] 相反,在以财产权为基础的情况下,当事人根据他们各自对被买卖的财产权的估价来达成他们自己的协议,这种方式是有经济效率的。不过,财产权也是有成本的,而且强制许可的唯一可能性是促成当事人之间协商解决。

在某些方面,施加强制许可将迫使数据库所有人承担资助使用其材料的行为的义务,并且它将构成对所有人征收的一种税。不过,上文描述的可以适用强制许可的情况还表明,数据库所有人自身也获得了某种资助,或者凭借特别保护阻碍了对信息的创造

---

[130] 这些强制许可可以设计成被许可人只被允许使用数据库内的信息,而不能使用它的选择或编排。这可以避免由于版权和强制许可之间的关系造成的困难。

[131] 以责任为基础的规则强制规定了支付材料使用费的义务,但是它不能禁止使用材料,而专有财产权方法则允许财产权所有人彻底排除他人使用其财产。

[132] R. Merges,"Contracting into Liability Rules: Intellectual Property and Collective Rights Orgnizations"(1996)84 *California Law Review* 1293.

财富性的使用。[133] 无论如何,获得强制许可的机会将很少发生。例如,如果有人打算复制数据库以便与数据库所有人进行直接竞争,绝大多数情况下仍旧可以利用专有权去进行控制。

修改竞争法原则

由于第二章中所解释的那些原因,竞争法或反垄断法无法完成在有限的情况下施加强制许可的任务。甚至在有限的经济范围内,它也是一把钝器,只能把最明显而又最恶劣的滥用经济支配地位的行为作为标靶。对于这个缺陷有两种可能的应对措施。一是举证责任倒置,数据库所有人必须证明它不是信息的唯一来源。它还必须证明它没有占据实质性的经济支配地位,并且它拒绝授予许可不构成滥用支配地位。这将包括要求数据库所有人证明,它拒绝许可信息没有对该信息的其他需求市场造成影响。[134]

第二个可能的应对措施是,修改竞争法规则以恢复数据库所有人和使用者之间的力量均衡。例如,在与单个数据库所有人进行谈判时,现已成立的各个数据库使用者联盟(特别是图书馆组织建立的联盟)可以豁免适用关于集体谈判的某些规定。大多数竞争法的建构是,与具有市场支配地位的单个卖方实施的行为相比,

---

[133] 见,例如 J. Boyle, "A Politics of Intellectual Property: Environmentalism For the Net" (1997) 47 *Duck Law Journal* 87,在该文中,Boyle 认为知识产权的规定可以被看作是向大众征收的一种税赋,并且这些规定允许使用信息以减少这种税赋的额度。I. Ayres 和 P. Klemperer 也持有同样的观点,见 I. Ayres and P. Klemperer, "Limiting Patentee's Market Power without Reducing Innovation Incentives" (1999) 97 *Michigan Law Review* 985 at 991。"在寻求前所未有的国家干预水平时,似乎唯一合乎逻辑的是,用适度地支持科学数据的公共利益使用来换取减轻的风险规避和适度的人为领先时间,并在此期间内回收他们的投资",J. Reichman and P. Samuelson, "Intellectual Property Rights in Data" (1997) 50 *Vanderbilt Law Review* 51 at 156,在该文的第 156 页,他们赞成较短的保护期并结合强制许可的规定。

[134] 在澳大利亚消费者和竞争委员会向澳大利亚律政部提交的文件中专门提到了这一点。澳大利亚消费者和竞争委员会就数据库的法律保护问题向澳大利亚律政部提交的未标日期的文件。未发表,本书作者存有复制件。

由共同运用某种市场支配地位的买方所采取的联合行动更可能违反竞争法原则。多数竞争法还在有限的情况下规定了某种方式的责任豁免,在这种背景下可以利用这些责任豁免。

保护期限

保护期应该短于版权的保护期,这是保护的一个显著特征。各种期限都被提议出来,范围从只有几年到二十五年,而《指令》实际上是永久保护。没有重要的经验证据能够证明这些期限当中任何一个的合理性。可能唯一值得注意的是,北欧目录法规定了十年的保护期,而且欧盟内部没有建议认为这个期限不充分。根据这个理由,不能接受超过十年保护期的主张。考虑到上述关于信息以及利用信息在社会中的作用的分析,一个较短的保护期应该得到支持。

数据库所有人还应该承担举证义务,证明其所占用的信息被商业提供的期限尚未超过相关保护期。这应该包括明确并公开地声明其权利要求的范围的义务,以及当并未获得保护时宣称获得保护要承担的惩罚。《指令》规定的那种立场——如果数据库的某个部分被定期更新,那么数据库内的所有信息都能够有效地获得永久保护——在任何分析中都是站不住脚的。

救济措施

显然,救济手段是任何一个保护制度的关键部分。《与贸易有关的知识产权协议》对版权侵权的救济做了非常合理的规定。[135] 不过,照搬这些规定并把其纳入特别保护规定中将是一个错误。可以利用分层次的救济措施去应对信息的异质性以及数据库所有人和使用者之间的不同关系。正如《1999年法案》所建议的那样,可以对各类侵权用户适用不同的制裁。例如,科学研究机构的雇员将不会承担下列责任:惩罚性损害赔偿、禁令救济和没收侵权

---

[135] 《与贸易有关的知识产权协议》第三部分。

材料。

数据库所有人还应该承担证明其损失的责任。这种损失需要通过引证其丧失了对其数据库的投入获得合理回报的机会来确定。它不应该通过参考任何潜在的利润损失来确定,即如果数据库被看作是其所有人的专有财产,就可能从投入中得到的利润。如果允许数据库所有人攫取与其提供的数据库内容有关的全部利益,就会在创建数据库的成本和数据库的价值之间造成巨大落差。此时,经济寻租的可能性就大大增加了。

把某些科学合作领域排除在条约或立法之外

前述关于信息在社会中的作用的讨论表明,数据库保护法需要考虑各类信息的不同作用以及不同的信息用户。科学和教育部门就是需要立法加以支持的那些不同种类用户的范例。

由于这个原因,关于数据库保护的任何国际协议或国内立法都需要重视这一协议本身的目的。它需要承认并褒扬信息和数据库的那些根本不受一般经济激励驱动的各种重要用途,例如科学信息在诸如世界气象组织等的组织内部以及在不同科学组织之间的共享。这些信息使用方式的重要性需要提高到任何协议的最重要位置,而不是把其降格为一种豁免或例外,以至于被要求不断地证明其正当性。

这可以通过两种方式来完成。第一,任何理由陈述或解释备忘录都应该承认不同种类信息的不同作用,并且需要避免把某些信息当作商品对待。它们应该特别提及科学信息共享的安排,譬如关于气象信息交换的国际协议。它们应该澄清,国家不仅允许而且期望豁免这些安排适用有关这一主题的任何立法。因此,国内的科学组织就能够以这些理由陈述为根据,在自己国家的立法中主张规定特定的豁免。第二,关于为研究和教育目的使用数据库的规定不应该被表述为数据库所有人权利的例外,而应该以为科学研究人员创建积极权利的形式出现,特别保护或合同法的存在不能排除这种积极权利。一个明显的例子是为教育或研究目的使用数据库非实质性部分的积极权利。

政府信息

关于利用政府资金创造的信息,还存在与上述建议有关的其他一些问题。需要留心确保这些信息能够通过合理的便利手段被获取。这就需要采纳以"提供者中立"的方式表达政府信息的政策。这种"提供者中立"的一个最明显的例子是英国和澳大利亚已经采用的政策,即以法院自身编注的段落号码形式发布法院判决。引证判决时就可以使用这些段落编码而不是使用任何特定报道服务中的段落编码或页码。这种方法减少了产生纠纷的可能性,例如 Westlaw 和 Hyperlaw 之间那种拖沓的版权纠纷。[136] 各个提供者将能够以自己的方式选择和编排政府信息,没有人能够对这些信息的原始形式拥有实际上的垄断权。

这个问题仅仅是政府在制作和传播信息中的作用这个更大问题的一部分。虽然数据库法律保护的性质和范围是一个关键问题,但是关于获取信息的某些忧虑却是一个只能通过政府并且承诺支付公共部门制作和传播某些种类信息的开支才能解决的问题。有些数据库特别保护的支持者正确地指出,对获取信息的许多担心实际上是缺少公共资助的结果,而不是被提议的数据库保护法律制度。任何法律制度都无法独立地解决这个问题。然而,正如已经指出的那样,法律制度在某种程度上可以影响对待信息的一般态度,即把信息看作商品还是看作同时能够起到其他作用的某种东西?在建构立法的时候,能够而且也应该考虑这种可能的影响。

结　论

上述建议有一个显而易见的困难。其中某些建议不可避免地

---

[136] 参见第五章对这个诉讼的讨论。

会造成授予数据库特别保护之精确特征的不确定性,以及在决定这种精确特征时的潜在复杂性。这种模糊性是承认数据库保护所涉问题的复杂性而必须付出的代价。需要抵制单纯化和简化论的诱惑。正如本章已经指出,数据或信息并不是均质的。不同种类的信息会在信息生产者、提供者和使用者之间产生不同的问题和不同的关系。

尽管有这种复杂性并且需要对此做出应对,在最明显的盗用数据库所有人的投入方面,上述建议仍然提供了相当程度的确定性。为商业目的大规模复制而没有增加任何价值是被禁止的。不过,接下来在对待其他数据库使用方式的过程中,立法就要考虑保护争论中的各种差别。在某些情况下,允许通过补偿换取复制;在数据库所有人对某种信息具有实际上的垄断地位的情况下,将被强迫接受补偿。与之类似,如果数据库的内容将被用于演绎性的、价值增值的目的,那么就有正当理由要求数据库所有人许可该内容,以避免反向公共资源的悲剧。那些同时还直接或间接地构成数据库之贡献者的使用者(例如研究者或者教育组织),还将通过例外和抗辩(例如合理使用)被授予超出其他使用者的优惠。对于共享科学信息方面国际合作的特殊事例,还将被豁免适用这种立法。

前一章节中的建议显然赞成美国以盗用原则为基础的特别保护总体进路,反对《指令》的更具保护主义的进路。不过,正如第四章和美国的各个立法建议已经证明的那样,盗用是一个模糊的词语,能够授予极为宽泛的或者非常狭窄的保护,这要视该词在特定场合下被赋予的内容而定。尽管上述建议建立在盗用原则的基础上,它们的目的却在于在这个背景下对盗用概念赋予某些含义。同时它们还旨在解决特别保护和版权之间潜在的难解关系。与本章开头对特别保护论据的分析相一致,这些建议还提出了最低限度保护的进路。

提出最低限度保护进路还有其他一些原因。证明建立数据库额外保护的经验证据非常有限。[137] 推进保护是基于经济理论和利益相关的压力集团的游说,而这些压力集团对信息的作用有着独特却又非常狭隘的观点。正如上述分析表明,后者是寻租的一种形式。所有这些因素都表明,至少,建立一个保护数据库的国际公约的行动应该被减缓,而且所达成的任何协议都应该支持最低限度保护主义。一种新的知识产权制度一旦建立起来,即使证明这种知识产权制度的原始证据非常可疑,它也很难被废除。例如,专利保护的各种经济分析表明,现在建立这种制度将是不合适的。

>如果我们没有专利制度,那么根据目前我们对其经济后果的了解,建议创建一个专利制度是不负责任的。[138]

在数据库方面,如果在世界范围内犯类似的错误将是非常遗憾的。另一方面,知识产权制度的范围能够(而且已经)相当容易地被扩展。这方面的明显例证是,凭借国内立法、《伯尔尼公约》和《与贸易有关的知识产权协议》,版权和专利权的保护期被延长了。

本书第一章提出的命题是,《指令》并不是国际性特别保护的合适模板。对《指令》的分析以及与美国立法建议中更为复杂的模式进行的对比已经揭示出它的缺陷,本章开头对特别保护所进行的理论分析也得出了同样的结论。在细节规定和总体设计两个方面,《指令》所提供的保护模式都具有重大缺陷。如果国际性特别保护问题无论如何也要被推进,在寻求正式批准和一致采纳其立场之前,欧盟需要重新考虑自己的立场。

---

[137] 见版权局局长 Marybeth Peters 向众议院司法委员会法院和知识产权分委员会所作的陈述,1997 年 10 月 23 日,可在如下网址获取 http://www.house/gov/judiciary/41112.htm, at 3。

[138] F. Machlup, *An Economic Review of the Patent System* (Washington DC, 1958), p. 80.

补　遗

加拿大对独创性采取的进路

在 *CCH Canadian Ltd v. The Law Society of Upper Canada*[139] 案中,在明确地否决版权材料需要创造性的火花才能具备独创性的观点时,加拿大联邦上诉法院采纳了"额头汗水"的独创性标准。它明确否认此前其对 *Tele-Direct (Publication) Inc. v. American Business Information Inc.*[140] 案的判决曾经改变过独创性的标准,而且它以如下根据来解释它对该案的判决:原告没能证明,在编辑其欲寻求保护的编辑物的过程中,它曾经运用过超出可以被忽视的数量的技巧、劳动和判断。

向世界知识产权组织提交的关于数据库保护对发展中国家的影响的报告

2002 年 4 月,五篇关于数据库保护对发展中国家的潜在影响的报告被提交给版权与相关权常设委员会(SCCR)。[141] 这五篇报告所得出的结论差异极大,反映出本书前面章节所讨论的观点。例如,加州大学伯克利分校信息、管理和制度学院耶尔·布劳恩斯坦(Yale Braunstein)的报告采用了新古典经济学进路,向发达国家

---

[139] (2002) Fed. Ct Appeal LEXIS 104; (2002) FCA 187.
[140] [1998] 2 FC 22.
[141] Yale Braunstein, "Economic Impact of Database Protection in Developing Countries and Countries in Transition", 4 April 2002, SCCR 7/2; Sherif El-Kassas, "Study on the Protection of Unoriginal Databases", 4 April 2002, SCCR 7/3; Thomas Riis, "Economic Impact of Unoriginal Database Protection in Developing Countries and Countries in Transition", 4 April 2002, SCCR 7/4; Phiroz Vandrevala, "A Study on the Impact of Protection of Unoriginal Database Protection on Developing Countries: Indian Experience", 4 April 2002, SCCR 7/5; Shengli Zheng, "The Economic Impact of Protection of Databases in China", 4 April 2002, SCCR 7/6.

和发展中国家鼓吹附加有限例外的强财产权。[142] 相反,来自开罗美洲大学计算机科学系的舍利夫·艾尔-卡萨斯(Sherif El-Kassas)的报告和来自哥本哈根商学院法律系的托马斯·利斯(Thomas Riis)的报告都主张[143],发展中国家将会产生一些特别的问题,而且凭借技术保护措施,数据库已经获得了相当大的保护。这三份报告对其论题都缺乏任何重要的经验数据,主要是以理论上的思辨为根据。

专门针对印度和中国[144]的报告提供了与这个问题有关的一些经验证据。例如,北京大学知识产权学院郑胜利教授的报告对中国和美国的高等教育费用做了一个比较。报告的结论是,在人均国内生产总值(GDP)的比率方面,中国的学生为高等教育支出的费用要高出很多。因此,数据库许可费用的提高将对中国的高等教育产生不成比例地更大影响。[145] 印度国家软件及服务企业协会的范德烈瓦拉·菲洛兹(Vandrevala Phiroz)的报告提供了关于政府信息商业化的潜力和印度数据库产业发展的一些信息。[146]

2002年5月13日到17日期间召开的版权与相关权常设委员会第七次会议讨论了这些报告,但是代表们一致认为需要更多的时间去评价这些报告。[147] 尽管这些报告的提交对这场辩论而言是一个有益的贡献,但是这些报告的发布不可能大大加速达成国际条约的进程,特别是考虑到它们得出了不同的结论。

---

[142] Yale,"Economic Impact" at p. 27.
[143] Sherif El,"Study on the Protection of Unoriginal Databases", Thomas, "Economics Impact".
[144] Phiroz,"Developing Countries: Indian Experience"; Zheng, "The Economic Impact".
[145] Zheng,"The Economic Impact", at pp. 48—49.
[146] Phiroz,"Developing Countries: Indian Experience", at pp. 8—14.
[147] 版权和相关权常设委员会的报告,第七次会议,日内瓦,2002年5月13日—17日,SCCR 7/10 at p. 5。

术 语 表

CADP 反数据库盗版联盟	Coalition Against Database Piracy 反数据库盗版联盟
Committee's Opinion 经社委员会的意见	Opinion on the Proposal for a Council Directive on the Legal Protection of Databases of the Economic and Social Committee, 93/C/19/02. 经济和社会委员会对理事会数据库法律保护指令草案(93/C/19/02)的意见
Copyright Treaty 《版权条约》	The WIPO Copyright Treaty of 1996 《世界知识产权组织版权条约(1996)》
EEPROM 电子可擦可编程只读存储器	Electronically erasable programmable read-only memory 电子可擦可编程只读存储器
First Draft 《最初草案》	Proposal for a Council Directive on the legal protection of databases COM(92)24 final—SYN 393 Brussels, 13 May, 1992. 《欧共体委员会数据库保护指令草案》COM(92)24 final—SYN 393 布鲁塞尔,1992年5月13日
Green Paper 《绿皮书》	The EC Green Paper on Copyright and the Challenge of Technology 1998 (Doc. ref. COM(88)172 Final) 《欧共体版权和技术挑战绿皮书》
ICSU 国际科学协会理事会	International Council for Science 国际科学协会理事会

IFLA 国际图书馆学会联合会	International Federation of Library Associations and Institutions 国际图书馆学会联合会
IPA 国际出版者联盟	International Publishers Association 国际出版者联盟
SCCR 版权与相关权常设委员会	Standing Committee on Copyright and Related Rights 版权和相关权常务委员会
The 1996 Bill 《1996年法案》	The Database Investment and Intellectual Property Antipiracy Bill of 1996（HR 3531 of 1996） 《1996年数据库投资和知识产权反盗版法案》（HR 3531 of 1996）
The 1997 Bill 《1997年法案》	The Collections of Information Antipiracy Bill of 1997（HR 2652） 《1997年信息汇编反盗版法案》（HR 2652）
The 1999 Bill 《1999年法案》	The Collections of Information Antipiracy Bill of 1999（HR 354，106th Congress） 《1999年信息汇编反盗版法案》（HR 354，106th Congress）
The Alternative Bill 《替代法案》	The Consumer and Investor Access to Information Bill of 1999（HR 1858 of the 106th Congress） 《1999年消费者和投资者信息获取法案》（HR 1858 of the 106th Congress）
The Berne Convention 《伯尔尼公约》	The Berne Convention for the Protection of Literary and Artistic Works 《保护文学和艺术作品的伯尔尼公约》
The Copyright Directive 《版权指令》	EU Directive 2001/29/EC of the European Parliament and of the Council of 22 May 2001 on the harmonisation of certain aspects of copyright and related rights in the information society 《2001年5月22日欧洲议会和欧洲理事会在信息社会协调版权与相关权特定方面的2001/29/EC号指令》

The Directive 《指令》	Directive 96/9/EC of the European Parliament and of the Council of 11 March 1996 on the legal protection of databases 《1996年3月11日欧洲议会和欧洲理事会数据库法律保护96/9/EC号指令》
The Draft Treaty 《条约草案》	Basic Proposal for the Substantive Provisions of the Treaty on Intellectual Property in respect of Databases Considered by the Diplomatic Conference on Copyright and Neighbouring Rights Questions, Geneva, December, 1996. 《版权与邻接权问题的外交会议讨论的与数据库有关的知识产权条约实质条款基本草案》(1996年11月,日内瓦)
TRIPS 《与贸易有关的知识产权协定》	Agreement on Trade Related Aspects of Intellectual Property 《与贸易有关的知识产权协定》
UNCTAD 联合国贸易与发展会议	United Nations Conference on Trade and Development 联合国贸易与发展会议
UNESCO 联合国教科文组织	United Nations Educational Scientific and Cultural Organization 联合国教科文组织
WIPO 世界知识产权组织	World Intellectual Property Organization 世界知识产权组织
WMO 世界气象组织	World Meteorological Organization 世界气象组织

参考文献

American Law Institute, Restatement of the Law, Third, Unfair Competition, 1995
Auinger, C., 'Implementation of the Database Legislation in the EU and Plans for Review', paper presented at a Workshop conducted by the ICSU, Baveno, 14 October 2000
Australian Competition and Consumer Commission, undated submission from the Australian Competition and Consumer Commission to the Attorney-General's Department re: the legal protection of databases. unpublished, on file with the author
Ayres, I. and P. Klemperer, 'Limiting Patentee's Market Power without Reducing Innovation Incentives' (1999) 97 *Michigan Law Review* 985
Babe, R. (ed.), *Communication and the Transformation of Economics: Essays in Information, Public Policy, and Political Economy* (Westview Press, Boulder, CO, 1995)
Baird, D., 'Common Law Intellectual Property and the Legacy of *International News Service* v. *Associated Press*' (1983) 50 *University of Chicago Law Review* 411
Band, J., Testimony of Jonathan Band on behalf of the Online Banking Association before the Subcommittee on Courts and Intellectual Property of the United States House of Representatives Committee on the Judiciary on the 1999 Bill
Bittlingmayer, G., 'The Antitrust Vision Thing: How Did Bush Measure Up?' (2000) 45 *The Antitrust Bulletin* 291
Boulding, K., *Notes on the Information Concept* (Toronto, Exploration Press)
Boyle, J., 'A Politics of Intellectual Property: Environmentalism for the Net' (1997) 47 *Duke Law Journal* 87
Braman, S., 'Defining Information: An Approach for Policy Makers' (1989) 13 *Telecommunications Policy* 233–42
Brown, L. (ed.), *The New Shorter Oxford Dictionary* (4th edn, Clarendon Press, Oxford, 1998)
Chalton, S., 'The Copyright and Rights in Databases Regulations 1997: Some Outstanding Issues on Implementation of the Database Directive' (1998) 20 *European Intellectual Property Review* 178
Clark, C., 'Net Law: A Cyberspace Agenda for Publishers', paper prepared for the UK Publishers Association and the Federation of European Publishers, available at http://www.alpsp.org/netlaw5.pdf, 11 October 1999 (Publishers' Association, London, 1999)

Clauss, R., 'The French Law of Disloyal Competition' (1995) 11 *European Intellectual Property Review* 550
Coase, R., 'The Problem of Social Cost' (1960) 3 *Journal of Law and Economics* 1
Cobb, R., 'The Database Fightback', *Marketing*, 18 February 1993
Colston, C., 'Sui Generis Database Right: Ripe for Review?' 2001 (3) *Journal of Information, Law and Technology*
Committee of the Judiciary, US Congress, *Report of the Judiciary Committee on the Collections of Information Antipiracy Act*, 30 September 1999
Cooter, R. and T. Ulen, *Law and Economics* (Scott, Forseman and Co., Glenview, 1986)
Cornish, W., '1996 European Community Directive on Databases' (1996) 21 *Columbia-VLA Journal of Law and the Arts* 1
D'Amato, A. and D. Long (eds.), *International Intellectual Property Law* (Kluwer, Amsterdam, 1997)
Date, C., *An Introduction to Database Systems* (6th edn, Addison-Wesley, Reading, 1994)
Davison, M. and K. Akers, Survey of Australian Medical Researchers' Usage of and Contributions to Databases (2000) On file with the author
Dietz, A., *International Copyright Law and Practice* (Matthew Bender, New York, 1999)
Drahos, P., *A Philosophy of Intellectual Property* (Dartmouth, Aldershot, 1996)
Dreier, L. and G. Karnall, 'Originality of the Copyright Work: A European Perspective' (1992) 39 *Journal of the Copyright Society USA* 289
Dworkin, G., 'Originality in the Law of Copyright' (1962) 11 *ASCAP Copyright Law Symposium* 60
Ehrlich, I. and R. Posner, 'An Economic Analysis of Legal Rulemaking' (1974) 3 *Journal of Legal Studies* 257
Ellickson, R., *Order Without Law: How Neighbors Settle Disputes* (Harvard University Press, Cambridge, MA, 1991)
 'Social Norms, Social Meaning, and the Economic Analysis of Law' (1998) 27 *Journal of Legal Studies* 537
European Union, 'Institutions of the European Union' at http://europa.eu.int/inst.en.htm
Fitzgerald, D., 'Magill Revisited' (1998) 20 *European Intellectual Property Review* 154
Franzosi, M., 'The Legal Protection of Industrial Design: Unfair Competition as a Basis of Protection' (1990) 5 *European Intellectual Property Review* 154
Gans, J., P. Williams and D. Briggs, 'Clarifying the Relationship Between Intellectual Property Rights and Competition', report prepared on behalf of the National Copyright Industry Alliance for submission to the *Review of Intellectual Property and Competition*, February 2001, available at http://www.ipcr.gov.au/SUBMIS/docs/78.pdf
Garner, B., *A Dictionary of Modern Legal Usage* (2nd edn, Oxford University Press, New York, 1995)
Gaster, J., 'European Sui Generis Right for Databases' (2001) 3 *Computer Und Recht International* 74
Gimeno, L., 'News Section: National Reports' (1996) 2 *European Intellectual Property Review* D-49

'Protection of Compilations in Spain and the UK' (1998) 29 *IIC* 907

Ginsburg, J., 'Copyright without Borders? Choice of Forum and Choice of Law for Copyright Infringement in Cyberspace' (1997) 15 *Cardozo Arts and Entertainment Law Journal* 153

'No "Sweat" Copyright and Other Protection of Works of Information after *Feist v. Rural Telephone*' [1992] *Columbia Law Review* 338

Goldstein, P., *International Copyright: Principles, Law and Practice* (Oxford University Press, Oxford, 2001)

Habermas, J., *The Structural Transformation of the Public Sphere: An Inquiry into a Category of Bourgeois Society* trans. T. Berger (MIT Press, Cambridge, MA, 1989)

Haywood, T., *Info-Rich – Info-Poor: Access and Exchange in the Global Information Society* (Bowker Saw, West Sussex, 1995)

Heller, M., 'The Tragedy of the Anticommons: Property in the Transition from Marx to Markets' (1998) 111 *Harvard Law Review* 621

Hertz-Eichenrode, C., 'Germany' in D. Campbell (ed.), *World Intellectual Property Rights and Remedies* (Oceana Publications, New York, 1999)

Hugenholtz, B., 'Copyright and Databases, Report on the Netherlands' in M. Dellebeke (ed.), *Copyright in Cyberspace, ALAI Study Days 1996* (Otto Cramwinckel, Amsterdam, 1997), p. 491

'Electronic Rights and Wrongs in Germany and the Netherlands' (1998) 22 *Columbia Journal of Law and the Arts* 151

'The New Database Right: Early Case Law from Europe', paper presented to the Ninth Annual Conference on International Intellectual Property Law and Policy, New York 19–20 April 2001

Jacobacci, G., 'Italian Trademark Law and Practice and the Protection of Product and Packaging' (1983) 74 *Trade Mark Reporter* 418

Jones, B., *SLEEPERS, WAKE: Technology and the Future of Work* (Oxford University Press, Sydney, 1982)

Jones, N., 'Euro-Defences: Magill Distinguished' (1998) 20 *European Intellectual Property Review* 352

Kamperman Sanders, A., *Unfair Competition Law: The Protection of Intellectual and Industrial Creativity* (Clarendon Press, Oxford, 1997)

Kaplow, L., 'Rules versus Standards: An Economic Analysis' (1992) 42 *Duke Law Journal* 557

Katzenberger, P., 'Copyright Law and Data Banks' (1990) 21 *IIC* 310

Keohane, P. and E. Ostrom (eds.), *Local Commons and Global Interdependence: Heterogeneity and Cooperation in Two Domains* (Sage Publications, London, 1995)

Kirk, M., Statement of Michael Kirk, Executive Director, American Intellectual Property Law Association to Subcommittee on Intellectual Property and the Courts of the Committee on the Judiciary, 18 March 1999

Lai, S., 'Database Protection in the United Kingdom: The New Deal and its Effects on Software Protection' (1998) 20 *European Intellectual Property Review* 32

Lamberton, D. (ed.), *The Economics of Communication and Information* (Edward Elgar, Cheltenham, 1996)

Landes, W. and R. Posner, 'An Economic Analysis of Copyright Law' (1989) 18 *Journal of Legal Studies* 325
'Citations, Age, Fame and the Web' (2000) 29 *Journal of Legal Studies* 319
'The Economics of Trademark Law' (1988) 78 *The Trademarks Reporter* 267
Lederberg, J., Statement of Joshua Lederberg before the Subcommittee on Courts and Intellectual Property of the Judiciary Committee concerning the 1999 Bill, 18 March 1999
Leistner, M., 'The Legal Protection of Telephone Directories Relating to the New Database Maker's Right' (2000) 31 *IIC* 950
Limpberg, K., 'Netherlands', in D. Campbell (ed.), *World Intellectual Property Rights and Remedies* (Oceana Publications, New York, 1999)
Lucas, A. and A. Plaisant, 'France' in M. B. Nimmer and P. E. Geller, *International Copyright Law and Practice* (Matthew Bender, New York, 1999)
Machlup, F., *An Economic Review of the Patent System* (United States Government Printing Office, Washington DC, 1958)
Maurer, S., 'Across Two Worlds: Database Protection in the US and Europe', paper prepared for Industry Canada's Conference on Intellectual Property and Innovation in the Knowledge-Based Economy, 23–24 May 2001
Maurer, S., B. Hugenholtz and H. Onsrud, 'Europe's Database Experiment' (2001) 294 *Science's Compass* 789–90
Mehrings, J., 'Wettbewerbsrechtlicher Schutz von Online-Datenbanken' [1990] *Computer und Recht* 305, 307
Merges, R., 'Contracting into Liability Rules: Intellectual Property Rights and Collective Rights Organizations' (1996) 84 *California Law Review* 1293
'Of Property Rules, Coase, and Intellectual Property' (1994) 94 *Columbia Law Review* 2655
Monotti, A., 'The Extent of Copyright Protection For Compilations of Artistic Works' (1993) 15 *European Intellectual Property Review* 156
National Academy of Sciences, *A Question of Balance: Private Rights and the Public Interest in Scientific and Technical Databases* (National Academy Press, Washington DC, 1999)
National Research Council, *Bits of Power: Issues in Global Access to Scientific Data* (National Academy Press, Washington DC, 1997)
Nimmer, M. and D. Nimmer, *Nimmer on Copyright* (Lexis, New York, 1963)
Oosterbaan, O., 'Database Protection in the EU and the US Compared: A High-Tech Game of Chicken?' (2002) available at http://lex.oosterban.net/docs.html
Ostrom, E., *Governing the Commons: The Evolution of Institutions for Collective Action* (Cambridge University Press, New York, 1990)
Pass, C. and B. Lowes, *Collins Dictionary of Economics* (2nd edn, Harper Collins, Glasgow, 1988)
Peters, M., Statement of Marybeth Peters, Register of Copyrights, before the House Subcommittee on Courts and Intellectual Property on HR 354, 106th Congress, 1st Session, 18 March 1997
Phelps, C., Statement of Charles Phelps on behalf of the Association of American Universities, the American Council on Education and the National Association of State Universities and Land-Grant Colleges to the Subcommittee

on Courts and Intellectual Property of the Judiciary Committee concerning HR 354, 18 March 1999

Pincus, A., Statement of Andrew Pincus, General Counsel, US Department of Commerce before the Subcommittee on Courts and Intellectual Property of the Judiciary Committee concerning the 1999 Bill, 18 March 1999

Posner, E., 'Law, Economics and Inefficient Norms' (1996) 144 *University of Pennsylvania Law Review* 1697

Posner, R., *Economic Analysis of Law* (4th edn, Little, Brown and Co., Boston, MA, 1992)

Rai, A., 'Regulating Scientific Research: Intellectual Property Rights and the Norms of Science' (1999) 94 *Northwestern Law Review* 77

Raubenheimer, A., 'Germany: Recent Decisions on Database Protection Under Copyright Law and Unfair Competition Rules' (1996) 1 *Communications Law* 123

Raue, P. and V. Bensinger, 'Implementation of the Sui Generis Right in Databases Pursuant to Section 87 et seq. of the German Copyright Act' (1998) 3 *Communications Law* 220

Rees, C. and Chalton, S., *Database Law* (Bristol, Jordans, 1998)

Reichman, J. and J. Franklin, 'Privately Legislated Intellectual Property Rights: Reconciling Freedom of Contract with Public Good Uses of Information' (1999) 147 *University of Pennsylvania Law Review* 875

Reichman, J. and P. Samuelson, 'Intellectual Property Rights in Data' (1997) 50 *Vanderbilt Law Review* 51

Ricketson, S., *The Berne Convention for the Protection of Literary and Artistic Works: 1886–1986* (Centre for Commercial Law Studies, Queen Mary College, University of London, London, 1987)

The Law of Intellectual Property: Copyright, Designs and Confidential Information (LBC Information Services, Sydney, 1999)

Robins, D., 'Will Massachusetts Adopt the Misappropriation Doctrine?' (1999) 43 *Boston Bar Association Boston Bar Journal* 4

Sease, E., 'Misappropriation is Seventy-five Years Old; Should We Bury it or Revive it' (1994) 70 *North Dakota Law Review* 781

Sherman, B., 'Digital Property and the Digital Commons' in C. Heath and A. K. Sanders (eds.), *Intellectual Property in the Digital Age: Challenges for Asia* (Kluwer, London, 2001)

Shughart II, W., 'The Fleeting Reagan Antitrust Revolution' (2000) 95 *The Antitrust Bulletin* 271

Steckler, B., 'Unfair Trade Practices under German Law: Slavish Imitation of Commercial and Industrial Activities' (1996) 7 *European Intellectual Property Review* 390

Sterling, J., *World Copyright Law* (Sweet and Maxwell, London, 1998)

Strowel, A., N. Dutihh and J. Gorbet, 'Belgium' in D. Nimmer and P. E. Geller (eds.), *International Copyright Law and Practice* (Matthew Bender, New York, 1999)

Thomson Corporation, Annual Report of 1998, Annual Report of 1999

Tyson, L. and E. Sherry, 'Statutory Protection for Databases: Economic & Public Policy Issues', paper prepared on behalf of the Information Industry Association and presented to the Committee on the Judiciary, 23 October 1997

UK Copyright Directorate, 'The Government's Proposals to Implement the Directive of the European Parliament and the Council on the legal protection of databases: Outcome of Consultations' on file with the author

UK Copyright Directorate, The Patent Office, 'A Consultative Paper on United Kingdom Implementation: Directive 96/9/EC of the European Parliament and the Council of 11 March 1996 on the Legal Protection of Databases'

UK Library Association Copyright Alliance, 'Interpretation of terms in the Database Regulations: Supplement to a Position Paper Submitted to the Database Market Strategy Group in 1999' (2000) on file with the author

UK Office for National Statistics, *Annual Abstract of Statistics No. 135, 1999* (UK Office for National Statistics, London, 1999)

UNESCO, *World Science Report 1998* (UNESCO, Paris, 1998)

US Bureau of Statistics, *Statistical Abstract of the United States* (Bureau of Statistics, Washington DC, 1998)

US Copyright Office, Report on Legal Protection for Databases, August 1997, available at http://www.copyright.gov/reports/

US Department of Energy, Human Genome Project Information at http://www.ornl.gov/hgmis/

Webster, F., *Theories of the Information Society* (Routledge, London, 1995)

Williams, M., 'The State of Databases Today: 1998', *Gale Directory of Databases*

Winokur, M., Written Statement of Marilyn Winokur, Executive Vice-President of Micromedex on behalf of the Coalition Against Database Piracy (CADP) on the 1999 Bill to the Subcommittee on Courts and Intellectual Property of the Judiciary Committee, 18 March 1999

WMO, 'Exchanging Meteorological Data: Guidelines on Relationships in Commercial Meteorological Activities: WMO Policy and Practice', publication no. 837 (WMO, Geneva)

Wolters Kluwer, Annual Report of 1998

Zillman, J., 'Atmospheric Science and Public Policy' (1997) 276 *Science* 1084

索引

abuse of dominant position 滥用支配地位
 Commission reports, 委员会的报告 97
 Licensing, 许可 45, 46
 unlawful purpose, 非法目的 44, 45
access 获取, 访问
 charges, 费用 35
 compulsory licensing, 强制许可 34, 35—36
 contracts, 合同 11, 35, 36, 40, 41
 extraction, 摘录 87
 fair dealing, 公平利用 35
 fair use, 合理使用 35, 42
 Green Paper (1988),《绿皮书》(1998) 53
 incentives, 激励 243
 marginal costs, 边际成本 243, 247
 networks, 网络 2
 non-contractual, 非合同的 41
 prevention, 禁止 35, 41
 public subsidy, 公共资助 5, 243, 250

technological protection circumvention, 规避技术保护 41, 165
willingness to pay, 支付意愿 243
advertisements, 广告
 France, 法国 114, 116, 117
 Germany, 德国 124, 125
 public procurement, 公共采购 114, 116, 117
advertising, 广告 telephone directories, 电话号码簿 162
Agreement on Trade Related Aspects of Intellectual Property《与贸易有关的知识产权协定》see TRIPS Agreement
anti-trust law 反垄断法
 see also competition law
 enforcement, 执行 48
 licensing, 许可 199, 280
 terminology, 术语 43
artistic works 艺术作品
 Berne Convention,《伯尔尼公约》218—219
 compulsory licensing, 强制许可 34

right of distribution, 发行权 31
assignment of copyright 版权转让
    Belgium, 比利时 109
    contracts, 合同 109
    database owners, 数据库所有人 245
    Germany, 德国 118
Australia 澳大利亚
    citizenship, 公民 265
    compilations, 编辑物 10, 12, 14, 18
    compulsory licensing, 强制许可 34
    computer programs, 计算机程序 75
    Copyright Tribunal, 版权裁判庭 34
    government information, 政府信息 283
    Health WIZ Project, 健康行家工程 269—271
    infringement, 侵权 37
    sweat of brow, 额头汗水 14
    unfair competition, 不正当竞争 37
authorship 作者身份
    Belgium, 比利时 109
    Berne Convention, 伯尔尼公约 224
    compilations, 编辑物 17, 54
    Database Directive, 《数据库指令》75, 76, 83, 84
    definitions, 定义 21, 76, 83

    Draft Directive, 《指令》草案 64, 66
    emanation, 出自 17—18, 21
    France, 法国 114
    Germany, 德国 118
    indexing decisions, 索引决定 22, 23, 25
    Italy, 意大利 130, 131, 133
    originality, 独创性 17, 21, 37
    personality, 个性 16, 17
    requirement, 要求 21—24
    selection/arrangement, 选择/编排 18
    United Kingdom, 英国 24

Belgium 比利时
    assignment of copyright, 版权转让 109
    authorship, 作者身份 109
    changes to database, 数据库的改变 113
    communication to public, 向公众传播 110, 113
    copyright, 版权 109—111
    database defined, 数据库定义 109, 112
    educational use, 教育使用 110, 113
    employers, 雇主 economic rights, 经济权利 109
    equitable remuneration, 公平补偿 111
    exceptions, 例外 109, 111, 113

extraction, 摘录 112, 113
hardcopy databases, 硬拷贝数据库 110, 111, 113
insubstantial part, 非实质性部分 112
lawful users, 合法用户 110, 112
literary works, 文学作品 109
maker of database, 数据库制作者 111—112
neighbouring rights, 邻接权 109
non-EU databases, 非欧盟数据库 110, 112
originality, 独创性 109
parasitic competition, 寄生性竞争 111
private use, 私人使用 110, 113
public lending, 公共借阅 110, 112
re-utilisation, 再利用 112
research, 研究 110, 113
right of reproduction, 复制权 110, 113
selection/arrangement, 选择/编排 109
substantial investment, 实质性投入 112
sui generis right, 特别权利 111—112
term of protection, 保护期 113
transposition of directive, 指令的转化 109—113
unfair competition, 不正当竞争 111

Berne Convention 1971《伯尔尼公约(1971)》
　artistic works, 艺术作品 218—219
　authorship, 作者身份 224
　compilations, 编辑物 52, 218—219, 223
　compulsory licensing, 强制许可 36
　developing countries, 发展中国家 234
　exceptions, 例外 79, 92
　exclusive rights, 专有权 76, 79
　literary works, 文学作品 218—219
　national treatment, 国民待遇 221
　right of reproduction, 复制权 29
　Stockholm Protocol,《斯德哥尔摩协议》234
　term of protection, 保护期 225
bilateral agreements 双边协定
　European Union (EU), 欧盟 5, 217, 218, 234—235
　national treatment, 国民待遇 221
　sui generis right, 特别权利 5, 217, 218

catalogue laws 目录法
　Sweden, 瑞典 59, 103, 141, 142, 143, 155
　term of protection, 保护期

59，258
CD-ROMs 光盘只读存储器
　　fixed goods，独立产品 88
　　impact of Directive，指令的影响力 263
　　originality，独创性 62，63
　　substantial investment，实质性投入 73
changes to database 数据库的改变
　　Belgium，比利时 113
　　qualitative change，品质上的改变 93
　　substantial changes，实质性改变 92—93
　　term of protection，保护期 59，64，67，93，192
　　United States，美国 192
　　updating，更新 22，23
Chicago School，芝加哥学派 242
Coalition Against Database Piracy (CADP)，反数据库盗版联盟（CADP）260
collecting societies，集体管理组织 34，35，115，256
collections 汇编
　　see also compilations
　　France，法国 114
　　Germany，德国 120，121
　　hardcopy databases，硬拷贝数据库 72
　　Italy，意大利 129，130
　　Netherlands，荷兰 133，134
　　Spain，西班牙 138

United States，美国 194，199，201，273
commercial purposes 商业目的
　　definition，定义 66
　　Draft Directive，《指令》草案 51，57，65，66，98
　　re-utilisation，再利用 57，66
　　redistribution prohibited，禁止再发行 244
　　unauthorised extraction，未经许可摘录 57，66，98
　　unfair extraction，不正当摘录 57，65
　　United States，美国 168，191
commercial value 商业价值
　　misappropriation，盗用 184
　　time-sensitive data，具有时间敏感性的数据 185，186，187
commodification 商品化
　　culture，文化 266
　　database defined，数据库定义 241
　　definitions，定义 264
　　diversity，多样性 252—253
　　economic development，经济发展 54
　　exceptions，例外 238
　　privatisation，私有化 266
　　production chain，生产链 247
　　property rights，财产权 239—240
　　sui generis right，特别权利 266
common law 普通法

compilations，编辑物 10
economic incentives，经济激励 16
intellectual property，知识产权 6
misappropriation，盗用 162，175，178，190，214
news reporting，新闻报道 173
unfair competition，不正当竞争 37
United States，美国 162，175，178，214
communication to public 向公众传播
available on-line，在线获取 88
Belgium，比利时 110，113
Copyright Treaty (1996)，《版权条约》(1996) 31，77，88，219
electronic distribution，电子发行 31
exclusive rights，专有权 28，31—32
Germany，德国 125
making available to public，向公众提供 29
re-utilisation compared，与再利用比较 88
sui generis right，特别权利 32
transmission，传输 88
competition 竞争
competitive excellence，竞争优势 44
direct competition，直接竞争 132，174，180，183—185，206
perfect competition，完全竞争 43—44
unfair competition，不正当竞争 38，146—147
competition law 竞争法
see also anti-trust law
compulsory licensing，强制许可 43
contracts，合同 43
Database Directive，《数据库指令》97—98
distributive justice，分配正义 48—49
enforcement，执行 47—48，246
government policy，政府政策 48
harmonisation，协调 60
intellectual property，知识产权 43
modification，修改 280
paradigm does not fit，不合适的范式 43—46
principles，原则 43—49
purpose/theory，目的/理论 43
regulation，管理 47—48
sui generis right，特别权利 11，43
compilations 编辑物
see also collections
Australia，澳大利亚 10，12，14，18
authorship，作者身份 17，54
Berne Convention，《伯尔尼公

约》52，218—219，223
common law，普通法 10
copyright，版权 11，274
criteria，标准 12
England，英格兰 18
France，法国 114
Germany，德国 119，120
government/public information，政府/公共信息 162—163，208—209，211
Green Paper (1988)，《绿皮书》(1988) 52，53，54
infringement，侵权 19
Ireland，爱尔兰 126
literary works，文学作品 12，218
multimedia，多媒体 13
musical works，音乐作品 85
Netherlands，荷兰 133
originality，独创性 16，17—21，163—164
pre-existing works，已有作品 12，86
public domain material，公有领域的材料 166—167
sui generis right，特别权利 53
Sweden，瑞典 141
tables，列表 12，13
terminology，术语 12
TRIPS Agreement，《与贸易有关的知识产权协定》13，223
United Kingdom，英国 12，143，144，145

United States，美国 162—164
comprehensiveness 全面性
  all available material，所有可用的材料 19，21
  single source，databases，唯一来源，数据库 157—158
  telephone directories，电话号码簿 170，256
  value to users，对用户的价值 170
compulsory licensing 强制许可
  access，获取 34，35—36
  artistic works，艺术作品 34
  Australia，澳大利亚 34
  Berne Convention，《伯尔尼公约》36
  collecting societies，集体管理组织 34，35，115，256
  competition law，竞争法 43
  contracts，合同 36，278—280
  Database Directive，《数据库指令》97—98
  Draft Directive，《指令》草案 51，52，57，61，65，67
  educational use，教育使用 34，49
  equitable remuneration，公平补偿 34
  France，法国 115
  Ireland，爱尔兰 127，128—129
  justification，正当性 244
  literary works，文学作品 34
  news reporting，新闻报道 34

public interest，公共利益 34，
35，36，37
requirements，要求 34—36
substantial part，实质性部分 34
sui generis right，特别权利 36，
52，58
transaction costs，交易成本 34，
35，245
computer programs 计算机程序
Australia，澳大利亚 75
compression tables，压缩表 75
Computer Software Directive
1993，《计算机软件指令
（1993）》120—121
copyright，版权 55，71
data content，数据内容 71，
74，273
database defined，数据库定
义 74
Database Directive，《数据库指
令》74，75
dongles，软件狗 166
Draft Directive，指令草案
55，71
filtering applications，过滤软
件 166
Germany，德国 119，120—121
infringement，侵权 71，75，119
literary works，文学作品 21，
75，273
look-up tables，查询数值表 75
malfunction/obsolescence，失灵/
过时 166

Mars decision，火星案判决 71，
74，75
object code，目标码 273
organisation of data，数据编排
21，23，24
originality，独创性 55，114，
120—121
rental rights，出租权 31
reverse engineering，反向编
译 165
skill and judgement，技巧和判
断 75
substantial investment，实质性投
入 75
sui generis right，特别权利 62，
198，257，273
United States，美国 198，208
confidential information，保密信息 7
contents 内容
arrangement 编排 see selection/
arrangement
changes 改变 see changes to
database
comprehensive 全面的 see
comprehensiveness
Database Directive，《数据库指
令》74，75，76，81，84，86，
89，93
obtaining，获取 83，86，89
presentation，展现 86，89，93
primacy，优先效力 56
qualitative investment，品质上投
入 84

substantial investment，实质性投入 86
sui generis right，特别权利 51，55，57，81，84
verification，校验 86，89，93

contracts 合同
  access，获取 访问 11，36，40，41
  advantages，优势 40
  assignment of copyright，版权转让 109
  bargaining strength，谈判能力 42，43
  click-on，点击 41，254
  competition law，竞争法 43
  compulsory licensing，强制许可 36，278—280
  conditions of use，使用条件 42
  contract law，合同法 40—43
  contracts of adhesion，附合合同 101
  contractual arrangements，合同安排 56
  Database Directive，《数据库指令》42
  disadvantages，不利 40，41
  Draft Directive，《指令》草案 56，60
  electronic commerce，电子商务 254
  fair dealing，公平利用 42
  fair use，合理使用 42
  France，法国 115，117，156

  Germany，德国 125
  hardcopy databases，硬拷贝数据库 41
  lawful users，合法用户 56，156
  legislation overridden，立法排除 42
  non-derogation，不减损 193，199，212
  non-negotiable，无法协商的 41
  overridden by legislation，被立法排除效力 42，58，78，91，101
  price discrimination，差别定价 40
  public interest，公共利益 42
  re-utilisation，再利用 58
  return on investment，投资回报 40
  technological protection circumvention，规避技术保护措施 11
  third parties，第三方 40，78
  United Kingdom，英国 148
  United States 美国 *see* United States

copyright 版权
  basic principles，基本原则 10，11—37
  Belgium，比利时 109—111
  compilations，编辑物 11，274
  computer programs，计算机程序 55，71
  Database Directive，《数据库指

令》3,4,75—76
Draft Directive,《指令》草案 54—55
European standards, 欧洲标准 16—17,51,69,76
exceptions, 例外 32—34,77—81,152
factual material, 事实材料 170,171
France, 法国 113—115
Germany, 德国 118—122
Green Paper (1988),《绿皮书》(1988) 54
harmonisation, 协调 3,50,76,94,152—153
indexing, 索引 91
infringed 被侵权 see infringement
international treaties, 国际条约 218—226
Ireland, 爱尔兰 126—127
Italy, 意大利 129—131
justification, 正当性 241
licensing 许可 see compulsory licensing
literary 文学 see literary works
market failure, 市场失灵 242
minimal protection, 最低限度保护 218
Netherlands, 荷兰 133—134
originality 独创性 see originality protection lacking, 保护不足 3,4,7
rights 权利 see exclusive rights

Spain, 西班牙 138—139
sui generis right: 特别权利
   differentiation, 区别 11;
   overlap, 重叠 6,81—82,84,90,92,217,223—224,255,274—275
   summary conclusions, 简要结论 36—37
UK 英国 *see* United Kingdom copyright
United States, 美国 4,10,162—171
Copyright Directive 2001《版权指令 (2001)》
   educational use, 教育使用 102
   exceptions, 例外 101—102,153
   harmonisation, 协调 3,50
   insubstantial part, 非实质性部分 101
   research, 研究 102
   technological protection circumvention, 规避技术保护措施 3—4,50,100—102,112,129
Copyright Treaty 1996《版权条约 (1996)》
   adoption, 表决通过 29,88
   Agreed Statements,《议定声明》29
   communication to public, 向公众传播 31,77,88,219
   distribution of copies, 发行复制件 88

electronic dissemination,电子传
  输 219
exclusive rights,专有权 76
minimal protection,最低限度保
  护 219
national treatment,国民待遇
  221,224
remedies,救济 220—221
rental rights,出租权 31
right of distribution,发行权
  31,89
rights management information,
  权利管理信息 219,221
sweat of brow,额头汗水 219
technological protection
  circumvention,技术保护规避
  32,101,129,220
United States,美国 197
costs 成本
  maintenance,维持 86,93,
  194—195,210
  marginal costs,边际成本
  access,访问 243,247
  property rights 财产权 see
  property rights
  sunk costs,沉没成本 44—45
  transactions 交易 see transaction
  costs
creativity 创造性
  see also originality
  importance,重要性 274
  intellectual creation 智力创作 see
  intellectual creativity

Italy,130 意大利
low standard,低标准 15
relevance,相关性 19—20
selection/arrangement,选择/编
  排 10,15,19,27,54,63,
  84,171
Spain,西班牙 138
United Kingdom,英国 144

Data 数据
  computer programs 计算机程序:
  content 内容 71,74,275;
  organisation,组织 21,23,24
  high-activity life-span,高度活跃
  生命期 258
  information distinguished,区别
  信息 251
  time-sensitive 时间敏感性 see
  time-sensitive data
database creation 数据库创建
  all available material,所有可获
  得的材料 19,21
  economies of scale,规模经
  济 245
  growth,增长 261,263
  incentives 激励 see incentives
  indexing,编制索引 22—23,91
  investment 投入 see investment
  necessary arrangements,必需的
  编排 24
  programs 程序 see computer
  programs
  rent seeking,寻租 245

sunk costs，沉没成本 44—45

technical aspects，技术方面 22—24

telephone directories，电话号码簿 22—23，246

verification，校验 86，89，93

database defined 数据库定义

 see also subject matter of protection

 Belgium，比利时 109，112

 commodification，商品化 241

 computer programs，计算机程序 74

 Database Directive，《数据库指令》273

 dependence，独立性 72

 Draft Directive，《指令》草案 54，57，60，62，63，66

 Draft Treaty 1996，《条约草案 (1996)》227

 fixed form，固定的形式 70

 France，法国 114，116

 Germany，德国 120，124

 hardcopy databases，硬拷贝数据库 72

 "independent"，独立的 72，120

 Ireland，爱尔兰 126，128

 Italy，意大利 130，132

 purposive aspect，目的特征 73，273

 United Kingdom，英国 144，147

 United States，美国 73，191，192，194，273

Database Directive《数据库指令》

 ambiguities，模糊性 4

 authorship，作者身份 75，76，83，84

 competition law，竞争法 97—98

 compulsory licensing，强制许可 97—98

 computer programs，计算机程序 74，75

 contents，内容 74，75，76，81，84，86，89，93

 contracts，合同 42

 copyright，版权 3，4，75—76

 Copyright Treaty 1996 compared，与《版权条约(1996)》比较 88

 database defined，数据库定义 273

 distribution of copies，复制件的发行 88

 draft 草案 see Draft Directive

 exceptions：例外 copyright，版权 77—81；educational use，教育使用 78，79—80，98；European standards，欧洲标准 51；harmonisation，协调 10—13，33；insufficient，不足 9；interpretation，解释 77；research，研究 78，79—80，98；*sui generis* right，特别权利 79，91—92

 exclusive rights，专有权 76—77

 final provisions，最后条款

98—99
final version, 最终文本 68—102
hardcopy databases, 硬拷贝数据库 78
history, 历史 51—68
impact, 影响 evidence, 证据 263—264
information retrieval, 信息检索 70
infringement, 侵权 91
investment protection, 投入保护 6, 69, 70, 82
lawful users, 合法用户 77—78, 91
maker of database, 数据库制作者 82—83, 84
national treatment, 国民待遇 63, 97, 217, 221
neighbouring rights, 邻接权 97, 223
non-EU databases, 非欧盟的数据库 5, 97
originality, 独创性 15, 33, 76, 94, 95
private use, 私人使用 78
qualitative criteria, 品质标准 76, 83—87, 89, 93, 246
reciprocity, 互惠 5, 63, 97, 223, 225
recitals, 理由陈述 69, 71, 72, 73, 76, 77, 82, 85, 93
rental rights, 出租权 31, 77
restricted acts, 受限制的行为 76—77
retrospectivity, 溯及力 93—97
right of distribution, 发行权 31
saving, 保留 existing legal regimes, 现有法律制度, 98
scope, 范围 70, 74
selection/arrangement, 选择/编排 50, 74, 75, 84
substantial investment, 实质性投入 6, 73, 81, 83—87
substantive provisions, 实体条款 70
sui generis 特别 see sui generis right
summary, 小结 99—100
sweat of brow, 额头汗水 81, 83, 92, 224
term of protection, 保护期 9, 52, 77, 92, 156—157
territorial qualification, 地域条件 97
transposition 转化: Belgium, 比利时 109—113; France, 法国 113—118; Germany, 德国 118—126; Ireland, 爱尔兰 126—129; Italy, 意大利 129—133; lawful users, 合法用户 156; legislation, 立法 104—108; Netherlands, 荷兰 133—137; retrospectivity, 溯及力 95; Spain, 西班牙 138—141; summary, 小结 152—159; Sweden, 瑞典 141—143; United Kingdom,

英国 143—152
  uniform laws，统一法 69
  US proposals compared，与美国法案比较 192—193，199—200，211—212，215
database industry 数据库产业
  acquisitions，收入 261
  entrants 参与者 *see* new entrants
  information companies，信息公司 261—263
  retrospectivity，溯及效力 94，96
  Spain，西班牙 61
  sui generis right，特别权利 236
  United Kingdom，英国 61
  United States，美国 54，63
database markets 数据库市场
  entrants 参与者 *see* new entrants
  international，国际的 48，54，217，218
  natural monopoly，自然垄断 44，245
  niches，小型的 44
  power 支配力 *see* market power
  property rights，财产权 239
  United Kingdom，英国 61
  United States 美国 *see* United States 见 美国
database owners 数据库所有人
  assignment of copyright，版权转让 245
  Italy，意大利 130
  Power 支配力 *see* market power
  public subsidy，公共资助 249

databases 数据库
  access 获取访问 *see* access
  boundaries，界限 25—26
  changes 改变 *see* changes to database
  contracts 合同 *see* contracts
  non-electronic 非电子的 *see* hardcopy databases
  single source，单一来源 157—158
  structure 结构 *see* selection/arrangement
Denmark，丹麦 term of protection，保护期 59
Derogations 减损，Draft Directive,《指令》草案 56
developing countries 发展中国家
  Berne Convention 1971,《伯尔尼公约(1971)》234
  intellectual property，知识产权 233—234
  rental rights，出租权 31
  World Intellectual Property Organization (WIPO)，世界知识产权组织 5，218，226，228，232—233
differential pricing 差别定价 *see* price discrimination
digital environment 数字环境
  access charges，访问费用 35
  access prevented，阻止访问 35
  advantages，优势 2
  multimedia，多媒体 13

right of reproduction, 复制权 30
surveillance, 监视 35
direct competition 直接竞争
   misappropriation, 盗用 174,
   180, 183—185, 206
   time-sensitive data, 具有时间敏
   感性的数据 206
distribution, 发行 exclusive rights 专
   有权 see right of distribution
distributive justice, 分配正义
   competition law, 竞争法 48—49
dominant position 支配地位
   see also market power
   abuse 滥用 see abuse of dominant
   position
   competitive excellence, 竞争优
   势 44
   intellectual property, 知识产
   权 46
   legitimation, 立法 46—47
Draft Directive《指令》草案
   see also Database Directive
   authorship, 6, 作者身份 4, 66
   commercial purposes, 商业目的
   51, 57, 65, 66, 98
   Common Position 1995,《共同立
   场》(1995)68
   compulsory licensing, 强制许可
   51, 52, 57, 61, 65, 66—67
   contracts, 合同 56, 60
   copyright, 版权 54—55
   Council's Reasons,《理事会的
   理由》68, 81

database defined, 数据库定义
   54, 57, 60, 62, 63, 66
derogations, 减损 56
Economic and Social Committee,
   经济和社会委员会 60,
   65, 70
educational use, 教育使用 55
European Parliament amendments
   (1993), 欧洲议会《1993 修
   正案》65—68
exceptions, 例外 55—56, 58—
   59, 67, 98
exclusive rights, 专有权 61
Explanatory Memorandum,《解
   释备忘录》53, 61
fair dealing, 公平利用 55—56
first draft, 最初草案 53—60
Green Paper《绿皮书》see Green
   Paper 1988
hardcopy databases, 硬拷贝数据
   库 57, 60, 62, 98
insubstantial part, 实质性部
   分 58
justification, 正当性根据 54, 65
lawful users, 合法用户 56, 58
legal philosophy, 法哲学 61
minimalist approach, 最低保护
   主义进路 65
neighbouring rights, 邻接权
   57, 62
non-EU databases, 非欧盟的数
   据库 59, 63
originality, 独创性 55

primacy, 优先性 56
private use, 私人使用 57,
 58, 67
re-utilisation, 再利用 58
recitals, 理由陈述 53, 60
retrospectivity, 溯及力 59
saving, 保留 existing legal
 regimes, 现有法律制度
 59—60
selection/arrangement, 选择/编
 排 57
substantial investment, 实质性投
 入 66, 83—87
sui generis right, 特别权利 3,
 4, 37, 57, 62, 65, 66, 67
summary, 小结 60
sweat of brow, 额头汗水 51,
 62, 65
technological protection
 circumvention, 技术保护规
 避 64
term of protection, 保护期 52,
 59, 63, 64, 65, 68, 240
unauthorised extraction, 未经许
 可摘录 66
unfair competition, 不正当竞争
 50, 51, 57, 60
unfair extraction 不正当摘录 *see*
 unfair extraction
Draft Treaty 1996《条约草案(1996)》
 database defined, 数据库定
 义 227
 diplomatic conference (1996),
  外交会议(1996) 5, 226,
  228—229, 231
 EU model, 欧盟模式 218, 226
 national treatment, 国民待
  遇 227
 preliminary drafts, 最初草案
  226, 227—228
 substantial investment, 实质性投
  入 227
 sweat of brow, 额头汗水 227
 term of protection, 保护期 228
 verification, 校验 227
 WIPO initiatives, 228—229 世界
  知识产权组织的主动行动
duration 保护期 *see* term of protection

Economic and Social Committee, 经社
 委员会 60, 65, 70
educational use 教育使用
 Belgium, 比利时 110, 113
 compulsory licensing, 强制许可
  34, 49
 Copyright Directive 2001,《版权
  指令》(2001) 102
 Database Directive,《数据库指
  令》78, 79—80, 98
 Draft Directive,《指令》草案 55
 Germany, 德国 121, 126
 "illustration", "说明" 79
 Ireland, 爱尔兰 127, 128
 Italy, 意大利 131, 133
 Netherlands, 荷兰 134, 137
 non-commercial purpose, 非商业

目的 79
price discrimination，差别定
 价 40
Spain，西班牙 138, 140
sui generis right，特别权利 6
Sweden，瑞典 141
technological protection
 circumvention，技术保护规
 避 165
United Kingdom，英国 146, 151
United States，美国 165, 168,
 197—198, 205—206
effort exerted 花费的努力 *see* sweat of
 brow
employers 雇主
 Belgium，比利时 109
 Italy，意大利 130
Enforcement 执行
 anti-trust law，反托拉斯法 48
 competition law，竞争法 47—
 48, 246
 property rights，财产法 245, 257
England 英格兰
 see also United Kingdom
 compilations，编辑物 18
 infringement，侵权 37
 test for protection，保护的标
 准 84
 unfair competition，不正当竞
 争 37
equitable remuneration 公平补偿
 Belgium，比利时 111
 compulsory licensing，强制许

 可 34
 Germany，德国 122
 Netherlands，荷兰 134
European Parliament，欧洲议会
 65—68
European standards 欧洲标准
 copyright，版权 16—17, 51,
 69, 76
 Database Directive exceptions,
 《数据库指令》的例外 51
 harmonised 统一的 *see*
 harmonisation
 originality，独创性 16—17,
 51, 76
European Union 欧洲联盟（EU）（欧
 盟）
 acquis communautaire，现行法
 217, 234
 Association Agreements，联系协
 定 234
 bilateral agreements，双边条约
 5, 217, 218, 234—235
 Central and East European
 Countries，中欧和东欧国家
 231, 235
 Computer Software Directive
 1993，《计算机软件指令》
 (1993) 120—121
 copyright 版权 *see* Copyright
 Directive 2001
 databases 数据库：Directive《指
 令》*see* Database
 Directive《指令》; protection，保

护 50—102

most favoured nation, 最惠国 217

national treatment 国民待遇 see national treatment

excellence 优势 优秀
    competitive excellence, 竞争优势 44
    standard of excellence, 优秀程度 26—27, 76
    substantial part, 实质性部分 26—27

exceptions 例外
    Belgium, 比利时 109, 111, 113
    Berne Convention,《伯尔尼公约》79, 92
    copyright, 版权 32—34, 77—81, 152
    Copyright Directive（2001）,《版权指令（2001）》101—102, 153
    Directive《指令》see Database Directive
    Draft Directive,《指令》草案 55—56, 58—59, 67, 98
    fair dealing 公平利用 see fair dealing
    fair use 合理使用 see fair use
    France, 法国 33, 80; 114, 117—118
    Germany, 德国 80, 121—122, 126
    government information, 政府信息 238

harmonisation, 协调性 156
inconsistencies, 缺乏一致性 152
Ireland, 爱尔兰 128
Italy, 意大利 131, 133
Netherlands, 荷兰 134, 137
news reporting, 新闻报道 238
scientific research 科学研究 see research
Spain, 西班牙 138—139, 140
sui generis right, 特别权利 58—59
Sweden, 瑞典 141, 142
teaching 教学 see educational use
technological protection circumvention, 技术保护规避 101—102, 165—167, 277
TRIPS Agreement,《与贸易有关的知识产权协议》79
underlying information, 基础信息 276
unfair extraction, 不正当摘录 58
United Kingdom, 英国 33, 92, 145, 146, 151
United States, 美国 33, 161, 190

exclusions, 除外规定 United States, 美国 198—199

exclusive rights 专有权
    Berne Convention,《伯尔尼公约》76; 79
    communication 传播 see communication to public

Copyright Treaty 1996,《版权条约(1996)》76
Database Directive,《数据库指令》76—77
distribution 发行 see right of distribution
Draft Directive,《指令》草案 61
infringement, 侵权 25, 28, 38
international treaties, 国际条约 28
originality, 独创性 89
rental 出租 see rental rights
reproduction 复制 see right of reproduction
sui generis right, 特别权利 52, 89, 190, 192, 193, 240
technological protection circumvention, 技术保护规避 29, 32, 35
exemptions, 豁免 technological protection circumvention, 技术保护规避 165—167, 277
exhaustion 穷竭
Germany, 德国 125
right of distribution, 发行权 31
Explanatory Memorandum,《解释备忘录》Draft Directive,《指令》草案 53
expression 表达
discovery compared, 与发现比较 19
originality, 独创性 17, 21
protection, 保护 258

United States, 美国 164, 172, 173
extraction 摘录
access, 访问 87
Belgium, 比利时 112, 113
definition, 定义 87
France, 法国 117
Germany, 德国 125
infringement, 侵权 87
Ireland, 爱尔兰 128
Italy, 意大利 133
Netherlands, 荷兰 136—137
repeated and systematic, 反复和系统地 92, 150, 191, 197
reproduction right compared, 与复制权比较 87
right to prevent, 禁止权 87—89
Spain, 西班牙 140
"transfer", "转换" 87
unauthorized 未经许可 see unauthorized extraction
unfair 不正当的 see unfair extraction
United Kingdom, 英国 148, 150, 151
United States, 美国 191, 197

fair dealing 公平利用
access, 获取 35
contracts, 合同 42
Draft Directive,《指令》草案 55—56
Ireland, 爱尔兰 127, 128

lawful users, 合法用户 78
news reporting, 新闻报道 152
reliance, 许可 38
research, 研究 33, 80
United Kingdom, 英国 33, 80, 145, 146, 151, 153

fair use 合理使用
 access, 获取 35, 42
 contracts, 合同 42
 fail-safe provisions, 故障防护条款 244
 flexibility, 灵活性 33
 sui generis right, 特别权利 277—278
 technological protection circumvention, 技术保护规避 165, 167
 United States 美国 *see* United States

films, 电影 database defined, 数据库定义 72
Finland, 芬兰 term of protection, 保护期 59

France 法国
 advertisements, 广告 114, 116, 117
 authorship, 作者身份 114
 Civil Code, 《民法典》111, 115
 collections, 汇编物 114
 compilations, 编辑物 114
 compulsory licensing, 强制许可 115
 contracts, 合同 115, 117, 156

 copyright, 版权 113—115
 database defined, 数据库定义 114, 116
 exceptions, 例外 33, 80, 114, 117—118
 extraction, 摘录 117
 insubstantial part, 非实质性部分 117
 Intellectual Property Code, 《知识产权法典》114, 116
 lawful users, 合法用户 115, 117
 maker of database, 数据库制作者 116
 misappropriation, 盗用 116
 neighbouring rights, 邻接权 116
 news reporting, 新闻报道 115
 originality, 独创性 114
 parasitic copying, 寄生性复制 116, 117
 private use, 私人使用 33, 115
 public lending, 公共借阅 117
 re-utilisation, 再利用 117
 right of reproduction, 复制权 115
 selection/arrangement, 选择/编排 114
 slavish imitation, 奴隶般地模仿 115
 sui generis right, 特别权利 116—117
 sweat of brow, 额头汗水 114
 term of protection, 118 保护期
 transposition of directive, 指令的

转化 113—118
unfair competition, 不正当竞争 111, 115—116, 157
free-riders 搭便车者
 investment protection, 投入保护 3, 38
 market failure, 市场失灵 62, 255
 misappropriation, 盗用 171, 179, 180, 187, 189, 239
 new entrants, 新参与者 94—95
 reputation, 声誉 38, 39
 tragedy of commons, 公共资源的悲剧 255, 267

Germany 德国
 advertisements, 广告 124, 125
 assignment of copyright, 版权转让 118
 authorship, 作者身份 118
 collections, 集合 120, 121
 communication to public, 向公众传播 125
 compilations, 编辑物 119, 120
 computer programs, 计算机程序 119, 120—121
 contracts, 合同 125
 copyright, 版权 118—122
 database defined, 数据库定义 120, 124
 economic rights, 经济权利 118
 educational use, 教育使用 121, 126
 equitable remuneration, 公平补偿 122
 exceptions, 例外 80, 121—122, 126
 exhaustion, 穷竭 125
 extraction, 摘录 125
 good morals, 善良道德 123
 hardcopy databases, 硬拷贝数据库 126
 insubstantial part, 非实质性部分 125
 lawful users, 合法用户 122, 156
 licensing, 许可 119
 maker of database, 数据库制作者 124, 125
 materials, 材料 120
 monism, 一元论 118, 119
 moral rights, 精神权利 118
 news reporting, 新闻报道 122
 originality, 独创性 118, 119, 120
 parasitic copying, 寄生性复制 103
 periodicals/journals, 杂志/期刊 122
 private use, 私人使用 121, 126
 re-utilisation, 再利用 125
 research, 研究 126
 right of distribution, 发行权 125
 right of reproduction, 复制权 125
 search engines, 搜索引擎 125
 slavish imitation, 奴隶性地模

仿 123
 substantial investment，实质性投入 124—125
 sui generis right，特别权利 124—125
 telephone directories，电话号码簿 119—120，123—124，125
 term of protection，保护期 126
 transposition of directive，指令的转化 118—126
 unfair competition，不正当竞争 39，103，123—124
government information 政府信息
 Australia，澳大利亚 283
 exceptions，例外 238
 legal databases，法律数据库 162—163，248，283
 privatisation，私有化 253—254，266
 provider neutrality，提供者中立 282
 society，社会 264
 United Kingdom，英国 283
 United States，美国 162—163，198，208—209，211
Green Paper 1988《绿皮书》(1988)
 access，访问 53
 compilations，编辑物 52，53，54
 copyright，版权 54
 investment protection，投入保护 53
 sui generis right，特别权利 53

hardcopy databases 硬拷贝数据库
 anthologies，选集 72
 Belgium，比利时 110，111，113
 collections，集合 72
 contracts，合同 41
 Database Directive，《数据库指令》78
 Draft Directive，《指令》草案 57，60，62，98
 Germany，德国 126
 Ireland，爱尔兰 127
 originality，独创性 63
 periodicals/journals，72
 telephones 电话 see telephone directories
 trespass，侵扰 41
harmonisation 协调
 competition law，竞争法 60
 copyright，版权 3，50，76，94，152—153
 Database Directive exceptions，数据库指令的例外 10—13，33
 exceptions，例外 156
 international law，国际法 218
 originality，独创性 65，94
 term of protection，保护期 77

incentives 激励
 access，访问 243
 common law，普通法 16
 misappropriation，盗用 171，180，187—188

property rights, 财产权 242, 244
retrospectivity, 溯及力 94
sui generis right, 特别权利 239, 246, 252
telephone directories, 电话号码簿 187, 188
unfair competition, 不正当竞争 39
value added, 价值增值 244, 247

indexing 编制索引
 Boolean logic, 布尔逻辑 23
 copyright, 版权 91
 database creation, 数据库创建 22—23, 91
 database defined, 数据库定义 54
 decisions, 决定 authorship, 作者身份 22, 23, 25
 intellectual creativity, 智力创造 91
 substantial part, 实质性部分 91
 sui generis right, 特别权利 91, 246
 thesaurus, 分类辞典 23
 updating, 更新 23

information 信息
 Balkanisation, 巴尔干化 256
 chain/stream, 链/流 252
 citizenship, 公民 265
 data distinguished, 信息区别 251
 democratic society, 民主社会 8, 238, 265
 diversity, 多样性 1—2, 252—253
 economic commodity 商品 see commodification
 information companies, 信息公司 261—263
 non-economic roles, 非经济作用 1, 7, 238, 264—272
 social force, 社会力量 264
 telephone directories, 电话号码簿 253
 uses, 使用 250
 value added, 价值增值 251—252

information economies 信息经济
 issues, 问题 1, 2
 wealth creation, 财富创造 1, 5

information processing 信息加工
 investment, 投入 69, 71, 82
 software 软件 see computer programs

information production 信息生产
 contracts, 合同 245
 financial motives, 经济动机 248
 information retrieval, 信息检索 2—3
 market mechanism, 市场机制 249
 market power, 市场支配力 249
 public subsidy, 公共资助 5, 6, 8, 248, 249, 250, 253, 259
 reputation, 声誉 248, 249

spiral，螺旋 2，237，252，259，269

tradeable commodity 可交换的物品 see commodification

information retrieval 信息检索

 capacity，能力 2

 Database Directive，《数据库指令》70

 information production，信息生产 2—3

 selection criteria，选择标准 25

 selection/arrangement，选择/编排 1

 telephone directories，电话号码簿 23

infringement 侵权

 Australia，澳大利亚 37

 compilations，编辑物 19

 computer programs，计算机程序 71，75，119

 Database Directive，《数据库指令》91

 directories，号码簿 28

 EEPROMs，电子可擦可编程只读存储器 71

 England，英格兰 37

 exclusive rights，专有权 25，28，38

 extraction，摘录 87

 prohibited acts 被禁止的行为

 right of distribution，发行权 31

 right of reproduction，复制权 29

 rights conferred，授予的权利 155—156

 selection/arrangement，选择/编排 27，28

 substantial part，实质性部分 25—28，37，89，155—156

 Sweden，瑞典 155

insubstantial part 非实质性部分

 see also substantial part

 Belgium，比利时 112

 Copyright Directive 2001，《版权指令》(2001) 101

 Database Directive，《数据库指令》91，98

 definition，定义 67

 Draft Directive，《指令》草案 58

 failsafe provisions，故障防护条款 244

 France，法国 117

 Germany，德国 125

 Ireland，爱尔兰 128

 Italy，意大利 133

 Netherlands，荷兰 136—137

 private use，私人使用 67

 Spain，西班牙 140

 sui generis right，特别权利 98

 United Kingdom，英国 150，151

 United States，美国 197

intellectual creativity 智力创造

 see also originality；creativity

 Germany，德国 119

 indexing，索引 91

 meaning，涵义 13

 natural phenomena，自然现象 19

Netherlands, 荷兰 134
requirements, 要求 15—16, 19—21, 24, 27
sporting events, 体育比赛 20, 86
sui generis right, 特别权利 84
United Kingdom, 英国 145
United States, 美国 15—16

intellectual property 知识产权
common law, 普通法 6
competition law, 竞争法 43
developing countries, 发展中国家 233—234
dominant position, 支配地位 46
investment protection, 投入保护 6
meaning, 含义 222—223

intellectual property regimes 知识产权制度
Database Directive, 《数据库指令》98
Draft Directive, 《指令》草案 59—60
expansion, 扩展 238
United States, 美国 161, 181, 199

International Bureau, 国际局 231, 233

international law, 国际法
harmonisation, 协调 218

International Publishers Association (IPA), 国际出版者联盟 (IPA) 232

international treaties 国际条约

Berne Convention 1971《伯尔尼公约》(1971) *see* Berne Convention 1971
copyright, 版权 218—226
exclusive rights, 专有权 28
national treatment, 国民待遇 5, 63, 97, 217, 221—223, 224, 226
right of reproduction, 复制权 29
term of protection, 保护期 225
TRIPS《与贸易有关的知识产权协议》*see* TRIPS Agreement
WIPO 世界知识产权组织：
copyright 版权 *see* Copyright Treaty 1996; draft 草案 *see* Draft Treaty 1996

Investment 投入
see also database creation
financial, 财力 82
impact of Directive, 指令的影响力 263—264
information processing, 信息处理 69, 71, 82
maintenance costs, 维护成本 86, 93, 194—195, 210
originality, 独创性 18
public interest, 公共利益 6
rent seeking, 寻租 244, 245—247, 257
selection/arrangement, 选择/编排 83, 153—154
substantial 实质性的 *see* substantial investment

sunk costs，沉没成本 44—45
sweat of brow，额头汗水 18—19, 20, 83
value of rights，权利的价值 90
investment protection 投入保护
　Database Directive，《数据库指令》6, 69, 70, 82
　exclusive rights 专有权
　free-riders，搭便车者 3, 38
　Green Paper (1988)，《绿皮书》(1988) 53
　intellectual property，知识产权 6
　justification，正当性 7
　sui generis right，特别权利 6, 10, 69, 70, 82, 89, 153—155, 262
　types of investment，投入的类型 82
Ireland 爱尔兰
　compilations，编辑物 126
　compulsory licensing，强制许可 127, 128—129
　copyright，版权 126—127
　database defined，数据库定义 126, 128
　educational use，教育使用 127, 128
　exceptions，例外 128
　extraction，摘录 128
　fair dealing，公平利用 127, 128
　hardcopy databases，硬拷贝数据库 127
　insubstantial part，非实质性部分 128
　lawful users，合法用户 127, 128
　literary works，文学作品 126—127
　maker of database，数据库制作者 128
　original database，独创性数据库 126—127
　originality，独创性 126
　private use，私人使用 127, 128
　re-utilisation，再利用 128
　research，研究 127, 128
　rights management information，权利管理信息 129
　substantial investment，实质性投入 128
　sui generis right，特别权利 128
　sweat of brow，额头汗水 103
　technological protection circumvention，规避技术保护措施 129
　term of protection，保护期 128
　transposition of directive，指令的转化 126—129
　unfair competition，不正当竞争 127
Italy 意大利
　authorship，作者身份 130, 131, 133
　Civil Code，民法典 132
　collections，集合作品 129, 130
　copyright，版权 129—131
　creativity，创造性 130

database defined, 数据库定义 130, 132
database owners, 数据库所有人 130
educational use, 教育使用 131, 133
employers, 雇主 130
exceptions, 例外 131, 133
extraction, 摘录 133
insubstantial part, 非实质性部分 133
lawful users, 合法用户 131, 133
maker of database, 数据库制作者 132, 133
news reporting, 新闻报道 130, 131
originality, 独创性 130
private use, 私人使用 131, 133
public lending, 公共借阅 131, 132
re-utilisation, 再利用 133
research, 研究 131, 133
right of reproduction, 复制权 131
slavish imitation, 奴隶般地模仿 132
sui generis right, 特别权利 132
transposition of directive, 指令的转化 129—133
unfair competition, 不正当竞争 131—132

lawful users 合法用户

acknowledgments, 表明 58
Belgium, 比利时 110, 112
contracts, 合同 56, 156
Database Directive,《数据库指令》77—78, 91
Draft Directive,《指令》草案 56, 58
fair dealing, 公平利用 78
France, 法国 115, 117
Germany, 德国 122, 156
Ireland, 爱尔兰 127, 128
Italy, 意大利 131, 133
licensing, 许可 77—78
Netherlands, 荷兰 134, 136
resale, 转售 78
Spain, 西班牙 138, 140
transposition of directive, 指令的转化 156
United Kingdom, 英国 151, 156

legal databases 法律数据库
acquisitions, 收入 261—262
all available material, 所有可获得的材料 19
boundaries, 界限 25
public information, 公共信息 162—163, 248, 283

libraries 图书馆
copying, 复制 131, 139, 146
databases, 数据库 73
government information, 政府信息 208, 209
licensing, 许可 255
reasonable use, 合乎情理的使

用 206
 sui generis, 特别 opposition, 反对 79
 technological protection circumvention, 技术保护规避 165

licensing 许可
 abuse of dominant position, 滥用市场支配地位 45, 46
 anti-trust law, 反托拉斯法 199, 280
 compulsory 强制的 see compulsory licensing
 Germany, 德国 119
 lawful users, 合法用户 77—78
 libraries, 图书馆 255
 United Kingdom, 英国 145, 146, 152

literary works 文学作品
 Belgium, 比利时 109
 Berne Convention, 《伯尔尼公约》218—219
 bingo games, 宾果游戏 20
 compilations, 编辑物 12, 218
 compulsory licensing, 强制许可 34
 computer programs, 计算机软件 21, 75, 273
 Ireland, 爱尔兰 126—127
 Netherlands, 荷兰 134
 originality, 独创性 126
 right of distribution, 发行权 31
 Sweden, 瑞典 141

 tables, 列表 12, 126
 term of protection, 保护期 50
 United Kingdom, 英国 144, 145
 United States, 美国 163, 166

maker of database 数据库制作者
 Belgium, 比利时 111—112
 Database Directive, 《数据库指令》82—83, 84
 France, 法国 116
 Germany, 德国 124, 125
 Ireland, 爱尔兰 128
 Italy, 意大利 132, 133
 United Kingdom, 英国 147

Malaysia, 马来西亚 14—15
market failure, 市场失灵 62, 242, 255
market power 市场支配力
 see also dominant position
 information production, 信息复制 249
 legitimation, 立法 46—47
 limitation, 限制 246
 unlawful purpose, 非法目的 45
 markets, 市场 databases 数据库
 see database markets
 meteorological information 气象信息
 public information, 公共信息 248
 WMO 世界气象组织 *see* World Meteorological Organization

misappropriation 盗用
 common law, 普通法 162, 175,

178,190,214

France,法国 116

free-riders,搭便者 171,179,180,187,189,239

Member States,成员国 60

Spain,西班牙 139

sui generis right,特别权利 4,8,171,190,192,193,200,212—213,284

United States 美国 *see* United States

misrepresentation,虚假陈述 unfair competition,不正当竞争 38,173

moral rights,精神权利 Germany,德国 118

most favoured nation 最惠国

 European Union（EU）,欧洲联盟（欧盟）217

 TRIPS Agreement,《与贸易有关的知识产权协议》221,222

musical works 音乐作品

 compilations,编辑物 85

 database defined,数据库定义 72,73,85—86

national treatment 国民待遇

 Berne Convention,《伯尔尼公约》221

 bilateral agreements,双边协议 221

 Copyright Treaty（1996）,《版权条约（1996）》221,224

 Database Directive,《数据库指令》63,97,217,221

 Draft Treaty 1996,《条约草案（1996）》227

 international treaties,国际条约 5,63,97,217,221—223,224,226

 meaning,含义 221

 TRIPS Agreement,《与贸易有关的知识产权协议》221,222,224

neighbouring rights 邻接权

 Belgium,比利时 109

 Database Directive,《数据库指令》97,223

 Draft Directive,《指令》草案 57,62

 France,法国 116

 TRIPS Agreement,《与贸易有关的知识产权协议》223

Netherlands 荷兰

 Civil Code,民法典 134

 collections,汇编 133,134

 compilations,编辑物 133

 copyright,版权 133—134

 educational use,教育使用 134,137

 equitable remuneration,公平补偿 134

 exceptions,例外 134,137

 extraction,摘录 136—137

 insubstantial part,非实质性部分 136—137

 intellectual creativity,智力创

索　引　343

作 134
 lawful users, 合法用户 134, 136
 literary works, 文学作品 134
 news reporting, 新闻报道 135—136, 137
 obligations, 债 134
 originality, 独创性 133, 134
 private use, 私人使用 134
 public lending, 公共借阅 134
 re-utilisation, 再利用 136—137
 real estate listings, 房地产清单 136, 137
 research, 研究 134, 137
 search engines, 搜索引擎 136
 spin-off argument, 副产品观点 135, 136, 154
 substantial investment, 实质性投入 135—136
 sui generis right, 特别权利 135—136
 telephone directories, 电话号码簿 136
 term of protection, 保护期 137
 transposition of directive, 指令的转化 133—137
 unfair competition, 不正当竞争 134—135
networks, 网络 access, 获取 2
new entrants 新参与者
 free-riders, 搭便车者 94—95
 growth, 增长 263
 market barriers, 市场障碍 45
 opportunities, 机会 94

news reporting 新闻报道
 see also time-sensitive data
 common law, 普通法 173
 compulsory licensing, 强制许可 34
 exceptions, 例外 238
 France, 法国 115
 Germany, 德国 122
 hot news, 热点消息 132, 175, 186
 Italy, 意大利 130, 131
 misappropriation, 盗用 132, 172—173, 183, 184, 206
 Netherlands, 荷兰 135—136, 137
 property rights, 财产权 178
 Spain, 西班牙 139
 substantial investment, 实质性投入 173—174
 United States, 美国 132, 172—174, 183, 184, 186—187, 189, 206
non-EU databases 非欧盟的数据库
 see also national treatment; reciprocity
 Belgium, 比利时 110, 112
 Database Directive, 《数据库指令》5, 97
 Draft Directive, 《指令》草案 59, 63
 unfair extraction, 不正当摘录 63
obtaining, 获取 contents, 内容 83,

86, 89
originality 独创性
  see also creativity; intellectual creativity
  authorship, 作者身份 17, 21, 37
  Belgium, 比利时 109
  compilations, 编辑物 16, 17—21, 163—164
  computer programs, 计算机程序 55, 114, 120—121
  Database Directive,《数据库指令》15, 33, 76, 94, 95, 145
  Draft Directive,《指令》草案 55
  European standards, 欧洲标准 16—17, 51, 76
  exclusive rights, 专有权 89
  expression, 表达 17, 21
  France, 法国 114
  Germany, 德国 118, 119, 120
  hardcopy databases, 硬拷贝数据库 63
  harmonisation, 协调 65, 94
  high standard, 高标准 4, 80—81, 114, 118
  investment, 投入 18
  Ireland, 爱尔兰 126
  Italy, 意大利 130
  literary works, 文学作品 126
  low standard, 低标准 10, 14, 18, 146
  meaning, 涵义 13
  Netherlands, 荷兰 133, 134

requirement, 条件 13—21
selection/arrangement, 选择/编排 21, 36, 55, 274
Spain, 西班牙 138
spectrum, 幅度 17
standard of excellence, 优秀程度 26—27, 76
substantial part, 实质性部分 27
sweat of brow, 额头汗水 14—15, 27—28, 65
Sweden, 瑞典 141
uncertainty, 不确定性 20
uniform laws, 统一法 65
United Kingdom, 英国 126, 143—144, 145, 146
United States, 美国 162
parasitic copying 寄生性复制
  Belgium, 比利时 111
  France, 法国 116, 117
  Germany, 德国 103
  supplementary protection, 补充保护 11
  Sweden, 瑞典 142
patents, 专利 United States, 美国 181, 269
period of protection 保护期 see term of protection
periodicals/journals 杂志/期刊
  assignment of copyright, 版权的转让 245
  Germany, 德国 122
  hardcopy databases, 硬拷贝数据库 72

索引 **345**

pre-existing works 已有作品
　　compilations，编辑物 12，86
　　selection 选择 *see* selection/
　　　arrangement
presentation 展现
　　contents，内容 86，89，93
　　United Kingdom，英国 148
price discrimination 差别定价
　　contracts，合同 40
　　educational use，教育使用 40
　　property rights，财产权
　　　242—244
　　willingness to pay，支付意
　　　愿 243
primacy，优先效力 contents，内容 56
privacy，隐私 7
private use 私人使用
　　acknowledgments，表明 58，67
　　Belgium，比利时 110，113
　　Database Directive，《数据库指
　　　令》78
　　Draft Directive，《指令》草案
　　　57，58，67
　　France，法国 33，115
　　Germany，德国 121，126
　　insubstantial part，非实质性部
　　　分 67
　　Ireland，爱尔兰 127，128
　　Italy，意大利 131，133
　　Netherlands，荷兰 134
　　re-utilisation，再利用 58
　　Spain，西班牙 138
　　sui generis right，特别权利

　　　57，67
　　Sweden，瑞典 141
　　United Kingdom copyright，英国
　　　版权 146
privatisation，私有化 253—254，266
property rights 财产权
　　benefits，利益 242
　　commodification，商品化
　　　239—240
　　costs 成本：anticommons，反向公
　　　共资源 255—256，257，284；
　　　economic，经济 244—257；
　　　enforcement，执行 245，257；
　　　limitation，限制 257—258；
　　　public good benefits lost，公共
　　　物品利益的丧失 245，247—
　　　254；rent seeking，寻租
　　　244—245，257；transaction
　　　costs，交易成本 243，245，
　　　254—257
　　database markets，数据库市
　　　场 239
　　incentives，激励 242，244
　　limitation，限制 250
　　news reporting，新闻报道 178
　　price discrimination，差别定价
　　　242—244
　　static benefits，静态利益
　　　242，247
　　term of protection，保护期 258
　　tragedy of the commons，公共资
　　　源的悲剧 242，255
　　United States，美国 190，

192, 193
public, 公众 communication 传播 see communication to public
public interest 公共利益
    compulsory licensing, 强制许可 34, 35, 36, 37
    contracts, 合同 42
    investment, 投入 6
    misappropriation, 盗用 176
public lending 公共借阅
    Belgium, 比利时 110, 112
    France, 法国 117
    Italy, 意大利 131, 132
    Netherlands, 荷兰 134
    Spain, 西班牙 139
public subsidy 公共资助
    access, 获取 访问 5, 243, 250
    information production, 信息产品 5, 6, 8, 248, 249, 250, 253, 259
    research, 研究 253, 266

radio listings, 广播节目清单 135
re-utilisation 再利用
    Belgium, 比利时 112
    commercial purposes, 商业目的 57, 66, 98
    communication to public compared, 与向公众传播比较 88
    consequences, 后果 69
    contracts, 合同 58
    Draft Directive, 《指令》草案 58

France, 法国 117
Germany, 德国 125
Ireland, 爱尔兰 128
Italy, 意大利 133
lawful users, 合法用户 91
Netherlands, 荷兰 136—137
private use, 私人使用 58
right defined, 权利定义 87
right to prevent, 禁止权 87—89
Spain, 西班牙 140
substantial part, 实质性部分 58, 89
term of protection, 保护期 59
United Kingdom, 英国 148, 150, 151
United States, 美国 191
reciprocity 互惠
    Database Directive, 《数据库指令》5, 63, 97, 223, 225
    TRIPS Agreement, 《与贸易有关的知识产权协议》222
    United States, 美国 5, 97, 217
recitals 理由陈述
    Database Directive, 《数据库指令》69, 71, 72, 73, 76, 77, 82, 85, 93
    Draft Directive, 指令草案 53, 60
Reed Elsevier, 励德爱思唯尔 260, 261—262
remedies 救济
    Copyright Treaty (1996), 《版权条约》(1996) 220—221

sui generis right, 特别权利 281
    TRIPS Agreement,《与贸易有关的知识产权协议》281
    United States, 美国 211
remuneration, 补偿 equitable 公平的 *see* equitable remuneration
rent seeking 寻租
    database creation, 数据库制作 245
    entry barriers, 进入障碍 244
    investment, 投资 244, 245—247, 257
    meaning, 含义 244—245
    sui generis right, 特别权利 239, 274
rental rights 出租权
    Database Directive,《数据库指令》31, 77
    exclusive rights, 专有权 29, 31
    fixed copies, 固定的复制件 31
    TRIPS Agreement,《与贸易有关的知识产权协议》31, 77, 88, 89
reproduction, 复制 exclusive rights 专有权 *see* right of reproduction
reputation 声誉
    free-riders, 搭便车者 38, 39
    information production, 信息产品 248, 249
research 研究
    see also scientific information
    Belgium, 比利时 110, 113
    Copyright Directive (2001),《版权指令》(2001) 102
    Database Directive,《数据库指令》78, 79—80, 98
    fair dealing, 公平利用 33, 80
    Germany, 德国 126
    Ireland, 爱尔兰 127, 128
    Italy, 意大利 131, 133
    Netherlands, 荷兰 134, 137
    public subsidy, 公共资助 253, 266
    scientific publication, 科学出版物 248
    Spain, 西班牙 138, 140
    sui generis right, 特别权利 6
    United Kingdom, 英国 33, 80, 146, 151, 153
    United States, 美国 197—198, 205—206
retrospectivity 溯及力
    Database Directive,《数据库指令》93—97
    database industry, 9 数据库产业 4, 96
    Draft Directive, 指令草案 59
    incentives, 激励 94
    justification, 正当性 95—97
    protectionism, 保护主义 96—97
    sui generis right, 特别权利 94
    transposition of directive, 指令的转化 95
    United States, 美国 211
right of distribution 发行权
    artistic works, 艺术作品 31
    Copyright Treaty (1996),《版权条约》(1996) 31, 89

Database Directive,《数据库指令》31
  exclusive rights,专有权 29,31
  exhaustion,穷竭 31
  fixed copies,固定复制件 31
  Germany,德国 125
  infringement,侵权 31
  literary works,文学作品 31
right of reproduction 复制权
  Belgium,比利时 110,113
  Berne Convention,《伯尔尼公约》29
  computer displays,计算机显示 29,30
  digital environment,数字环境 30
  exclusive rights,专有权 28
  extraction compared,与摘录比较 87
  France,法国 115
  Germany,德国 125
  infringement,侵权 29
  international treaties,国际条约 29
  Italy,意大利 131
  storage,存储 30
  Sweden,瑞典 141
  temporary copies,临时复制件 30
rights management information 权利管理信息
  Copyright Treaty 1996,《版权条约(1996)》219,221

definition 定义
  Ireland,爱尔兰 129
robots,机器人 downloading,下载 3
rule of reason,合理规则 47

satellites,卫星 privatisation,私有化 253—254
scientific information 科学信息
  cooperation,合作 269—272,282
  exchange,交换 268,269
  Health WIZ Project,健康行家工程 269—271
  natural phenomena,自然现象 19
  positive commons,积极的公共资源 268
  research 研究 see research
  scientific publication,科学出版物 248
  self-regulating norms,自我调节规范 269
  spiral of knowledge,知识的螺旋 237,252,259,269
  sui generis right,特别权利 238
  transformative use,转化性使用 169,269
securities/commodities 证券/商品
  futures contracts,期货合同 184,185,188,196,207
  time-sensitive data,具有时间敏感性的数据 90,185,188
selection/arrangement 选择/编排
  authorship,作者身份 18

Belgium, 比利时 109
competition, 竞争 246
creativity, 创造性 10, 15, 19, 27, 54, 63, 84, 171
Database Directive,《数据库指令》50, 74, 75, 84
Draft Directive,《指令》草案 57
France, 法国 114
information retrieval, 信息检索 1
infringement, 侵权 27, 28
investment, 投资 83, 153—154
originality, 独创性 21, 36, 55, 274
right of reproduction, 复制权 30
technological protection circumvention, 技术保护规避 32
telephone directories, 1 电话号码簿 64, 170
United States, 美国 164, 170, 194
skill and judgement, 技巧和判断
computer programs, 计算机程序 75
slavish imitation 奴隶般模仿
France, 法国 115
Germany, 德国 123
Italy, 意大利 132
Spain, 西班牙 139
software 软件 see computer programs
Spain 西班牙
collections, 集合 138
copyright, 版权 138—139
creativity, 创造性 138

database industry, 数据库产业 61
educational use, 教育使用 138
exceptions, 例外 138—139, 140
extraction, 摘录 140
insubstantial part, 非实质性部分 140
lawful users, 合法用户 138, 140
misappropriation, 盗用 139
news reporting, 新闻报道 139
originality, 独创性 138
private use, 私人使用 138
public lending, 公共借阅 139
re-utilisation, 再利用 140
research, 研究 138, 140
slavish imitation, 奴隶般模仿 139
sui generis right, 特别权利 140
term of protection, 保护期 140—141
transposition of directive, 指令的转化 138—141
unfair competition, 不正当竞争 139—140
spin-off argument 副产品观点
Netherlands, 荷兰 135, 136, 154
substantial investment, 实质性投入 154
Sweden, 瑞典 143
telephone directories, 电话号码簿 247
sporting events 体育比赛

British Horseracing Board decision, 英国赛马委员会案判决 137, 147—150, 151, 153, 154, 155, 156—157, 159

fixture lists, 比赛日程表 20, 142—143, 147, 148—150

intellectual creativity, 智力创造性 20, 86

misappropriation, 盗用 183—184

subject matter of protection 保护的客体

 see also database defined

 misappropriation, 盗用 173—174, 181, 189

 narrow definition, 狭义 273

 sui generis right, 特别权利 33, 81, 89, 255, 274—275

 United States, 美国 173—174, 181, 189

substantial investment 实质性投入

 Belgium, 比利时 112

 computer programs, 计算机程序 75

 contents, 内容 86

 Database Directive, 《数据库指令》6, 73, 81, 83—87

 Draft Directive, 《指令》草案 66

 Draft Treaty 1996, 《条约草案(1996)》227

 Germany, 德国 124—125

 Ireland, 爱尔兰 128

 Netherlands, 荷兰 135—136

news reporting, 新闻报道 173—174

obtaining/verifying/presenting, 获取/校验/展现 83—87, 89, 90, 93, 116

qualitative criteria, 品质的标准 84, 246

spin off argument, 副产品的观点 154

sufficiently substantial, 足够的实质性 85

sweat of brow, 额头汗水 83, 84

Sweden, 瑞典 142

telephone directories, 电话号码簿 155

term of protection, 保护期 87, 92

United Kingdom, 英国 147

United States, 美国 191, 194

substantial part 实质性部分

 see also insubstantial part

 act in respect of whole work, 针对整个作品的行为 26

 compulsory licensing, 强制许可 34

 excellence, 优秀性 26—27

 indexing, 索引 91

 infringement, 侵权 25—28, 37, 89, 155—156

 measurement, 衡量 26

 originality, 独创性 27

 quality/quantity, 品质/数量 26, 27, 89—90, 91, 149—150

re-utilisation, 再利用 58, 89
sweat of brow, 额头汗水 27, 89
unfair extraction, 不正当摘录 64, 89
United Kingdom, 英国 148
United States, 美国 203—204
sui generis right 特别权利
 Belgium, 比利时 111—112
 bilateral agreements, 双边条约 5, 217, 218
 caution required, 需要谨慎 238
 commodification, 商品化 266
 communication to public, 向公众传播 32
 comparable rights, 相当的权利 142
 competition law, 竞争法 11, 43
 compilations, 编辑物 53
 complexity, 复杂性 247
 compulsory licensing, 强制许可 36, 52, 58
 computer programs, 计算机程序 62, 198, 257, 273
 contents, 内容 51, 55, 57, 81, 84
 copyright 版权: differentiation, 区分 11, 275—276; overlap, 重叠 6, 81—82, 84, 90—91, 92, 217, 223—224, 255, 274—275
 Database Directive exceptions, 《数据库指令》的例外 79, 91—92

database industry, 数据库产业 236
Draft Directive, 《指令》草案 4, 37, 57, 62, 65, 66, 67
educational use, 教育使用 6
exceptions, 例外 58—59
exclusive rights, 专有权 52, 89, 190, 192, 193, 240
extraction 摘录: right 权利 *see* extraction; unauthorised 未经许可 *see* unauthorized extraction
unfair 不正当的 *see* unfair extraction
fair use, 合理使用 277—278
France, 法国 116—117
Germany, 德国 124—125
Green Paper (1988), 《绿皮书》(1988) 53
hybrid form, 混合形式 51
incentives, 2 激励 39, 246, 252
indexing, 索引 91
insubstantial part, 非实质性部分 98
intellectual creativity, 智力创造 84
investment protection, 投入保护 6, 10, 69, 70, 82, 89, 153—155, 262
Ireland, 爱尔兰 128
Italy, 意大利 132
Justification 正当性根据: anecdotal/empirical, 观察的/经验的 7, 238; argument in

favour，支持的证据239—264；economic，经济6—7，237, 238, 241—244, 258—259, 264

limitations，限制57

makers 制作者 see maker of database

misappropriation，盗用4, 8, 171, 190, 192, 193, 200, 212—213, 284

Netherlands，荷兰135—136

obligations，义务81

private use，私人使用57, 67

qualitative criteria，品质上的标准89, 191, 274

re-use 再使用 see re-utilisation

remedies，救济281

rent seeking，寻租239, 274

research，研究6

retrospectivity，溯及力94

right conferred，所授予的权利3

scientific information，科学信息238

scientific opposition，科学组织的反对79, 235, 268

scope，范围4, 9, 51, 81—82

Spain，西班牙140

subject matter of protection，保护的客体33, 81, 89, 255, 274—275

substantive provisions，实体条款70

sweat of brow，额头汗水81, 83, 92, 274

Sweden，瑞典142—143

technological protection circumvention，技术保护规避50, 100, 101

term of protection，保护期92, 280—281

uncertainty，不确定性283

unfair competition，不正当竞争51, 52, 57, 157

United Kingdom，英国144, 147—150, 225

United States 美国 see United States

sweat of brow 额头汗水
  approach rejected，被否定的进路19, 23
  Australia，澳大利亚14
  Copyright Treaty 1996，《版权条约(1996)》219
  Database Directive,《数据库指令》81, 83, 92, 224
  Draft Directive,《指令》草案51, 62, 65
  Draft Treaty 1996,《条约草案(1996)》227
  France，法国114
  investment，投入18—19, 20, 83
  Ireland，爱尔兰103
  Malaysia，马来西亚14—15
  originality，独创性14—15, 27—28, 65

substantial investment, 实质性投
    入 83, 84
substantial part, 实质性部分
    27, 89
sui generis right, 特别权利 81,
    83, 92, 274
Sweden, 瑞典 141
United Kingdom, 英国 14, 51,
    103, 143, 144
United States, 美国 95, 162,
    175, 182, 189, 194

Sweden 瑞典
    catalogue laws, 目录法 59, 103,
        141, 142, 143, 155
    compilations, 编辑物 141
    educational use, 教育使用 141
    exceptions, 例外 141, 142
    infringement, 侵权 155
    literary works, 文学作品 141
    originality, 独创性 141
    parasitic copying, 寄生性复
        制 142
    private use, 私人使用 141
    right of reproduction, 复制
        权 141
    spin-off argument, 副产品观
        点 143
    substantial investment, 实质性投
        入 142
    sui generis right, 特别权利
        142 143
    sweat of brow, 额头汗水 141
    term of protection, 保护期 59

transposition of directive, 指令的
    转化 141—143
unfair competition, 不正当竞
    争 142

tables 列表
    compilations, 编辑物 12, 13
    literary works, 文学作品
        12, 126
teaching 教学 *see* educational use
technological protection circumvention
    技术保护规避
    access, 访问 41, 165
    additional prohibition, 附加保
        护 165
    basic prohibition, 基本禁止 165
    contracts, 合同 11
    Copyright Directive 2001, 《版权
        指令(2001)》3—4, 50,
        100—102, 112, 129
    Copyright Treaty 1996, 《版权条
        约(1996)》32, 101,
        129, 220
    Draft Directive, 《指令》草案 64
    educational use, 教育使用 165
    exclusive rights, 专有权 29,
        32, 35
    exemptions/exceptions, 豁免/例
        外 101—102, 165—167, 277
    fair use, 合理使用 165, 167
    Ireland, 爱尔兰 129
    libraries, 图书馆 165
    protection-defeating devices, 破

坏保护装置 129，165，220
selection/arrangement，选择/编排 32
sui generis right，特别权利 50，100，101
United States，美国 164—167，192，197

telephone directories 电话号码簿
advertising，广告 162
comprehensiveness，全面性 170，256
contents，内容 obtaining，获取 83，86，117
database creation，数据库制作 22—23，246
database definition，数据库定义 62，63
Germany，德国 119—120，123—124，125
incentives，激励 187，188
information，信息 253
information retrieval，信息检索 23
Netherlands，荷兰 136
selection/arrangement，选择/编排 164，170
spin-off argument，副产品观点 247
subscription information，定购信息 18，86
substantial investment，实质性投入 155
synthetic information，人造信息 157

unfair competition，不正当竞争 123—124
United States，美国 15—16，83，95，162，256
value added，价值增值 244

television listings，电视节目表 45—46，86，154

term of protection 保护期
Belgium，比利时 113
Berne Convention，《伯尔尼公约》225
catalogue laws，目录法 59，258
changes to database，数据库的改变 59，64，67，93，192
copyright，版权 93
Database Directive，《数据库指令》9，52，77，92，156—157
date-stamping，标注日期 64
Denmark，丹麦 59
Draft Directive，《指令》草案 52，59，63，64，65，68，240
Draft Treaty 1996，《条约草案（1996）》228
Finland，芬兰 59
France，法国 118
Germany，德国 126
harmonisation，协调 77
international treaties，国际条约 225
Ireland，爱尔兰 128
literary works，文学作品 59
Netherlands，荷兰 137

perpetual，永久性的 52，87，
　　93，177，192，194，210
property rights，财产权 258
range of possibilities，可能性的
　　范围 240
re-utilisation，再利用 59
renewal，更新 59，64，67，
　　93，192
Spain，西班牙 140—141
substantial investment，实质性投
　　入 87，92
sui generis right，特别权利 92，
　　280—281
Sweden，瑞典 59
TRIPS Agreement，《与贸易有关
　　的知识产权协议》225
unfair extraction 不正当摘录
United Kingdom，英国 151—
　　152，156—157
United States，美国 64，177，
　　192，194，209—210，
　　221，240
thesaurus 分类词典
　　indexing，编制索引 23
third parties，第三方 contracts，合同
　　40，78
Thompson Corporation，汤姆森公司
　　260，261，262
time-sensitive data 具有时间敏感性
　　的数据
　　　see also news reporting
　　commercial value，经济价值
　　　185，186，187

direct competition，直接竞
　　争 206
hot news，热点消息 132，
　　175，186
misappropriation，盗用 132，
　　175，180，182，185—187，
　　198，207
qualitatively substantial，品质上
　　的实质性 90
securities/commodities，证券/商
　　品 90，185，188
tort 侵权 see misappropriation
trade secrets，商业秘密 7，60
tragedy of the commons 公共资源
　　悲剧
　　anticommons，反向公共资源悲
　　　剧 255—256，257，284
　　closed commons，封闭性公共资
　　　源 268
　　limits，限制 266—269
　　meaning，含义 242，255
　　negative commons，消极的公共
　　　资源 268
　　open commons，开放的公共资
　　　源 268
　　positive，积极的 268
transaction costs 交易成本
　　compulsory licensing，强制许可
　　　34，35，245
　　property rights，财产权 243，
　　　245，254—257
　　reduction，减少 254
transposition of Database Directive

《数据库指令》的转化 see Database Directive
TRIPS Agreement《与贸易有关的知识产权协议》
 compilations，编辑物 13，223
 exceptions，例外 79
 minimal protection，最低限度保护 219，222
 most favoured nation，最惠国 221，222
 national treatment，国民待遇 221，222，224
 neighbouring rights，邻接权 223
 reciprocity，互惠 222
 remedies，救济 281
 rental rights，出租权 31，77，88，89
 term of protection，保护期 225

unauthorized extraction 未经许可摘录
 see also extraction; unfair extraction
 commercial purposes，商业目的 57，66，98
 consequences，后果 69
 Draft Directive,《指令》草案 66
UNCTAD，联合国贸易和发展会议 228
underlying information 基础信息
 exceptions，例外 276
 unfair extraction，不正当摘录 63
UNESCO，联合国教科文组织 228，229—230，238

unfair competition 不正当竞争
 see also competition law
 Australia，澳大利亚 37
 basic principles，基本原则 11，37—40
 Belgium，比利时 111
 common law，普通法 37
 confusion，混淆 38，39，60，116，127，135，139，142
 deception，欺诈 38，39，60，127
 disloyal competition，不诚实竞争 116
 Draft Directive,《指令》草案 50，51，57，60
 England，英格兰 37
 France，法国 111，115—116，157
 Germany，德国 39，103，123—124
 incentives，激励 39
 Ireland，爱尔兰 127
 Italy，意大利 131—132
 misappropriation 盗用 see misappropriation
 misrepresentation，虚假陈述 38，173
 Netherlands，荷兰 134—135
 parasitic 寄生 see parasitic copying
 reaping without sowing，在没有播种的地方去收获 39
 relationship between parties，当

事人之间的关系 39
　　slavish imitation, 奴隶般地模仿
　　　　115, 116, 132
　　Spain, 西班牙 139—140
　　sui generis right, 特别权利 51,
　　　　52, 57, 157
　　Sweden, 瑞典 142
　　telephone directories, 电话号码
　　　　簿 123—124
　　United Kingdom, 英国 38,
　　　　146—147
　　United States, 美国 37, 38, 39,
　　　　173, 181—182, 189—190
unfair extraction 不正当摘录
　　see also extraction; unauthorized
　　　　extraction
　　commercial purposes, 商业目的
　　　　57, 65
　　exceptions, 例外 58
　　harmonisation, 协调 60
　　insufficient protection, 保护不
　　　　足 61
　　limitation, 限制 57
　　meaning, 含义 57
　　non-EU databases, 非欧盟数据
　　　　库 63
　　substantial part, 实质性部分
　　　　64, 89
　　underlying information, 基础信
　　　　息 63
uniform laws 统一法
　　Database Directive, 《数据库指
　　　　令》69

　　originality, 独创性 65
United Kingdom 英国
　　British Horseracing Board
　　　　decision, 英国赛马委员会案
　　　　137, 147—150, 151, 153,
　　　　154, 155, 156—157, 159
　　contracts, 合同 148
　　database defined, 数据库定义
　　　　144, 147
　　database markets, 数据库市
　　　　场 61
　　database right, 数据库权利 147
　　educational use, 教育使用 151
　　England 英格兰 see England
　　exceptions, 例外 151
　　extraction, 摘录 148, 150, 151
　　fair dealing, 公平利用 33, 80,
　　　　145, 146, 151, 153
　　government information, 政府信
　　　　息 283
　　insubstantial part, 非实质性部
　　　　分 150, 151
　　intellectual creativity, 智力创
　　　　造 145
　　lawful users, 合法用户 151, 156
　　licensing, 许可 152
　　maker of database, 数据库制作
　　　　者 147
　　presentation, 表达 148
　　re-utilisation, 再利用 148,
　　　　150, 151
　　research, 研究 33, 80, 146,
　　　　151, 153

substantial investment, 实质性投入 147

substantial part, 实质性部分 148

sui generis right, 特别权利 144, 147—150, 225

term of protection, 保护期 151—152, 156—157

transposition of directive, 指令的转化 143—152

unfair competition, 不正当竞争 38, 146—147

United Kingdom copyright 英国版权

  authorship, 作者身份 24

  compilations, 编辑物 12, 143, 144, 145

  creativity, 创造性 144

  database industry, 数据库产业 61

  educational use, 教育使用 146

  exceptions, 例外 33, 92, 145, 146

  fair dealing, 公平利用 33, 80, 145, 146, 153

  licensing, 许可 145, 146

  literary works, 文学作品 144

  originality, 独创性 126, 143—144, 145, 146

  private use, 私人使用 146

  scope, 范围 4

  sweat of brow, 额头汗水 14, 51, 103, 143, 144

United States 美国

bootstrapping, 附加 166

collections, 汇编 194, 199, 201, 273

commercial purposes, 商业目的 168, 191

common law, 普通法 162, 175, 178, 214

competition 竞争 *see* anti-trust law

compilations, 编辑物 162—164

comprehensiveness, 全面性 170

computer programs, 计算机程序 198, 208

contracts 合同

  futures contracts, 期货合同 184, 185—186, 188, 196, 207

  non-derogation, 不减损 193, 199, 212

  sui generis right, 特别权利 42, 193

copyright, 版权 4, 10, 162—171

Copyright Treaty (1996),《版权条约(1996)》197

database defined, 数据库定义 73, 191, 192, 194, 273

database industry, 数据库产业 54, 63

database management information, 数据库管理信息 192, 197

database markets 数据库市场:

  actual/potential 实际的/潜在的 markets, 市场 169, 171,

191, 193, 195—197, 199, 205; material harm, 重要损害 201—202, 212, 214, 240; primary markets, 主要市场 202, 206; protected markets, 被保护市场 202—203; related markets, 相关市场 202; substantial harm, 实质性损害 162, 180, 201, 212

digital on-line communications, 在线数字通讯 208

direct competition, 直接竞争 174, 180, 183—185, 206

educational use, 教育使用 165, 168, 197—198, 205—206

exceptions, 例外 33, 161, 190

exclusions, 排除 198—199

existing legal regimes, 现有法律制度 199

expression, 表达 164, 172, 173

fair use 合理使用: criteria, 标准 168—170, 205, 211; defence, 抗辩 167—170; entire work reproduced, 复制整个作品 169; equivalent defence, 相当的抗辩 168; flexibility, 灵活性 33; informational works, 信息作品 169; justification, 正当化 167; non-profit, 非营利性的 168; potential markets, 潜在市场 169, 171; productive/redistributive facts, 生产性/再分配因素 169; reasonable uses, 合乎情理的使用 205—207; reasonableness, 合理性 204 205; standard, 标准 170; *sui generis* right, 特别权利 160, 168, 170, 204—205; technological protection circumvention, 技术保护规避 165, 167; transformative use, 转化性使用 169; value added, 价值增值 169

Feist decision, 费斯特判决 15—16, 28, 83, 95, 162, 169, 171, 175, 182, 219, 256

genealogical information, 宗谱信息 207, 211, 215

government/intelligence investigations, 政府/情报调查 207, 211, 215

government/public information, 政府/公共信息 162—163, 198, 208—209, 211

hot news, 热点消息 132, 175, 186

insubstantial part, 非实质性部分 197

intellectual creativity, 智力创造性 15—16

Librarian of Congress, 国会图书馆 165—167

literary works, 文学作品 163, 166

misappropriation 盗用: cause of

action, 诉因 180; commercial value, 商业价值 184; common law, 普通法 162, 175, 178, 190, 214; direct competition, 直接竞争 174, 180, 183—185, 206; free-riders, 搭便车者 171, 179, 180, 187; good conscience, 正义良知 160, 173, 178; history of tort, 侵权历史 4, 160—161, 171—190; incentives, 激励 171, 180, 187—188; injunctions, 禁令 175; intangibles, 无形物 173; intellectual property regimes, 知识产权制度 161, 181; International News Service decision, 国际新闻社判决 184, 198, 206; justification, 正当化 160, 178; natural rights, 自然权利 39, 160; nature of protection, 保护的性质 174—175; news reporting, 新闻报道 132, 172—174, 183, 184, 186—187, 189, 206; perpetual protection, 永久保护 177; pre-emption, 先占 180—183, 189, 199; protection against whom, 禁止谁 174; public interest, 公共利益 176; quasi-property, 准财产 174, 176; scope limited, 限制范围 179—188; sporting fixtures, 体育比赛 183—184; state laws, 州法 178—179, 180—183, 189, 199; subject matter of protection, 保护的客体 173—174, 181, 189; substantial harm, 实质性损害 162, 212; sui generis right, 特别权利 4, 8, 11, 171, 190, 192, 193, 200, 212—213, 284; time-sensitive data, 有时间敏感性的数据 132, 175, 180, 182, 185—187, 198, 207; unfairness, 不公正 39

monetary relief, 金钱赔偿 206, 209

originality, 独创性 162

patents, 专利 181, 269

perpetual protection, 永久保护 177, 192, 194

real estate directories, 房地产名录 164

reciprocity, 互惠 5, 97

remedies, 救济 211

research, 研究 197—198, 205—206

restraint of trade, 限制交易 176

retrospectivity, 溯及力 211, 217

securities/commodities, 证券/商品 184, 207

selection/arrangement, 选择/编排 164, 170, 194

substantial part，实质性部分 203—204

sui generis right 特别权利：1996 Bill，《1996 年法案》191—193；1997 Bill，《1997 年法案》194—195；1999 Alternative Bill，《替代法案》(1999) 213；1999 bills，《1999 年法案》200—213；contracts，合同 42，193；EU Directive compared，与欧盟指令比较 192—193，199—200，211—212，215；exclusive rights，专有权 190，192，193；extraction，摘录 191，197；fair use，合理使用 160，168，170，204—205；legislative proposals，立法建议 161—162，190—213，226，232，240—241；misappropriation，盗用 4，8，11，190，192，193，200，212—213，284；nature，性质 195；permitted acts，被允许的行为 197—198；prerequisite，先决条件 194—195；re-utilisation，再利用 191；reciprocity，互惠 97；substantial investment，实质性投入 191，194；summary of position，立场小结 213—216；unfair competition，不正当竞争 37

sweat of brow，额头汗水 95，162，175，182，189，194

technological protection circumvention，技术保护规避 164—167，192，197

telephone directories，电话号码簿 15—16，83，95，162，256

temporary copies，临时复制件 30

term of protection，保护期 64，177，192，194，209—210，221，240

unfair competition，不正当竞争 37，38，39，173，181—182，189—190

uses 使用
commercial 商业性的 *see* commercial purposes
conditions，条件 42
educational 教育的 *see* educational use
fair 合理 *see* fair use
information，信息 250
lawful 合法的 *see* lawful users
private 私人 *see* private use
re-use 再使用 *see* re-utilisation
research 研究 *see* research

value added 价值增值
fair use，合理使用 169
incentives，激励 244，247
information，信息 251—252
telephone directories，电话号码

簿 244
users，使用者 169，273
verification 校验
 database creation，数据库制作 86，89，93
 Draft Treaty 1996,《条约草案（1996）》227

websites，网站 filtering applications，过滤软件 166
Wolters Kluwer，威科 261,262
World Intellectual Property Organization（WIPO）世界知识产权组织
 1996 draft 1996 年草案 see Draft Treaty 1996
 1996 Treaty 1996 年条约 see Copyright Treaty 1996
 database protection，数据库保护 226—234，272
 developing countries，发展中国家 5，218，226，228，232—233
 Information Meeting 1997，1997 情报会议 229
 Standing Committee on Copyright and Related Rights（SCCR），版权和相关权常设委员会 230,232
World Meteorological Organization（WMO）世界气象组织
 Draft Treaty 1996,《条约草案（1996）》228，229—230
 scientific cooperation，科学合作 271—272，282
 scientific information，科学信息 238
World Trade Organization，世界贸易组织 225

译 后 记

本书是国内关于数据库法律保护的第一本译著。本书的英文版也是英语世界中关于数据库为数不多的专著之一,被列入"剑桥知识产权研究丛书"出版,足见本书的价值,相信读者在阅读中自有体会,毋庸译者多言。至于阅读中或有难解、错漏之处,肯定是译者水平有限所致,与作者应该没有多大关系。"成功的归作者,失败的归译者",这才是译者应该服从的准则。何况我一向认为,译者只要认真做好自己的语言转换工作就行了,绝不要喧宾夺主,走到前台抛头露面。既然如此,似乎再加上译者的后记就是画蛇添足了。

不过,斟酌再三,我最后还是决定在本书的末尾写下自己的一些文字。我为自己找到了三个理由,以便为这篇后记找到点存在的价值。

一

第一个理由是,我想借此机会就本书翻译过程中的几个关键术语做一个简单地说明。因为在翻译过程中对这几个词的翻译颇费心思,而且对读者理解作者所要表达的思想至关重要。我担心自己蹩脚的翻译影响读者的阅读,所以有必要交待清楚。第一个词是"present",这个词在原著中反复出现。在《欧盟数据库保护指令》中,数据库所有人必须证明在获取(obtain)、校验(verify)或展现(present)数据库内容的过程中进行了实质性投入,他才能获得特别保护。"present"这个词在版权法中没有出现过。为了避免把数据库的特别权利与版权混同,欧盟的数据库立法者有意选择了这个与版权法不搭界的词汇，并且对此没有给出明确解释。从该词的使用上看，它既涵盖了数据库的编排，又包括数据库的显示，甚至还有包含数据库的维护的可能性。因此，它大体上是指数据库呈现给用户的方式和面貌。所以，它与版权法上的"表达"（express）一词异曲同工。几经修改，我把它译为"展现"。我希望这个译法既能表明它与版权法"表达"一词的渊源，又能显示两者的区别，以便迎合欧盟委员会要把特别权利与版权区别开来的意图。尽管实际上，欧盟委员会最终还是没有完成他们的任务，特别权利与版权并没有实质性的区别。

需要说明的第二个词是"copyright"。作者在本书中既用它称呼具有英美版权法传统的法律制度，也用它来指称以法德为代表的作者权法律制度。我在本书中把该词一律译为"版权"，即使当该词被用语指称法德等国家的著作权法律时也未作改变。既然本书的原著是英文，我想保持该词的英文含义是第一位的，所以将其译为"版权"可以保持原文的意思。此外，作者在涉及以法德为代表的作者权制度时，曾经为自己所用的"copyright"一词做了一个解释[1]，认为使用"author's right"一词可能更合适。如果译者在涉及法德等国的作者权制度时将其自作聪明地译为"著作权"或者"作者权"，那么作者的这个解释就没有意义了。再说，我国著作权法已经明文把著作权和版权作为同义语，相信我把"copyright"一律译为"版权"不至于过多影响读者的理解。

二

本书的英文版出版之后，欧盟和美国关于数据库保护的法律都有一些新的进展。利用后记这个宝贵的机会，我想把这些进展的最近情况梳理一下。这既是对读者负责，也是对作者负责。读者在阅读本书时可以从后记中找到一些相关的信息或资料；对于

---

[1] 参见本书边码第118页，注释[60]。

本书作者而言,他在本书中提到的许多问题在最近两年都有一些新的进展,译者有义务对此作个交代。

作者在论述《欧盟数据库指令》在欧盟成员国的转化时,曾经提到英国赛马委员会案(*British Horseracing Board v. William Hill Ltd*)[2],以及足球比赛赛程表案(*Fixtures Marketing Ltd v. AB Svenska Spel*)[3],作者指出,由于这些案件反映出来的问题的代表性和复杂性,已经提交欧洲法院解决。作者认为,在欧洲法院做出最终判决之前,许多问题的处理都将悬而未决。2004年11月9日,欧洲法院终于作出了四个判决,上述两个案件都包含在其中,另外两个也是关于足球比赛赛程表的类似案件。[4] 欧洲法院在判决中对作者提出的问题作出了部分回答。

1. 区分"数据的创建"和"数据的获取"

欧洲法院判决认定创建数据,例如制作体育比赛日程表,不能算作"实质性投入"。为此,欧洲法院把"创建数据"和"获取数据"区分开来。"创建数据"并不属于"获取数据",前者是产生数据本身的工作,在判断是否属于数据库的实质性投入时不能计算在内,后者才属于制作数据库的工作,对后者的投入才是应该受到特别权利保护的投入。对于类似足球比赛赛程表这样的数据库,赛程表一旦产生,就立即被纳入数据库中时,如何在"创建"和"获取"之间作出区分?对此,欧洲法院认为:

> 对于职业联盟而言,寻找和收集组成足球比赛日程表的数据并不需要任何特别的努力。这些行为与这些数据的创建不可分割,职业联盟直接参与其间,因为它负责组织足球联盟的赛事。因此,获取足球比赛赛程表的内容并不需要独立于

---

[2] HC 2000 1335, judgment of 9 February 2001. 参见本书边码第147页。
[3] T 99-99, 2001年4月11日。参见本书边码第172页。
[4] *Fixtures Marketing Ltd v. Svenska AB*, C-338/2; *Fixtures Marketing Ltd v. Organismos Prognostikon Agonon Podosfairou EG*, C-444/02; *Fixtures Marketing Ltd v. OY Veikkaus Ab*, C-46/2; *British Horseracing Board Ltd v William Hill Organization Ltd*, C-203/02.

创建表内信息所需投入之外的任何投入。[5] ……[创建数据时付出的投入]根据指令第7条(1)它不能被考虑在内。[6]

在英国赛马委员会一案中,欧洲法院也采取了同样强硬的路线,它进一步明确指出,"'在获取、校验和表达数据库内容中的投入'这一表述必须被理解为所指的是对数据库创建本身的投入。"[7]

这样,欧洲法院就把数据库法律保护的对象限制在获取、展现和校验已有信息的过程中的实质性投入,把创建数据本身的投入排除出去。类似足球比赛赛程表和电视节目时间表之类的信息产品将不可能获得数据库权利的保护,因为对这些事项的投资大都属于被采信息的创建而不是该信息的获取、表达或校验。这些判决表明,通过区分"创建的数据"和"获取的数据",欧洲法院实际上运用了作者在本书中提到的荷兰的"副产品理论"。[8]

既然创建数据的投入不属于数据库的实质性投入,那么哪种投入才是合格的应受保护的实质性投入呢?欧洲法院的判决没有正面回答实质性投入的标准和尺度。不过,欧洲法院还是指出:

> 尽管在制作数据库时搜寻数据并校验其准确性并不需要数据库的制作者耗费特别的资源,因为这些数据是他创建的并且可以获得,但事实是,收集这些数据、在数据库中进行系统地和有条理地编排、组织单条信息的可访问性以及通过数据库的运行校验它们的准确性都需要符合指令第7条(1)规定的数量或品质条件的实质性投入。[9]

这一解释把特别保护的对象限制在已有数据的收集、编排、组

---

[5] *Fixtures Marketing Ltd v. OY Veikkaus Ab*, C-46/2, at [44].
[6] Ibid., at [42].
[7] *British Horseracing Board Ltd v William Hill Organization Ltd*, C-203/02, at [30].
[8] 关于"副产品理论",参见本书边码第135页以下。
[9] *British Horseracing Board Ltd v William Hill Organization Ltd*, C-203/02, at [36].

织、校验过程中的投入上。

2. 对数据库内容品质上的实质性部分的解释

根据欧盟数据库指令的规定,摘录或再利用数据库内容的实质性部分则构成侵权,而数据库的实质性部分可以从品质和数量两个方面衡量。如何从品质上衡量数据库内容的实质性部分？欧洲法院认为:"它必须这样来考量:数据库制作者在获取、校验和展现数据方面的人力、技术和经济的投入是否构成实质性投入。"[10] 详言之:

> 从品质方面衡量,数据库内容的实质性部分指的是在获取、校验和展现摘录和再利用行为的对象的过程中所实施的投入水平,不管该对象是否代表着被保护数据库总体内容的数量上的实质性部分。数据库内容在数量上可以忽略的部分事实上可能代表着获取、校验和表达方面重要的人力、技术或经济投入。[11]

因此,在英国赛马委员会案中,被告威廉希尔公司利用的数据,即比赛的日期、时间和地点赛马的名字和号码,不应认为是品质上的实质性部分,因为在获取、校验和展现这些数据的过程中没有花费实质性投入。接下来,欧洲法院否定了英国赛马委员会案中兰迪法官的见解:被告威廉希尔公司利用的数据具有实质的经济价值,这证明这些数据属于数据库内容的实质性部分。兰迪法院的逻辑实际上是:被侵犯就是值得保护的证据。欧洲法院则认为:

> 被摘录和再利用行为所影响的数据的内在价值并不构成判断相关部分是否属于品质衡量上的实质性部分的判断标准。威廉希尔公司摘录和再利用的数据对于英国赛马委员会及其他负责组织比赛的人组织比赛而言非常重要,这一事实与衡量威廉希尔公司的行为是否涉及英国赛马委会数据库内容的实质性部分无关。[12]

---

[10] Ibid., at [76].
[11] Ibid., at [71].
[12] Ibid., at [78].

因此，欧洲法院并不认为被摘录和再利用内容的内在价值决定着它的实质性，而是把实质性与对获取、校验和展现数据的投入联系在一起。

3. 对于反复和系统性侵权的解释

在英国赛马委员会案中，被告威廉希尔公司是否构成反复性和系统性的侵犯行为？欧洲法院注意到，指令第7条(5)规定禁止特定情况下反复和系统性地摘录和再利用数据库内容的实质性部分，这一规定特别是指未经数据库制作者许可摘录和再利用数据库的行为，其累积效果是重组和/或未经许可向公众提供数据库的全部或者内容的实质性部分，因此严重侵害了数据库制作者的投入。[13] 被告所使用的是原告数据库的非常不具有实质性的部分，因此反复利用这些非实质性部分不会构成再利用实质性部分，所以第7条(5)不能适用。这一解释严格限定了指令第7条(5)的适用范围，把"重组或向公众提供数据库内容的全部或实质性部分"这一累积效果作为反复和系统性侵权的必要条件。

2003年以来，大洋彼岸的美国对于数据库保护又展开了新一轮的立法争论。2003年10月8日，霍华德·库伯议员提出了他的《数据库和信息汇编反盗用法案》讨论稿（众议院第3261号议案）。该议案依旧延续了此前《1999年信息汇编反盗版法案》的盗用侵权进路。[14] 几经修改之后，众议院司法委员会同意将该议案向众议院报告。2004年2月11日，司法委员会的发表了它的报告，并附上了两个不同意见。其中一个反对意见认为该议案有着严重的法律错误，它试图利用美国宪法上的贸易条款来实现知识产权条款所禁止的行为，因为议案本质上属于版权内容，而且它采用的数据库保护标准要比 NBA v. Motorola 案[15]中法院采用的盗用侵权标准低得多。另一种反对意见则认为该议案试图为已经被最高法院

---

[13] Ibid., at [87].
[14] 关于美国数据库特别立法的历程与评论，参见本书边码第190页以下。
[15] 关于该案的具体情况，可以参见本书边码第179页以下。

否定的"额头汗水"版权保护标准招魂[16]，而且美国宪法的贸易条款并没有授权国会通过这样的立法，因此法案违反了宪法。第3261号议案被转交给能源和商业委员会，以便处理与该委员会的职权有关的问题——有关网络服务提供商的责任限制以及指示联邦贸易委员会对民事救济予以监管。能源和商业委员会商业、贸易和消费者保护分会并没有修改第3261号议案，相反，它在2004年2月25日提出了一个新议案——《消费者信息获取法案》(第3872号议案)。它与第3261号议案的区别在于：一是，后者只适用于未经许可再传播热点消息，前者的适用范围则要广泛得多，而且有永久保护的可能性；二是，后者仅仅规定联邦贸易委员会是执行该法案的机构，没有赋予数据库制作者以诉权，前者则赋予了数据库制作者进行诉讼的私人权利。

2004年3月11日，能源和商业委员会作出了反对第3261号议案的报告，同时对第3872号议案表示支持。

由于两个不同的委员会提出了对立的议案，众议院立法委员会决定对两个议案都不做表决。最终，两个议案在第108届国会期满之时都胎死腹中。

一方面是欧洲法院通过判决阐明并限缩指令规定的特别权利的范围和效力，另一方面是美国关于数据库保护的新一轮立法争论又一次无果而终，这再次显示了数据库立法的复杂性。一切似乎又回到了原点。我们到底是否需要对数据库给予特别保护？数据库究竟需要什么样的法律保护？本书中作者所阐述的问题和深度的分析似乎已经预定了这一结局。尽管欧盟和美国对于数据库的立法和时间在作者写作本书之后都有新的发展变化，却都没有超出本书作者所预想和思考的范围。这一切都印证了思想的力量。

---

[16] 关于美国最高法院否决"额头汗水"版权保护标准的判决，可以参见本书边码第15页以下。

三

　　这篇后记存在的第三个理由只能是感谢和致歉了。承蒙北京大学出版社的错爱,笔者有幸承担本书的翻译工作。本书的翻译开始于2005年3月,由于译者的拖沓和俗事缠身,直至2007年1月才得以出版,所以致歉是必不可少的。感谢编辑的耐心、支持和体谅,使我有了比较充裕的时间从事翻译工作。尤其是在审稿的后期,她认真而细致的工作使我不敢稍有懈怠,并使得本书避免了许多错误。尽管如此,由于译者水平所限,书中误读误译之处肯定不少。钱钟书先生曾用莎士比亚《仲夏夜之梦》中织工波顿被施魔法变成"驴首人身"的典故讽刺前辈翻译大师林纾先生的译作。[17] 前辈名家林纾先生尚且如此,笔者更是汗颜,深恐经过自己的翻译,中译本也变成"驴首"。因此,恳请读者不吝赐教,给我一个将"驴首"还原为原貌的机会。

　　在本书翻译的过程中,我的家人、同学和朋友给予了诸多支持和鼓励,谨对他们表达我深深的谢意。我在北大的室友和兄长税兵忍耐了我在翻译过程中的烦躁情绪和深夜长明的灯光,并支持和帮助我克服翻译中的困难。我的同学黄军辉、汪正飞等不仅给我精神上的慰藉,还在专业术语的翻译中给我学术上的支持。我的师妹刘晓春默默地为我承担了许多本来应当由我完成的工作,使我有更多时间投入翻译和写作。我的爱人吴文灵陪伴我度过了这段艰辛而又充满乐趣的时光。有了这些亲爱的人们,我觉得自己已经生活在天堂中了。

朱　理
2006年12月30日

---

[17] 钱钟书:《林纾的翻译》,商务印书馆1981年版,第33—34页。

相关书目

1. 民法讲义Ⅰ·总则
   〔日〕山本敬三著　解亘译（2004年6月出版）
2. 合同法理论
   〔加拿大〕Peter Benson主编　易继明译（2004年9月出版）
3. 民法总论
   〔日〕大村敦志著　江溯、张立艳译　王轶校订（2004年10月出版）
4. 公司法与商法的法理基础
   〔美〕乔迪·克劳斯&史蒂文·沃特主编　金海军译（2005年1月出版）
5. 哲学与侵权行为法
   〔美〕格瑞尔德·J.波斯特马主编　陈敏、云建芳译（2005年1月出版）
6. 合同法的丰富性
   〔美〕罗伯特·A.希尔曼著　郑云瑞译（2005年12月出版）
7. 《联合国国际货物销售合同公约》评释
   〔德〕彼得·施莱希特里姆著　李慧妮编译（2006年1月出版）
8. 现代知识产权法的演进——英国的历程（1760—1911）
   〔澳〕布拉德·谢尔曼　〔英〕莱昂内尔·本特利著　金海军译（2006年4月出版）
9. 民法劝学
   〔日〕星野英一著　张立艳译　于敏校（2006年7月出版）
10. 契约即允诺
    〔美〕查尔斯·弗里德著　郭锐译　龙卫球校（2006年8月出版）
11. 财产理论
    〔美〕斯蒂芬·芒泽著　彭诚信译（2006年9月出版）
12. 民法讲义Ⅱ·物权法
    〔日〕近江幸治著　王茵译　梁涛审校（2006年9月出版）
13. 数据库的法律保护
    〔澳〕马克·戴维森著　朱理译（2007年1月出版）
14. 私法的理念
    〔加〕Ernest J. Weinrib著　徐爱国译（2007年3月出版）

2007年1月更新